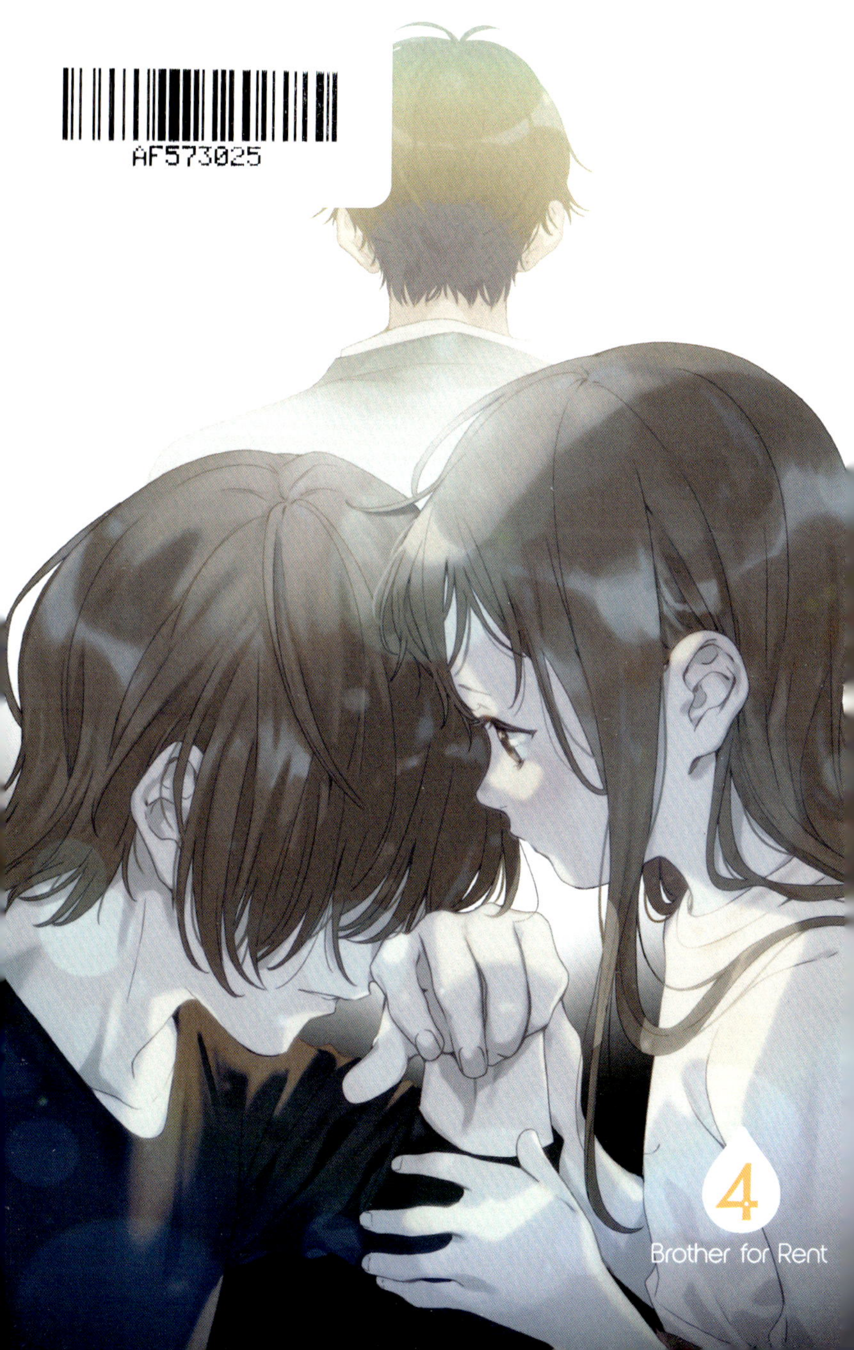

AF573025
4
Brother for Rent

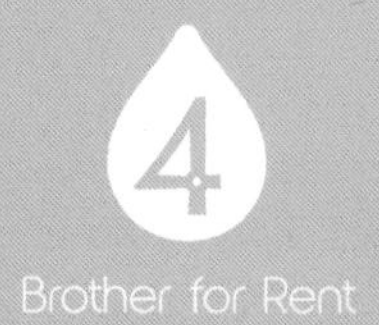
4
Brother for Rent

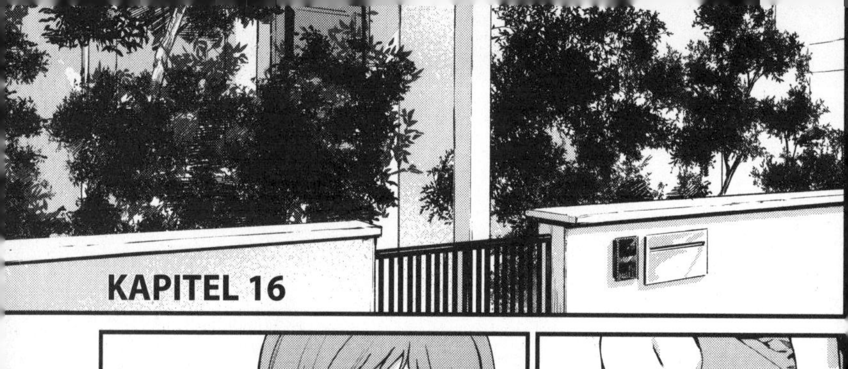

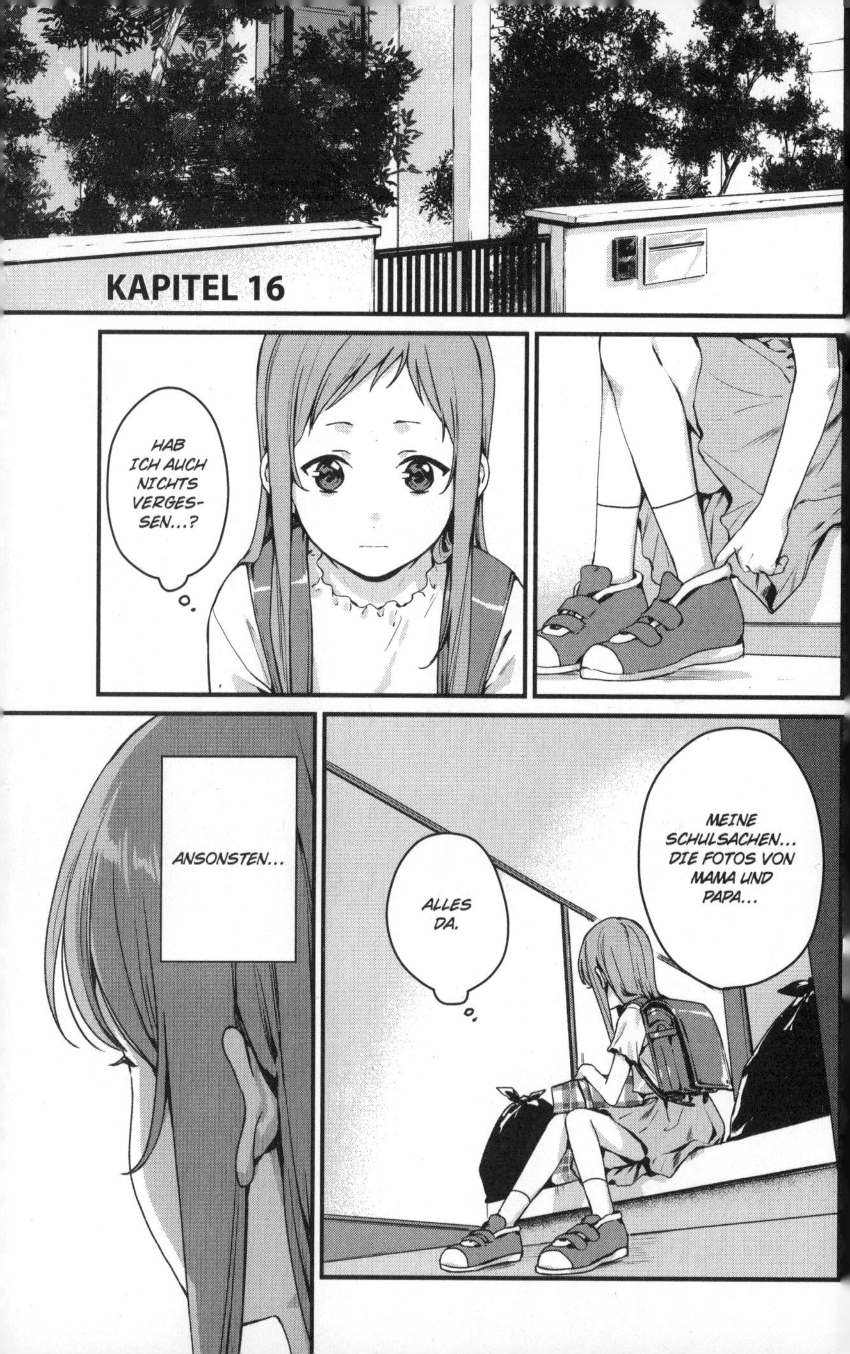

KAPITEL 16

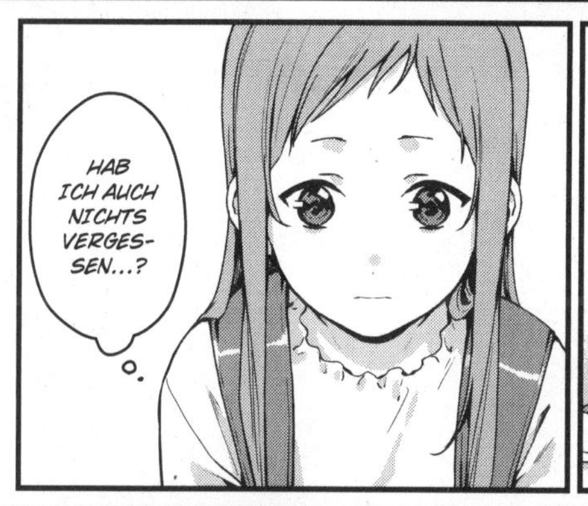

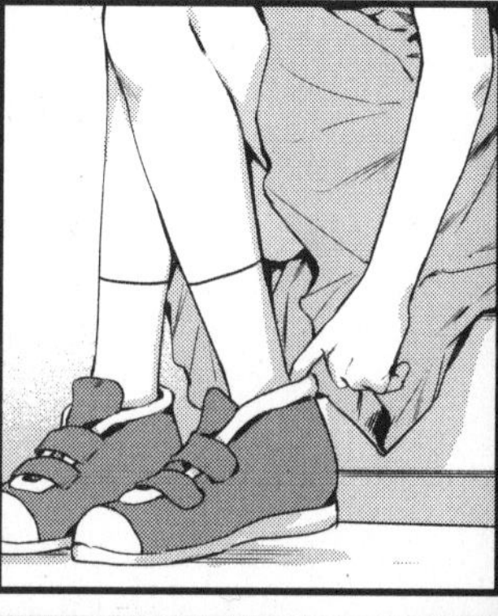

MEINE SCHULSACHEN... DIE FOTOS VON MAMA UND PAPA...

ALLES DA.

ANSONSTEN...

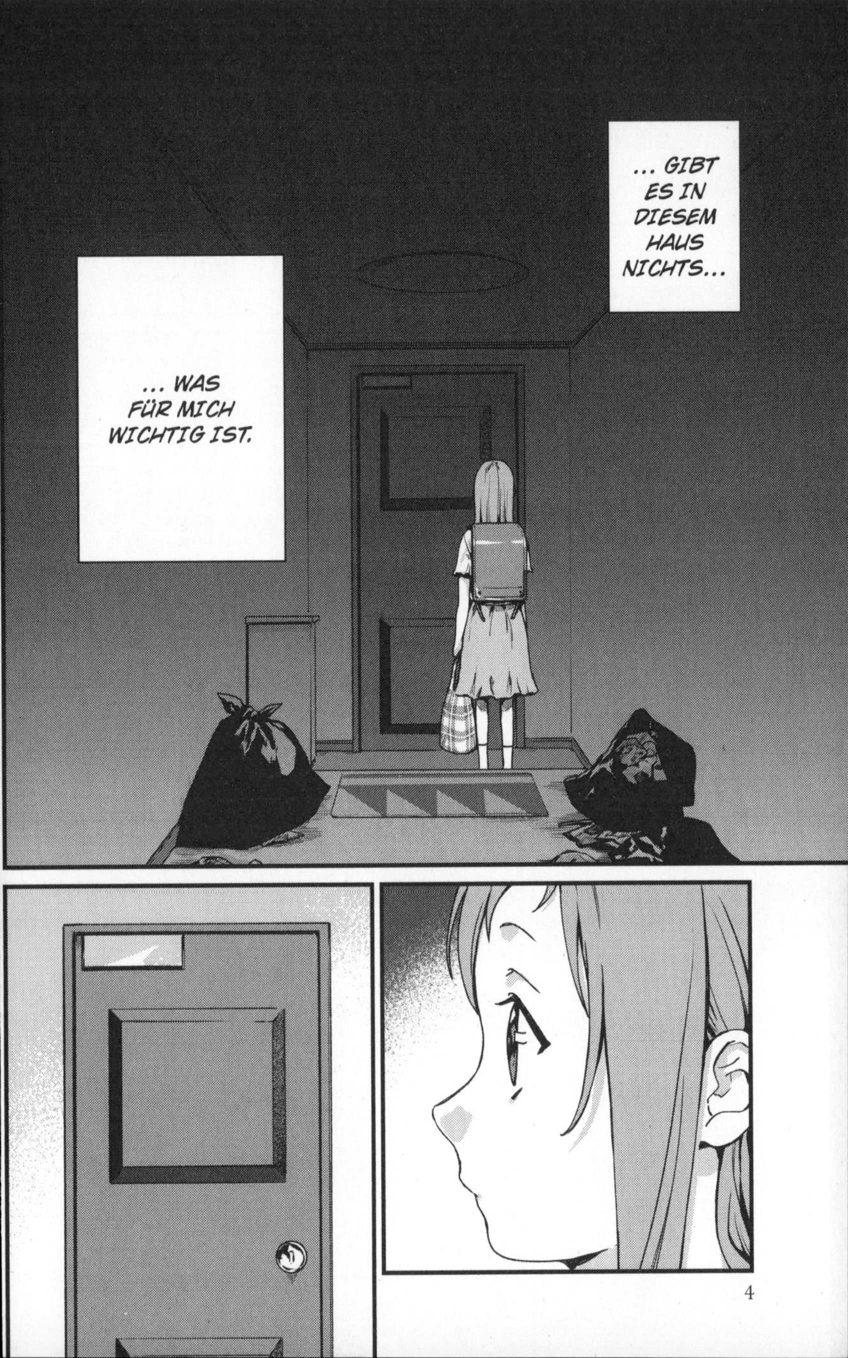

... GIBT ES IN DIESEM HAUS NICHTS...

... WAS FÜR MICH WICHTIG IST.

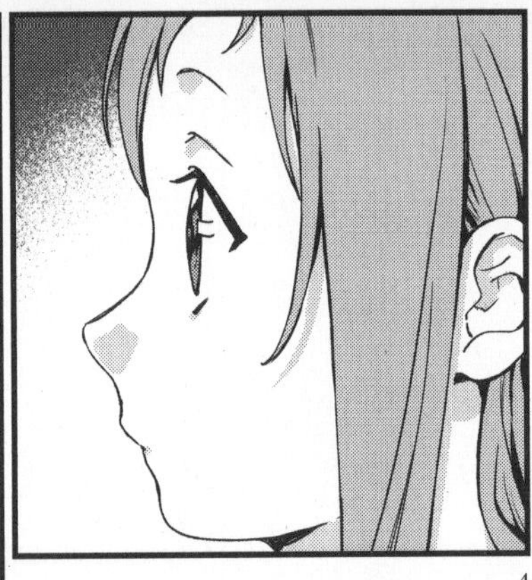

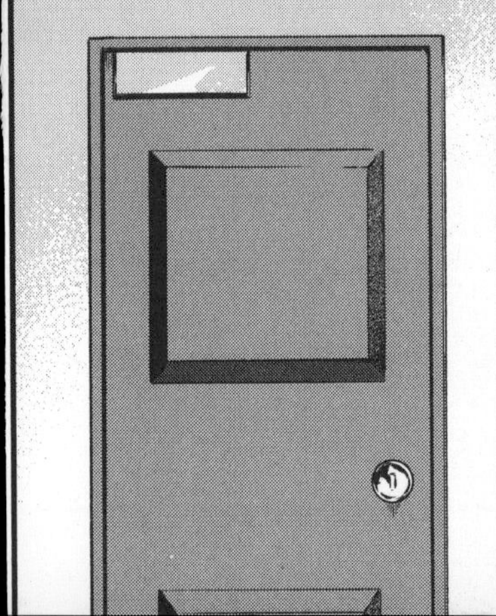

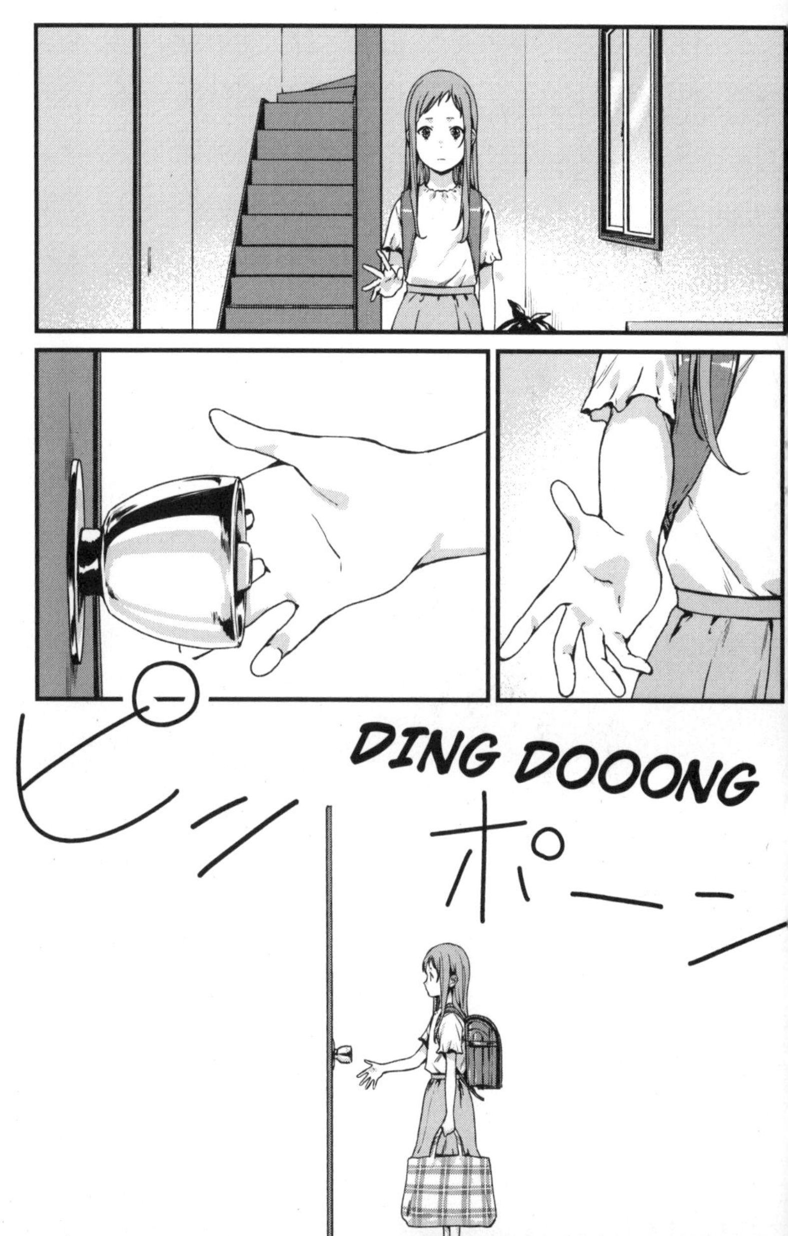
DING DOOONG
ポーン

MISUZU...?

EH?

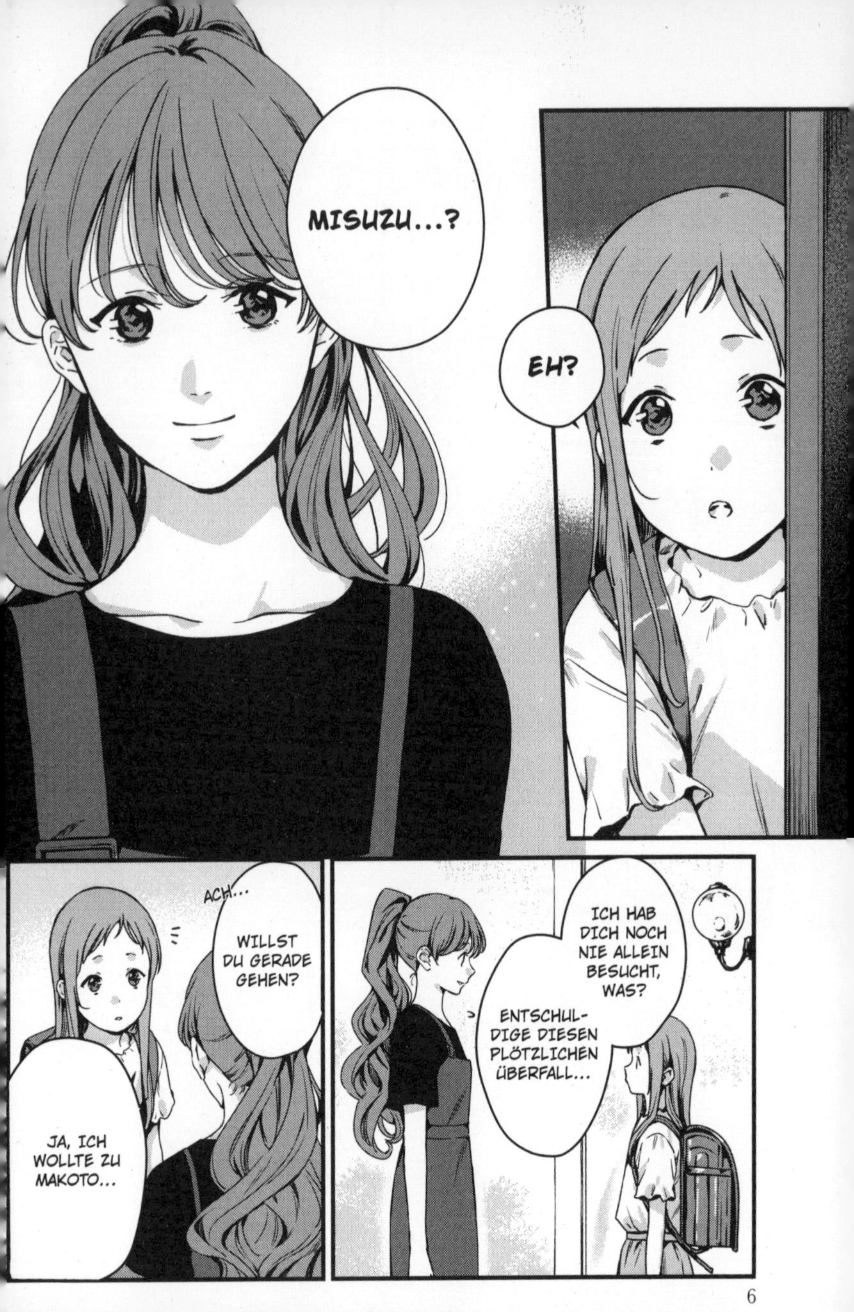

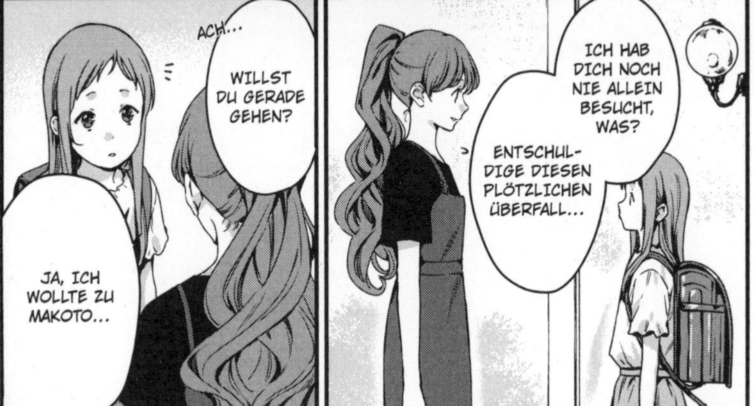
ICH HAB DICH NOCH NIE ALLEIN BESUCHT, WAS?
ENTSCHUL-DIGE DIESEN PLÖTZLICHEN ÜBERFALL...
ACH...
WILLST DU GERADE GEHEN?
JA, ICH WOLLTE ZU MAKOTO...

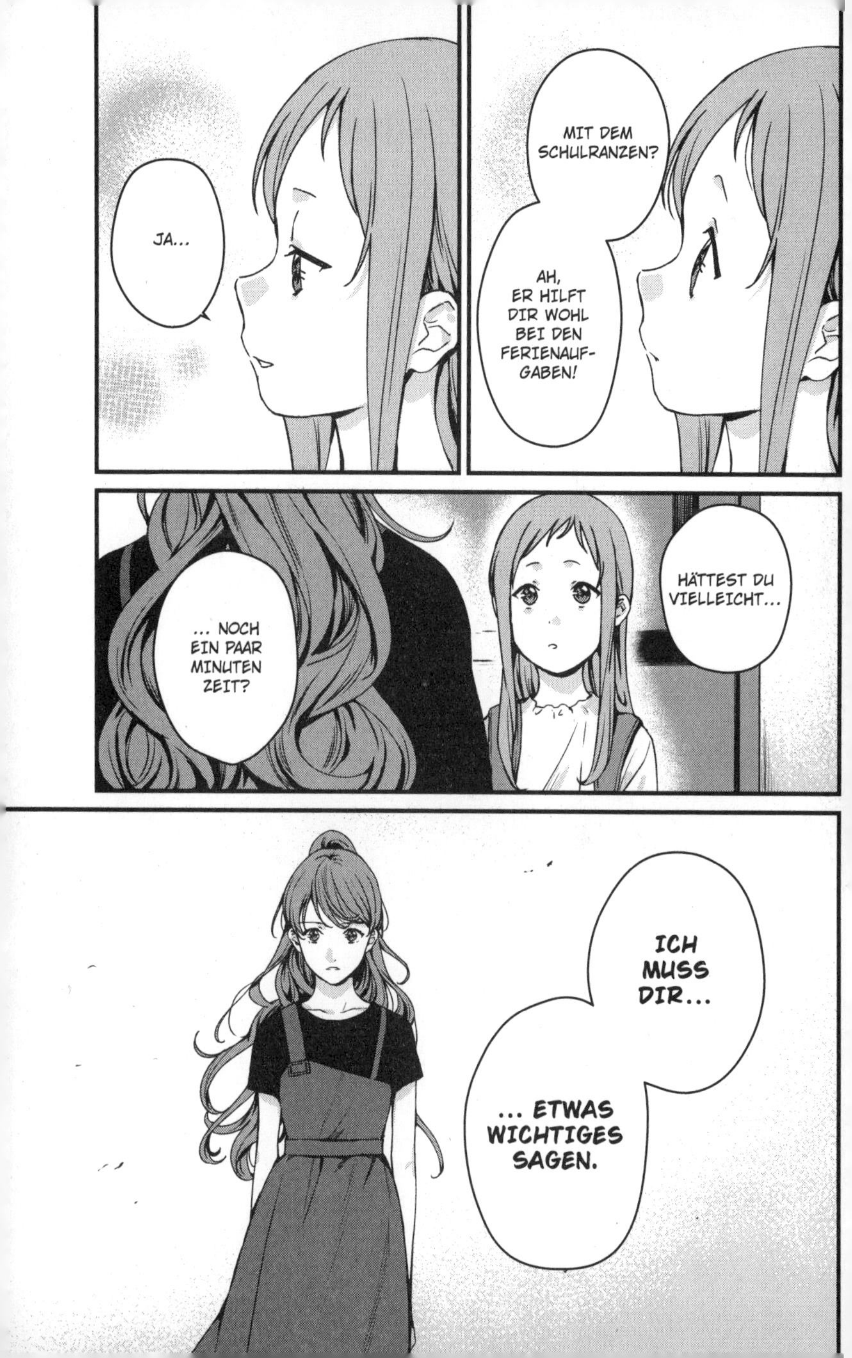

MIT DEM SCHULRANZEN?

AH, ER HILFT DIR WOHL BEI DEN FERIENAUFGABEN!

JA...

HÄTTEST DU VIELLEICHT...

... NOCH EIN PAAR MINUTEN ZEIT?

ICH MUSS DIR...

... ETWAS WICHTIGES SAGEN.

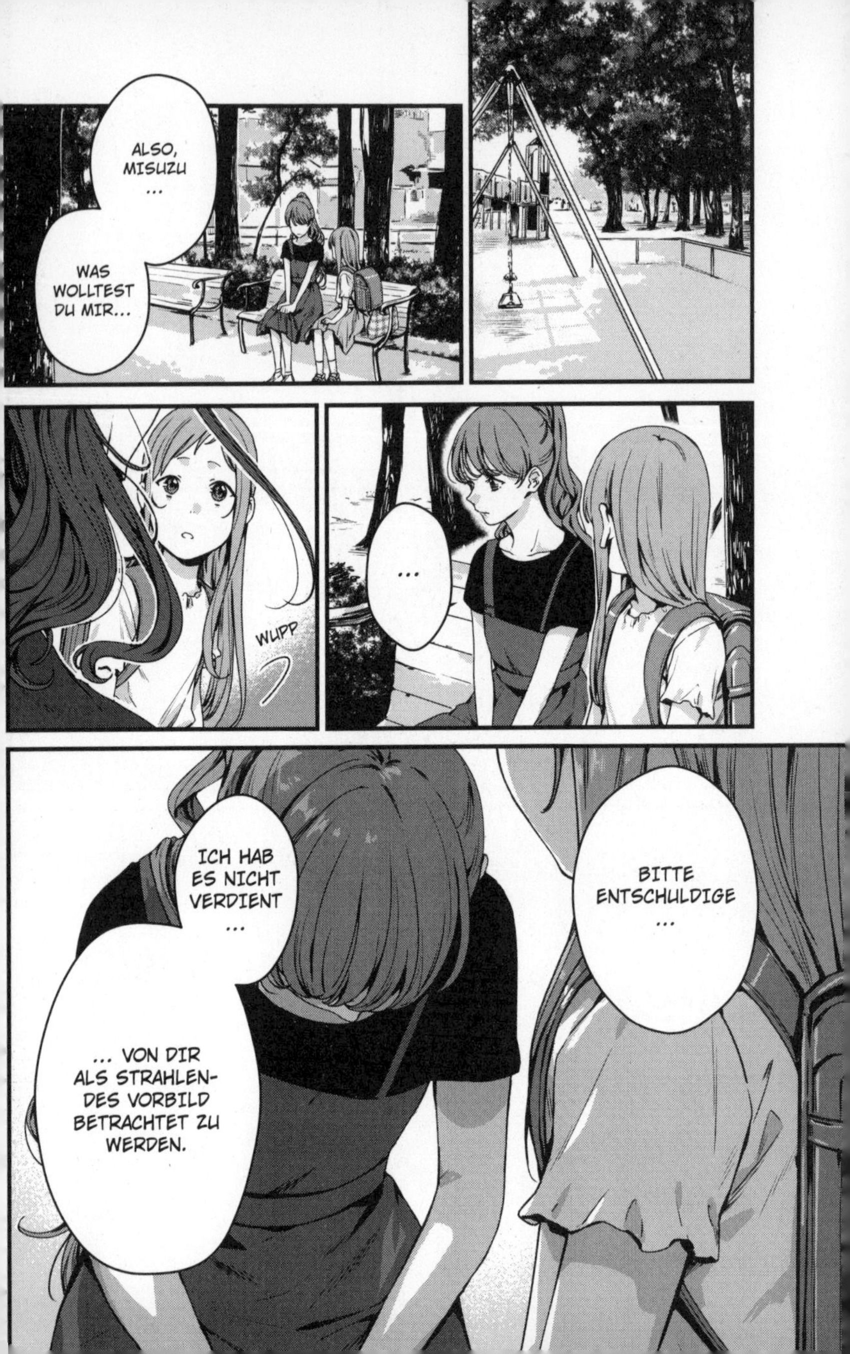

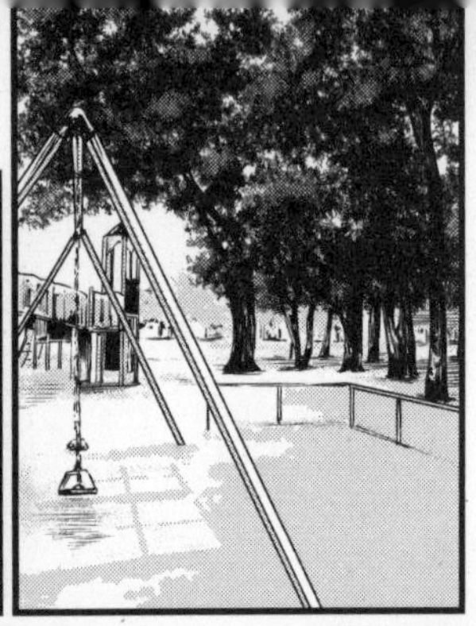

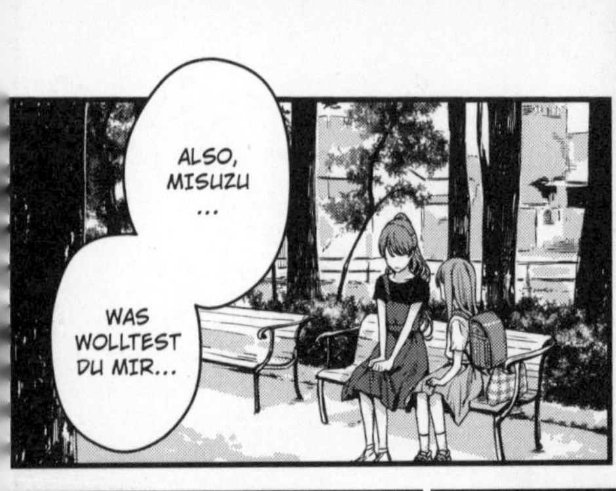

ALSO, MISUZU ...
WAS WOLLTEST DU MIR...

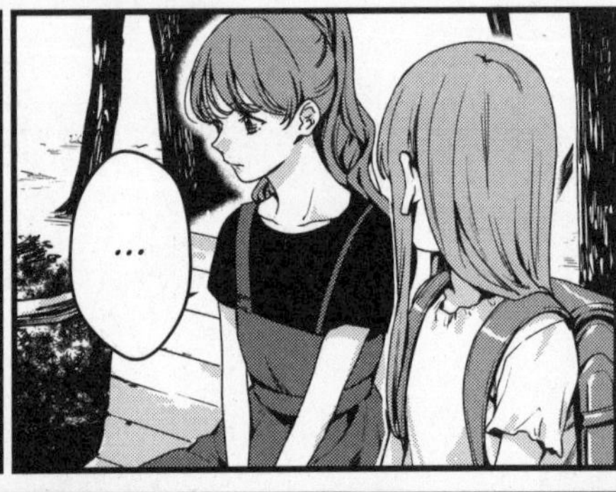

...

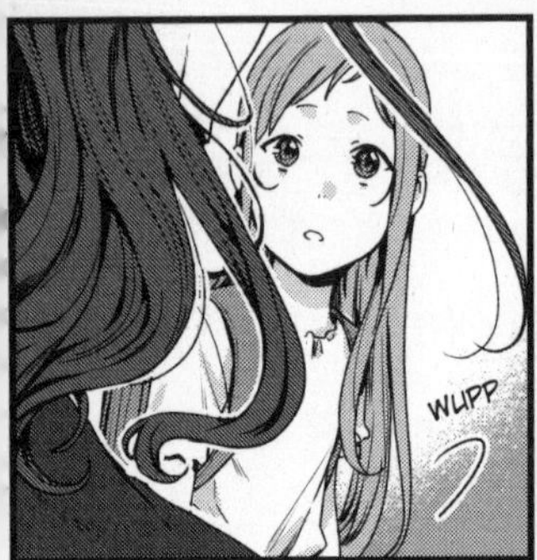

WUPP

BITTE ENTSCHULDIGE ...
ICH HAB ES NICHT VERDIENT ...
... VON DIR ALS STRAHLEN-DES VORBILD BETRACHTET ZU WERDEN.

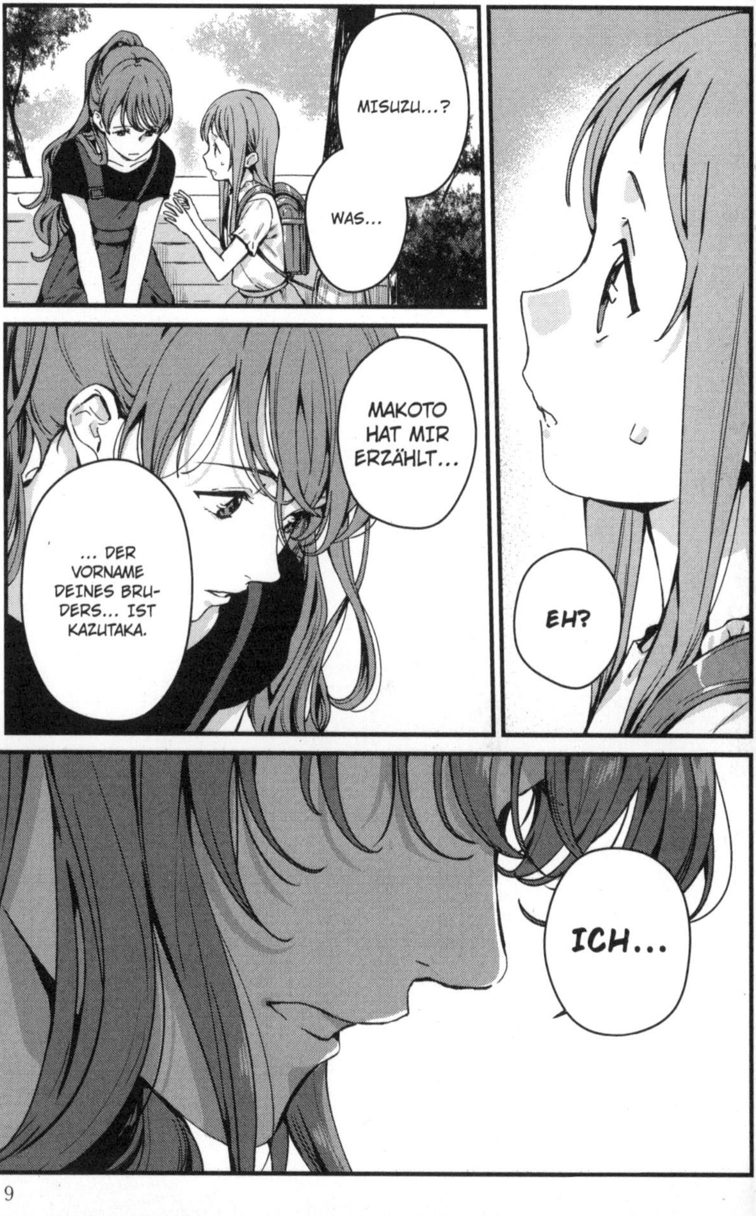

MISUZU…?

WAS…

MAKOTO HAT MIR ERZÄHLT…

… DER VORNAME DEINES BRUDERS… IST KAZUTAKA.

EH?

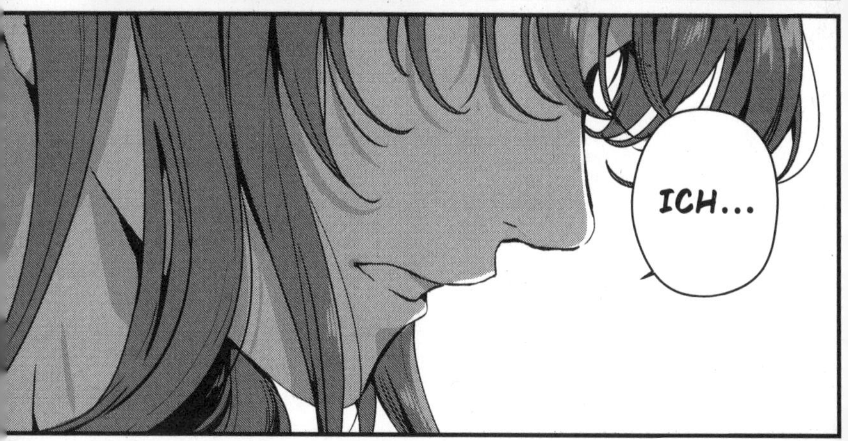

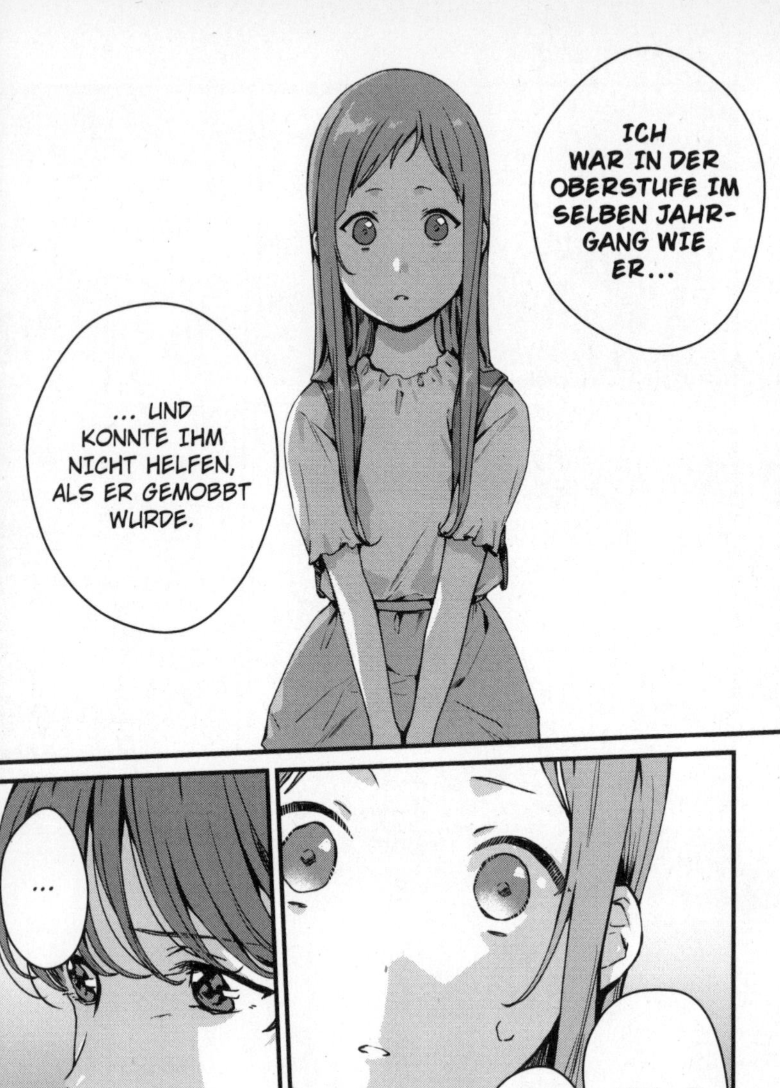
ICH WAR IN DER OBERSTUFE IM SELBEN JAHR-GANG WIE ER...
... UND KONNTE IHM NICHT HELFEN, ALS ER GEMOBBT WURDE.
HUH...?
ER WURDE GE...
...

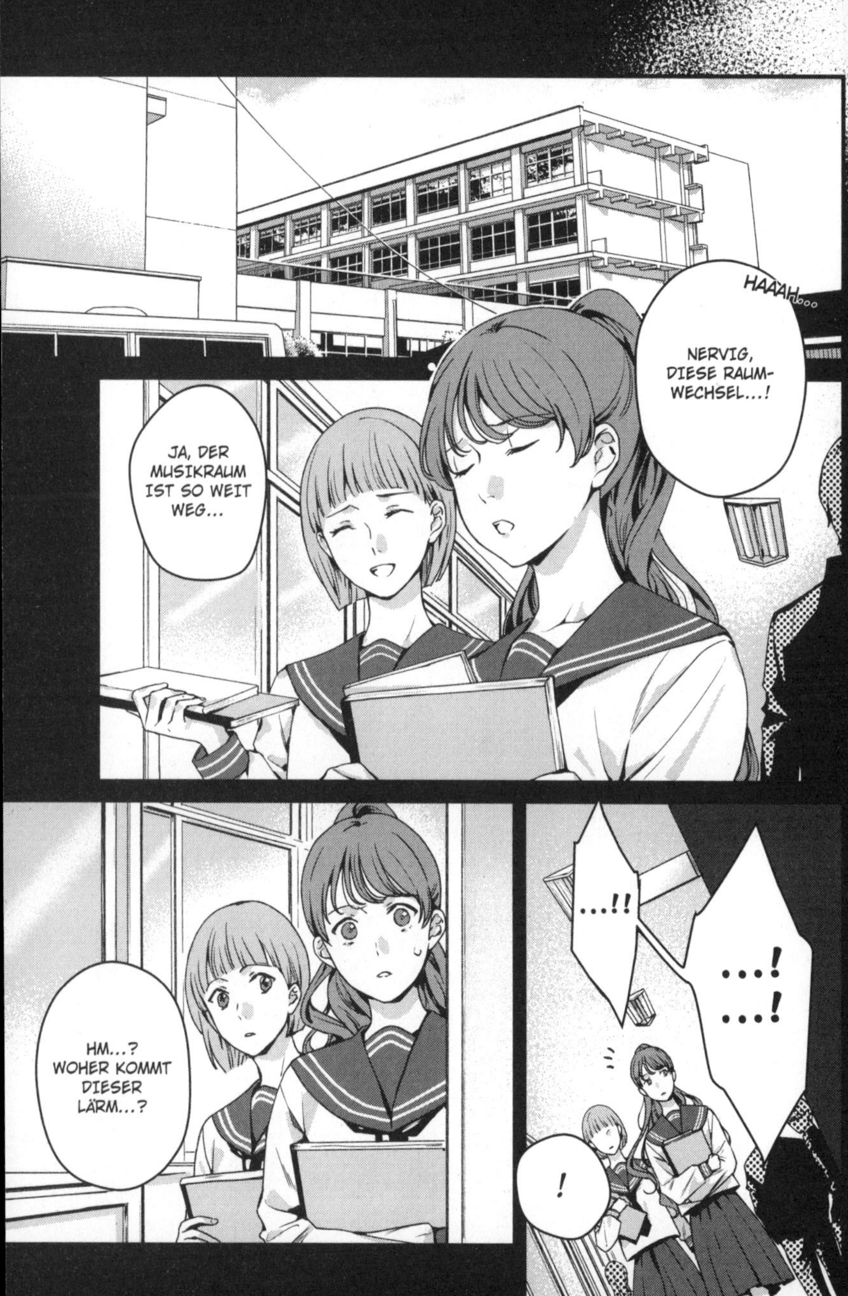
HAAAH...
NERVIG, DIESE RAUM-WECHSEL...!
JA, DER MUSIKRAUM IST SO WEIT WEG...
...!!
...!
...!
HM...? WOHER KOMMT DIESER LÄRM...?
!

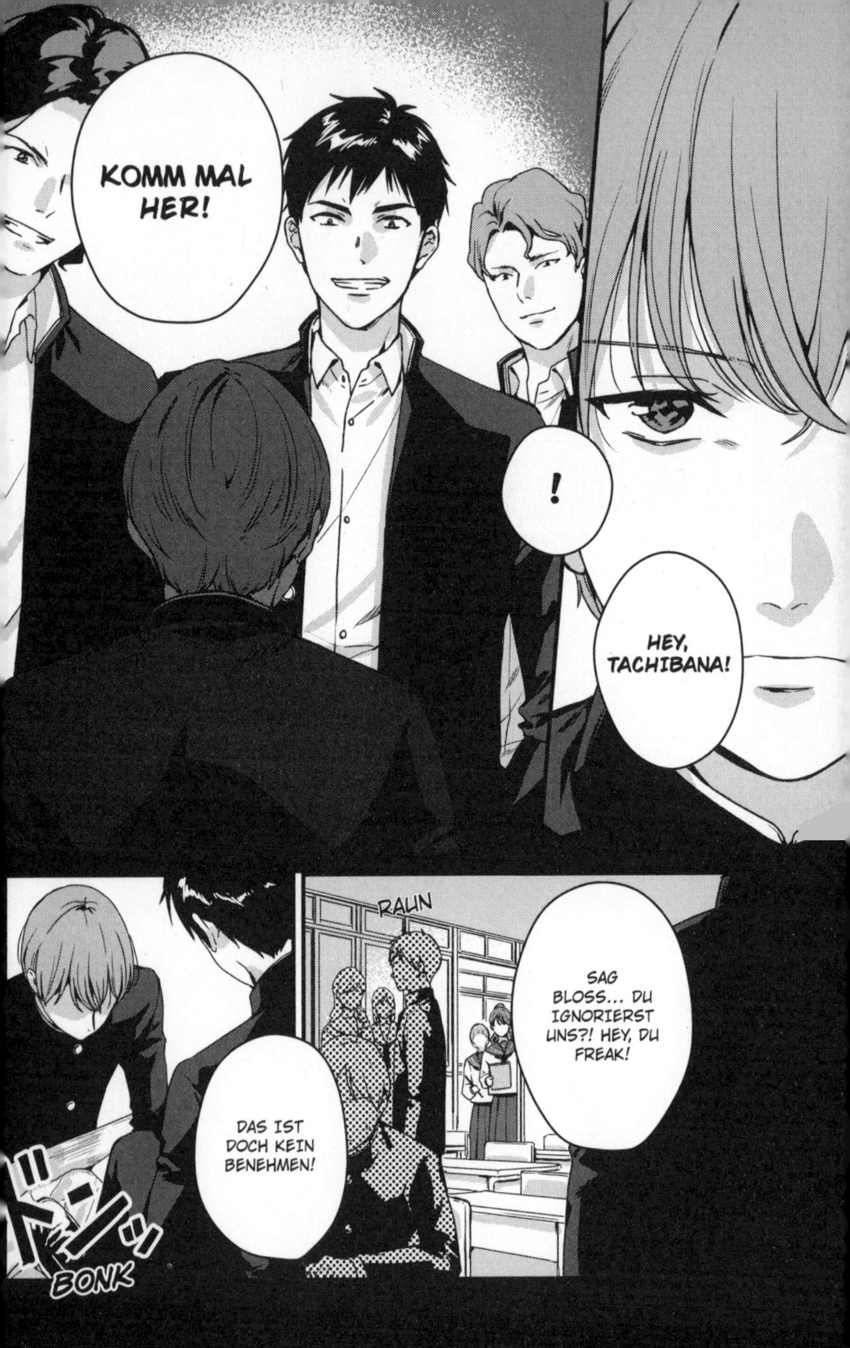
!
HEY, TACHIBANA!
KOMM MAL HER!
RAUN
SAG BLOSS... DU IGNORIERST UNS?! HEY, DU FREAK!
DAS IST DOCH KEIN BENEHMEN!
BONK

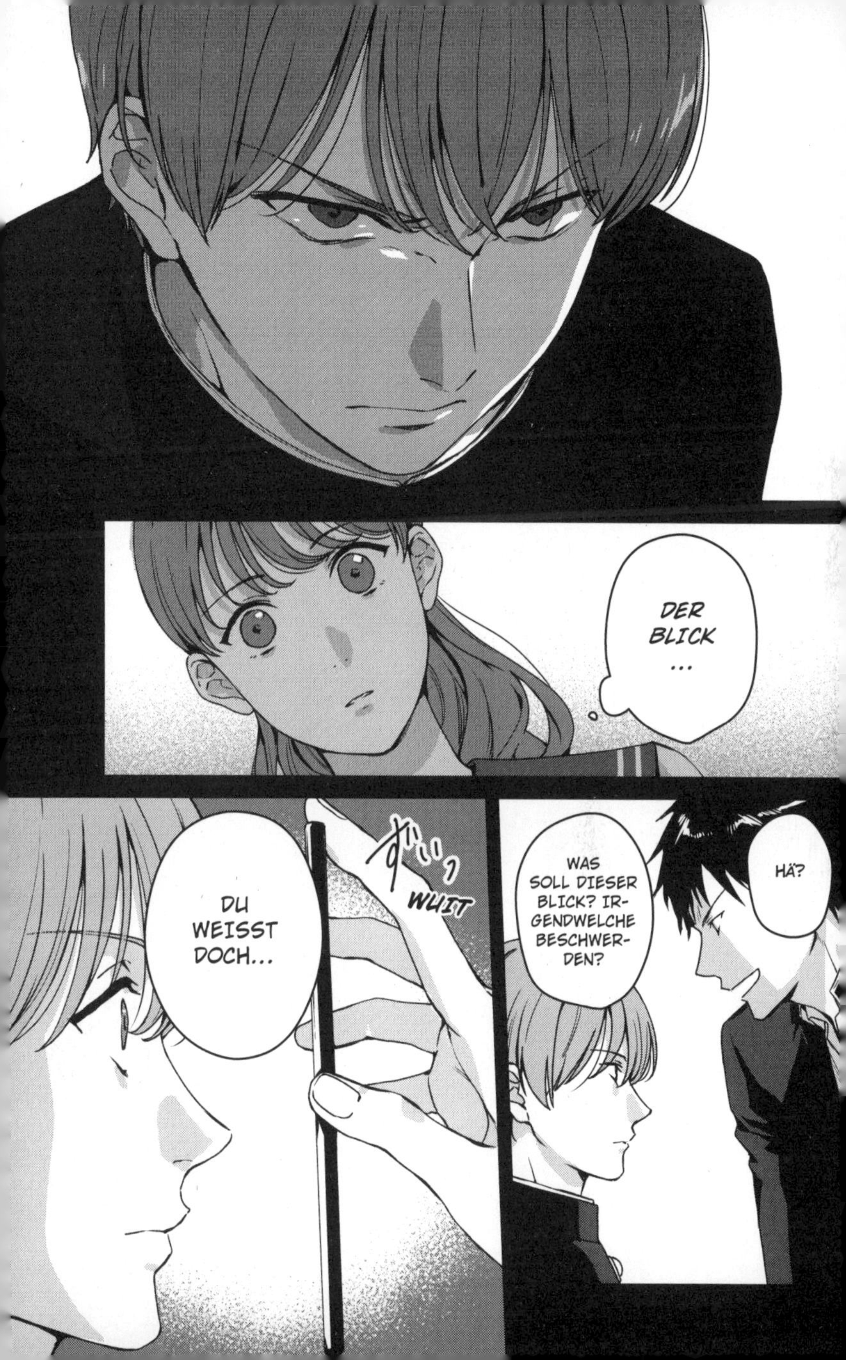
DER BLICK …
HÄ?
WAS SOLL DIESER BLICK? IRGENDWELCHE BESCHWERDEN?
WUIT
DU WEISST DOCH…

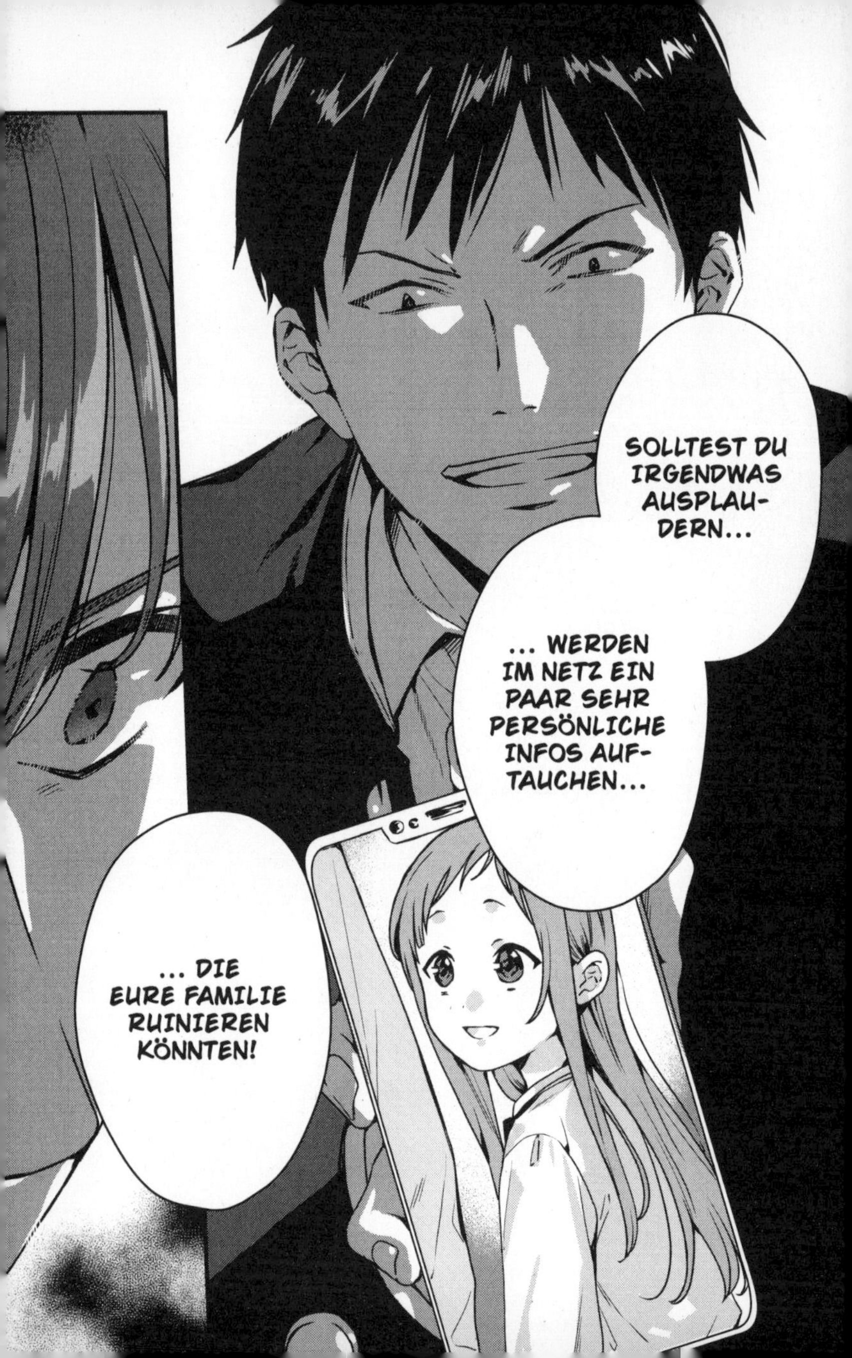
SOLLTEST DU IRGENDWAS AUSPLAU-DERN…
… WERDEN IM NETZ EIN PAAR SEHR PERSÖNLICHE INFOS AUF-TAUCHEN…
… DIE EURE FAMILIE RUINIEREN KÖNNTEN!

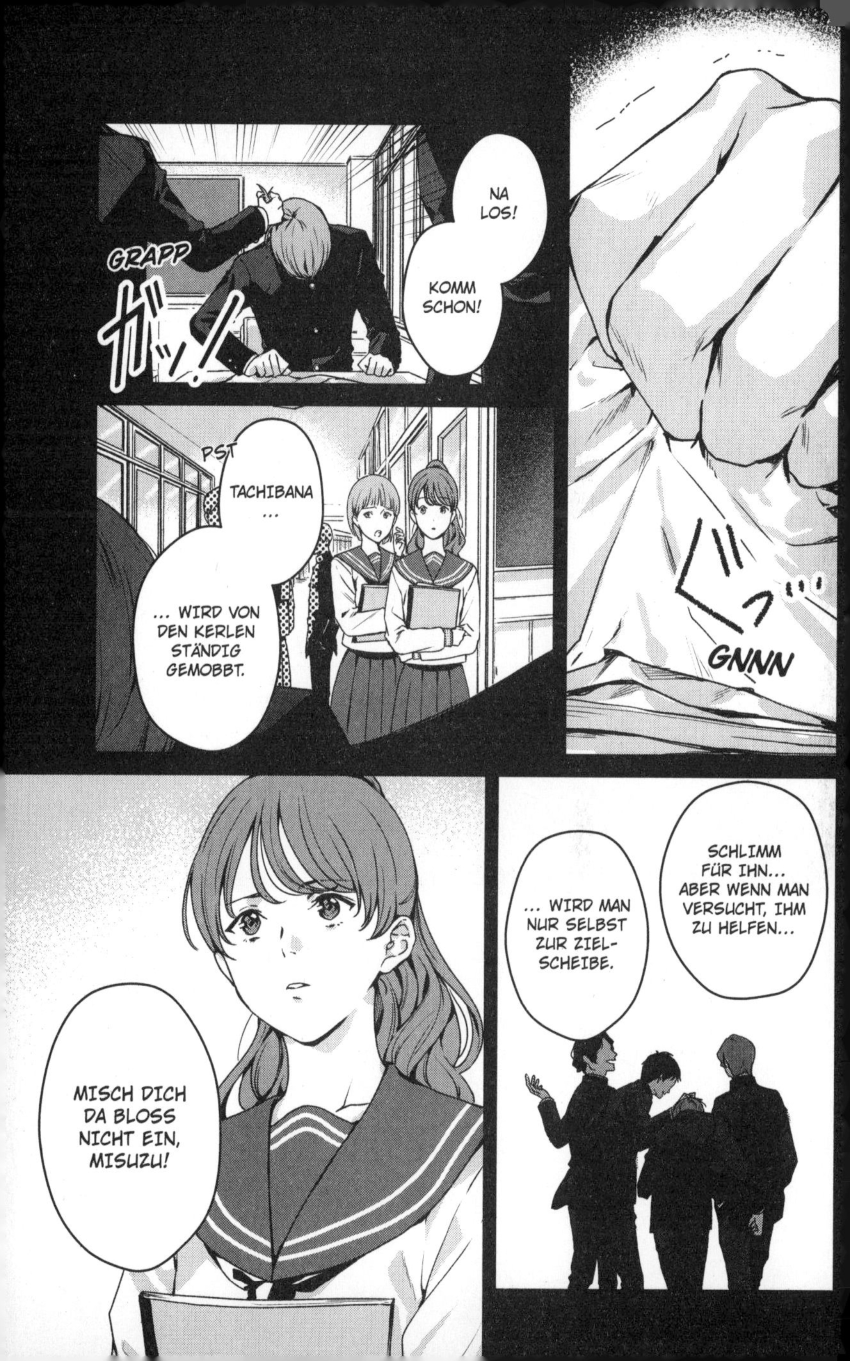

GNNN

NA LOS!
KOMM SCHON!
GRAPP

PST
TACHIBANA ...
... WIRD VON DEN KERLEN STÄNDIG GEMOBBT.

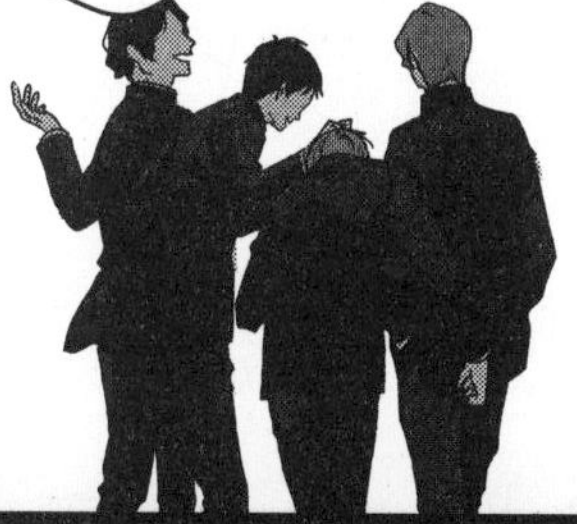

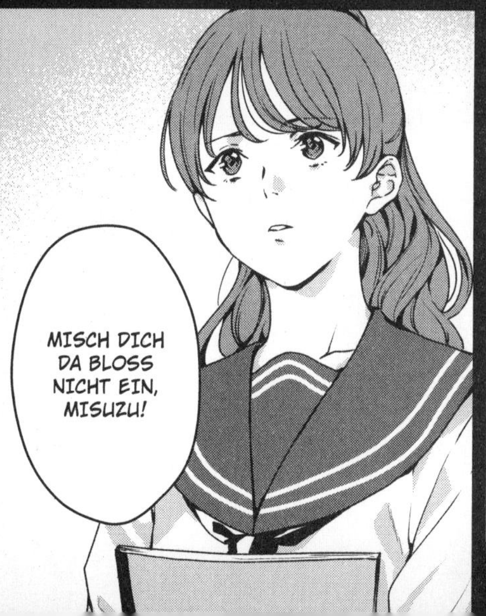

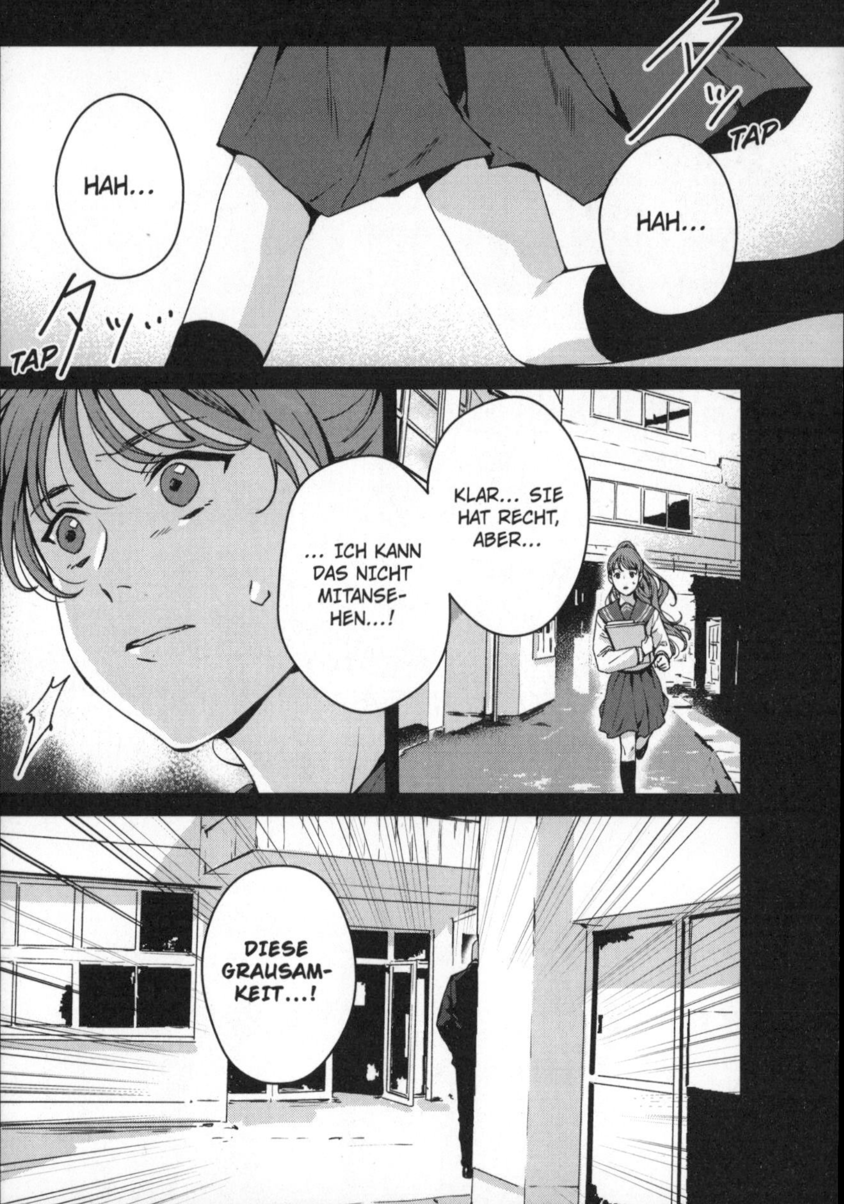
TAP
HAH...
HAH...
TAP
KLAR... SIE HAT RECHT, ABER...
... ICH KANN DAS NICHT MITANSE-HEN...!
DIESE GRAUSAM-KEIT...!

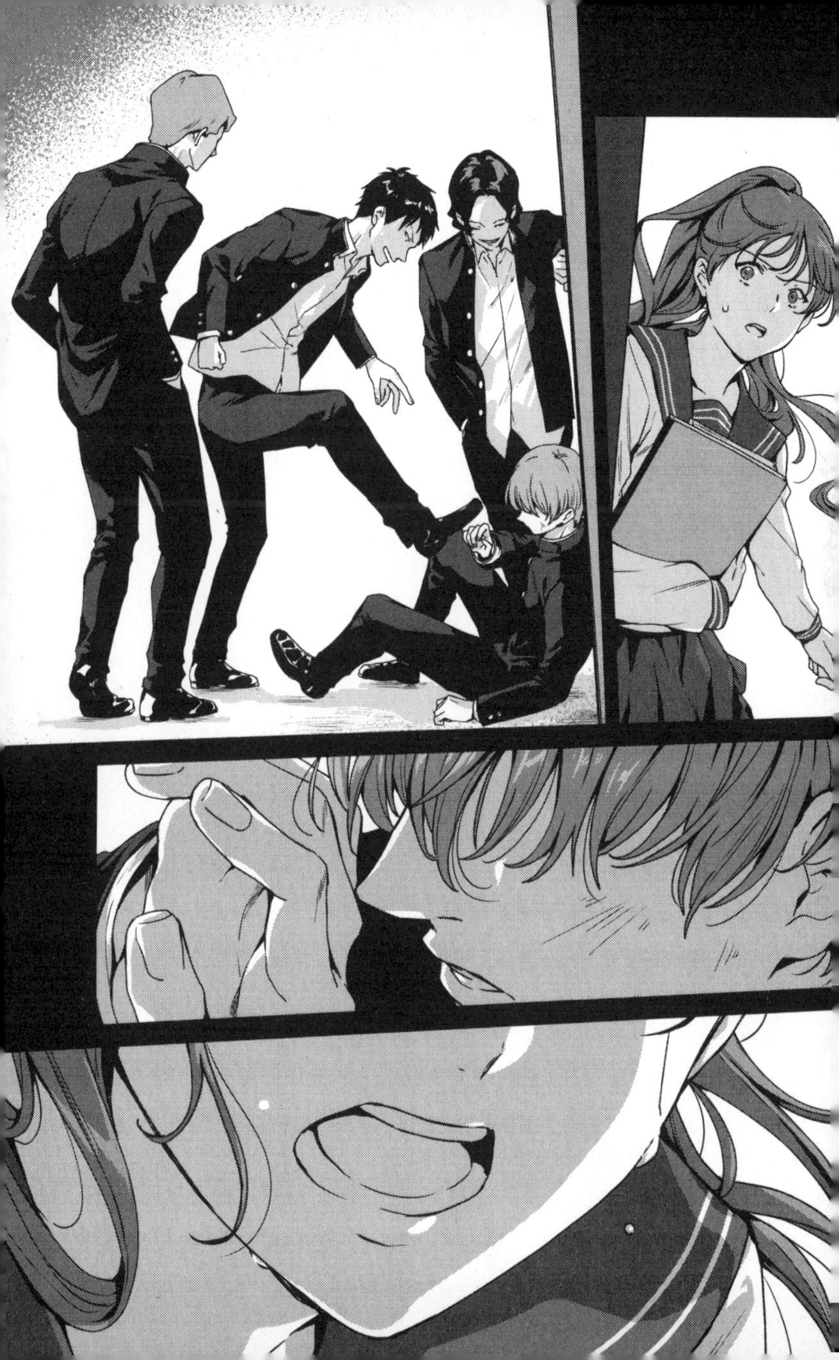

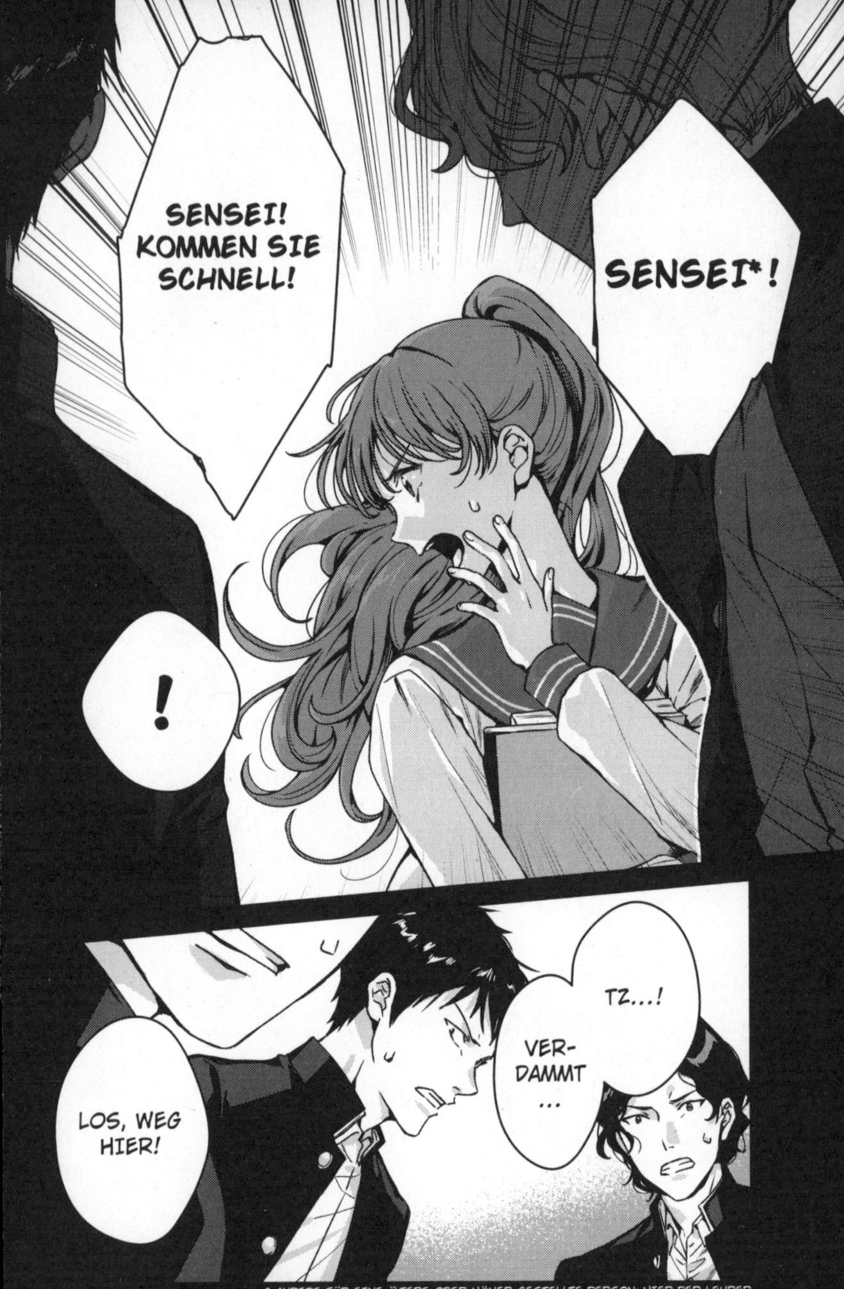

* ANREDE FÜR EINE ÄLTERE ODER HÖHER GESTELLTE PERSON; HIER DER LEHRER

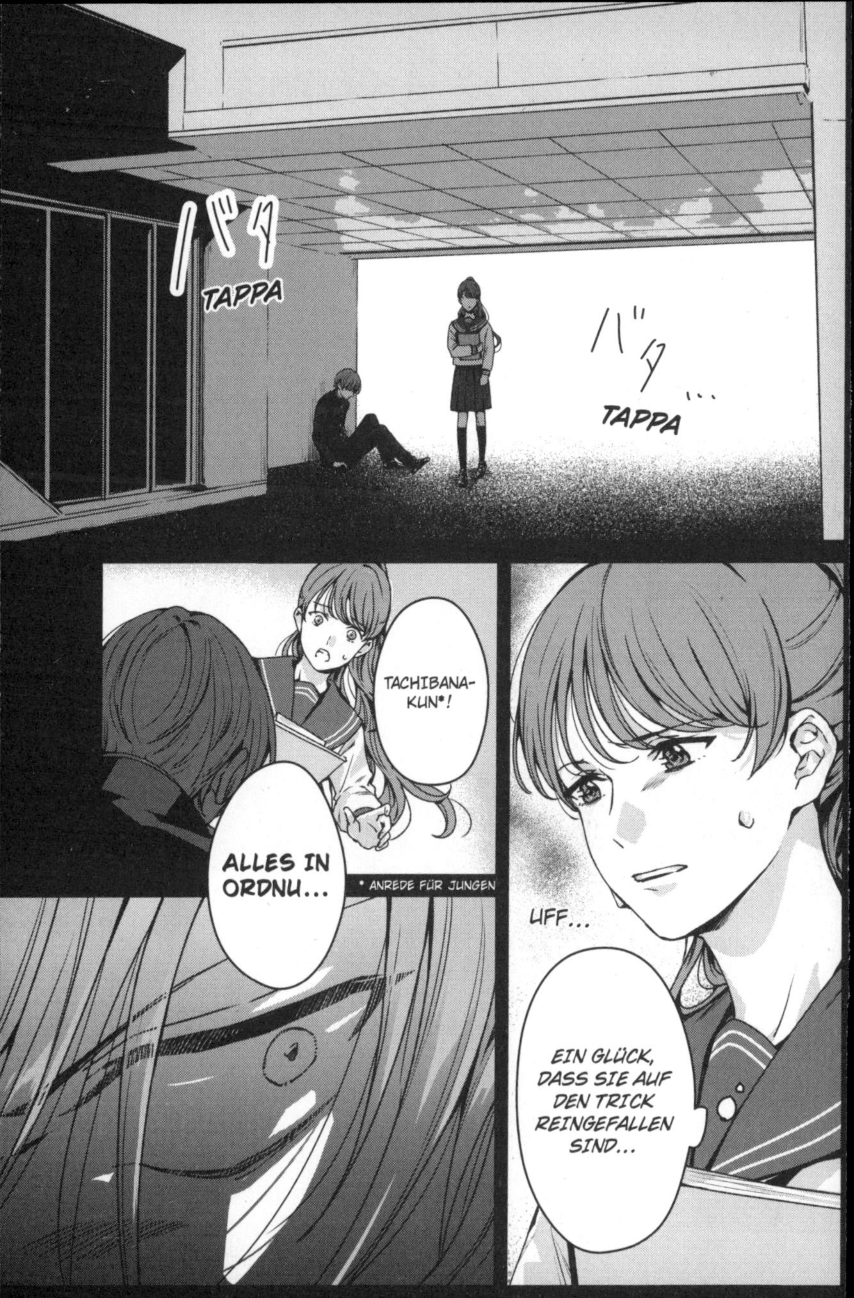
バタ
TAPPA
バタ…
TAPPA
TACHIBANA-KUN*!
ALLES IN ORDNU…
* ANREDE FÜR JUNGEN
UFF…
EIN GLÜCK, DASS SIE AUF DEN TRICK REINGEFALLEN SIND…

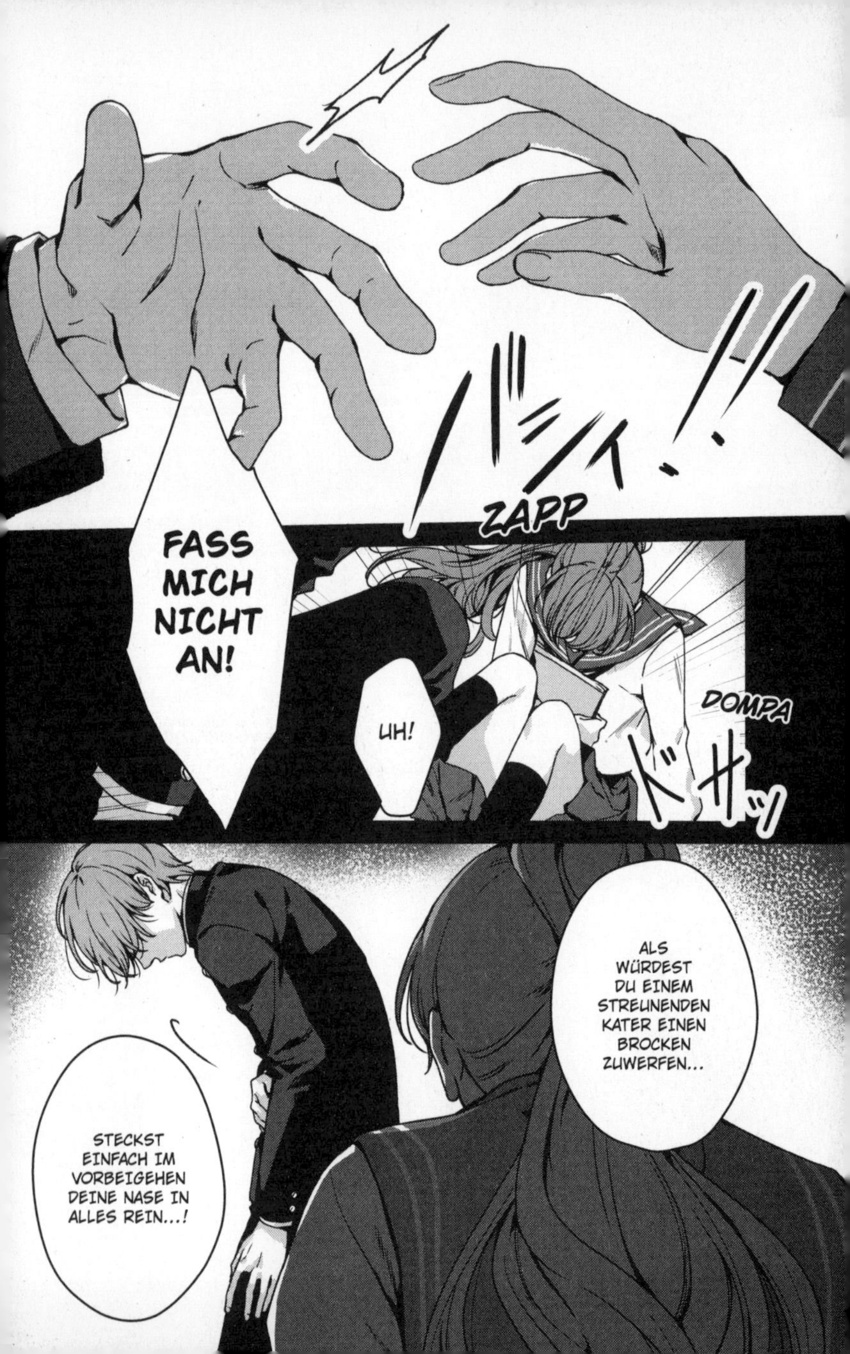
バシィ!!
ZAPP
FASS MICH NICHT AN!
ドサッ
DOMPA
UH!
ALS WÜRDEST DU EINEM STREUNENDEN KATER EINEN BROCKEN ZUWERFEN...
STECKST EINFACH IM VORBEIGEHEN DEINE NASE IN ALLES REIN...!

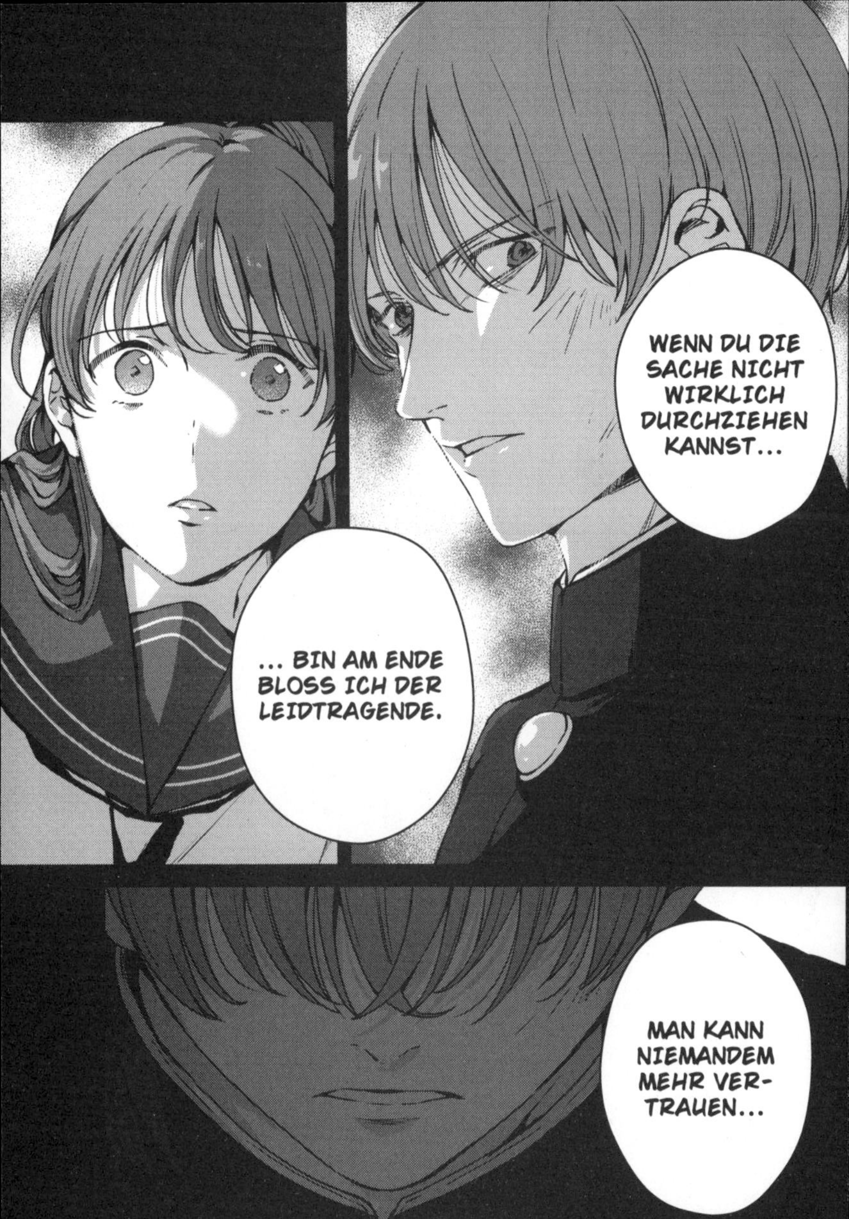
WENN DU DIE SACHE NICHT WIRKLICH DURCHZIEHEN KANNST…
… BIN AM ENDE BLOSS ICH DER LEIDTRAGENDE.
MAN KANN NIEMANDEM MEHR VER-TRAUEN…

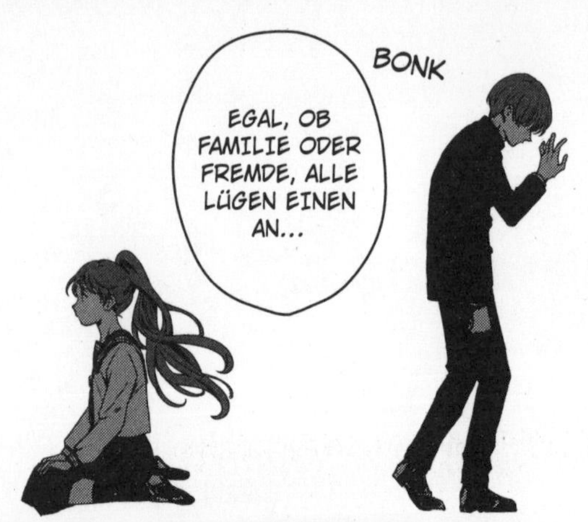
BONK
EGAL, OB FAMILIE ODER FREMDE, ALLE LÜGEN EINEN AN...

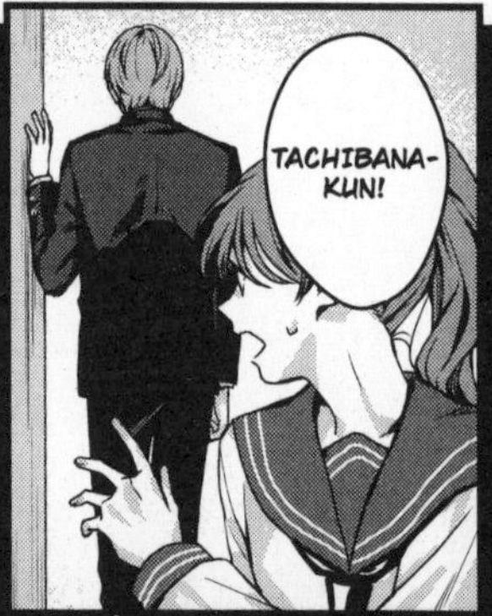
TACHIBANA-KUN!

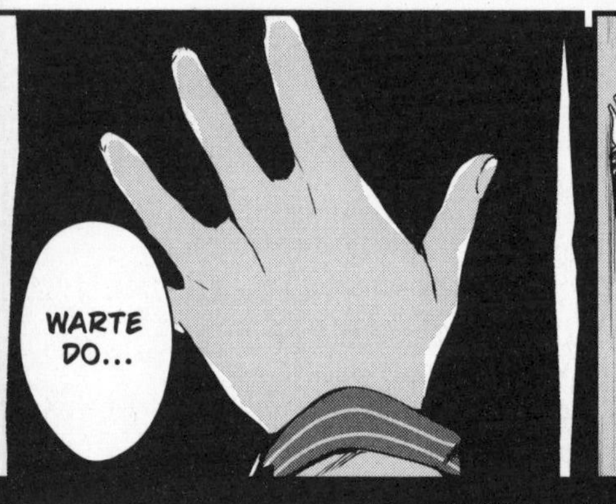
WARTE DO...

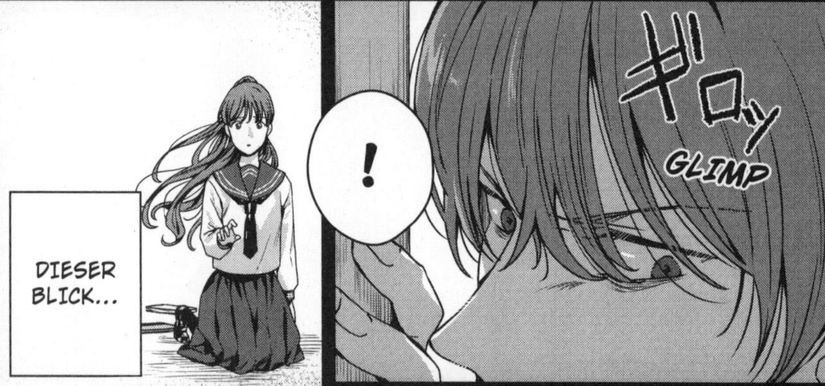
ギロッ
GLIMP
!
DIESER BLICK...

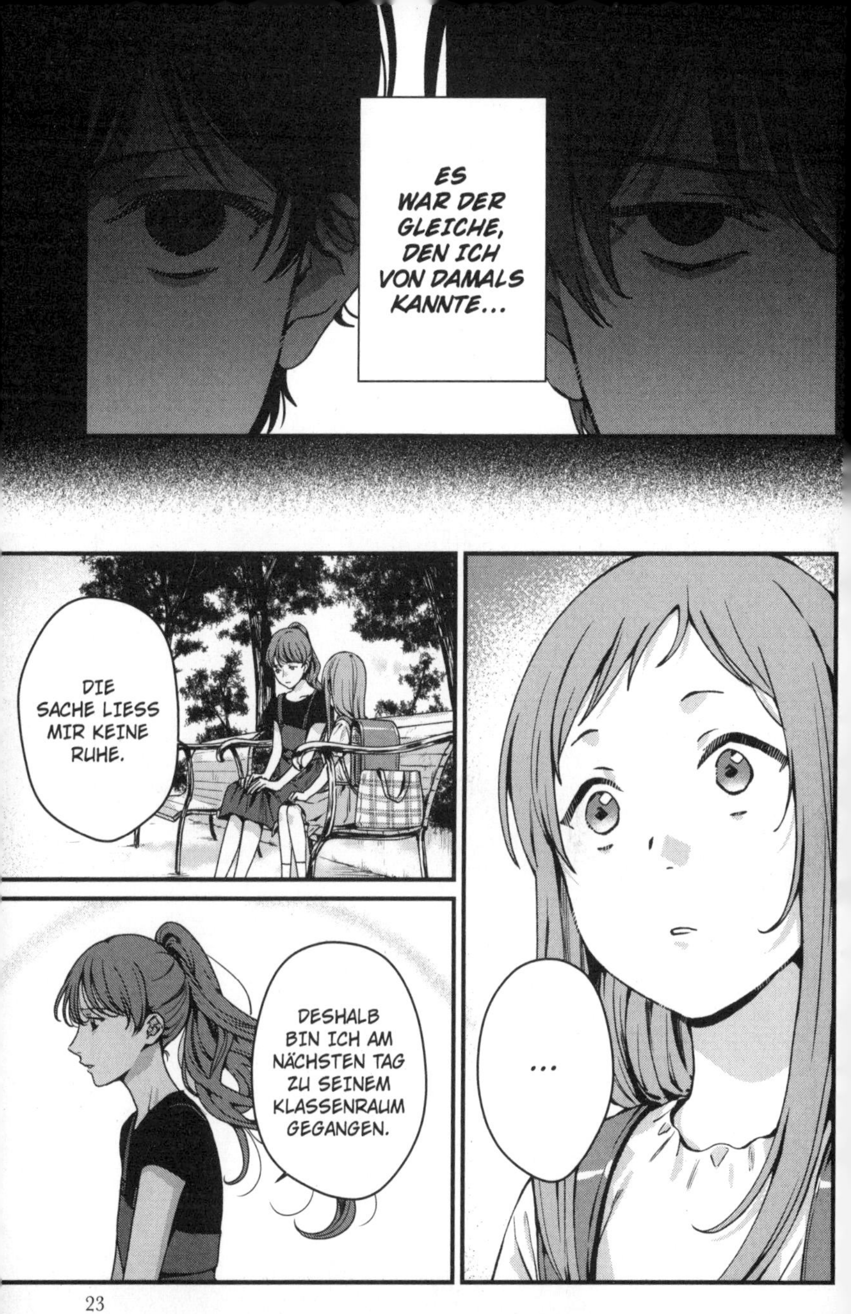

ES WAR DER GLEICHE, DEN ICH VON DAMALS KANNTE…

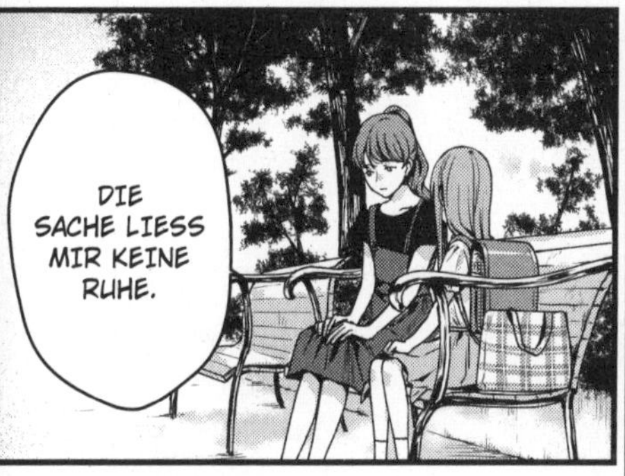

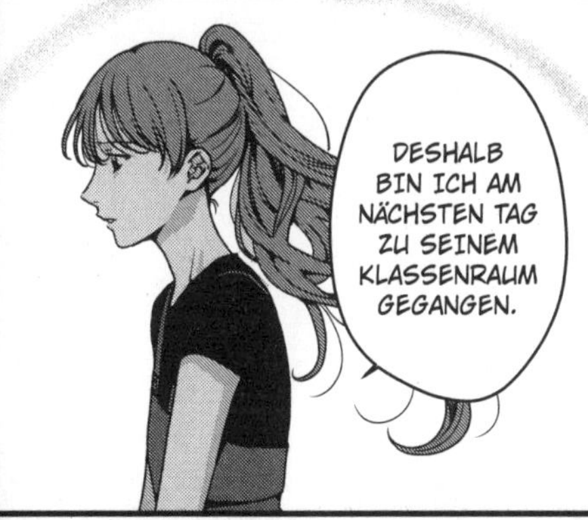

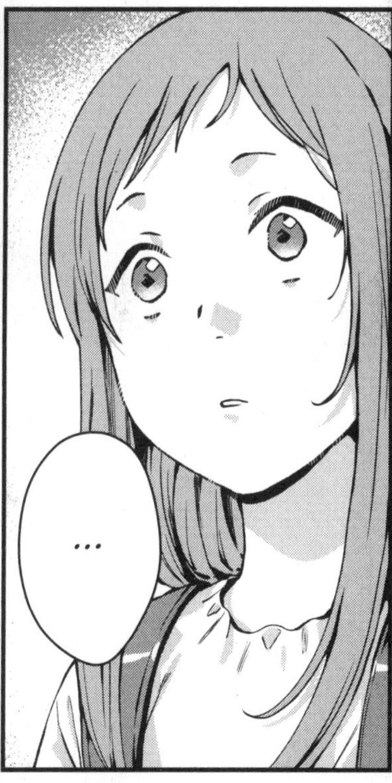

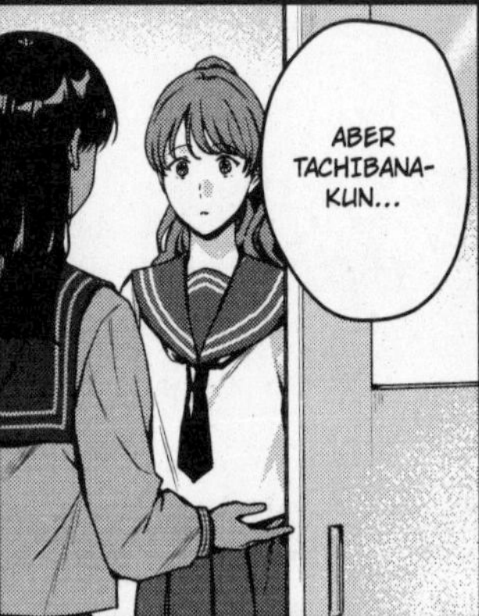
ABER TACHIBANA-KUN...

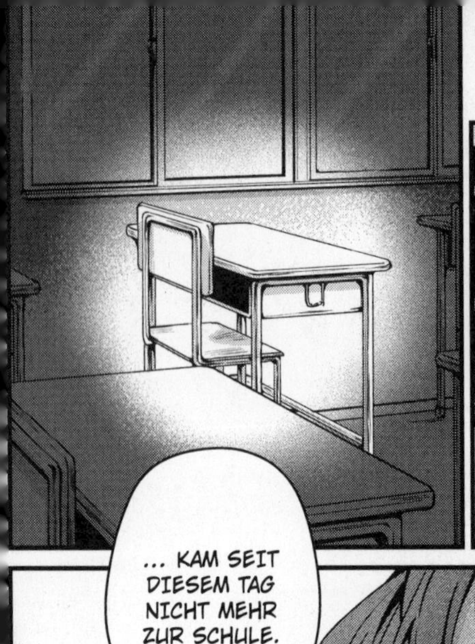
... KAM SEIT DIESEM TAG NICHT MEHR ZUR SCHULE.

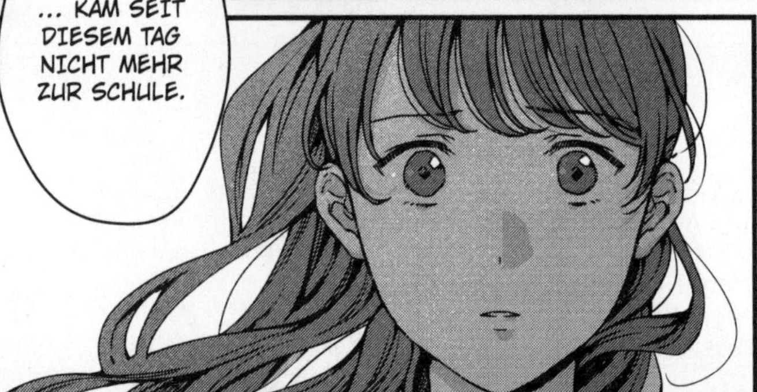

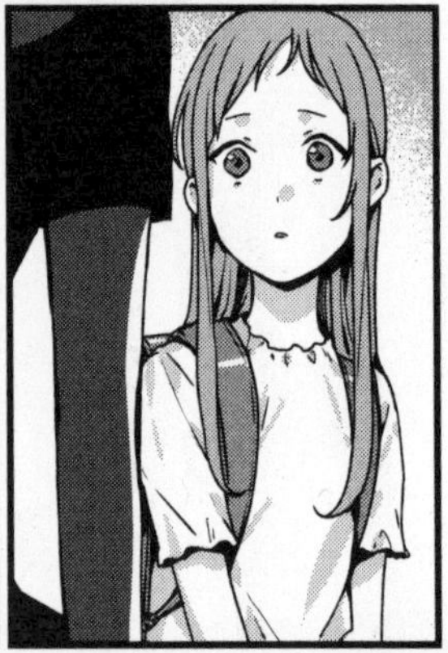

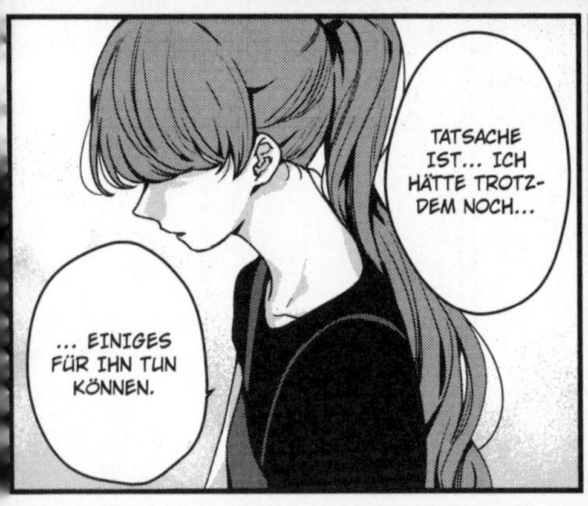
TATSACHE IST... ICH HÄTTE TROTZ-DEM NOCH...
... EINIGES FÜR IHN TUN KÖNNEN.

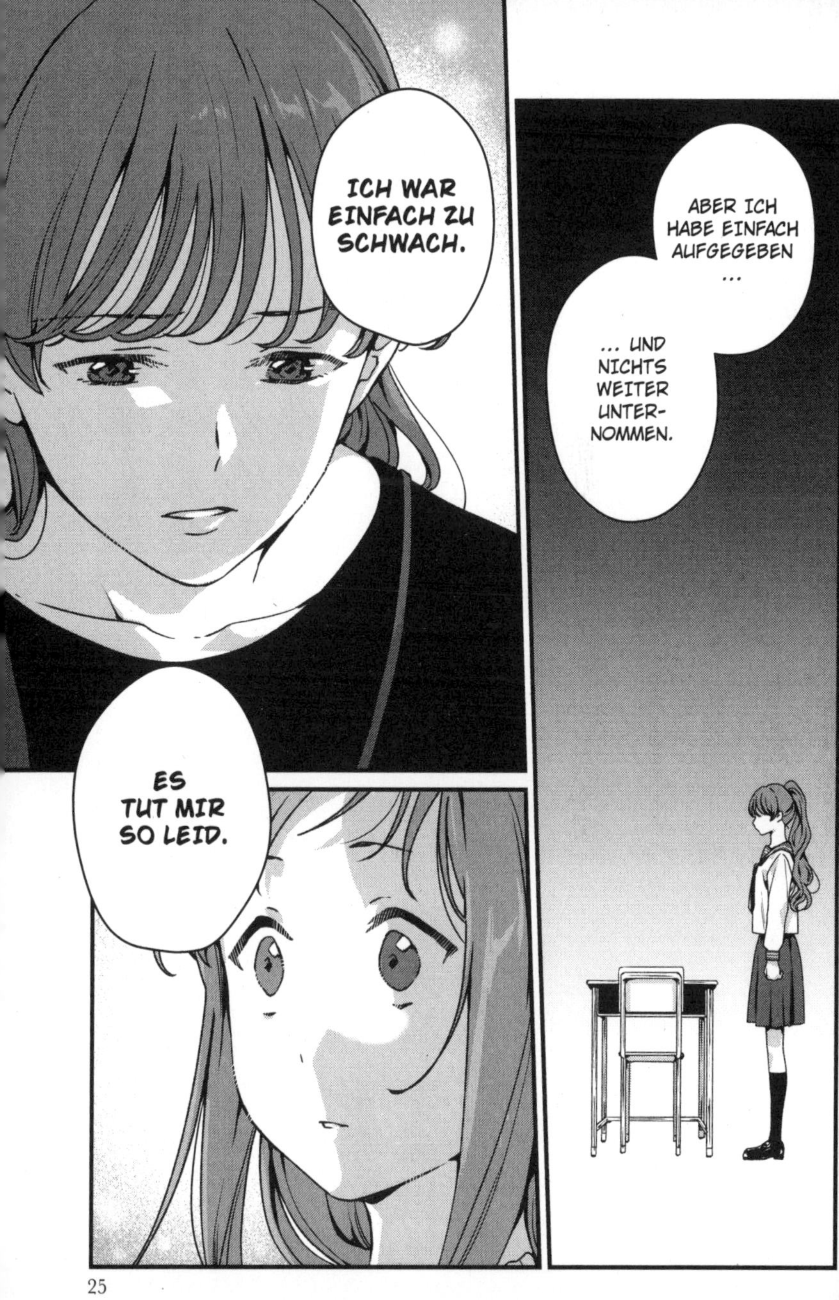

ABER ICH HABE EINFACH AUFGEGEBEN ...
... UND NICHTS WEITER UNTER-NOMMEN.
ICH WAR EINFACH ZU SCHWACH.
ES TUT MIR SO LEID.

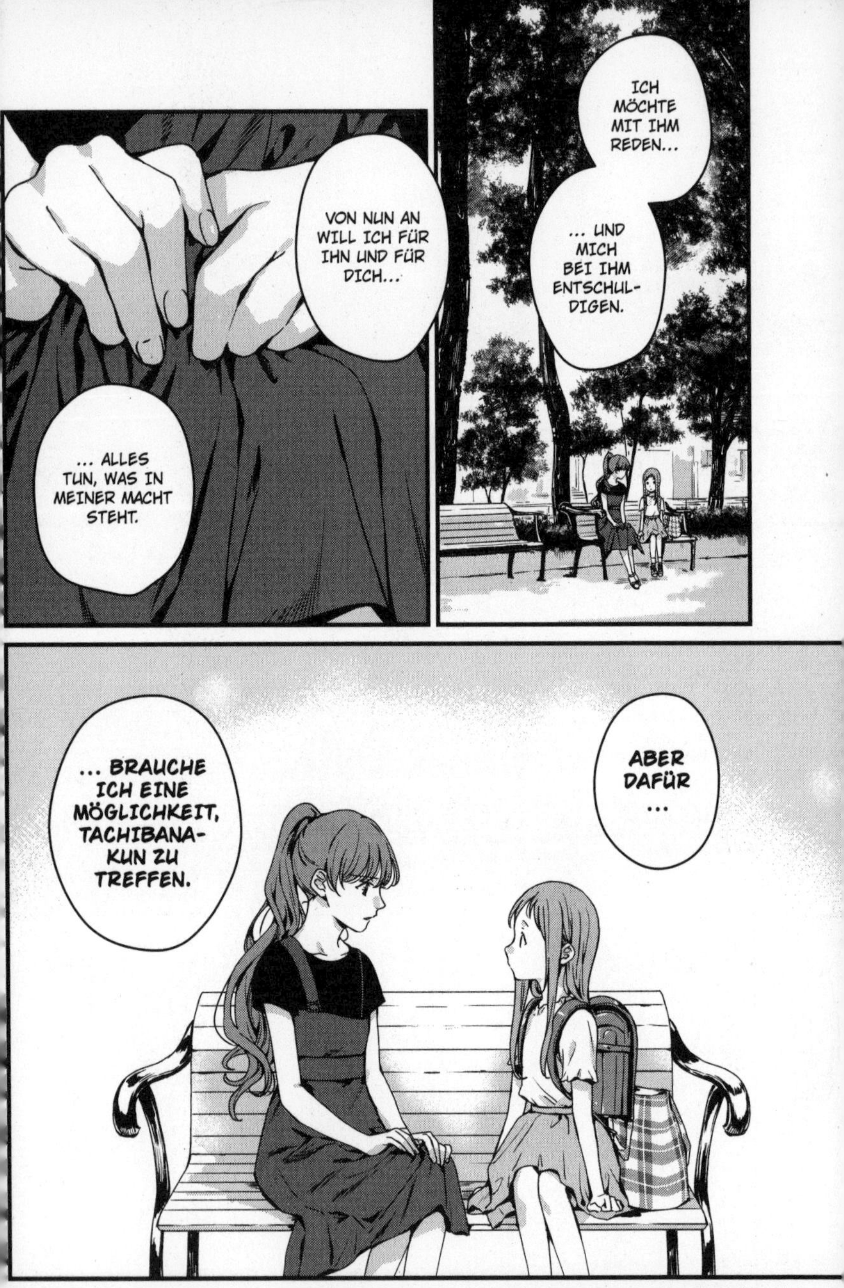

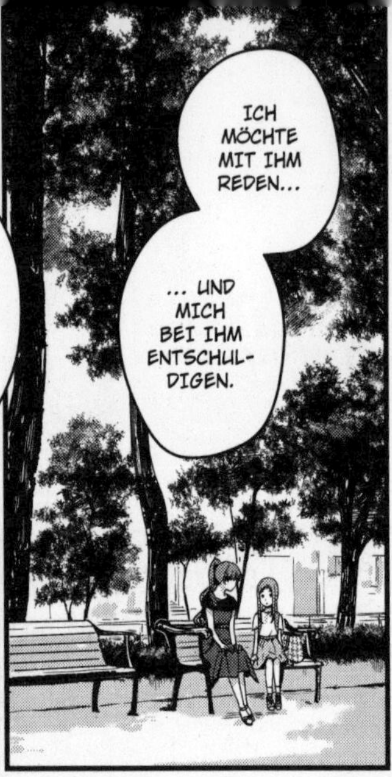
ICH MÖCHTE MIT IHM REDEN…
… UND MICH BEI IHM ENTSCHULDIGEN.

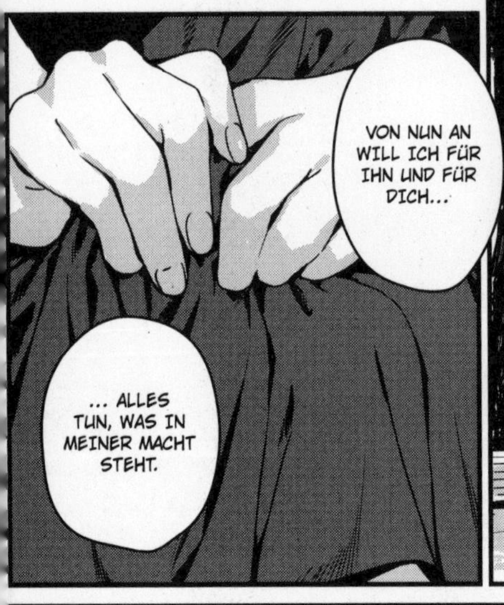
VON NUN AN WILL ICH FÜR IHN UND FÜR DICH…
… ALLES TUN, WAS IN MEINER MACHT STEHT.

ABER DAFÜR …
… BRAUCHE ICH EINE MÖGLICHKEIT, TACHIBANA-KUN ZU TREFFEN.

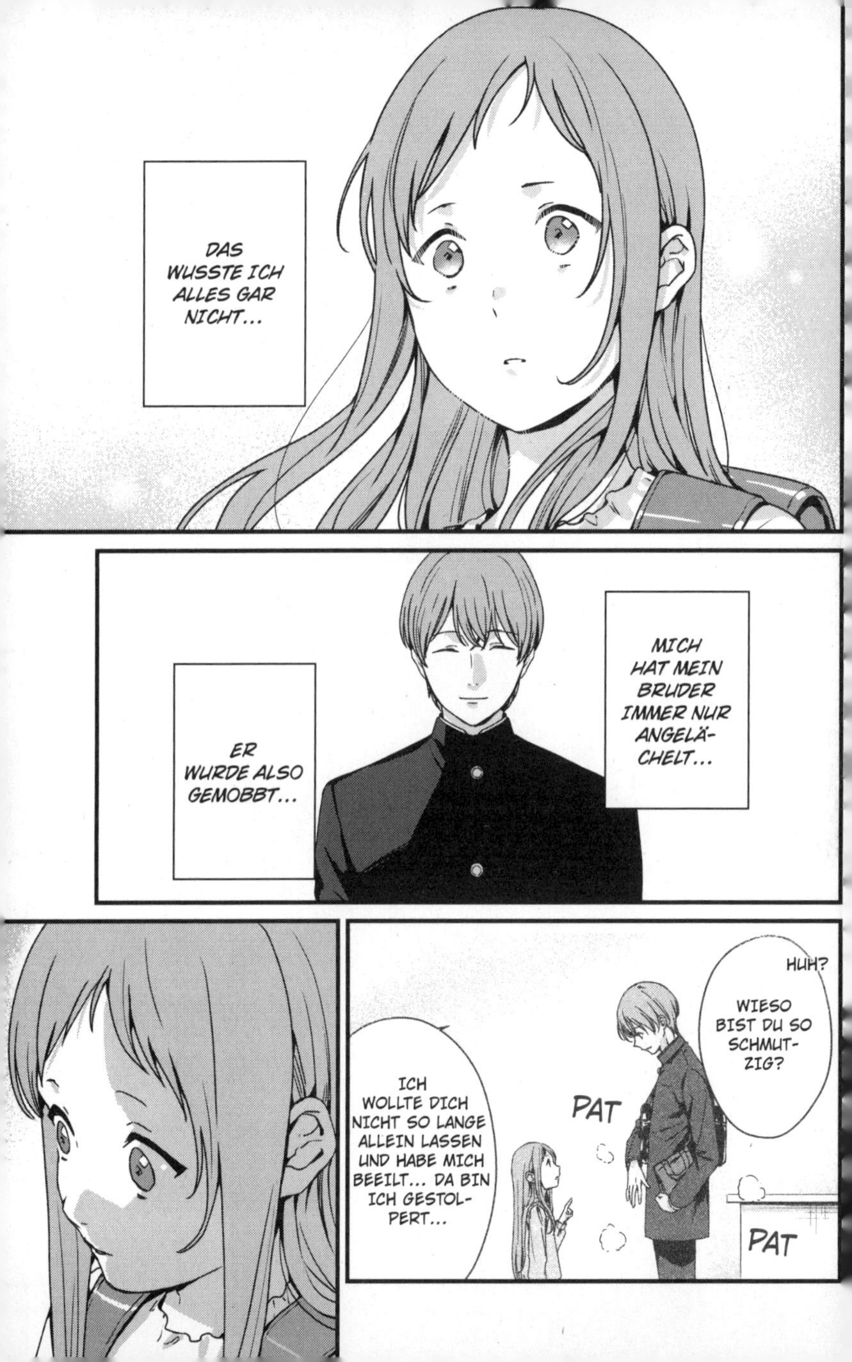

DAS WUSSTE ICH ALLES GAR NICHT…

MICH HAT MEIN BRUDER IMMER NUR ANGELÄCHELT…

ER WURDE ALSO GEMOBBT…

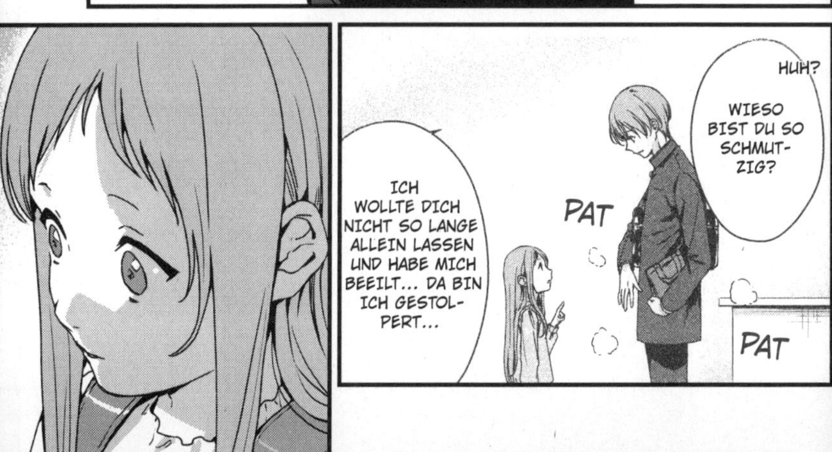

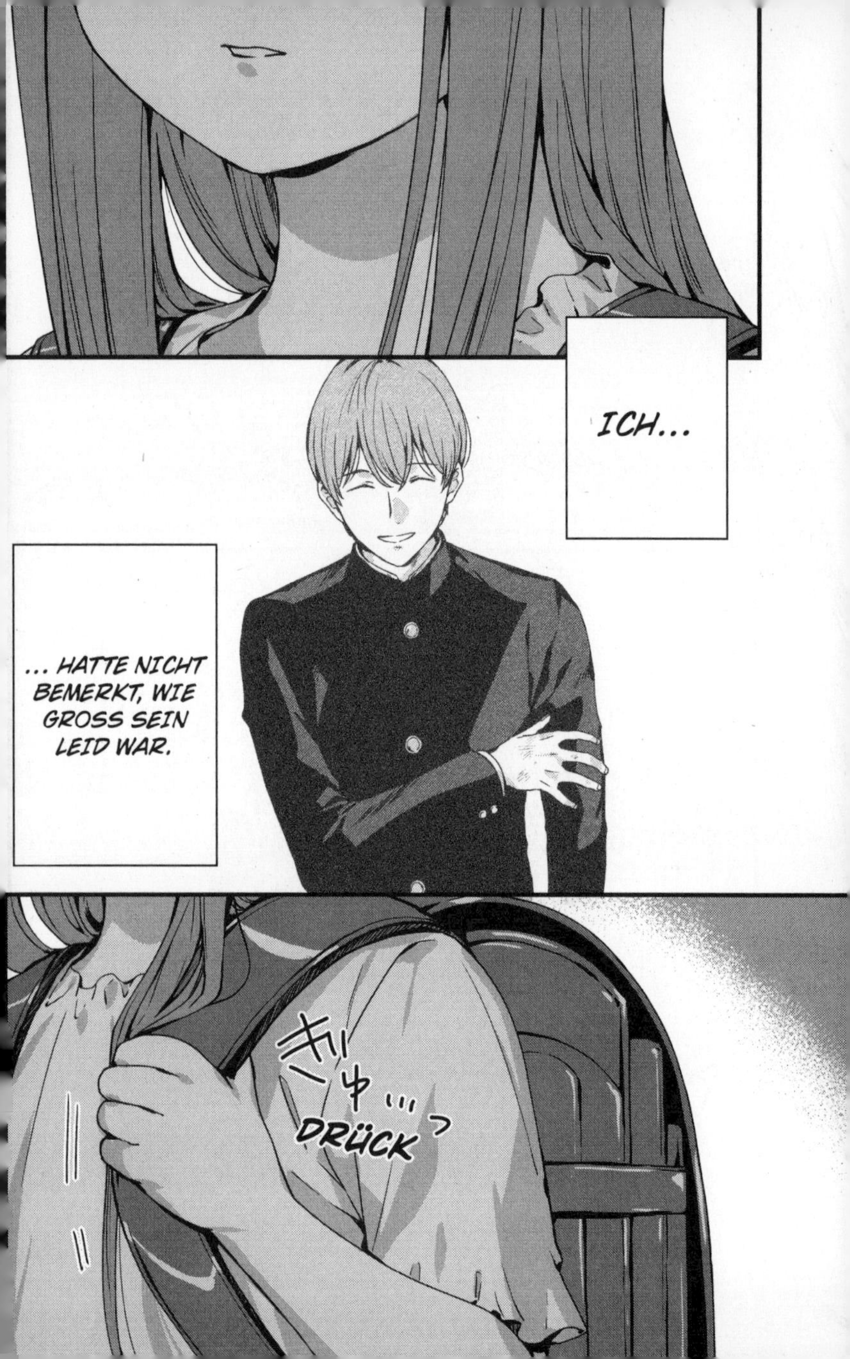
ICH...
... HATTE NICHT BEMERKT, WIE GROSS SEIN LEID WAR.
DRÜCK

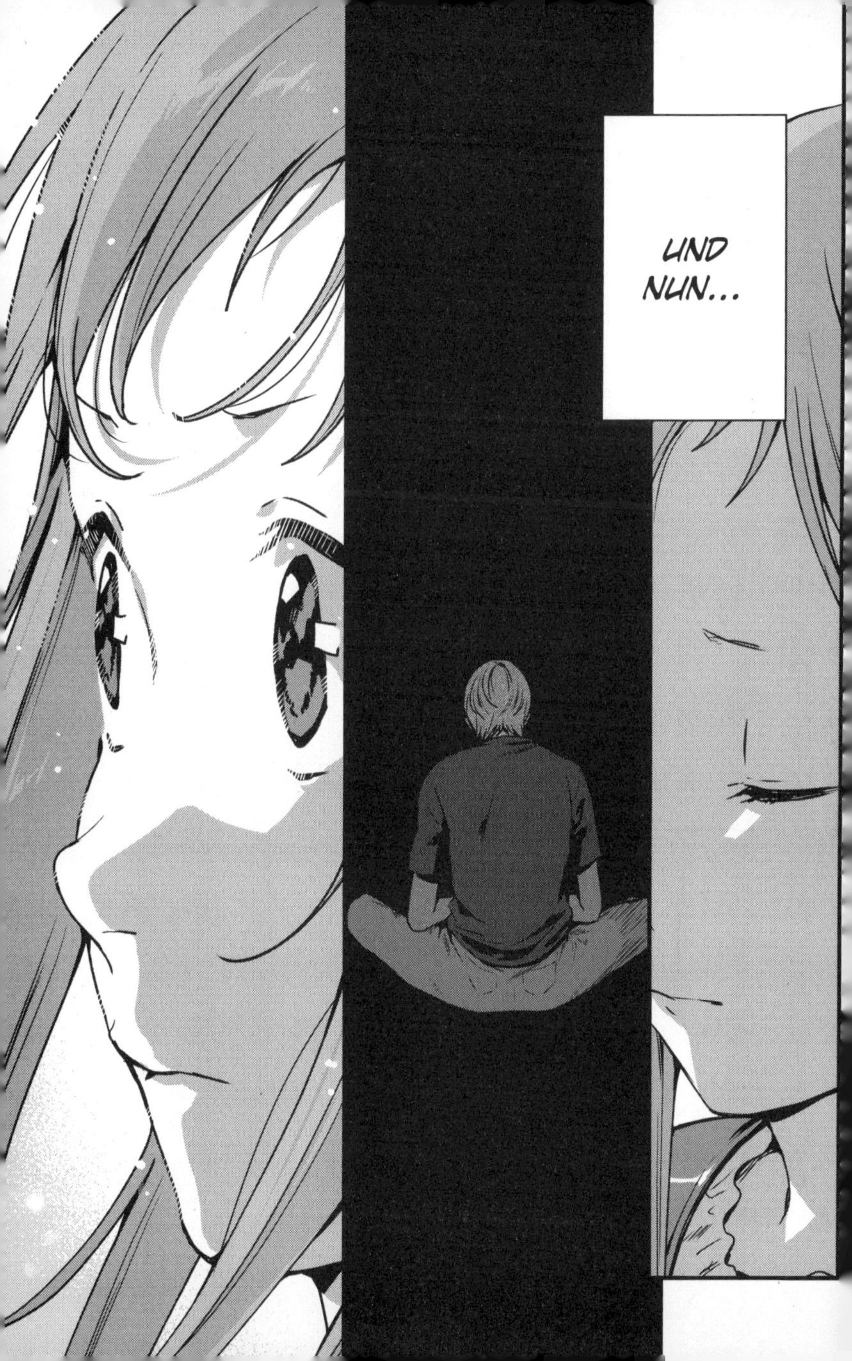
UND
NUN...

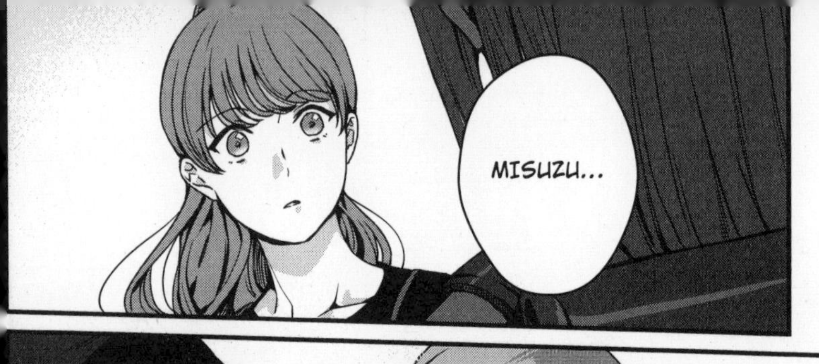
MISUZU...
DU HAST ES SEHR WOHL VERDIENT ...
... MEIN VORBILD ZU SEIN.
ICH DANKE DIR, DASS DU MIT MEINEM BRUDER REDEN...
... UND IHM HELFEN WILLST.
ICH WERDE DAFÜR SORGEN...
... DASS DU IHN TREFFEN KANNST!

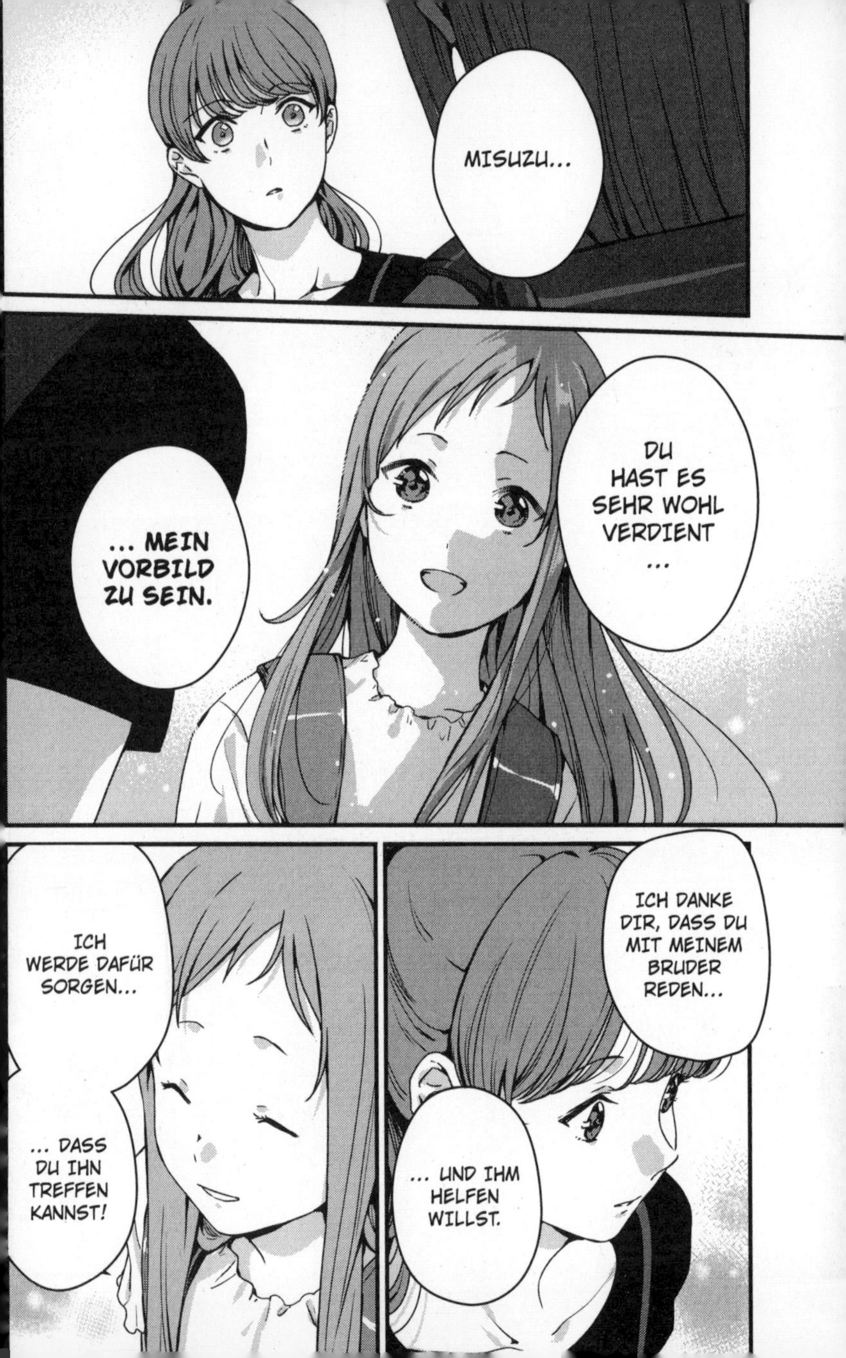

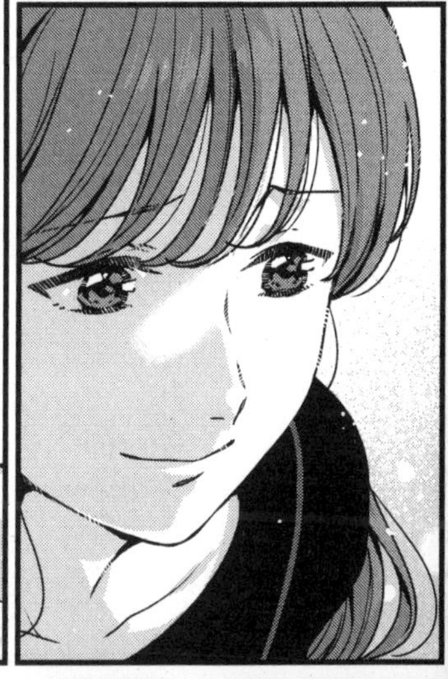
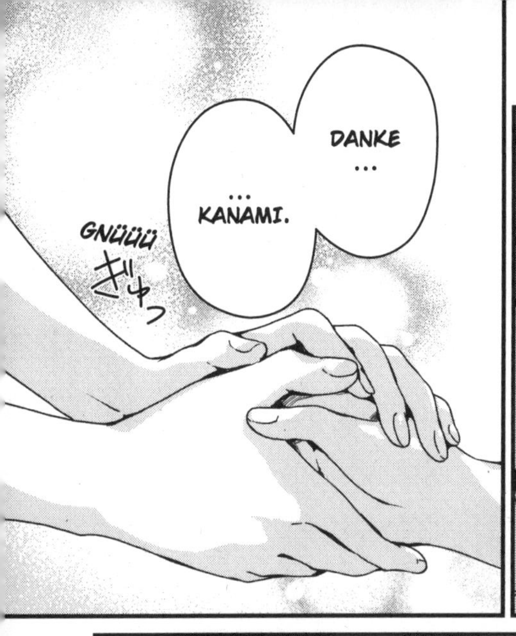
DANKE ...
... KANAMI.
GNÜÜÜ
ぎゅっ
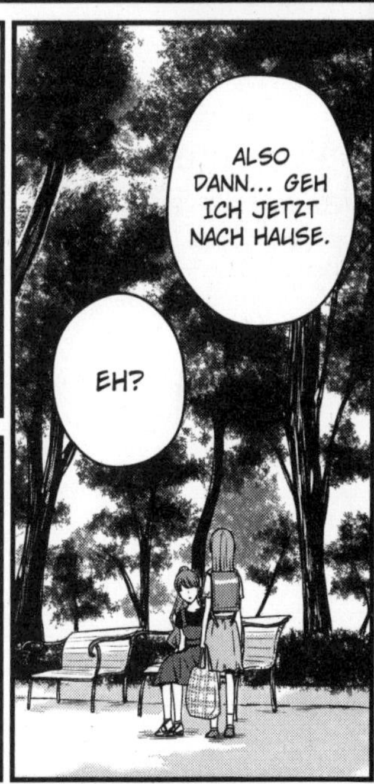
ALSO DANN... GEH ICH JETZT NACH HAUSE.
EH?
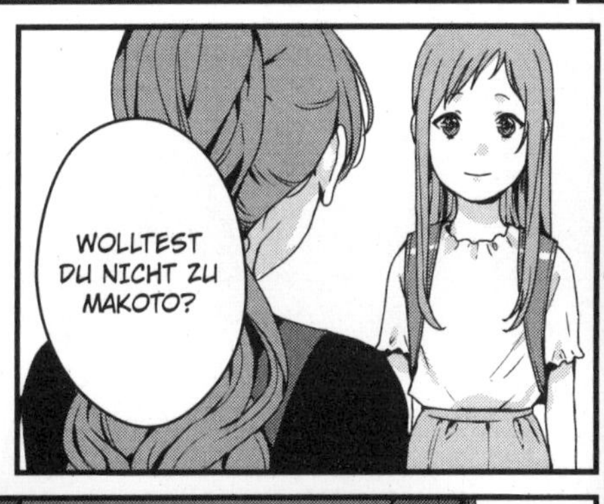
WOLLTEST DU NICHT ZU MAKOTO?
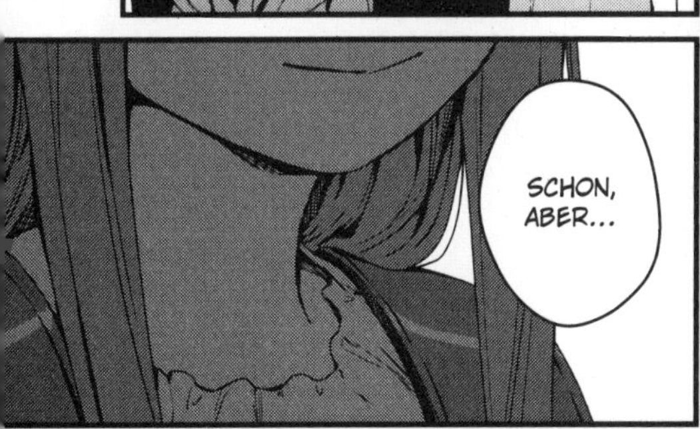
SCHON, ABER...

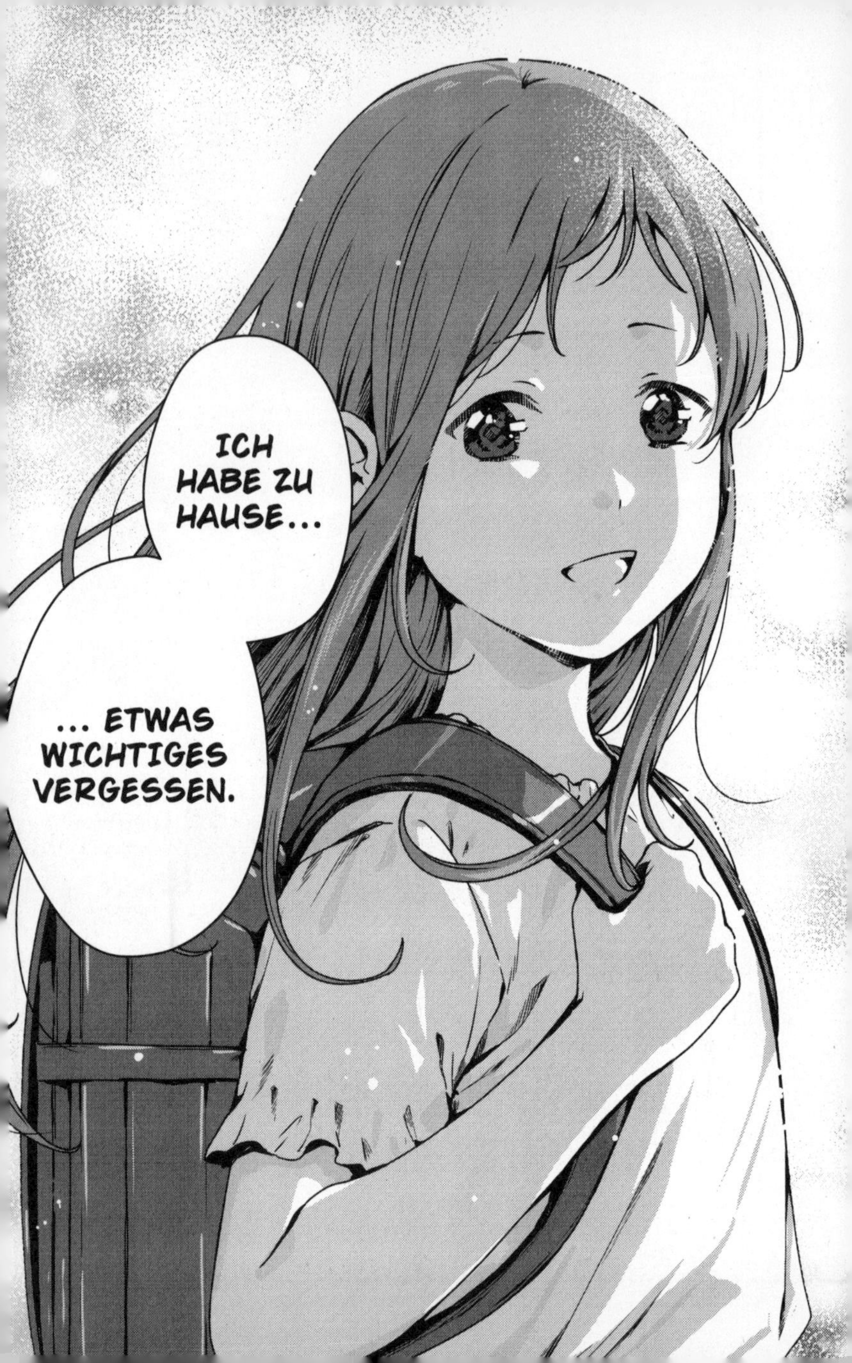
ICH HABE ZU HAUSE...
... ETWAS WICHTIGES VERGESSEN.

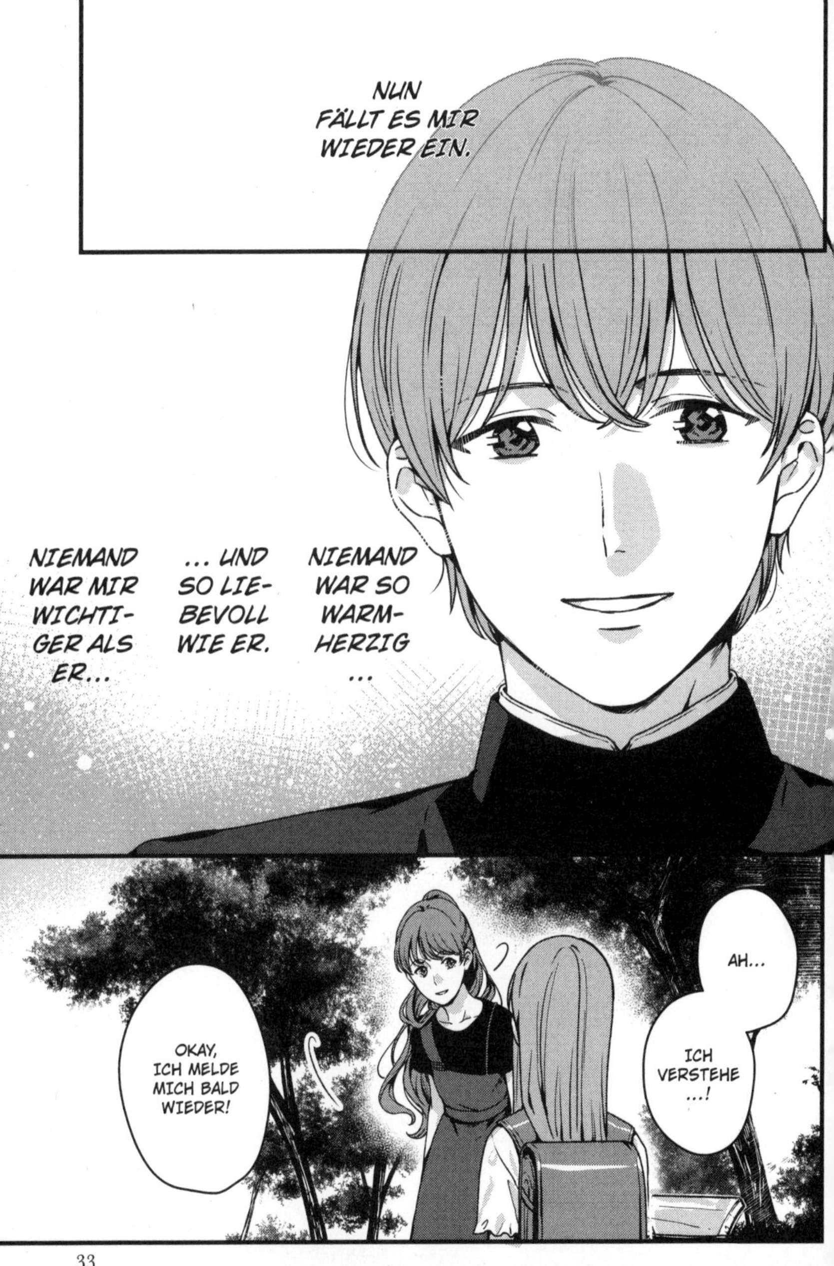
NUN FÄLLT ES MIR WIEDER EIN.
NIEMAND WAR SO WARM-HERZIG …
… UND SO LIE-BEVOLL WIE ER.
NIEMAND WAR MIR WICHTI-GER ALS ER…
AH…
ICH VERSTEHE …!
OKAY, ICH MELDE MICH BALD WIEDER!

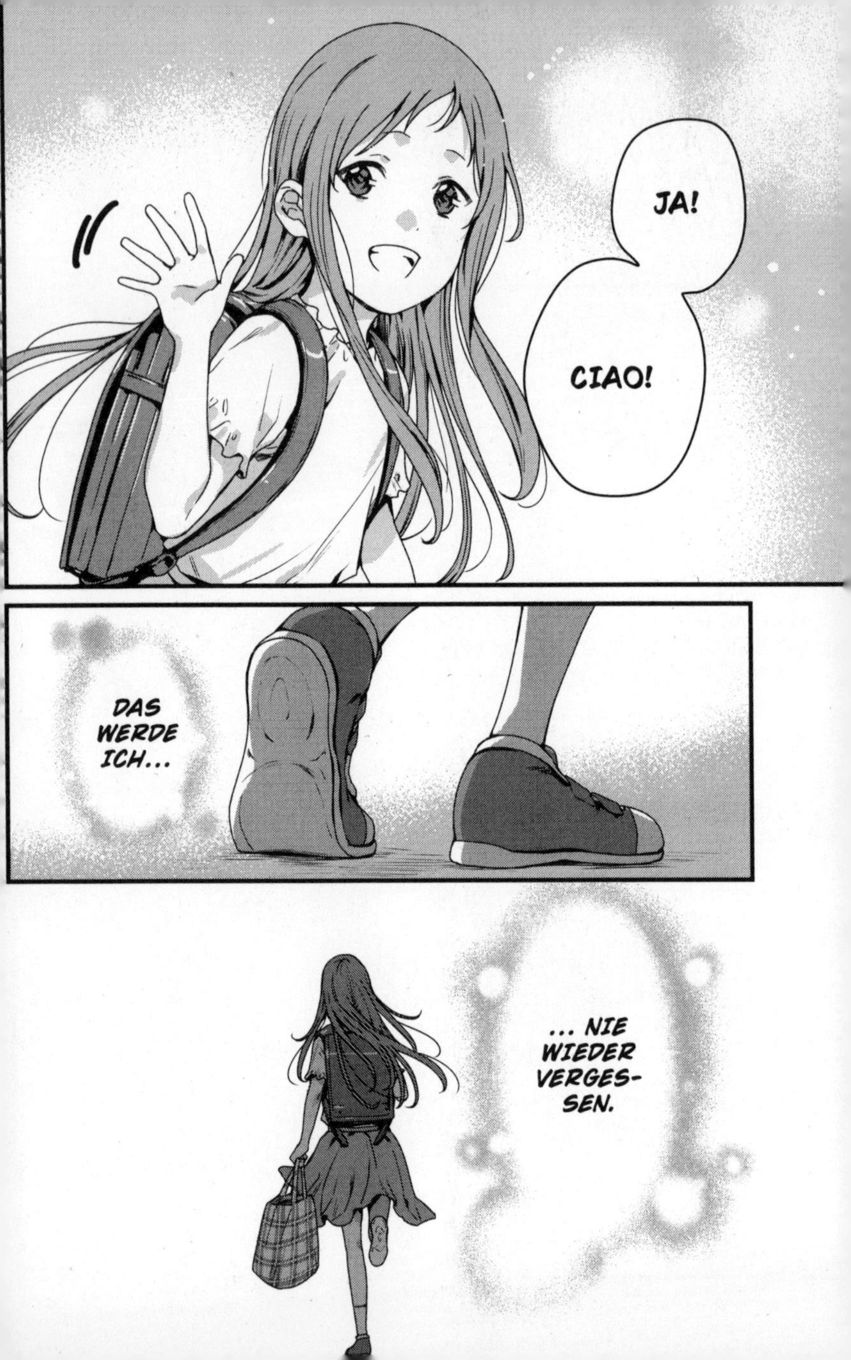

JA!

CIAO!

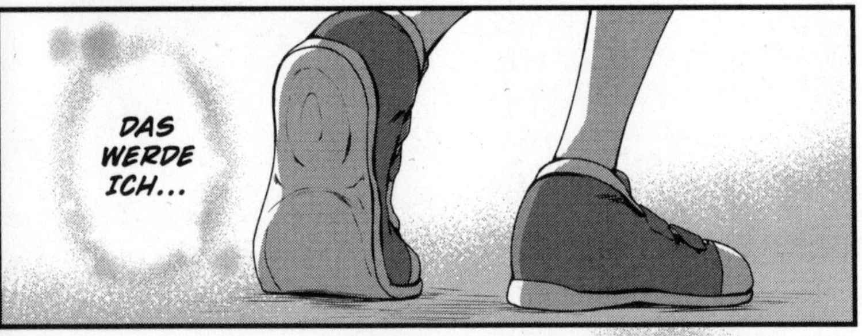

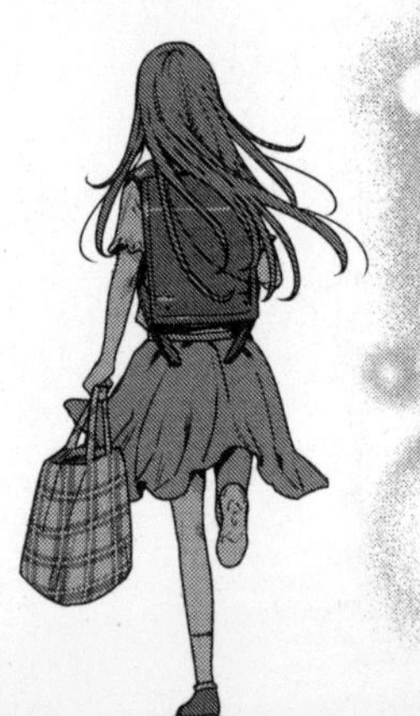

Brother for Rent

4

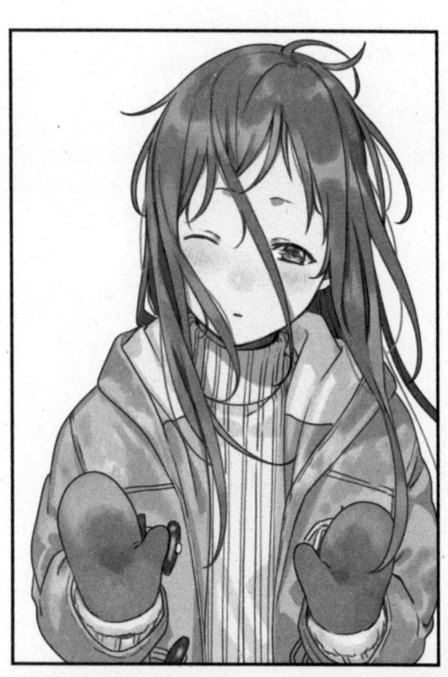

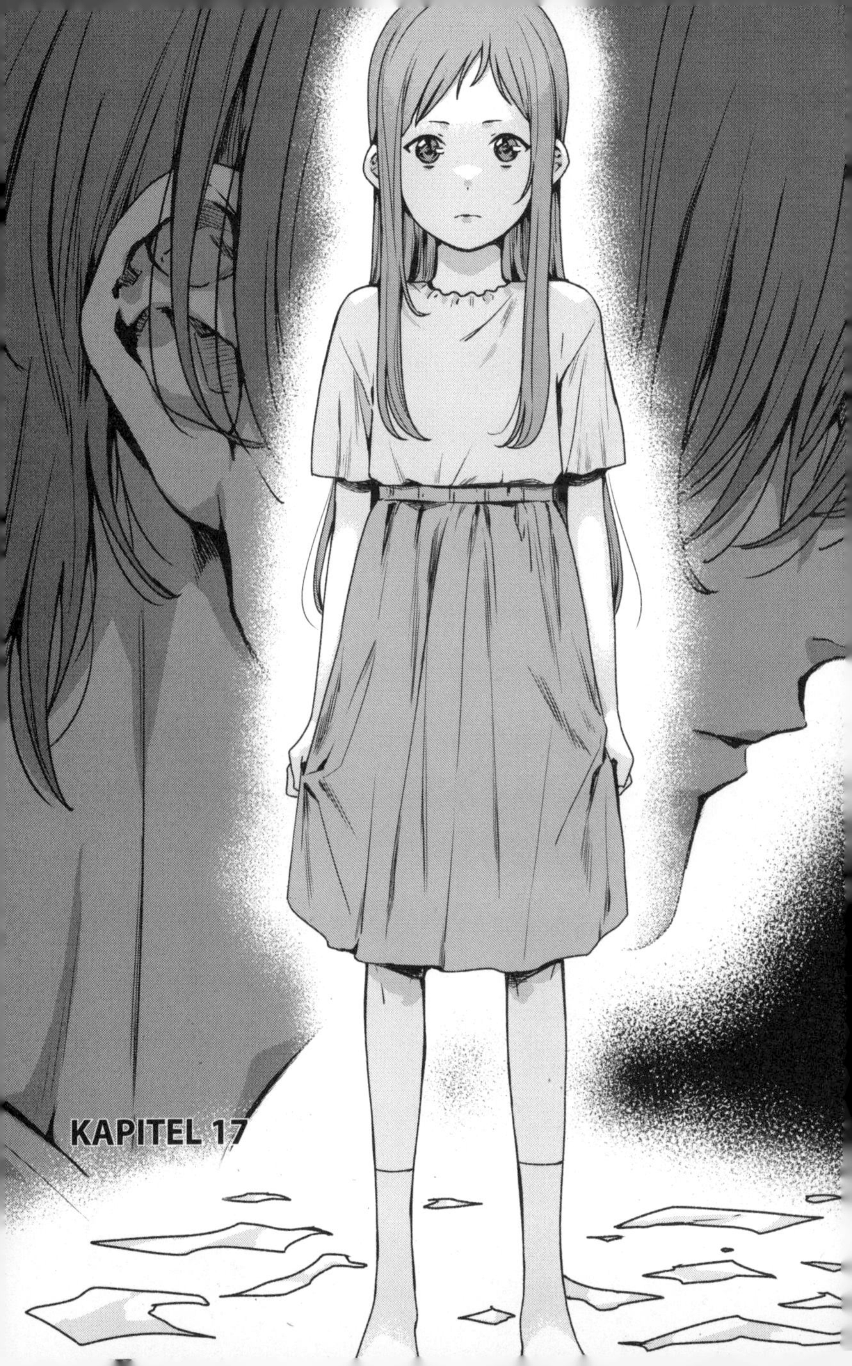
KAPITEL 17

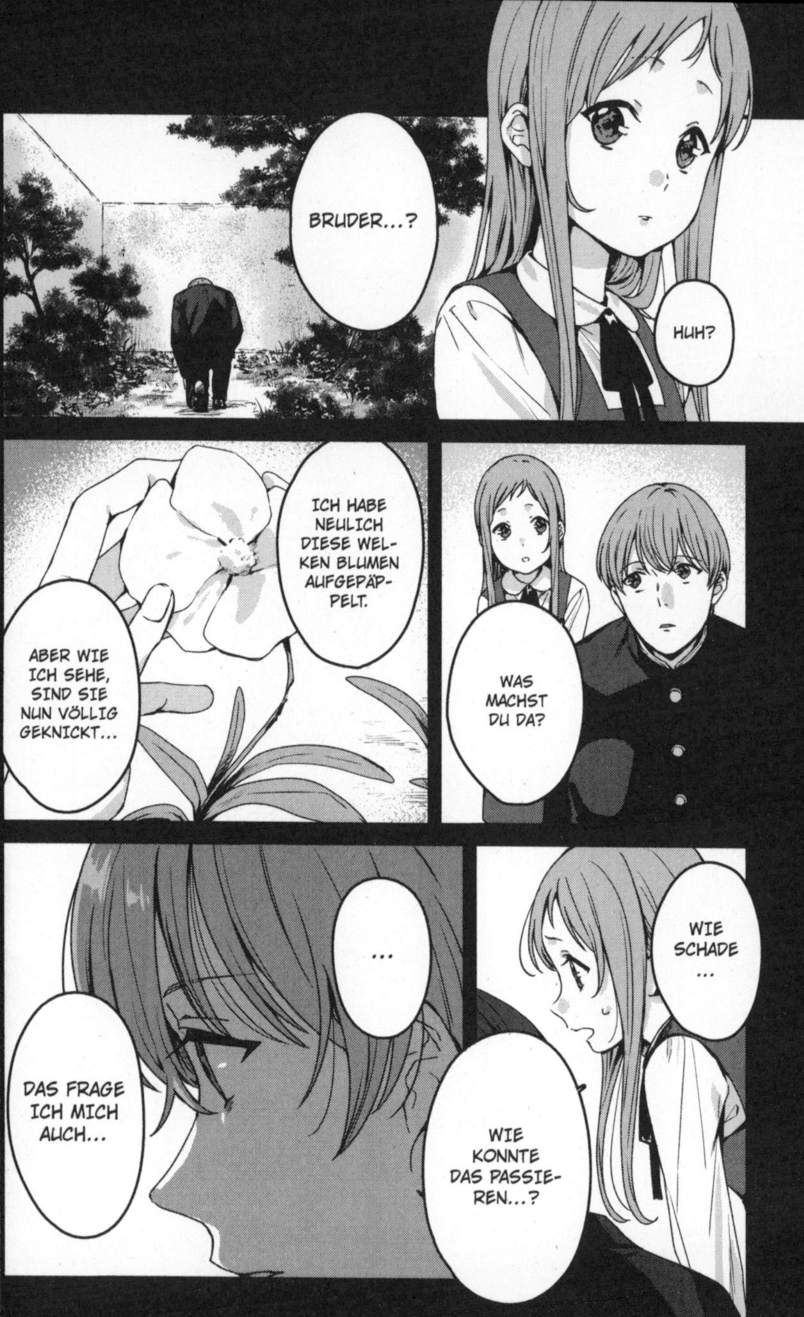
HUH?
BRUDER...?
WAS MACHST DU DA?
ICH HABE NEULICH DIESE WEL-KEN BLUMEN AUFGEPÄP-PELT.
ABER WIE ICH SEHE, SIND SIE NUN VÖLLIG GEKNICKT...
WIE SCHADE ...
WIE KONNTE DAS PASSIE-REN...?
...
DAS FRAGE ICH MICH AUCH...

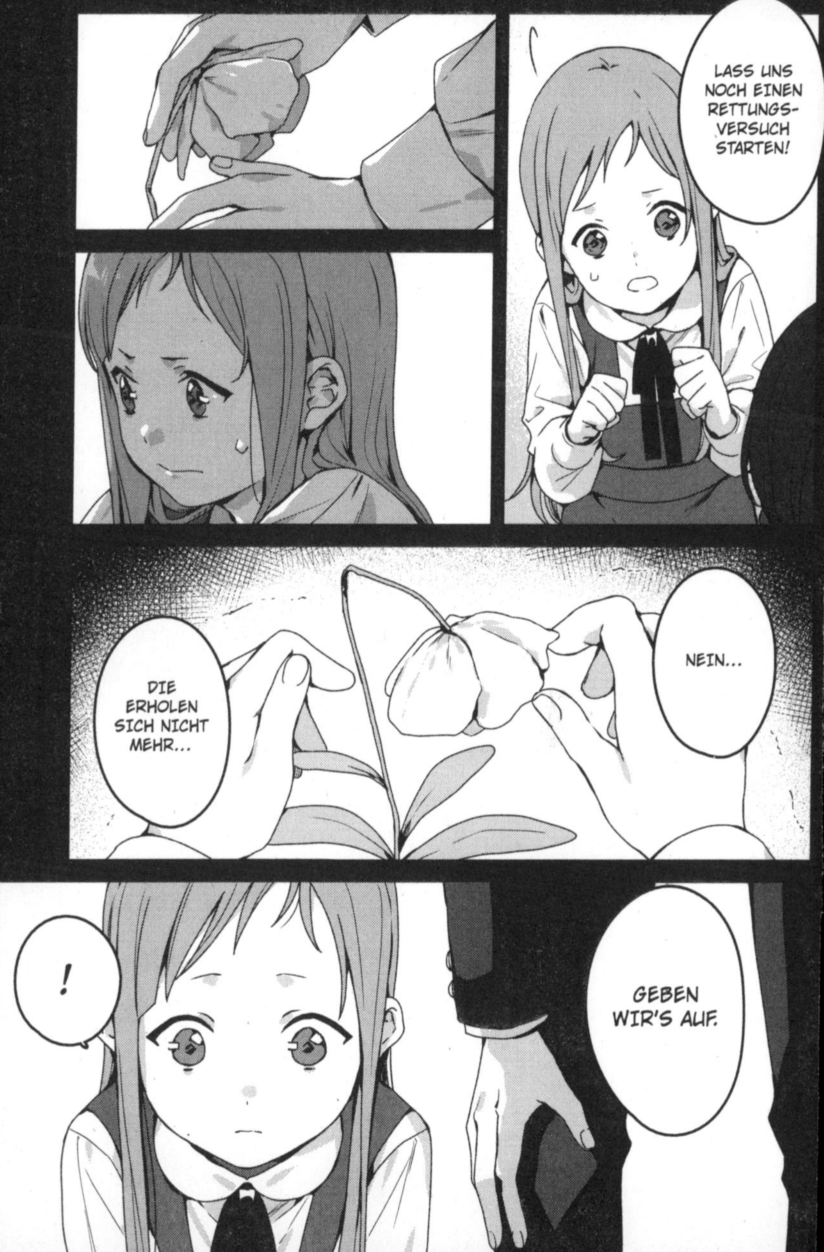
LASS UNS NOCH EINEN RETTUNGS-VERSUCH STARTEN!
NEIN...
DIE ERHOLEN SICH NICHT MEHR...
GEBEN WIR'S AUF.
!

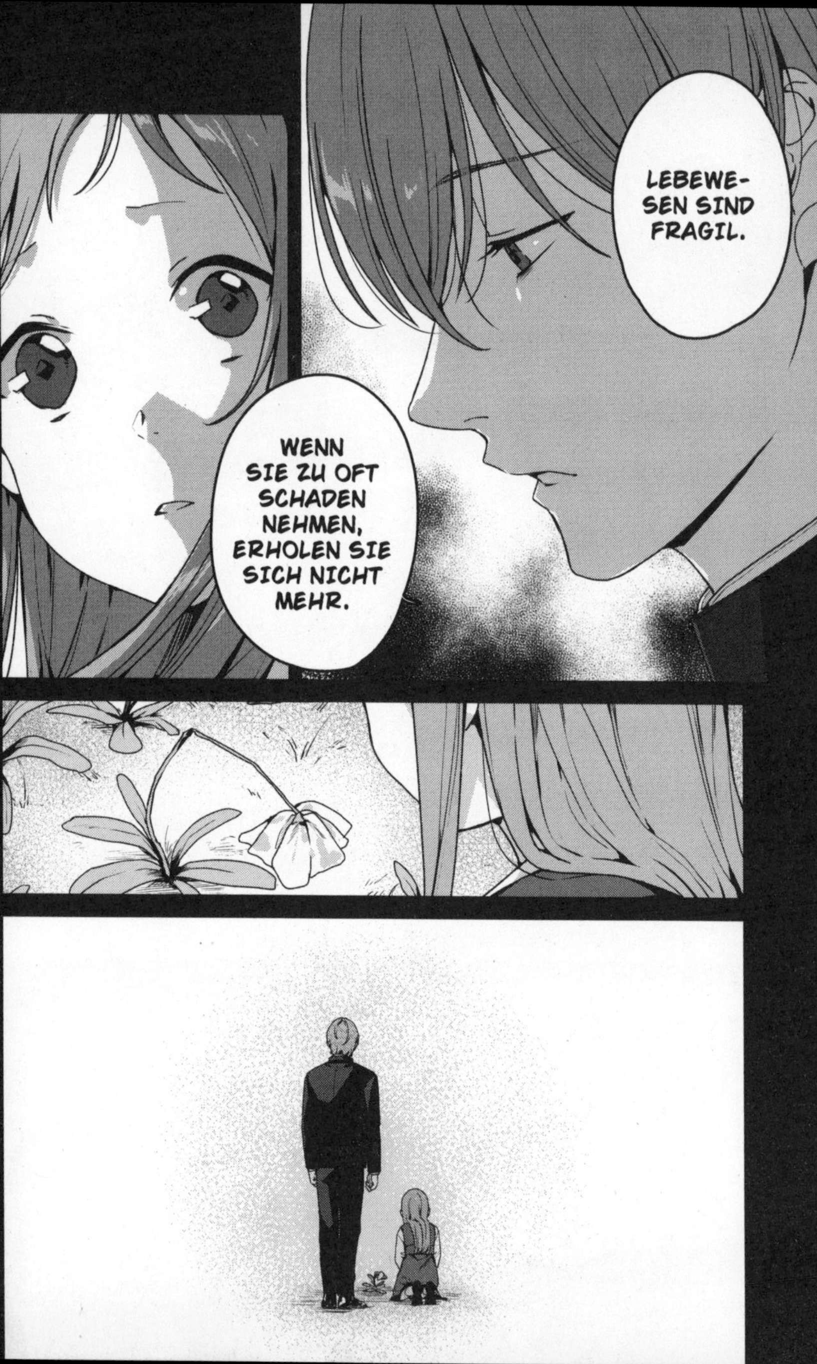
LEBEWE-
SEN SIND
FRAGIL.
WENN
SIE ZU OFT
SCHADEN
NEHMEN,
ERHOLEN SIE
SICH NICHT
MEHR.

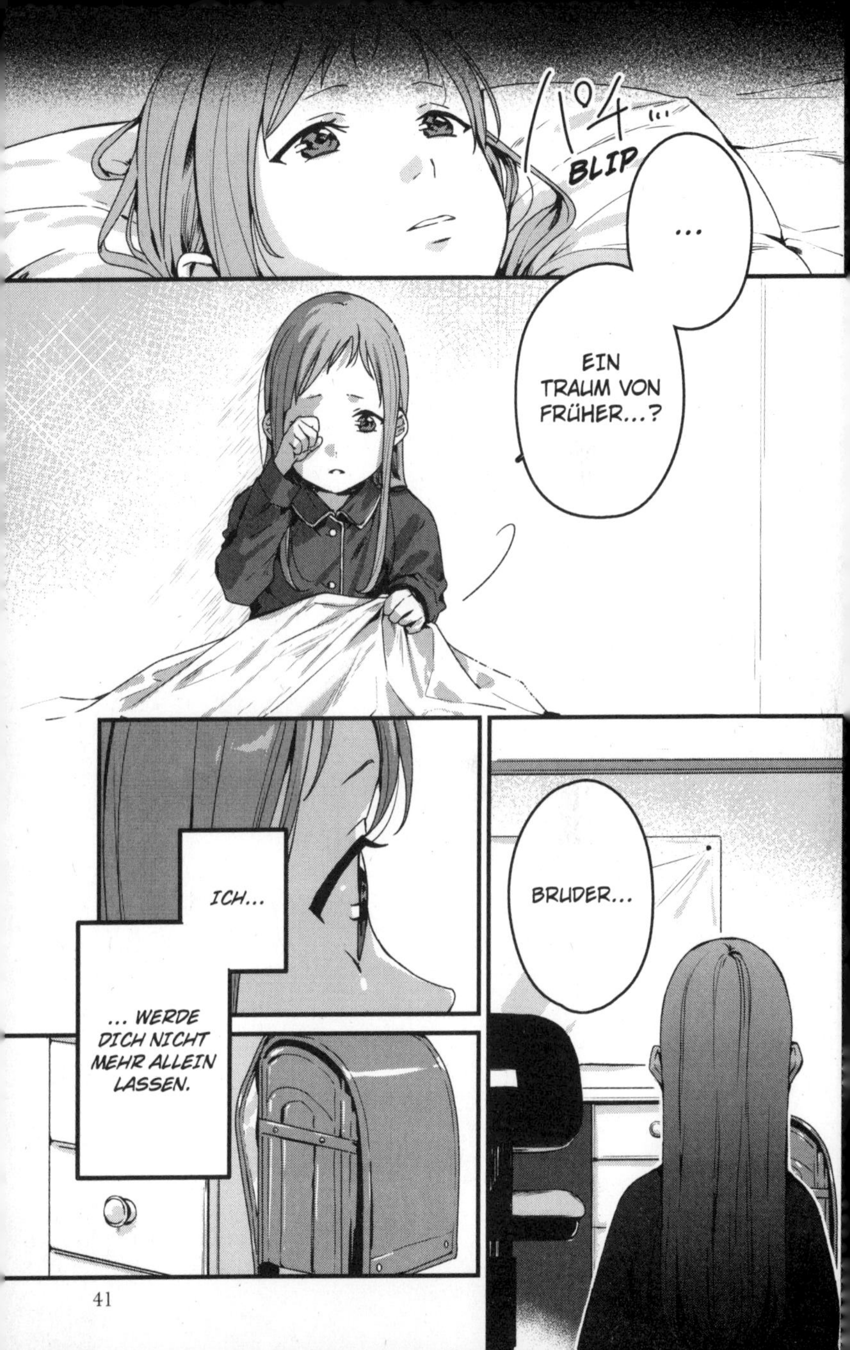
BLIP
...
EIN TRAUM VON FRÜHER...?
BRUDER...
ICH...
... WERDE DICH NICHT MEHR ALLEIN LASSEN.

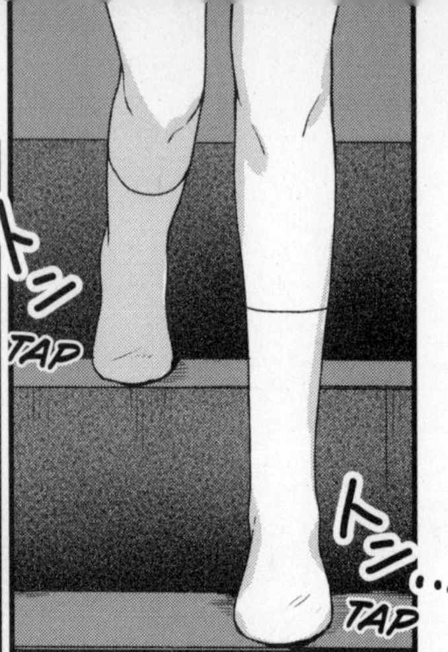
トッ
TAP
トッ…
TAP

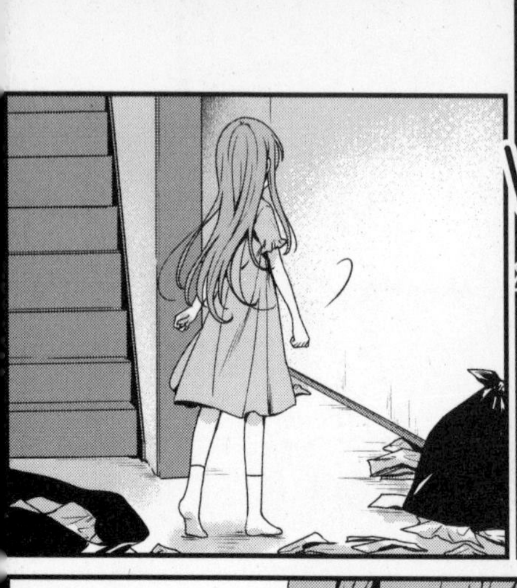

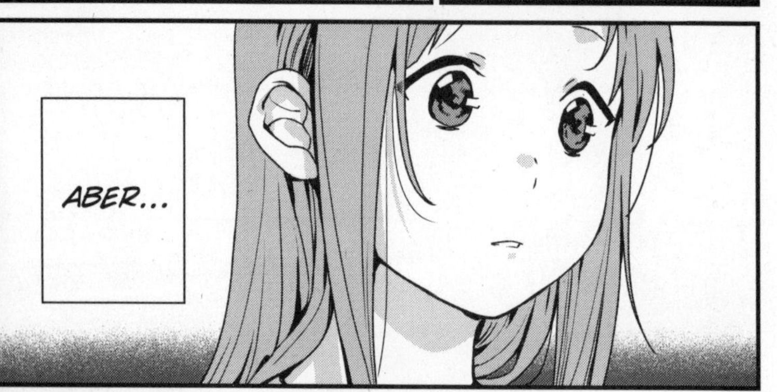
ABER…

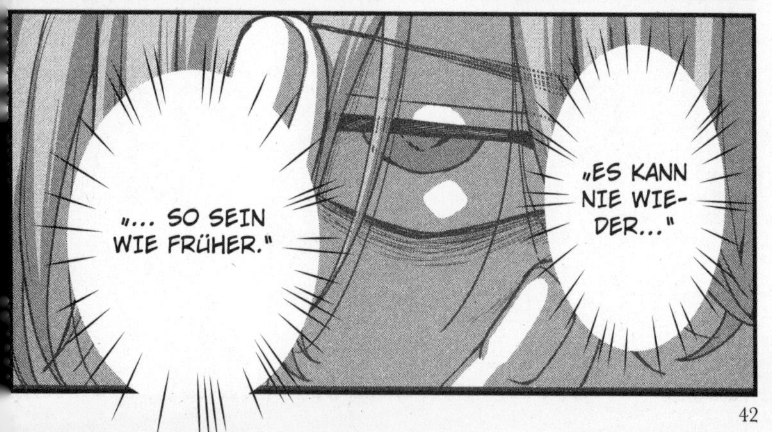
„ES KANN NIE WIE-DER…“
„… SO SEIN WIE FRÜHER.“

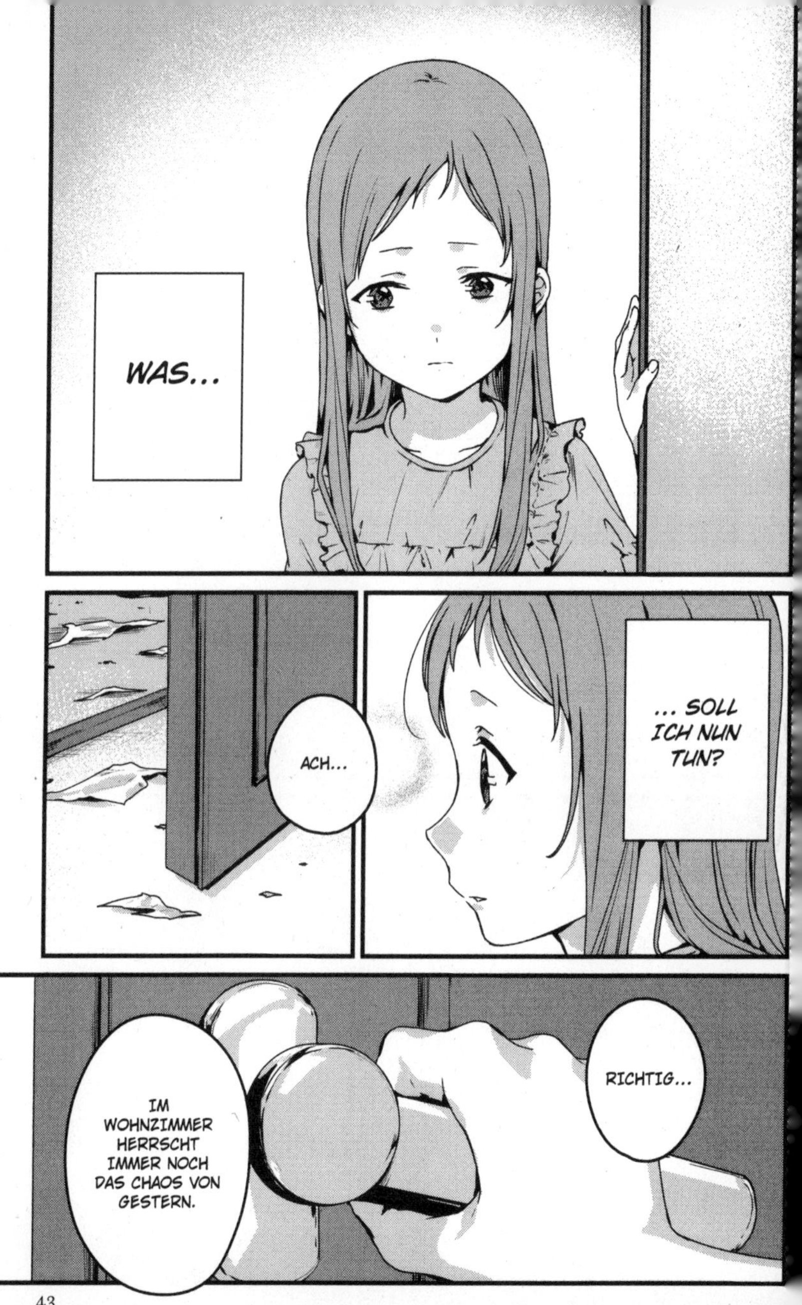
WAS...
... SOLL ICH NUN TUN?
ACH...
RICHTIG...
IM WOHNZIMMER HERRSCHT IMMER NOCH DAS CHAOS VON GESTERN.

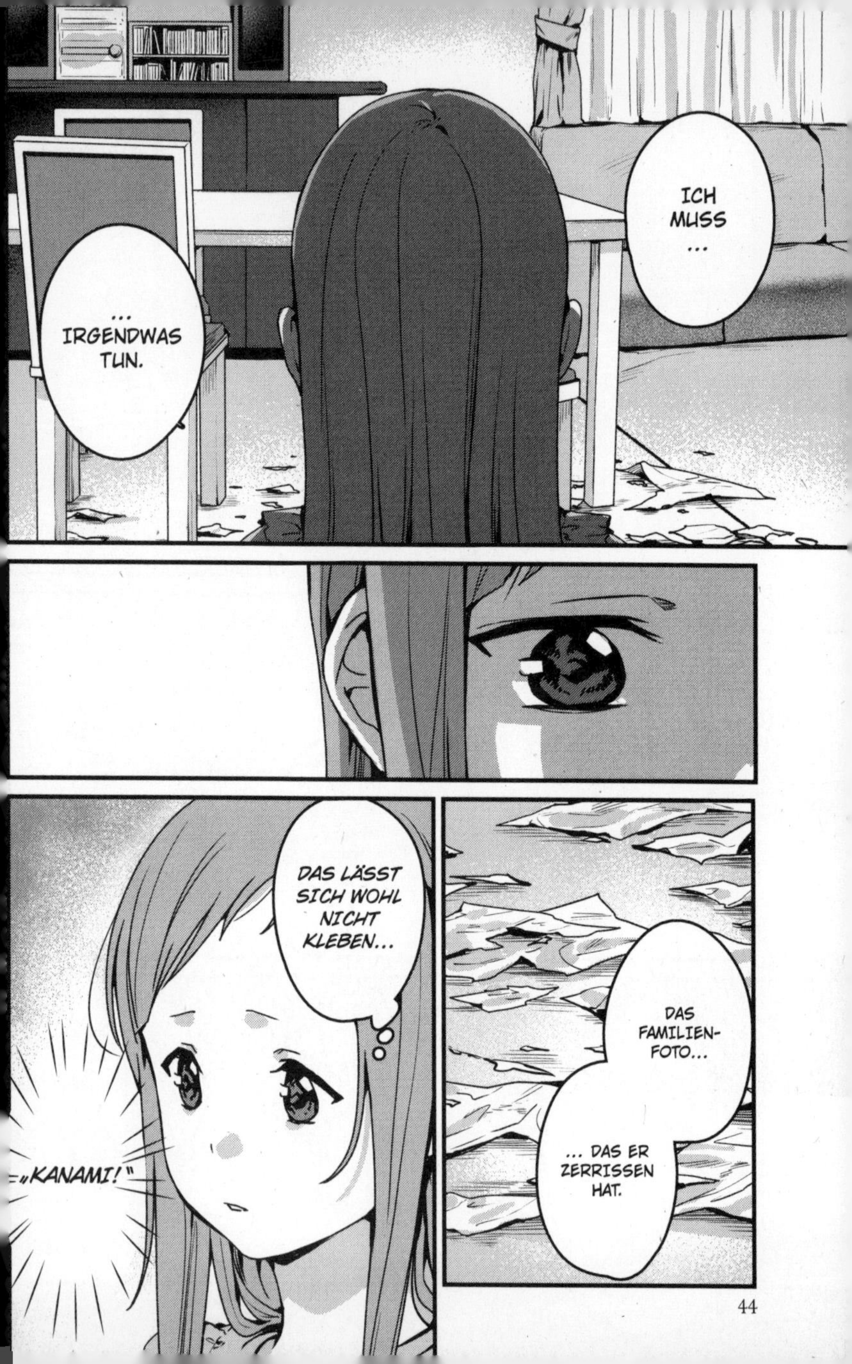

ICH MUSS ...

... IRGENDWAS TUN.

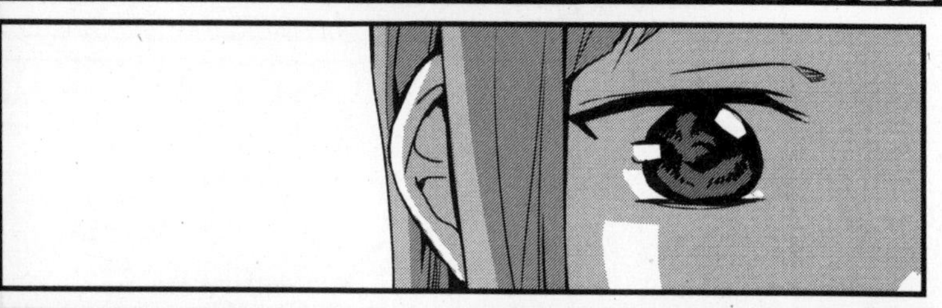

DAS FAMILIEN-FOTO...

... DAS ER ZERRISSEN HAT.

DAS LÄSST SICH WOHL NICHT KLEBEN...

„KANAMI!“

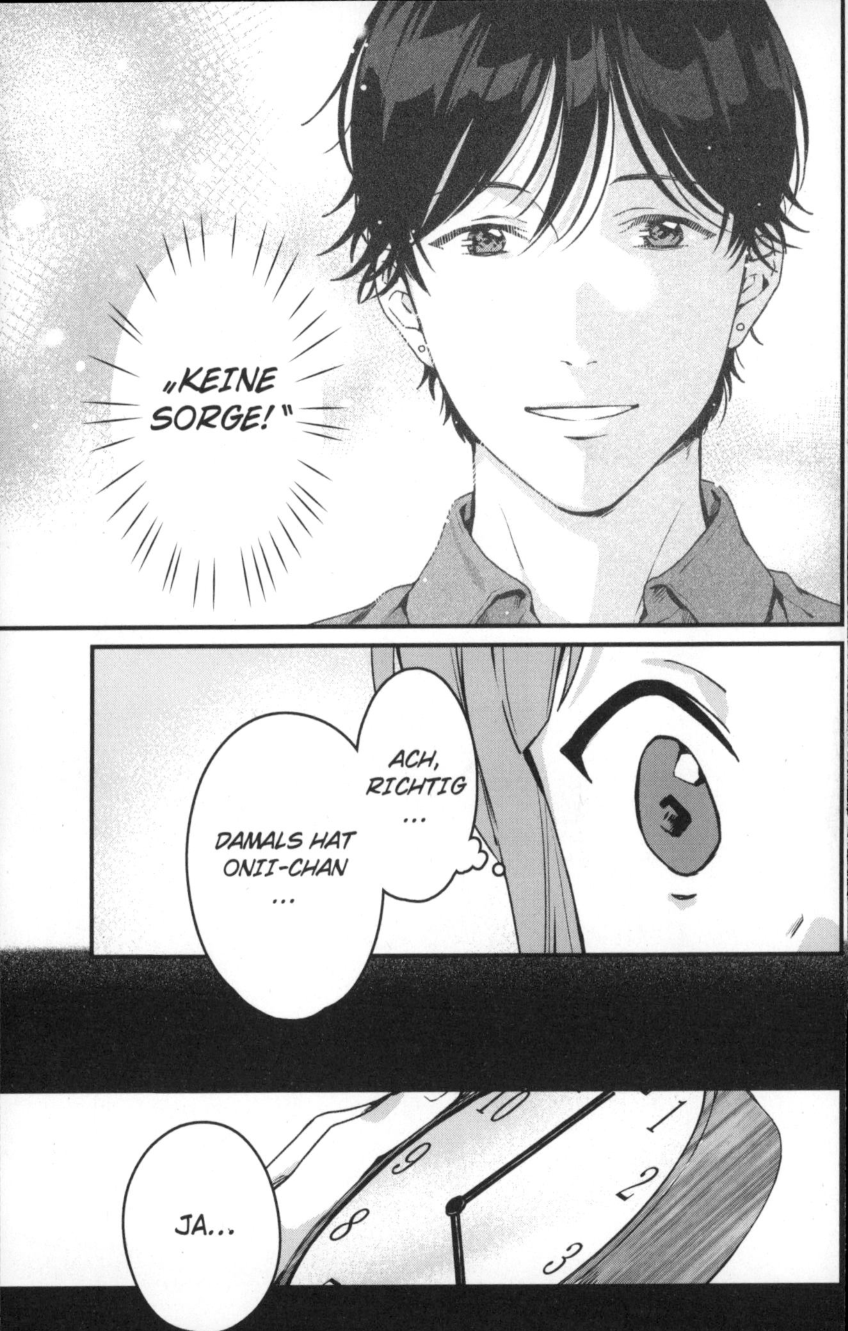
„KEINE SORGE!"
ACH, RICHTIG ...
DAMALS HAT ONII-CHAN ...
JA...

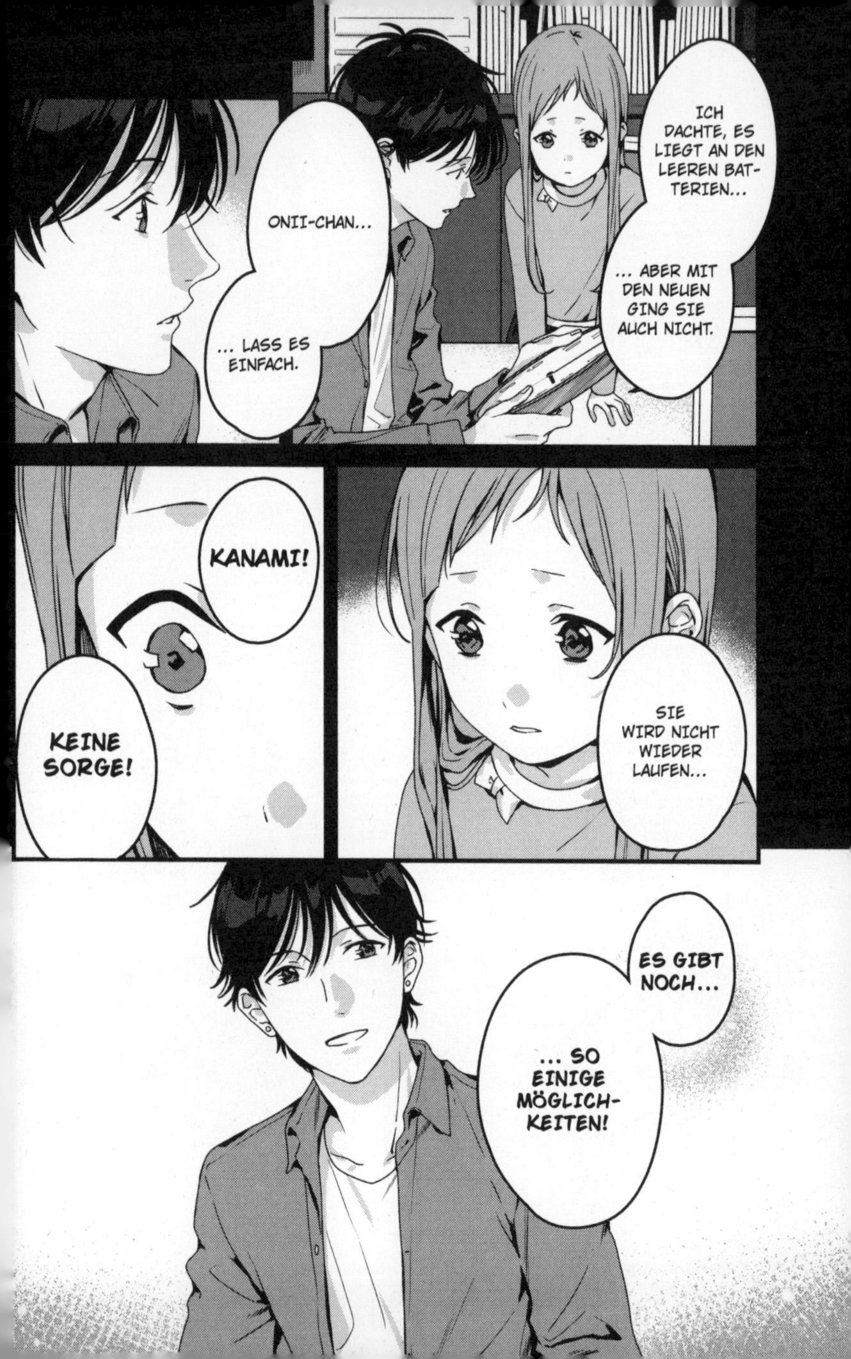
ICH DACHTE, ES LIEGT AN DEN LEEREN BATTERIEN...
... ABER MIT DEN NEUEN GING SIE AUCH NICHT.
ONII-CHAN...
... LASS ES EINFACH.
SIE WIRD NICHT WIEDER LAUFEN...
KANAMI!
KEINE SORGE!
ES GIBT NOCH...
... SO EINIGE MÖGLICHKEITEN!

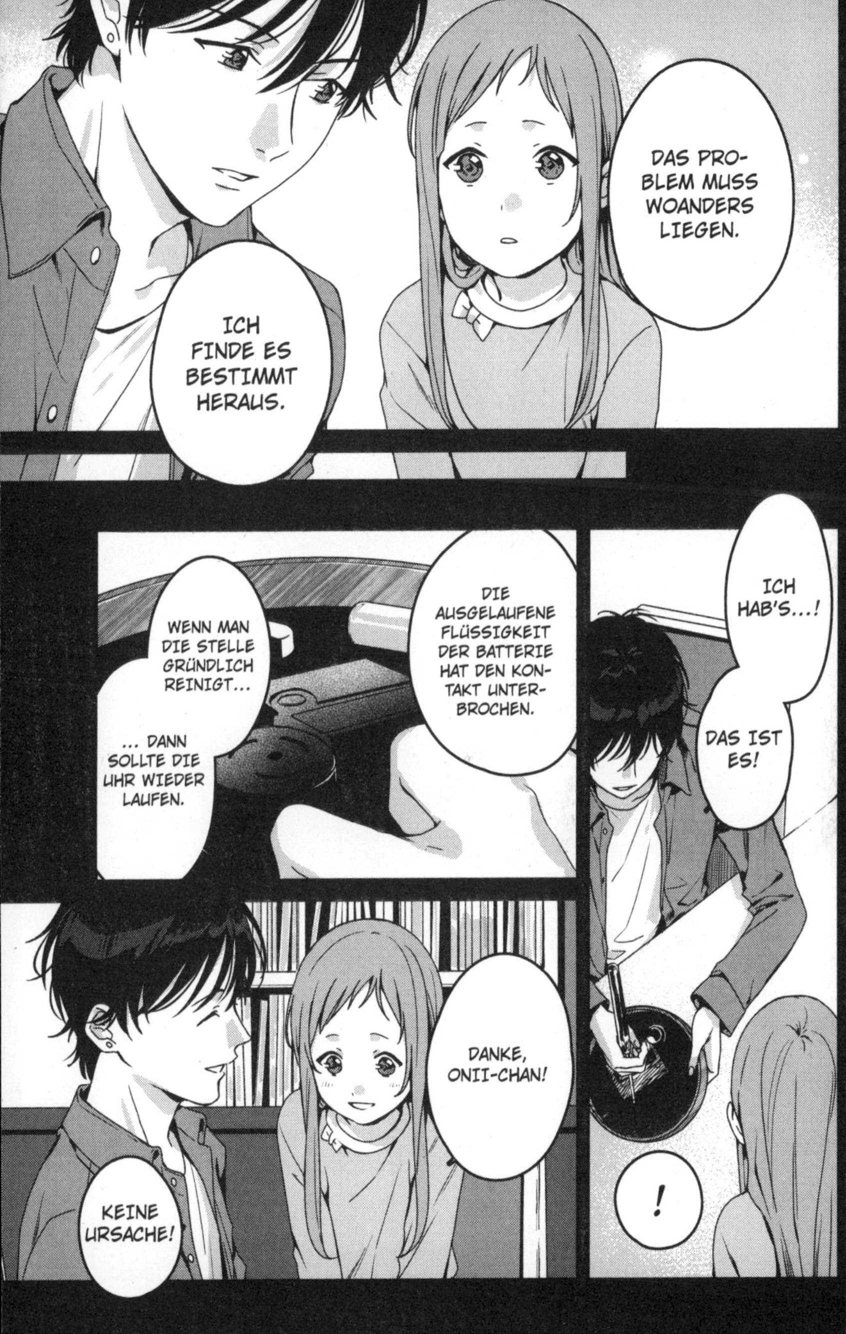
DAS PRO-BLEM MUSS WOANDERS LIEGEN.
ICH FINDE ES BESTIMMT HERAUS.
ICH HAB'S...!
DAS IST ES!
DIE AUSGELAUFENE FLÜSSIGKEIT DER BATTERIE HAT DEN KON-TAKT UNTER-BROCHEN.
WENN MAN DIE STELLE GRÜNDLICH REINIGT...
... DANN SOLLTE DIE UHR WIEDER LAUFEN.
!
DANKE, ONII-CHAN!
KEINE URSACHE!

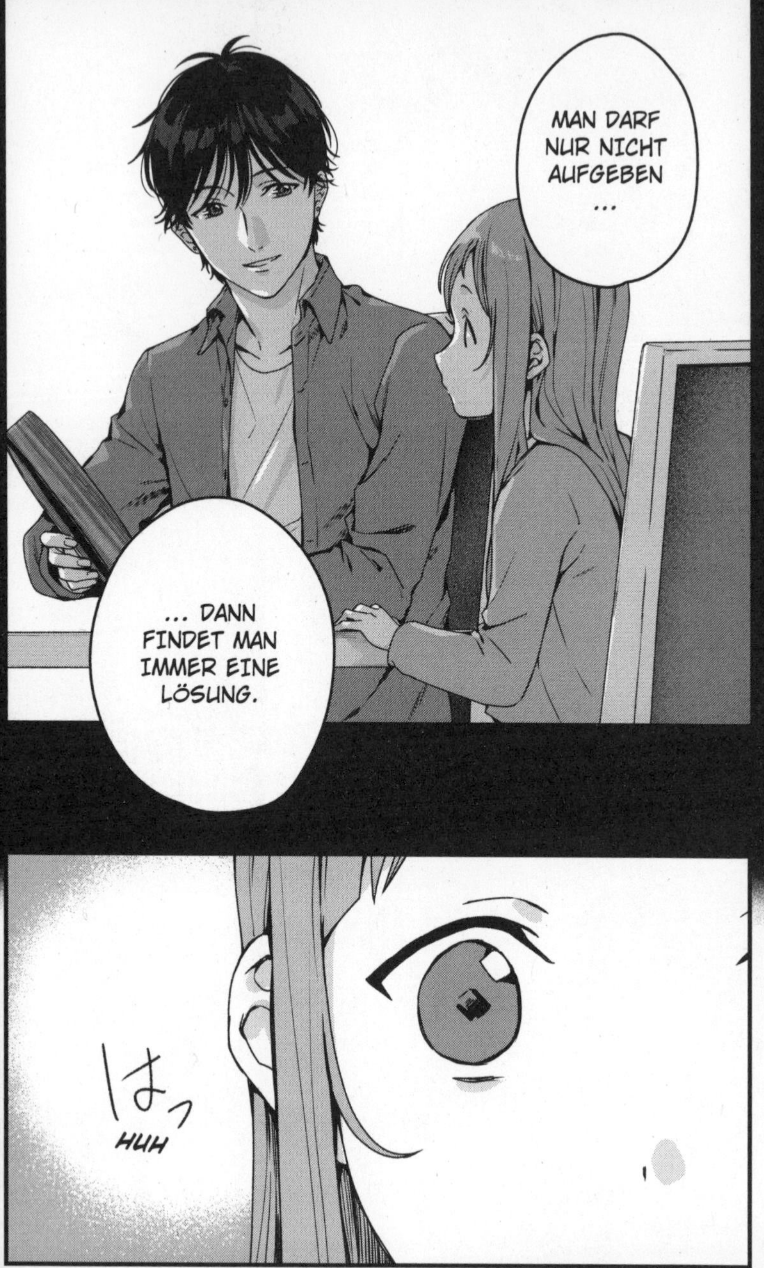
MAN DARF NUR NICHT AUFGEBEN ...
... DANN FINDET MAN IMMER EINE LÖSUNG.
はっ
HUH

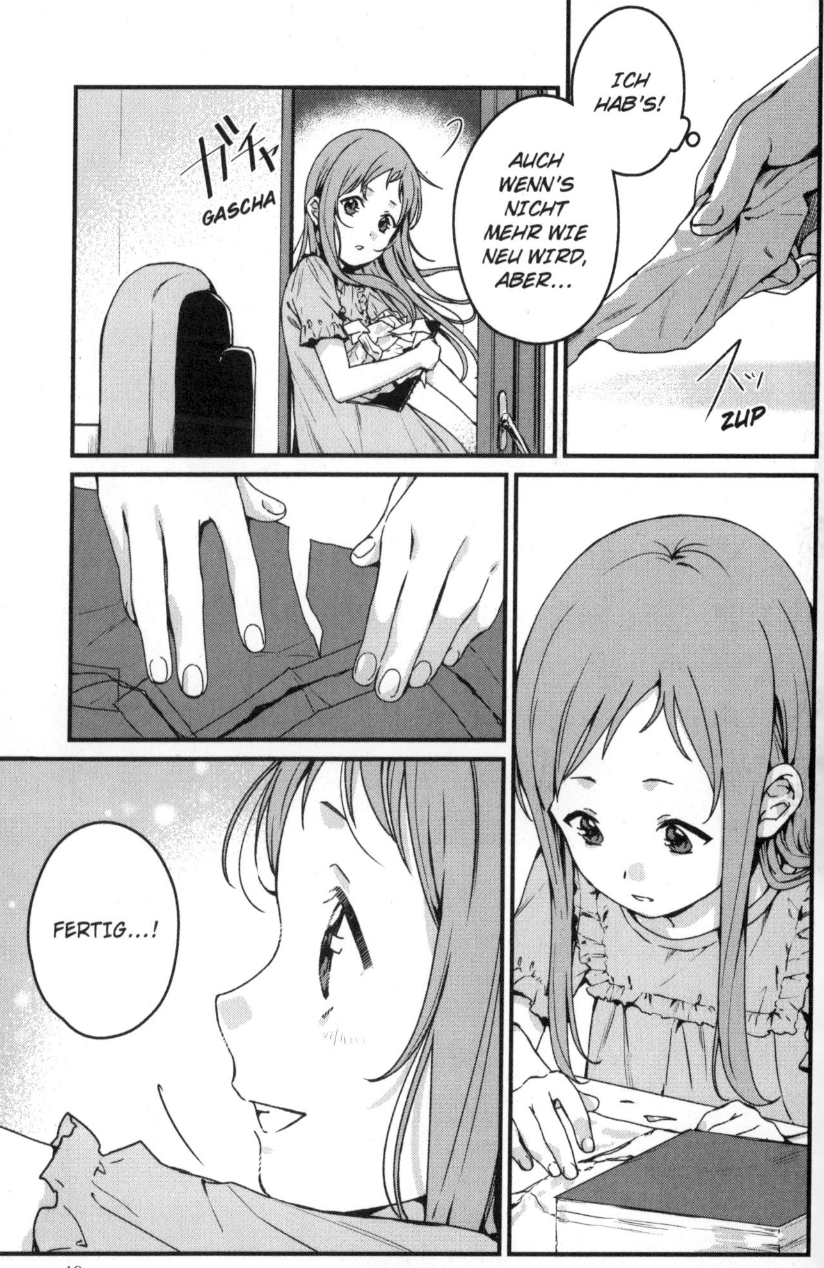
ICH HAB'S!
AUCH WENN'S NICHT MEHR WIE NEU WIRD, ABER…
ZUP
ガチャ
GASCHA
FERTIG…!

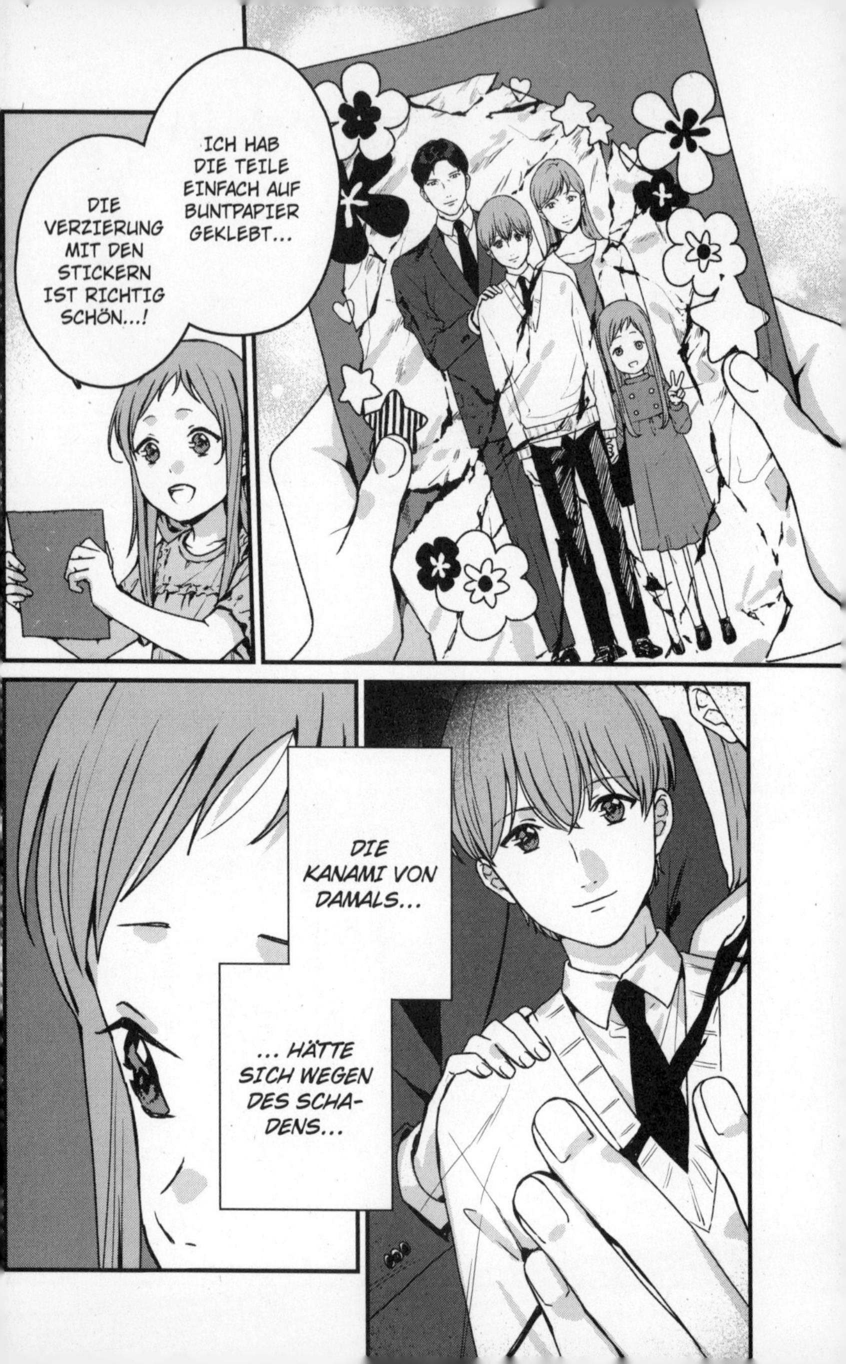

ICH HAB DIE TEILE EINFACH AUF BUNTPAPIER GEKLEBT…

DIE VERZIERUNG MIT DEN STICKERN IST RICHTIG SCHÖN…!

DIE KANAMI VON DAMALS…

… HÄTTE SICH WEGEN DES SCHADENS…

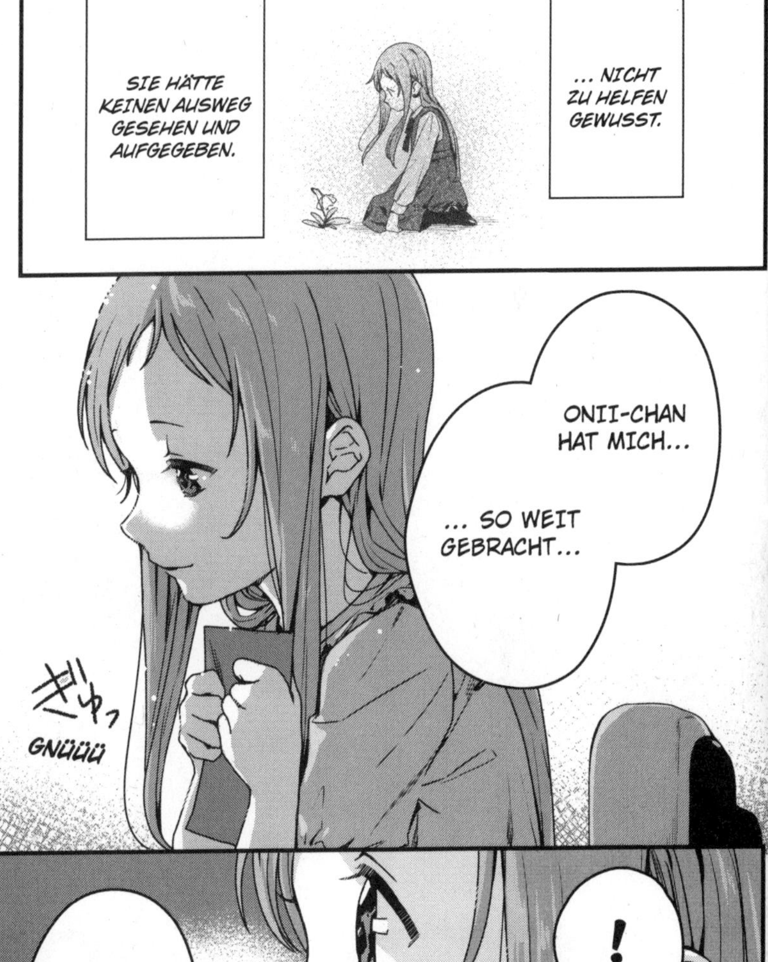
... NICHT ZU HELFEN GEWUSST.
SIE HÄTTE KEINEN AUSWEG GESEHEN UND AUFGEGEBEN.
ONII-CHAN HAT MICH...
... SO WEIT GEBRACHT...
ぎゅっ
GNÜÜÜ
!
NA KLAR ...!

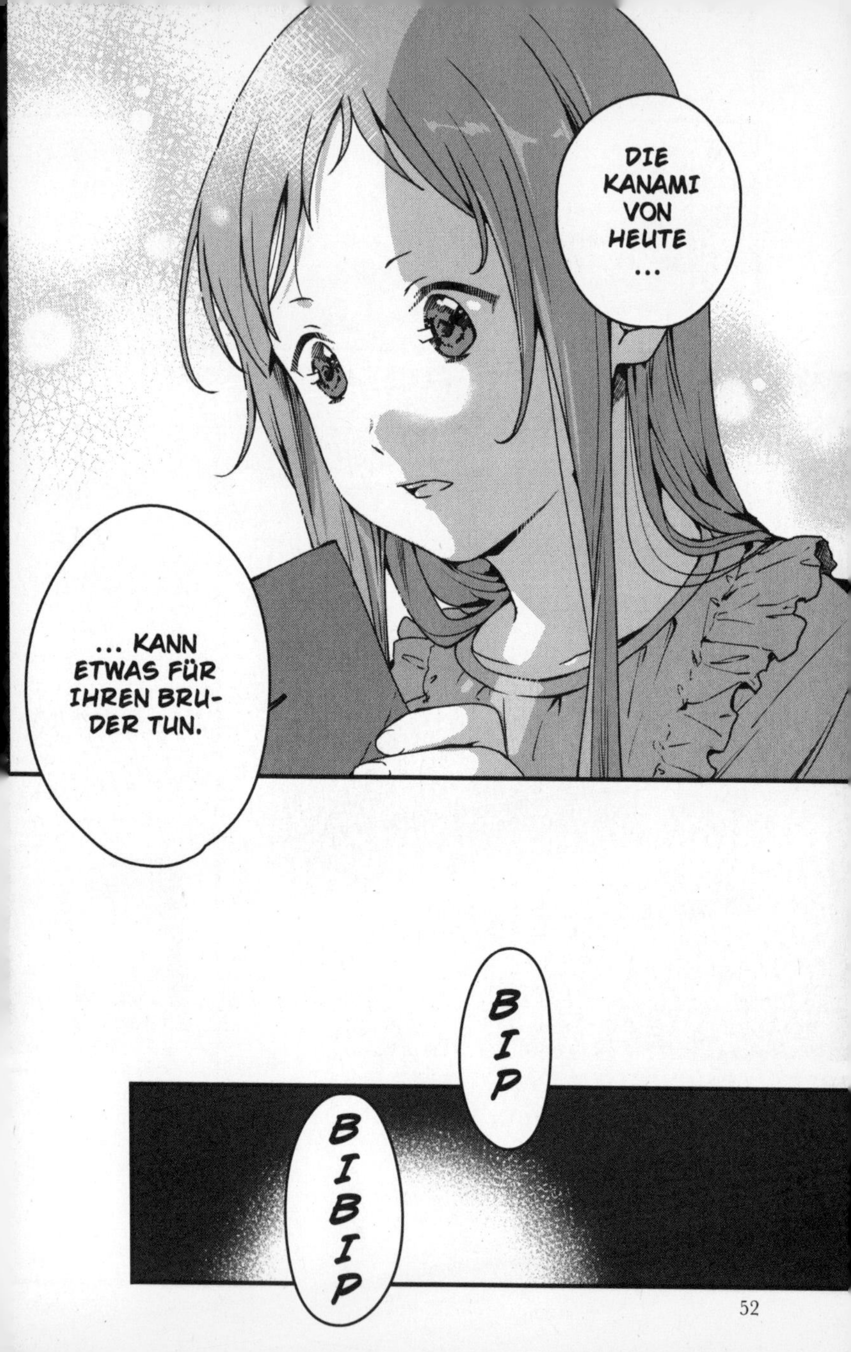
DIE KANAMI VON HEUTE ...
... KANN ETWAS FÜR IHREN BRUDER TUN.
BIP
BIBIP

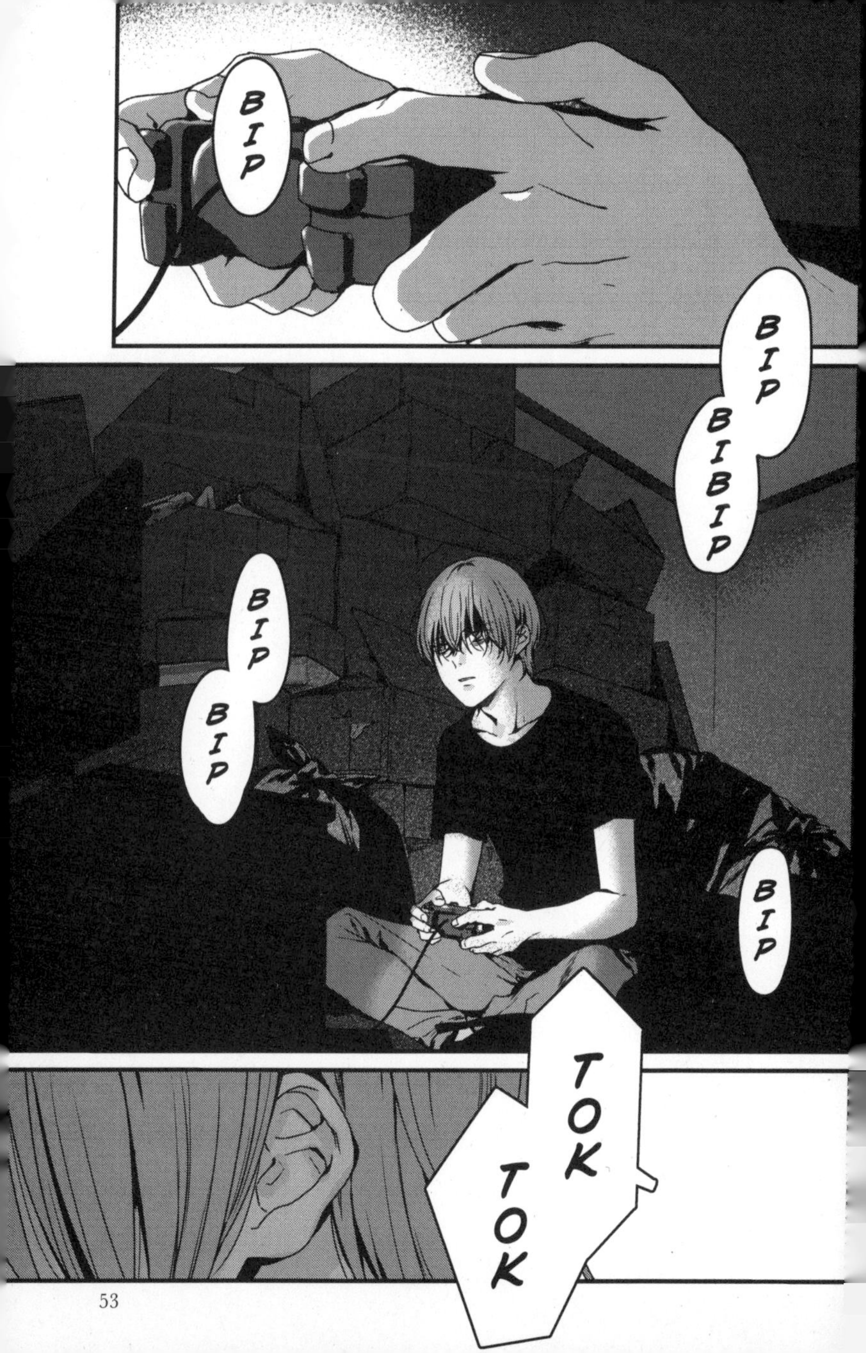
BIP
BIP
BIBIP
BIP
BIP
BIP
TOK
TOK

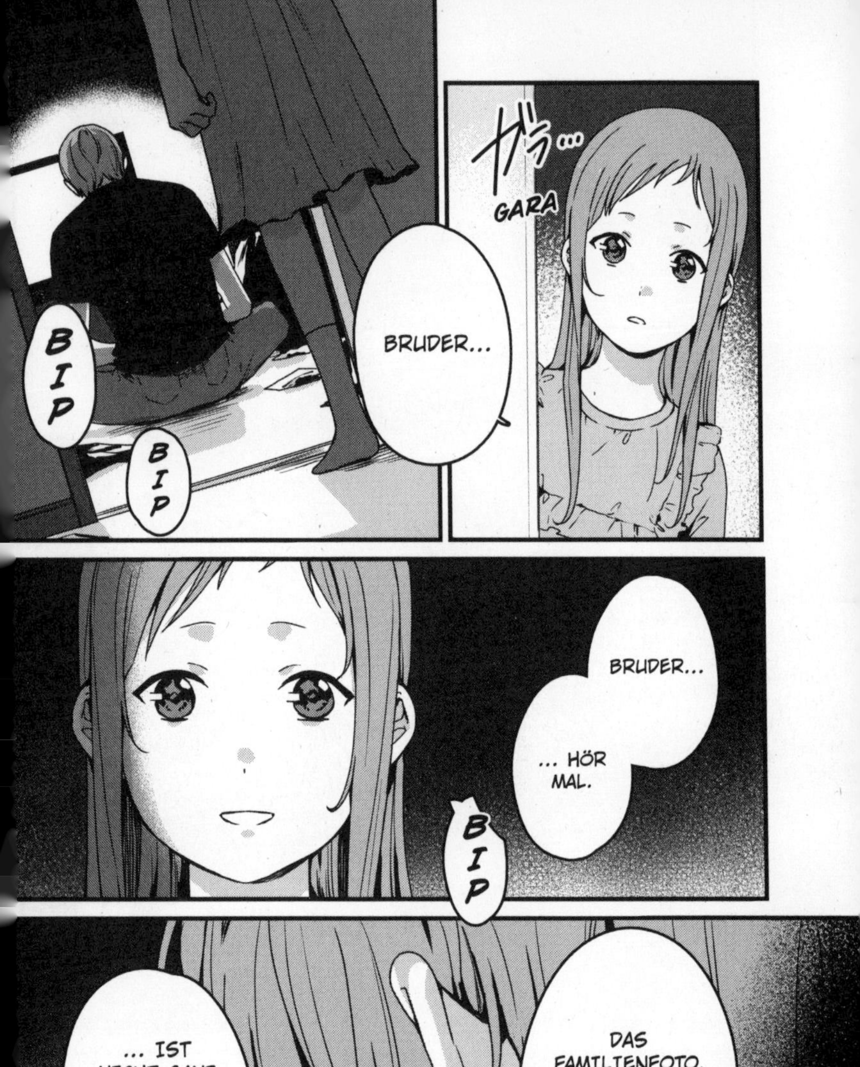
ガラ…
GARA
BRUDER…
BIP
BIP
BRUDER…
… HÖR MAL.
BIP
DAS FAMILIENFOTO, DAS DU ZERRISSEN HAST…
… IST NICHT GANZ SO GEWORDEN, WIE ES VORHER WAR, ABER…
BIBIP

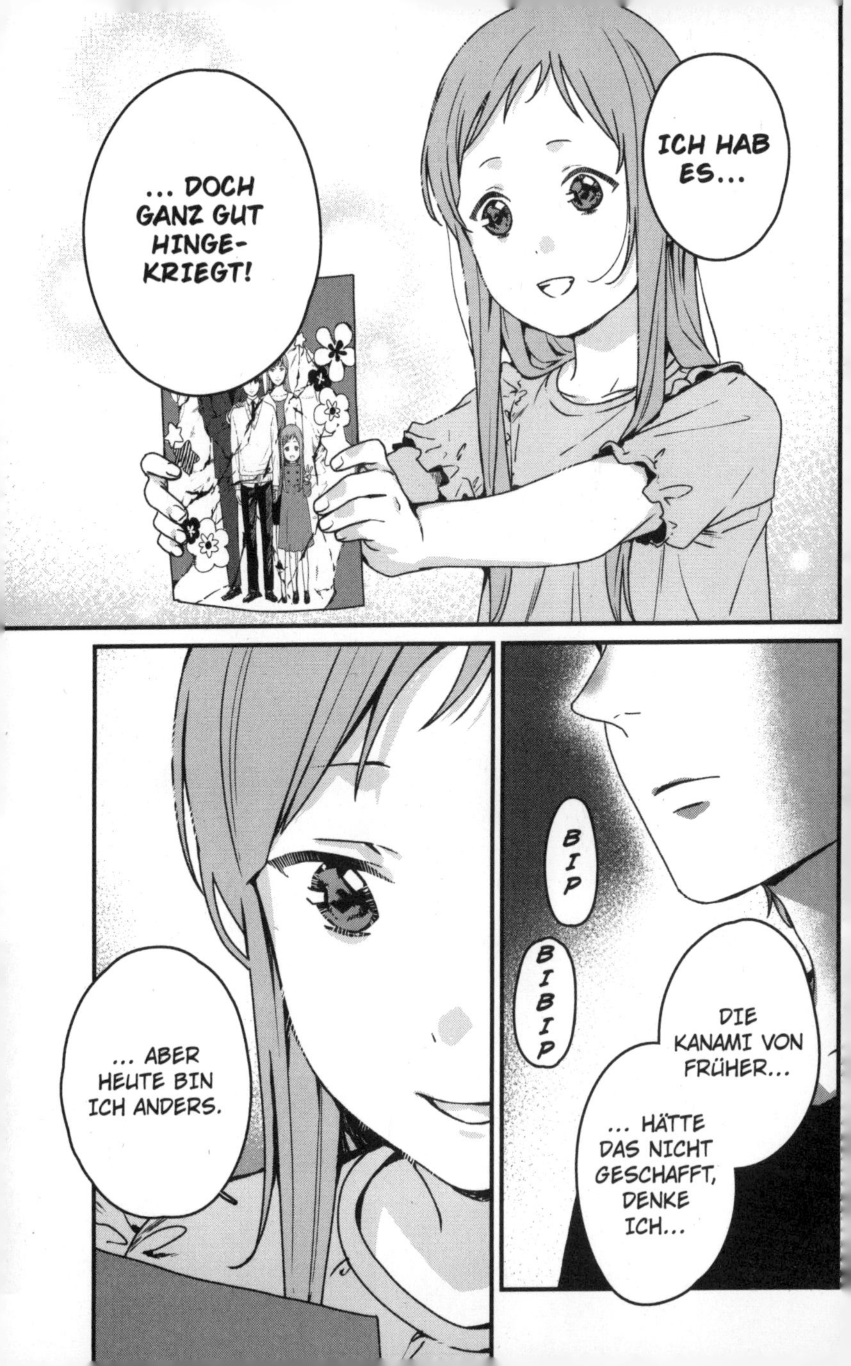

ICH HAB ES...

... DOCH GANZ GUT HINGE-KRIEGT!

BIP

BIBIP

DIE KANAMI VON FRÜHER...

... HÄTTE DAS NICHT GESCHAFFT, DENKE ICH...

... ABER HEUTE BIN ICH ANDERS.

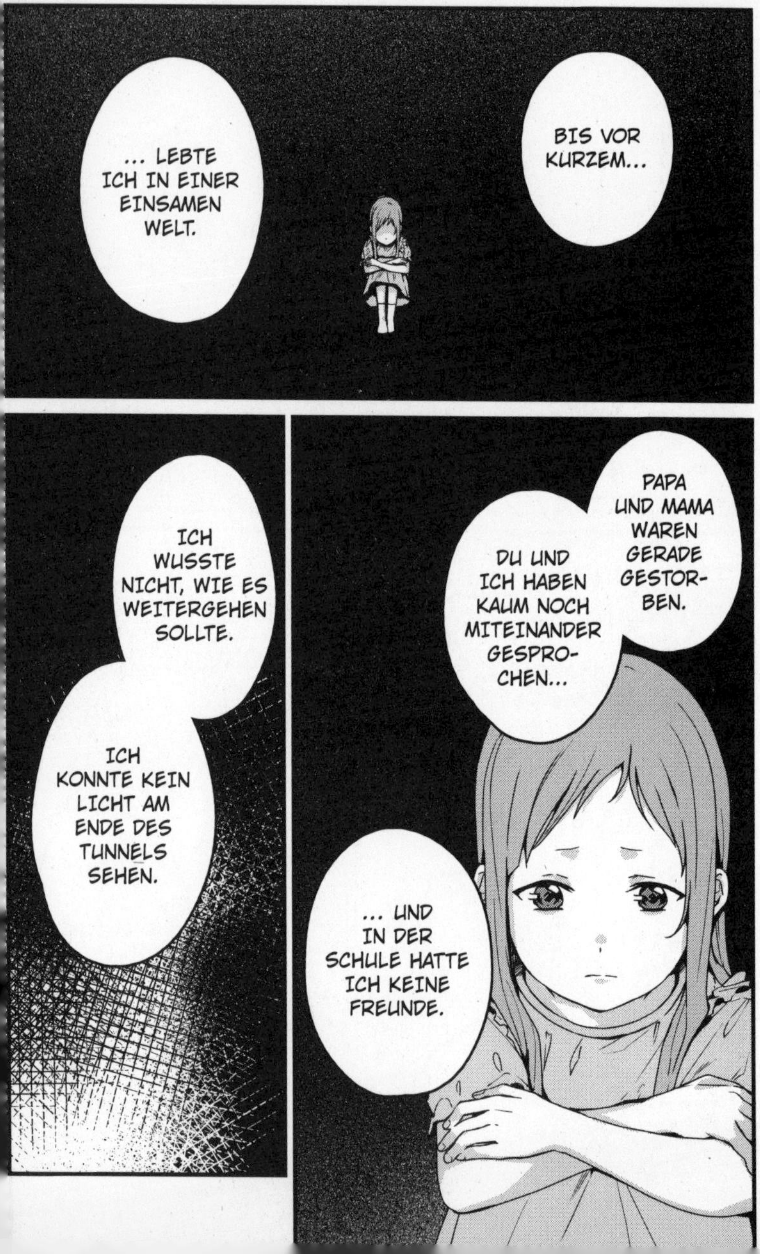

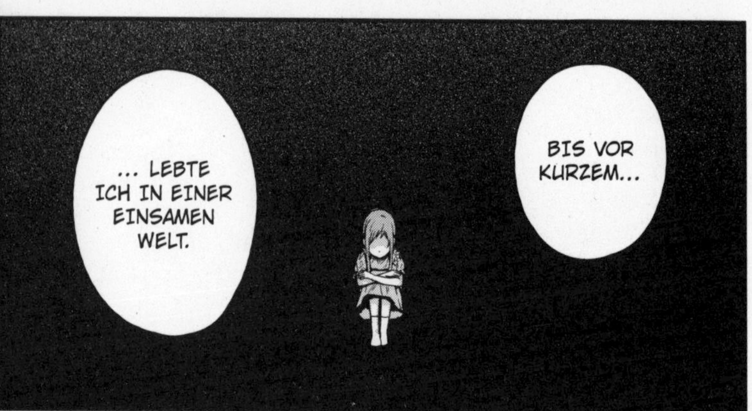
BIS VOR KURZEM...
... LEBTE ICH IN EINER EINSAMEN WELT.

PAPA UND MAMA WAREN GERADE GESTORBEN.
DU UND ICH HABEN KAUM NOCH MITEINANDER GESPROCHEN...
... UND IN DER SCHULE HATTE ICH KEINE FREUNDE.
ICH WUSSTE NICHT, WIE ES WEITERGEHEN SOLLTE.
ICH KONNTE KEIN LICHT AM ENDE DES TUNNELS SEHEN.

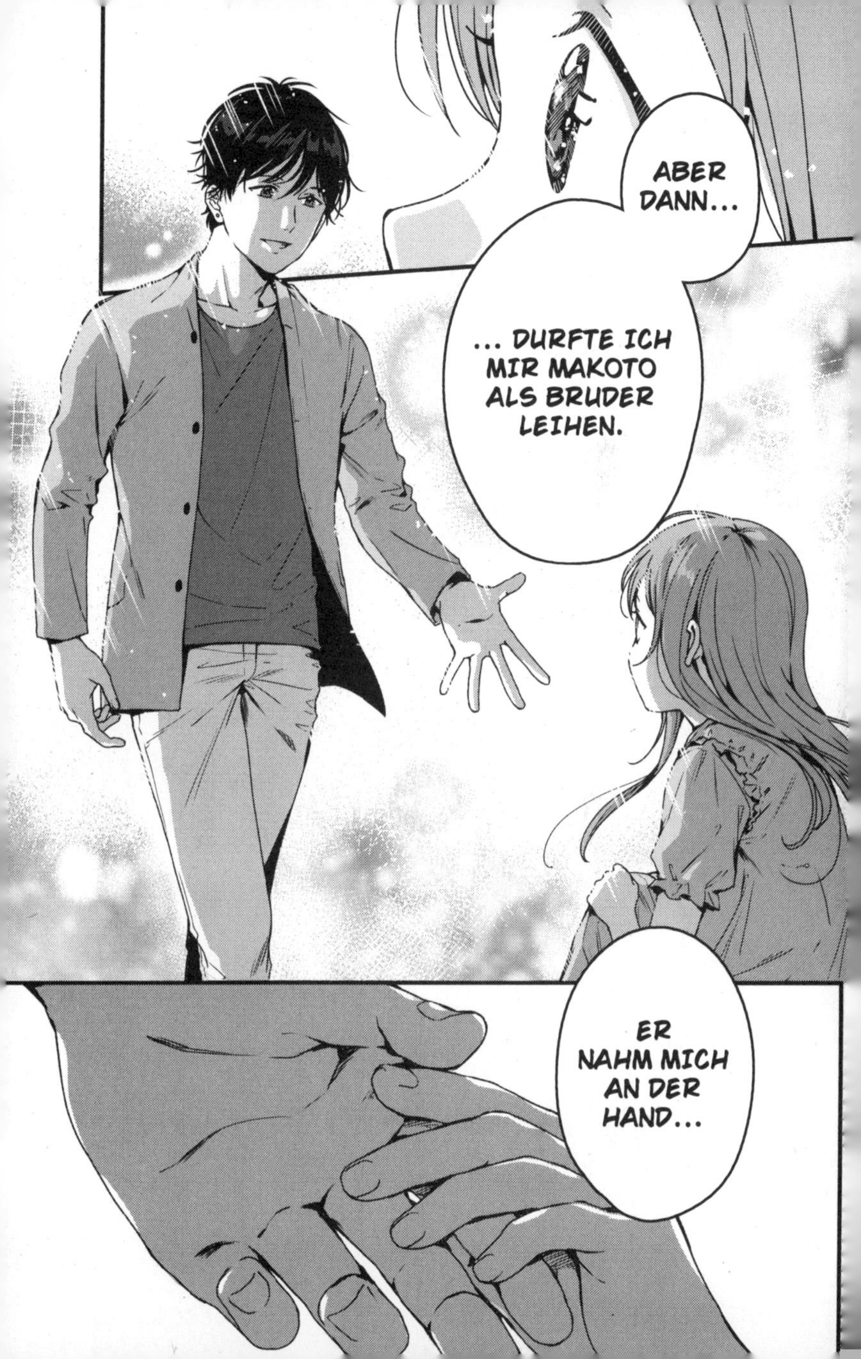
ABER DANN…
… DURFTE ICH MIR MAKOTO ALS BRUDER LEIHEN.
ER NAHM MICH AN DER HAND…

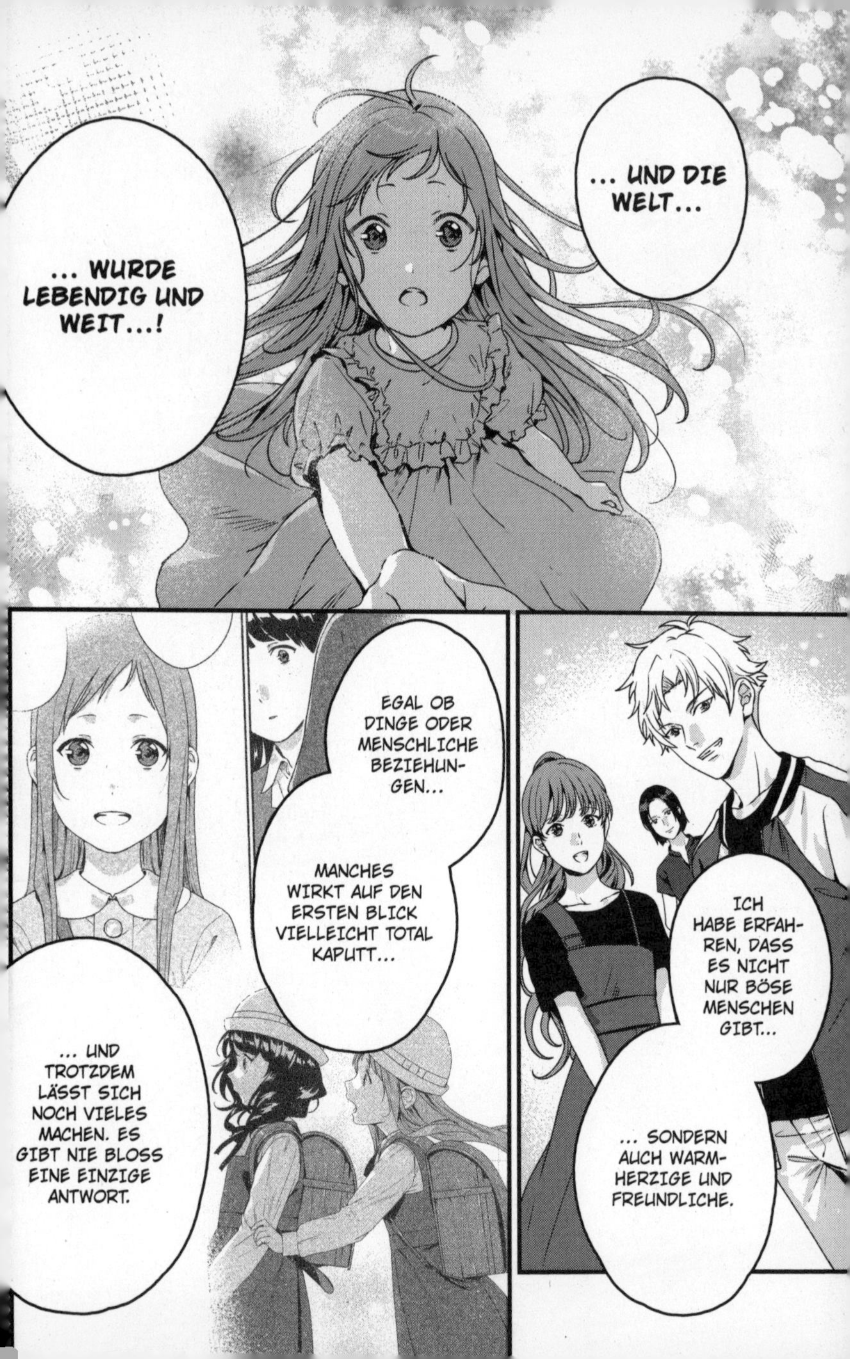
... UND DIE WELT...
... WURDE LEBENDIG UND WEIT...!
EGAL OB DINGE ODER MENSCHLICHE BEZIEHUN-GEN...
MANCHES WIRKT AUF DEN ERSTEN BLICK VIELLEICHT TOTAL KAPUTT...
... UND TROTZDEM LÄSST SICH NOCH VIELES MACHEN. ES GIBT NIE BLOSS EINE EINZIGE ANTWORT.
ICH HABE ERFAH-REN, DASS ES NICHT NUR BÖSE MENSCHEN GIBT...
... SONDERN AUCH WARM-HERZIGE UND FREUNDLICHE.

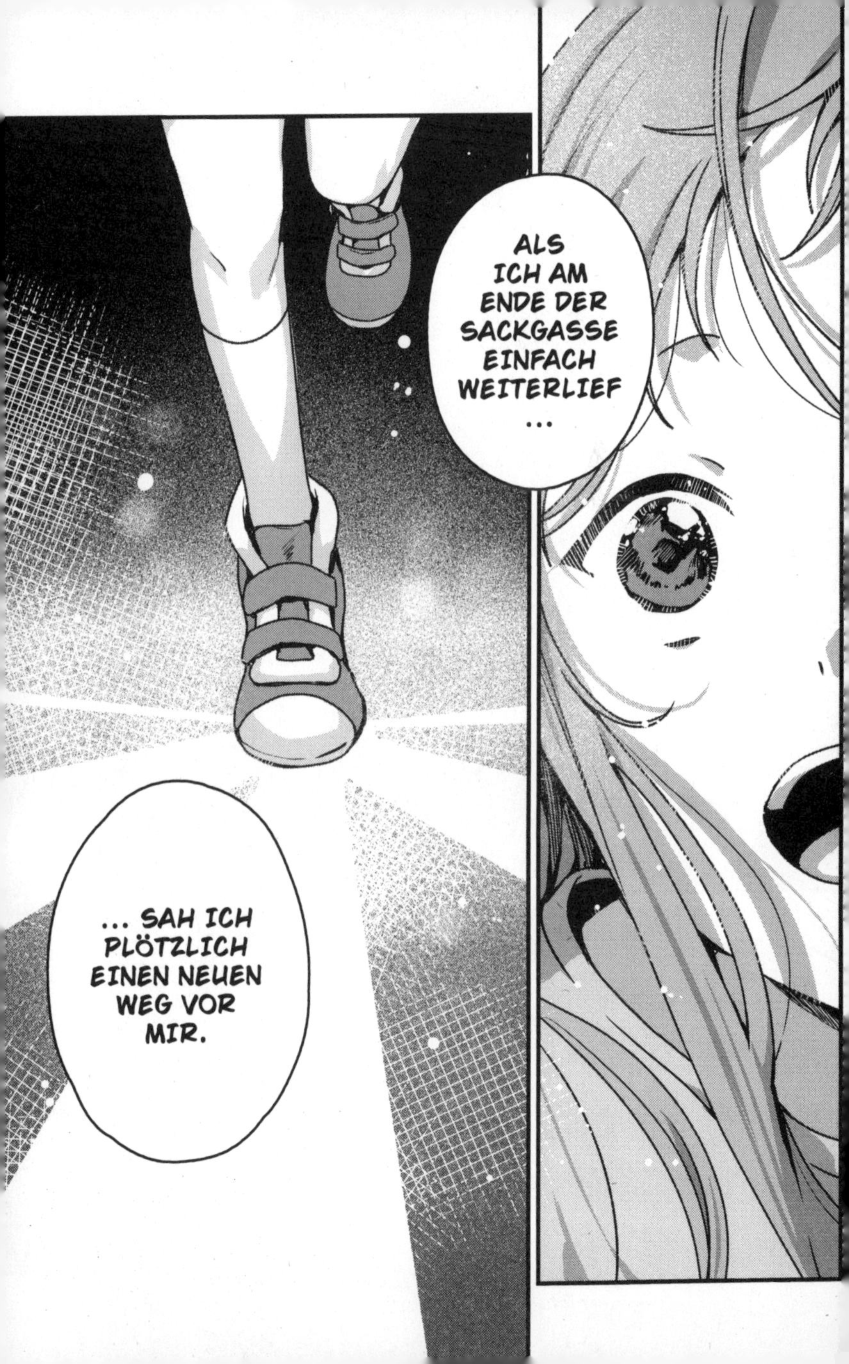
ALS ICH AM ENDE DER SACKGASSE EINFACH WEITERLIEF ...
... SAH ICH PLÖTZLICH EINEN NEUEN WEG VOR MIR.

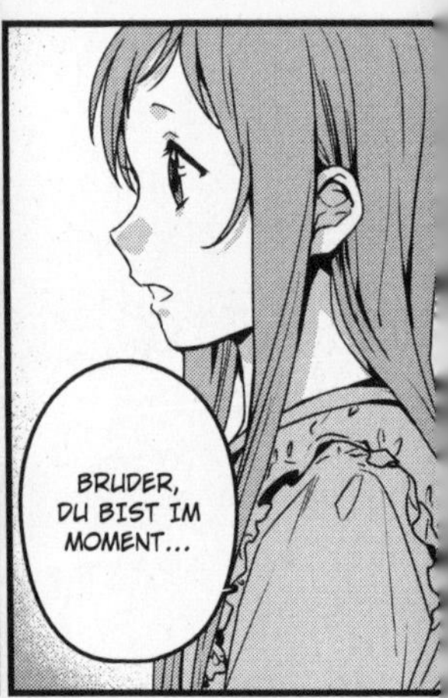
BRUDER, DU BIST IM MOMENT...

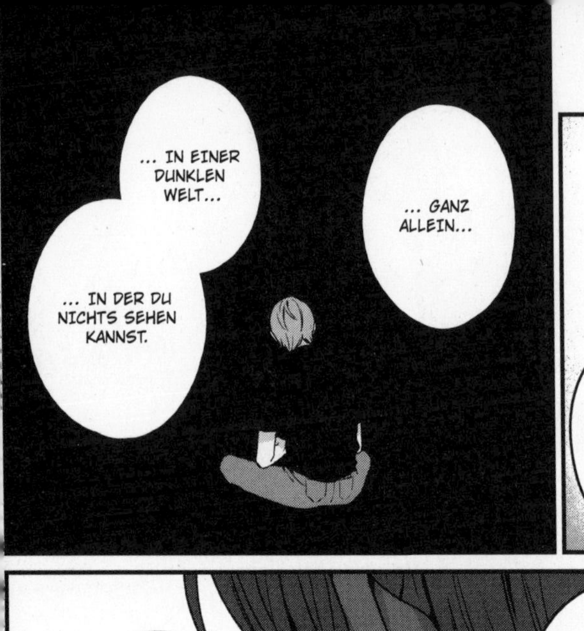
... IN EINER DUNKLEN WELT...
... IN DER DU NICHTS SEHEN KANNST.
... GANZ ALLEIN...

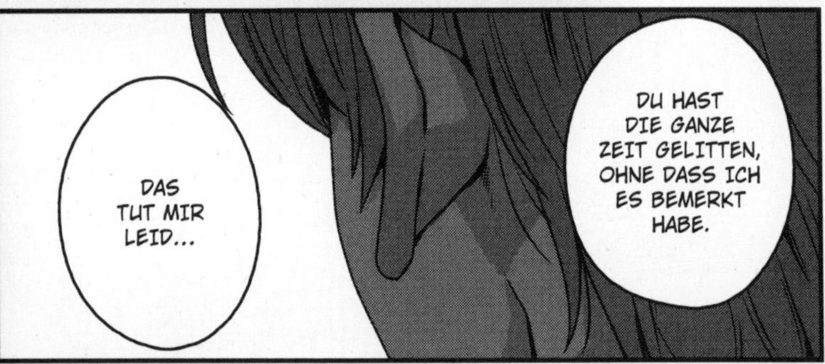
DU HAST DIE GANZE ZEIT GELITTEN, OHNE DASS ICH ES BEMERKT HABE.
DAS TUT MIR LEID...

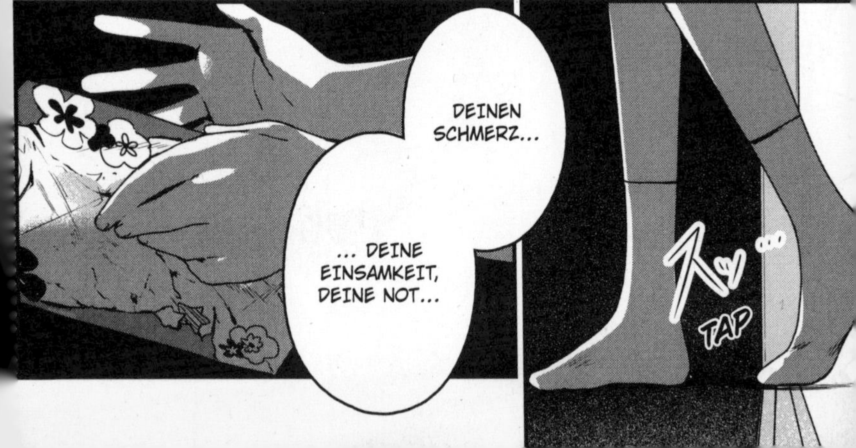
DEINEN SCHMERZ...
... DEINE EINSAMKEIT, DEINE NOT...
スッ...
TAP

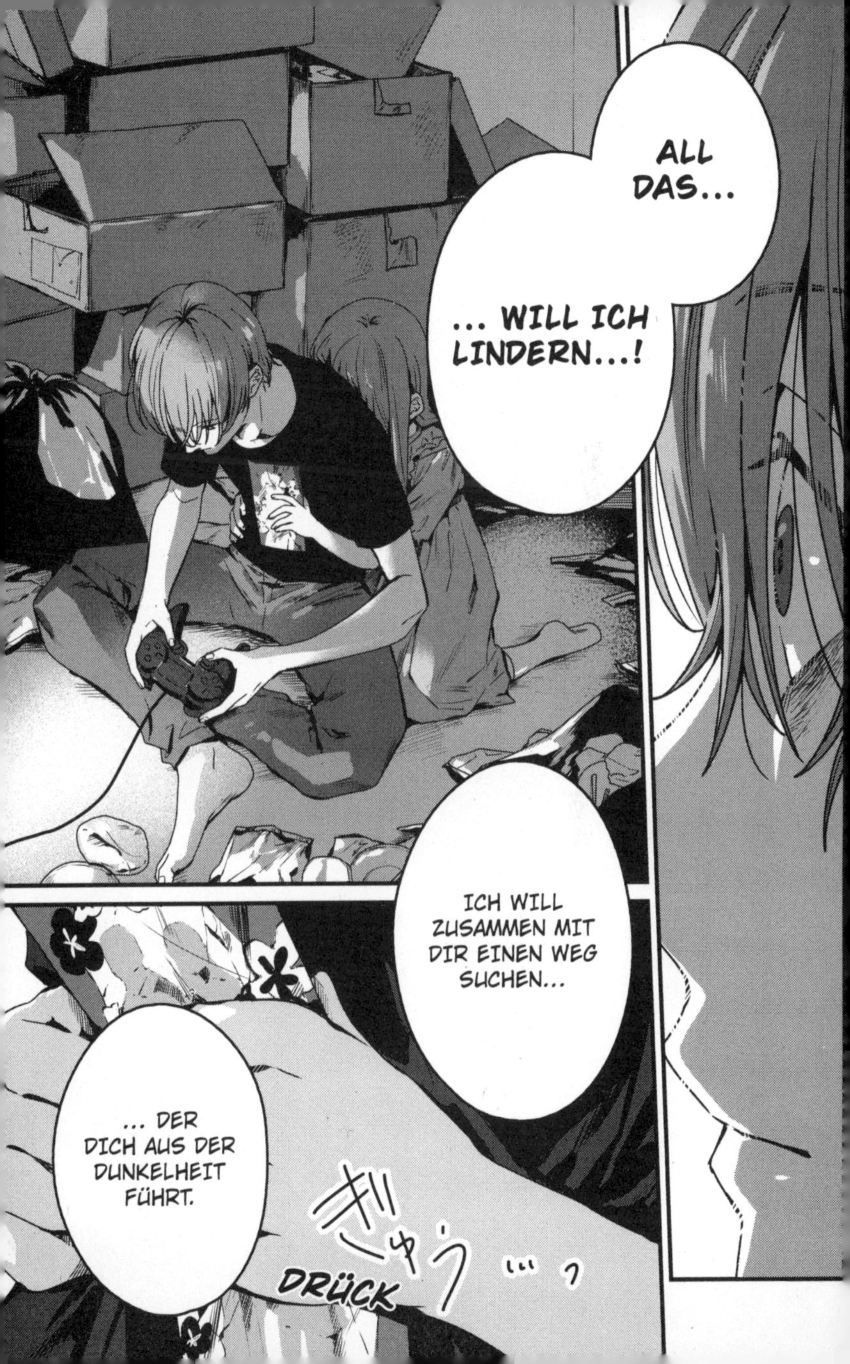
ALL DAS...
... WILL ICH LINDERN...!
ICH WILL ZUSAMMEN MIT DIR EINEN WEG SUCHEN...
... DER DICH AUS DER DUNKELHEIT FÜHRT.
ぎゅうっ
DRÜCK

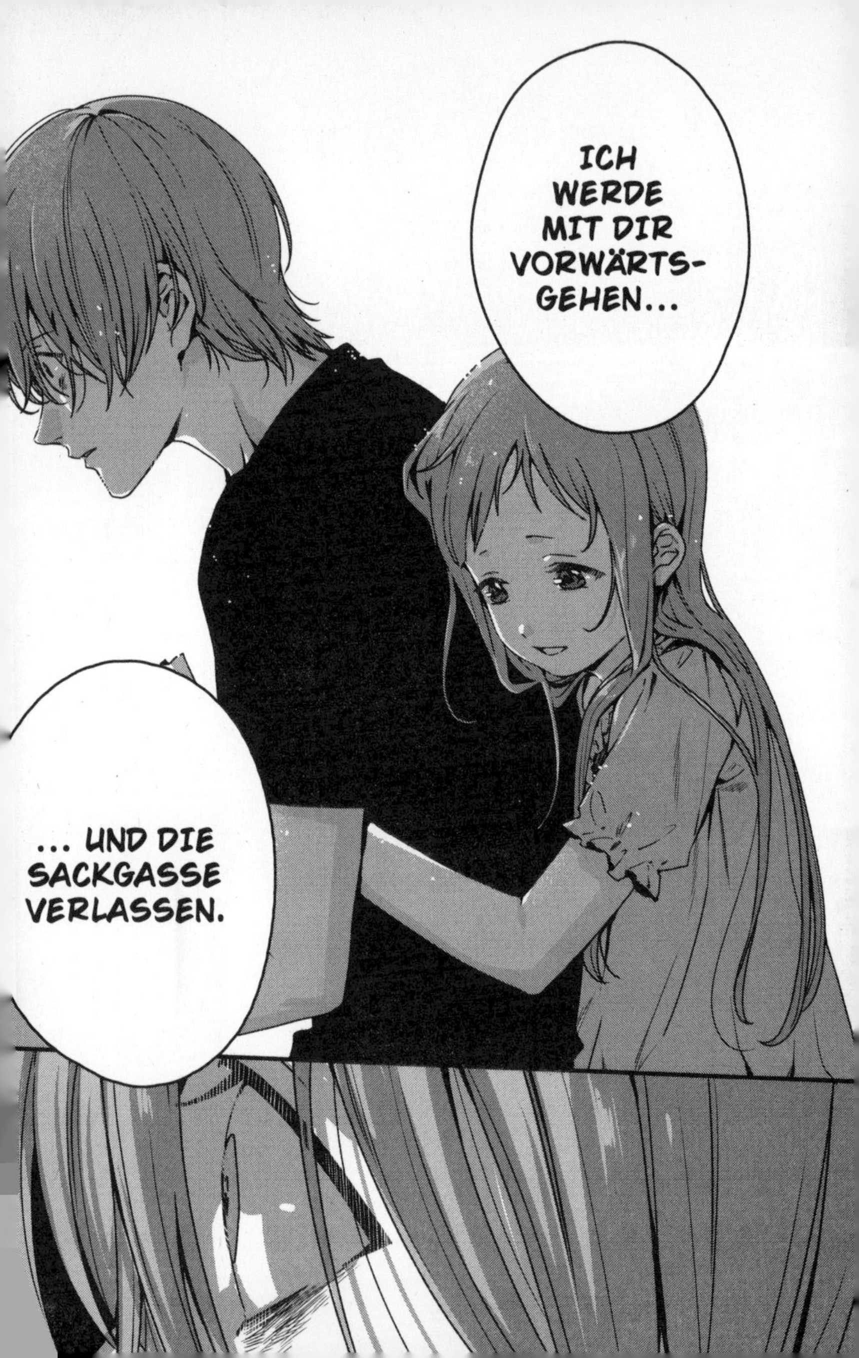
ICH WERDE MIT DIR VORWÄRTS-GEHEN...
... UND DIE SACKGASSE VERLASSEN.

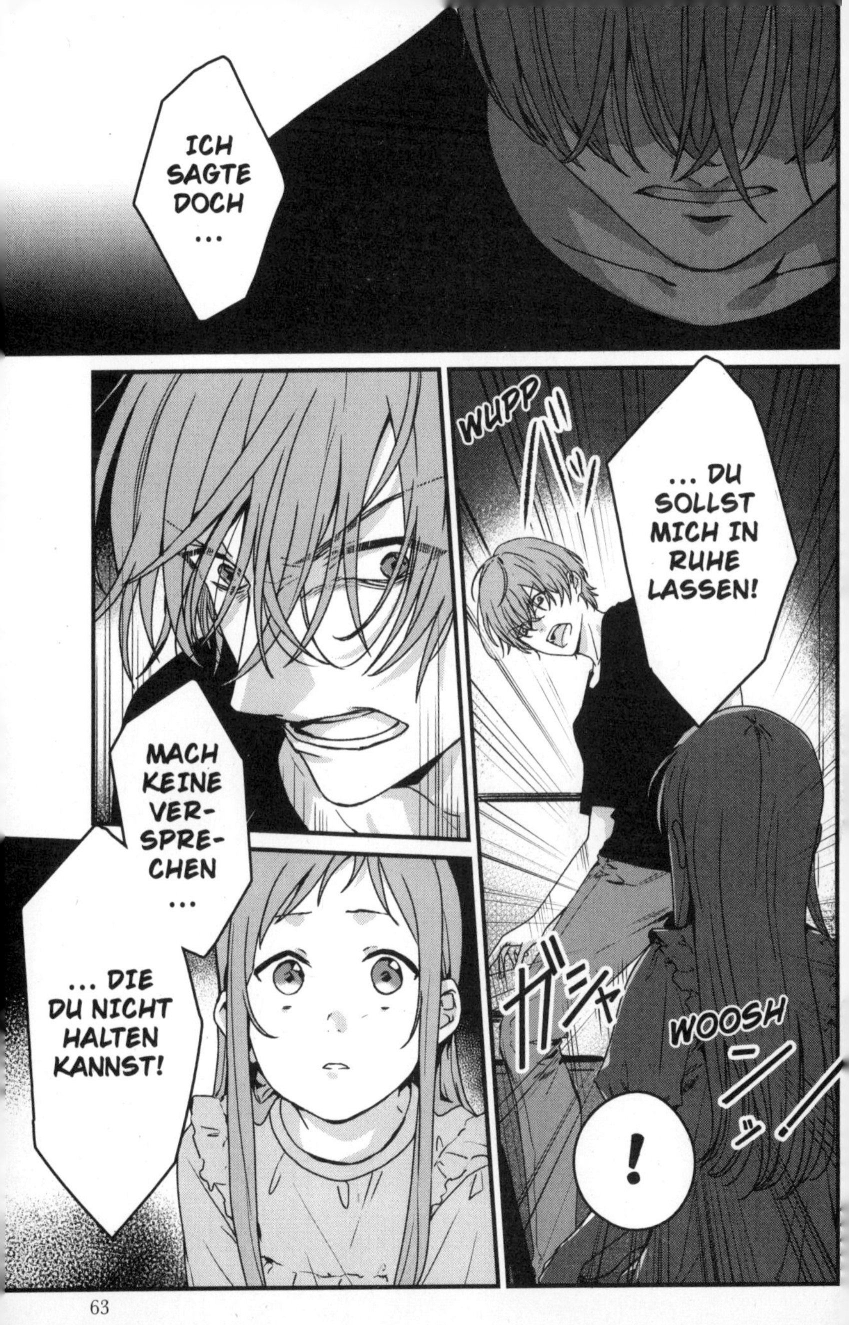

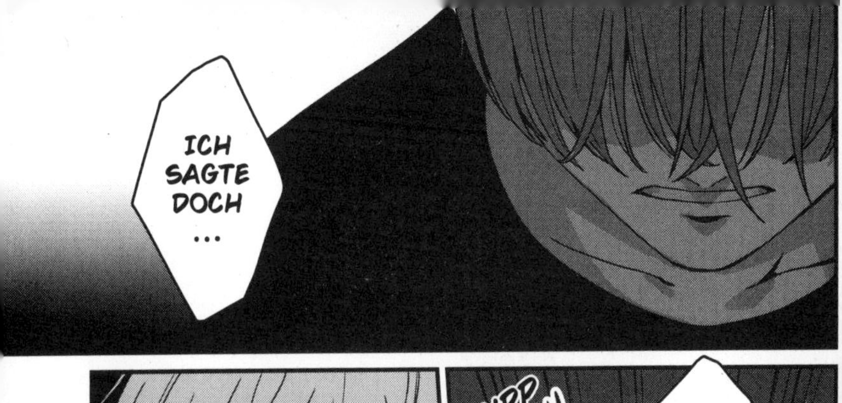

WUPP
... DU SOLLST MICH IN RUHE LASSEN!
MACH KEINE VER-SPRE-CHEN ...
... DIE DU NICHT HALTEN KANNST!
ガシャ
WOOSH
!

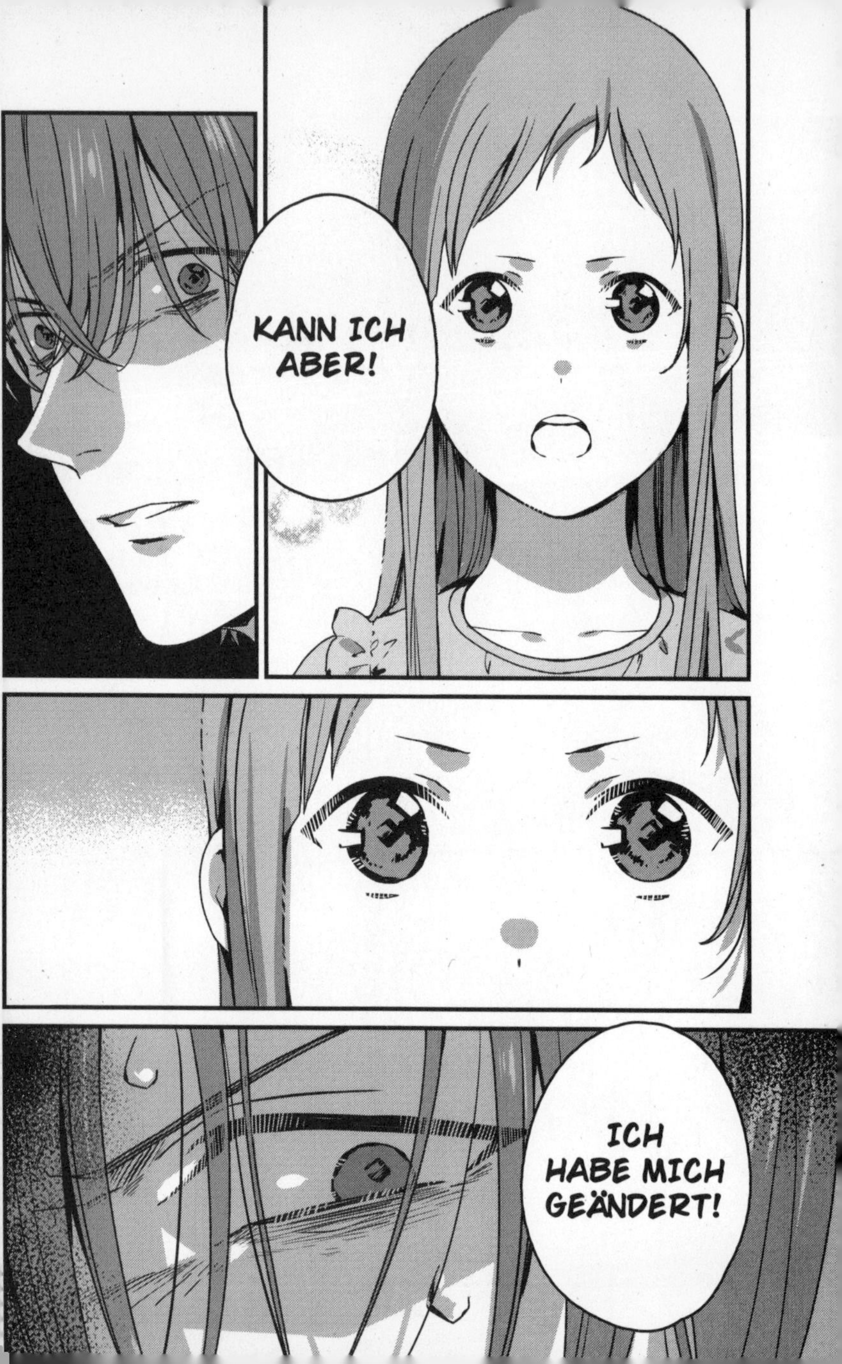

KANN ICH ABER!

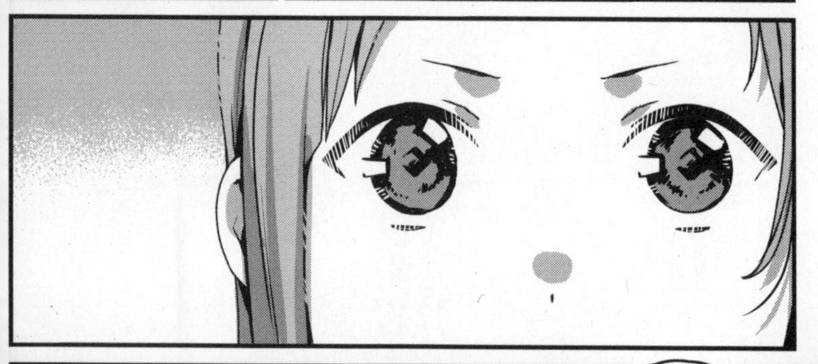

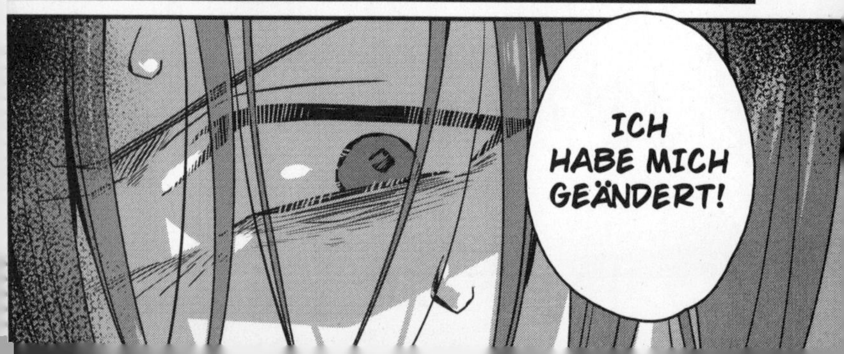

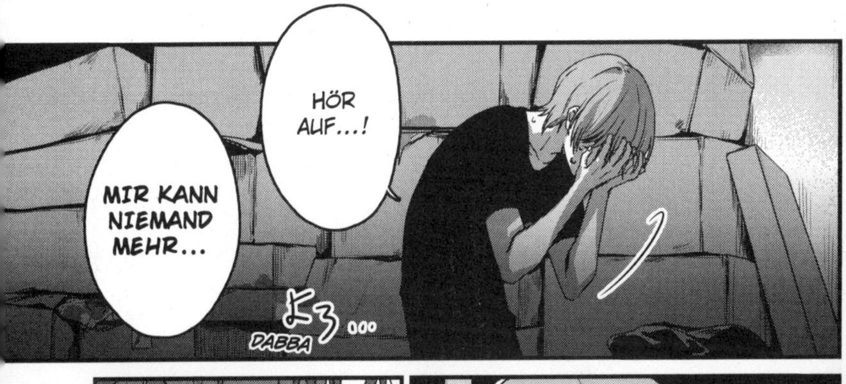
HÖR AUF...!
MIR KANN NIEMAND MEHR...
よろ...
DABBA

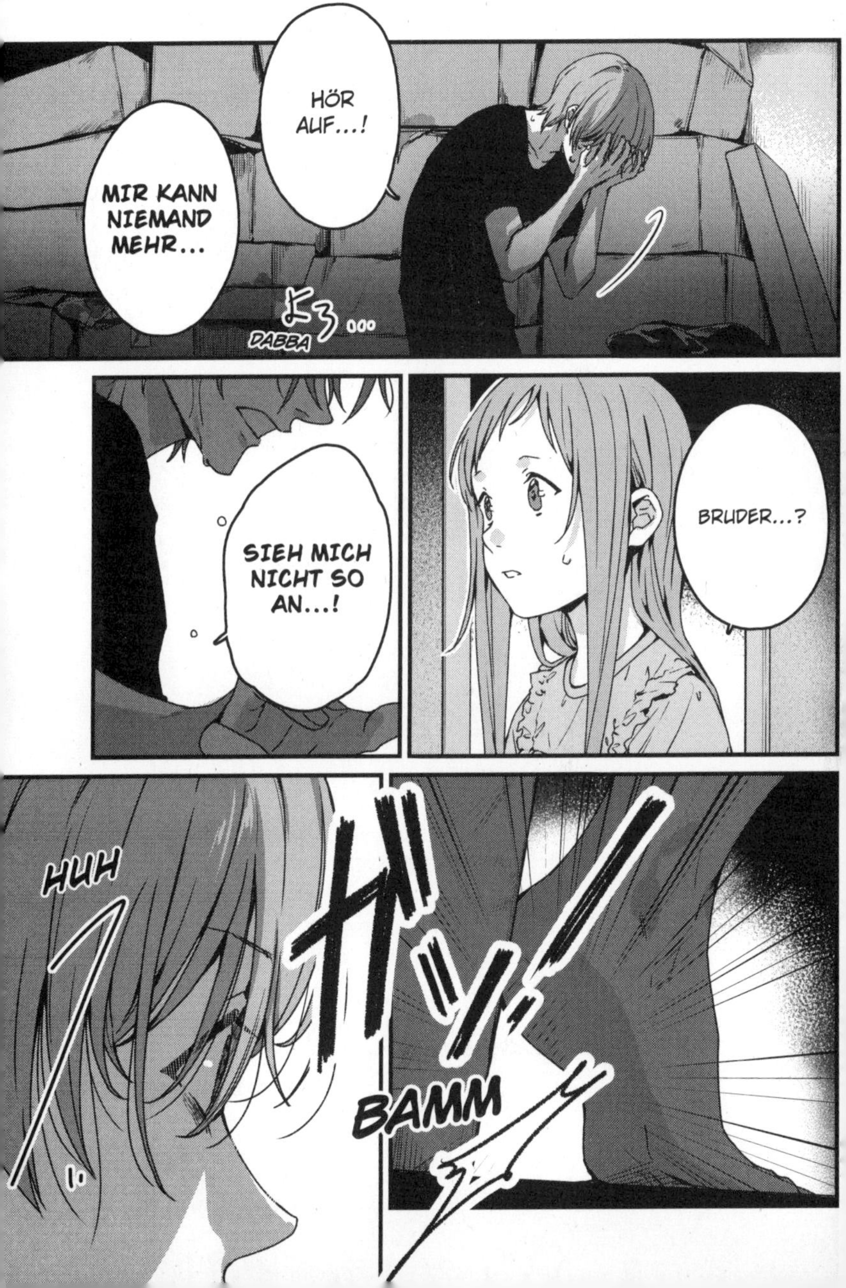

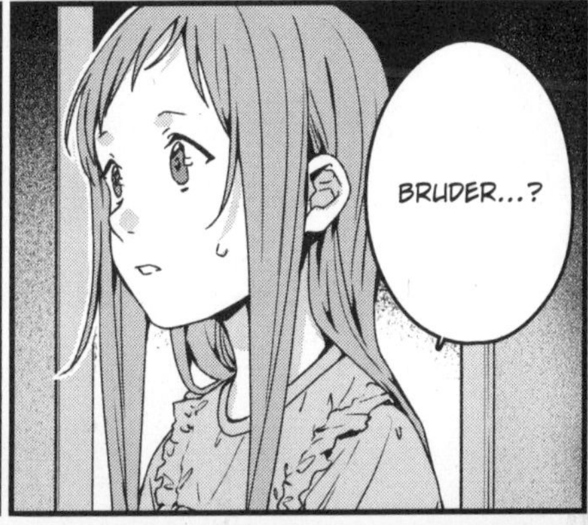
BRUDER...?

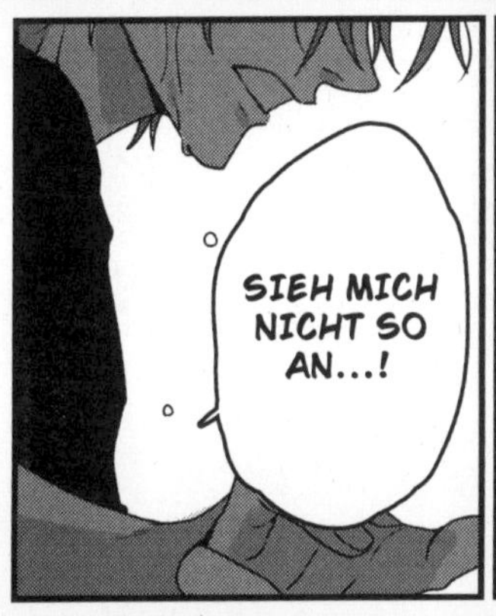
SIEH MICH NICHT SO AN...!

ガッ
BAMM
HUH

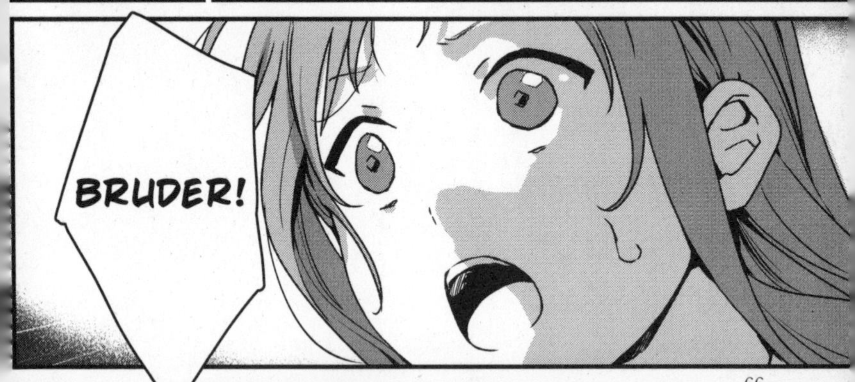
BRUDER!

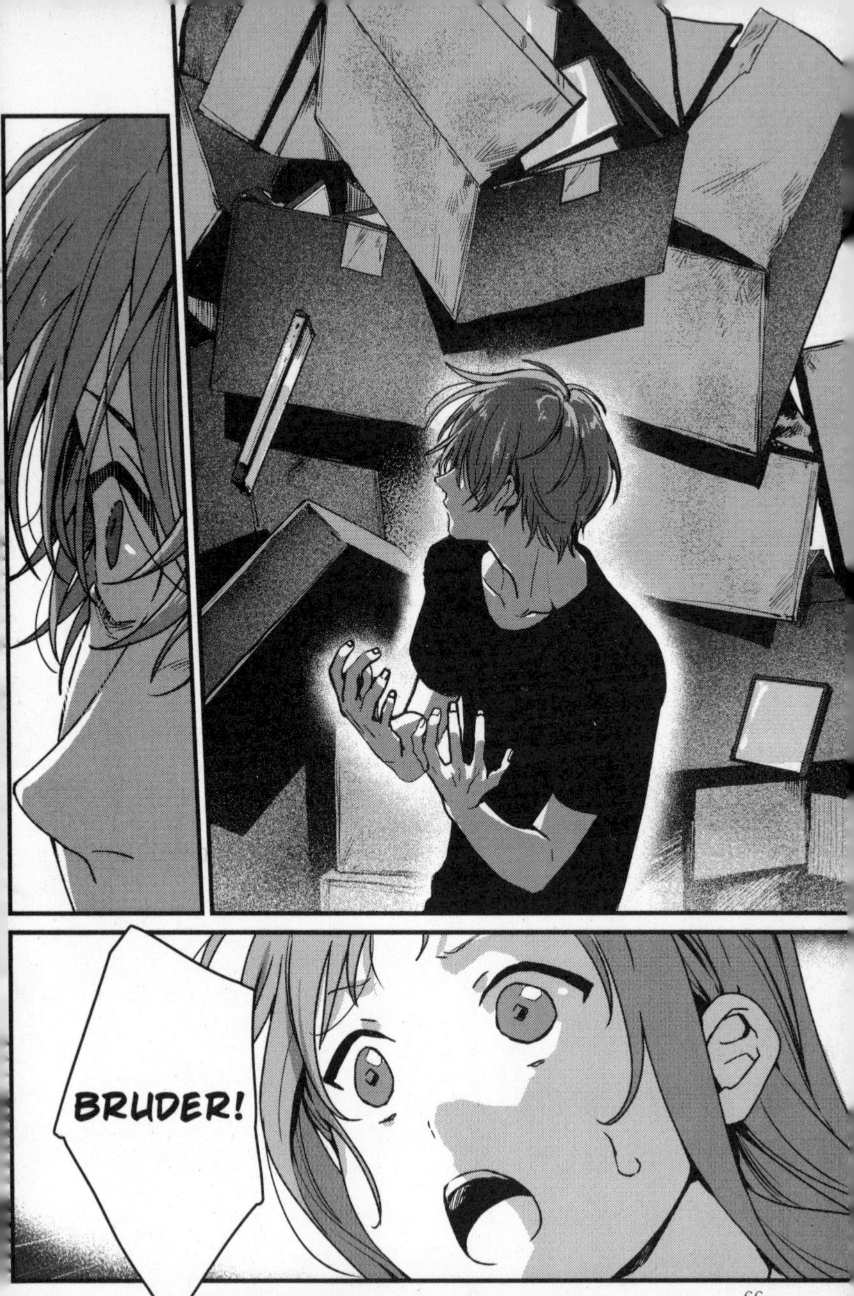

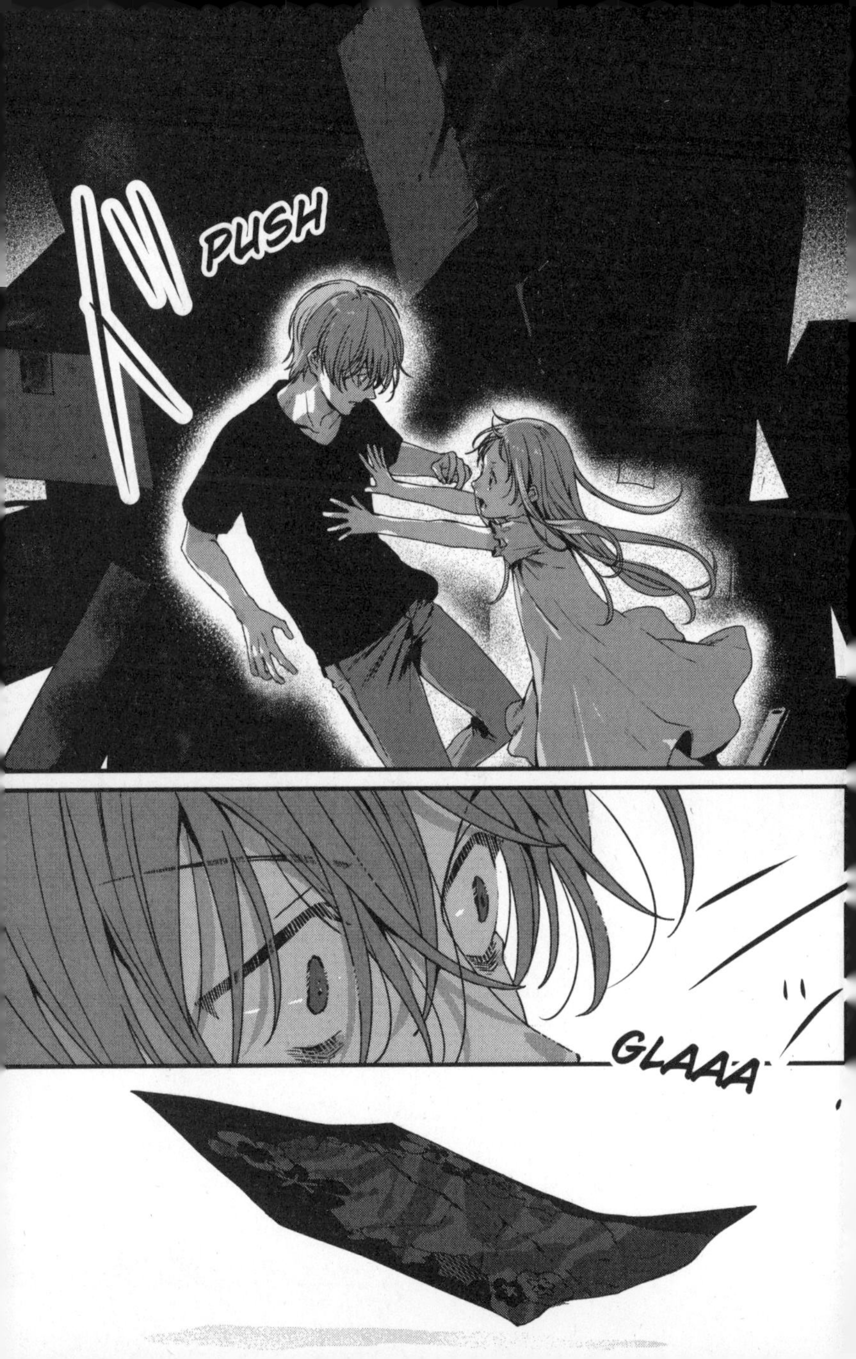
PUSH
GLAAA

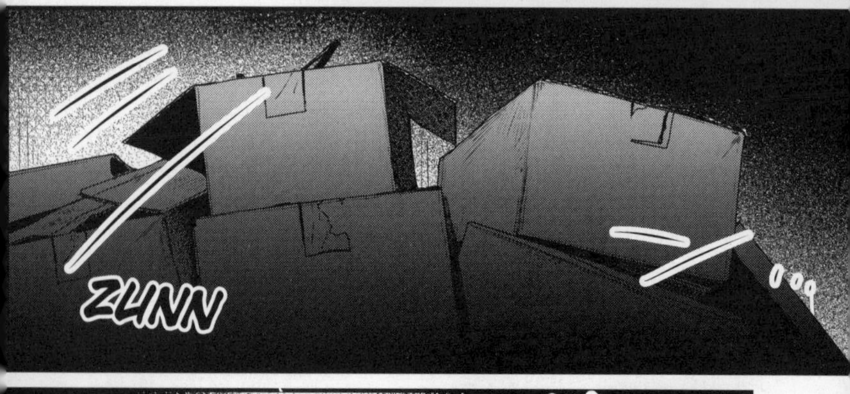

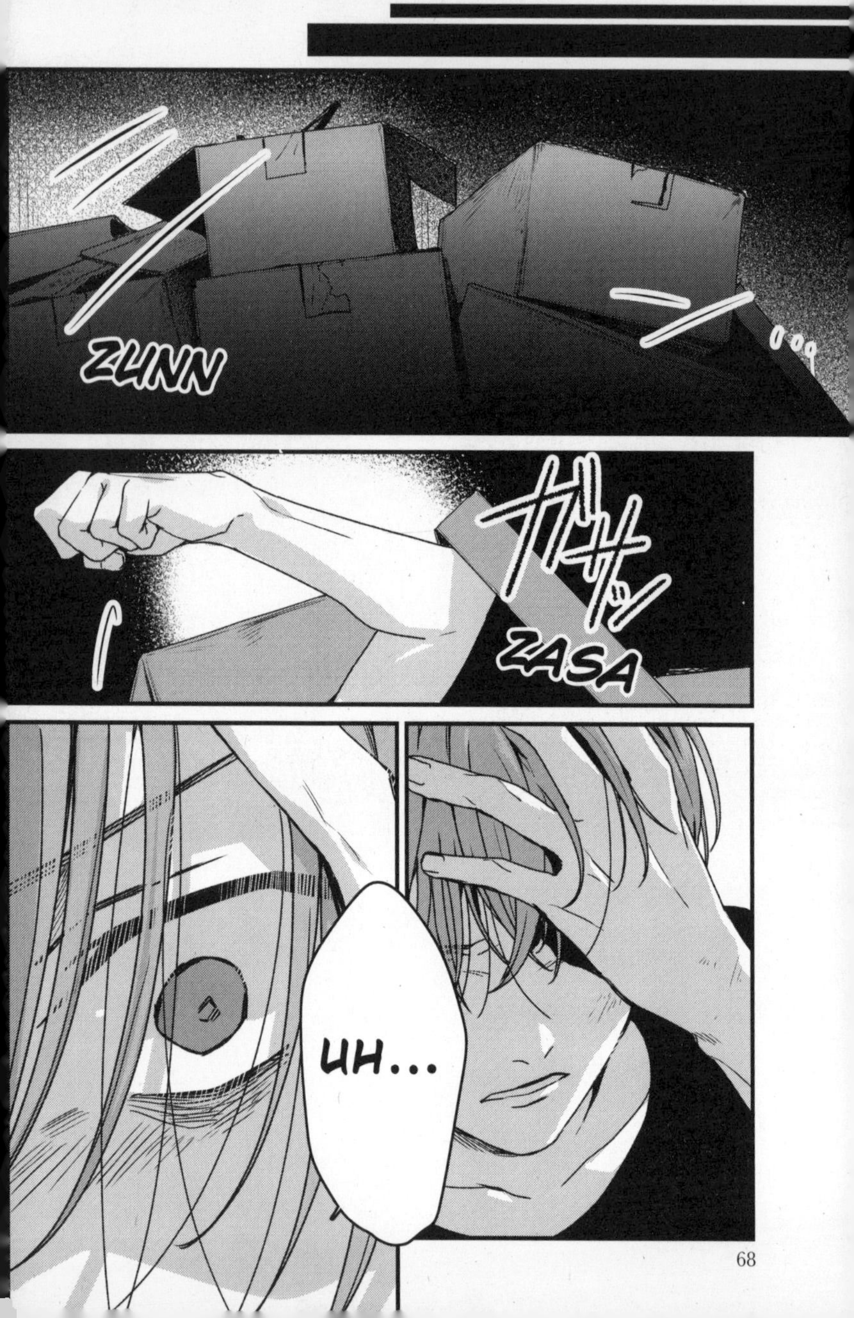

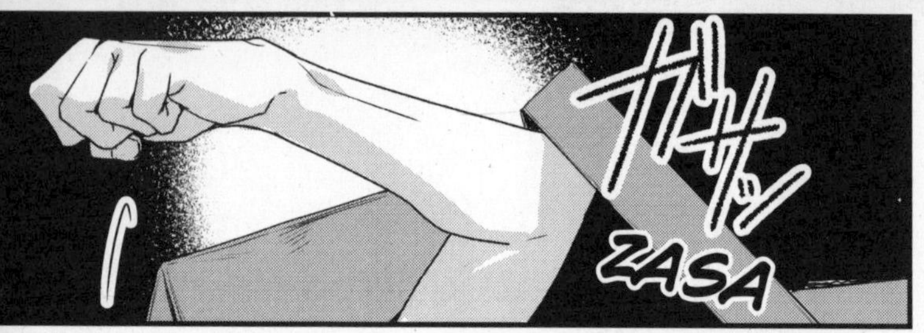

UH...

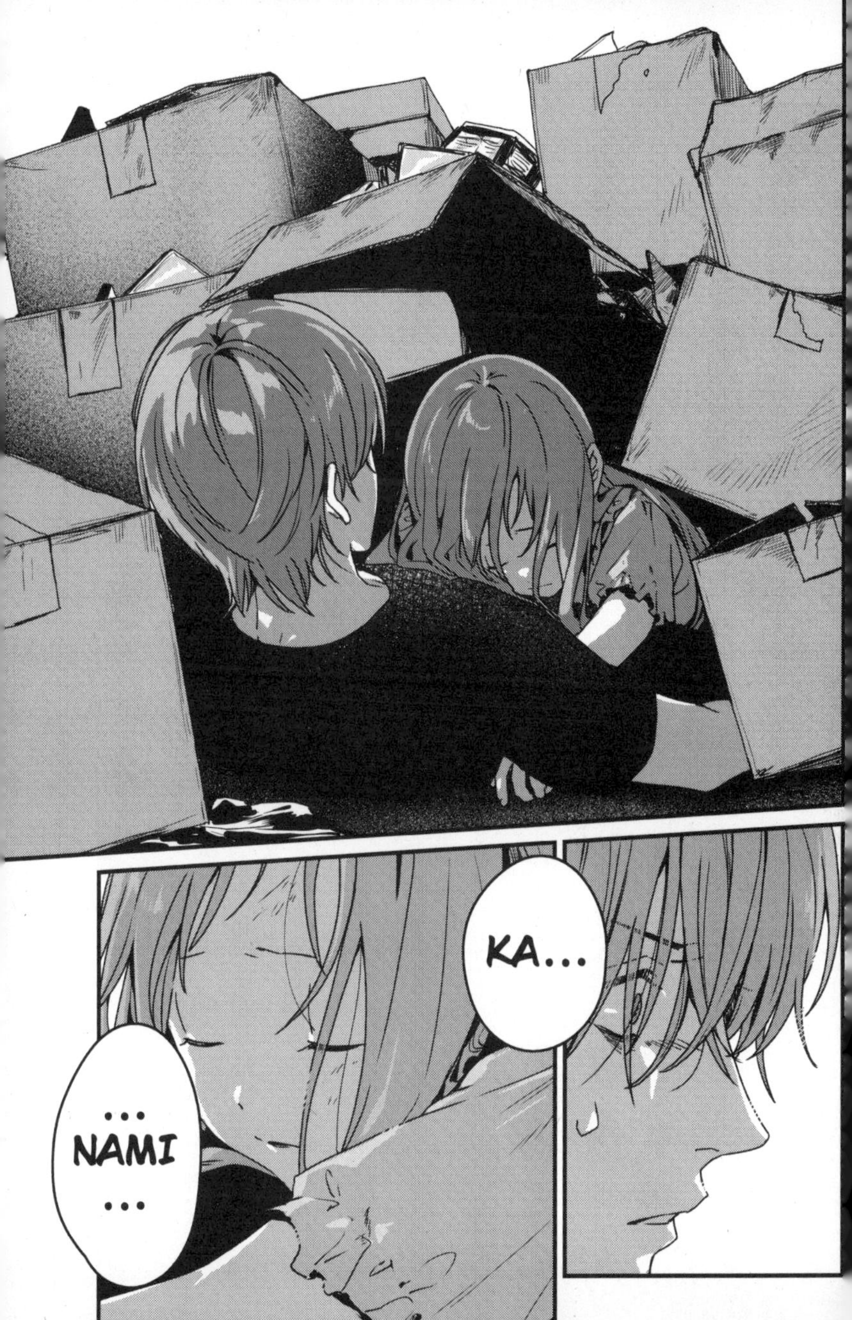
KA...
...
NAMI
...

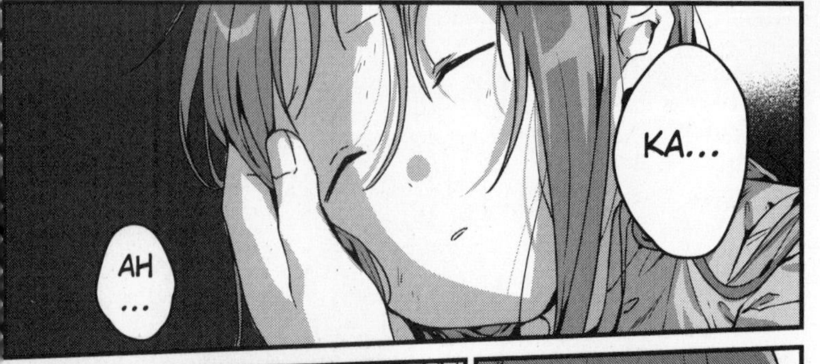
KA...
... NAMI ...!
KANAMI ...!
KA...
AH ...
DASH

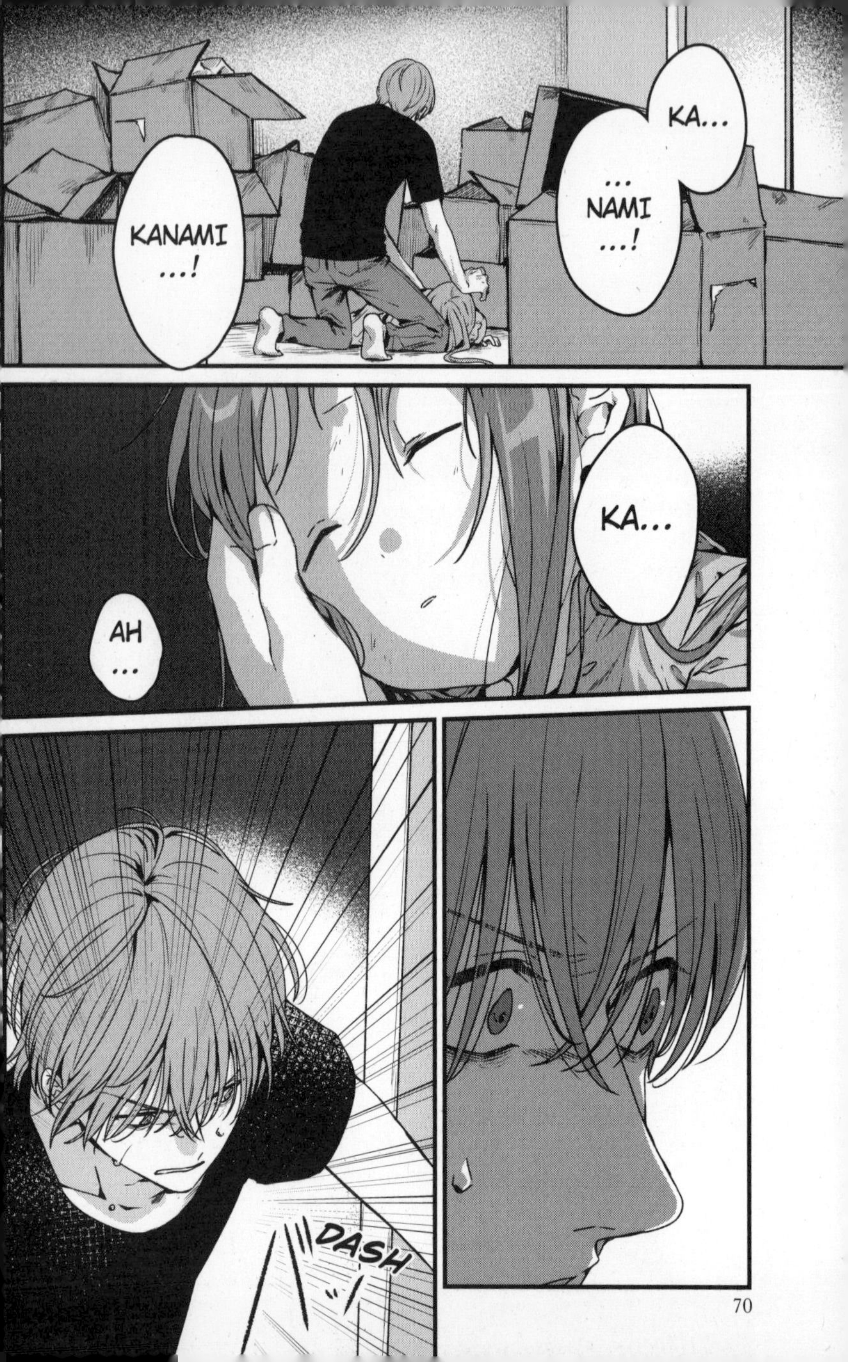

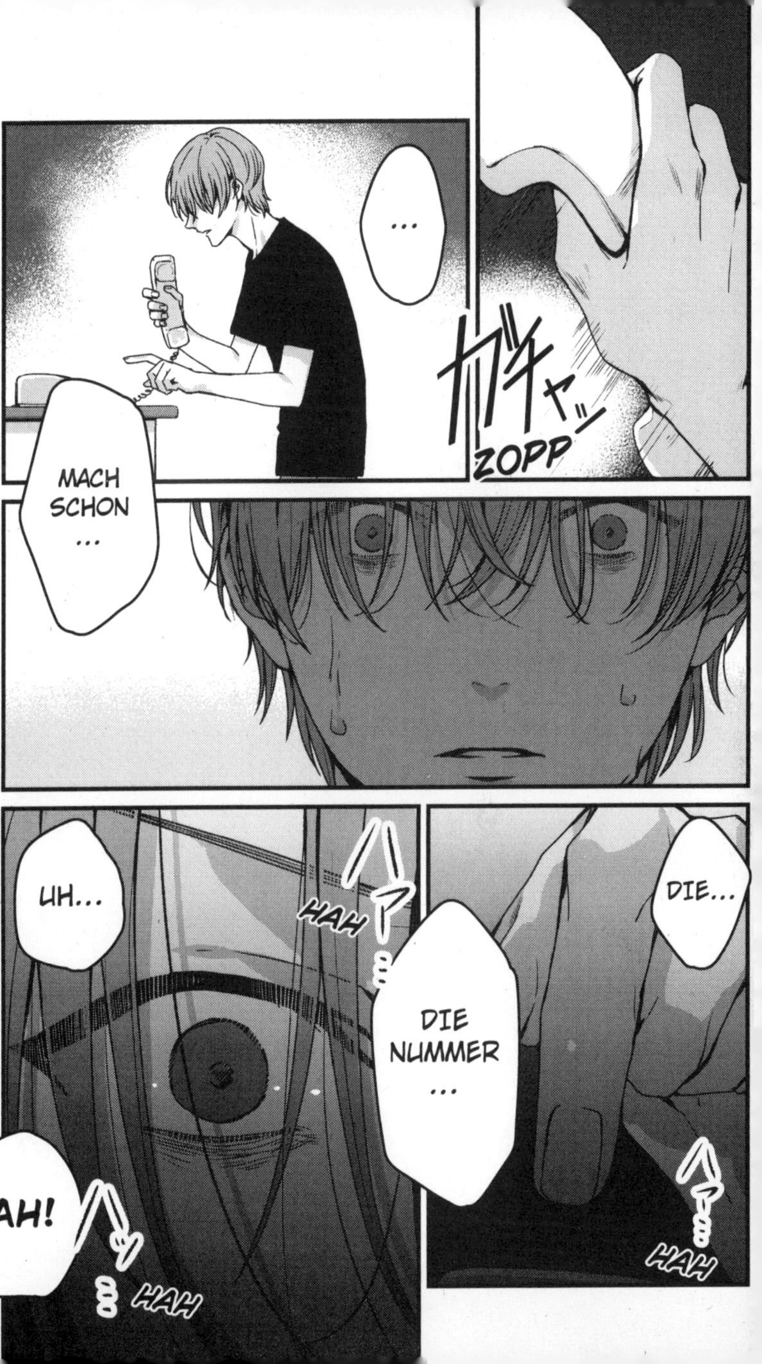

ガチャッ
ZOPP
...
MACH SCHON ...
DIE...
DIE NUMMER ...
ハァ…
HAH
UH...
ハァ…
HAH
AH!
ハッ…
HAH

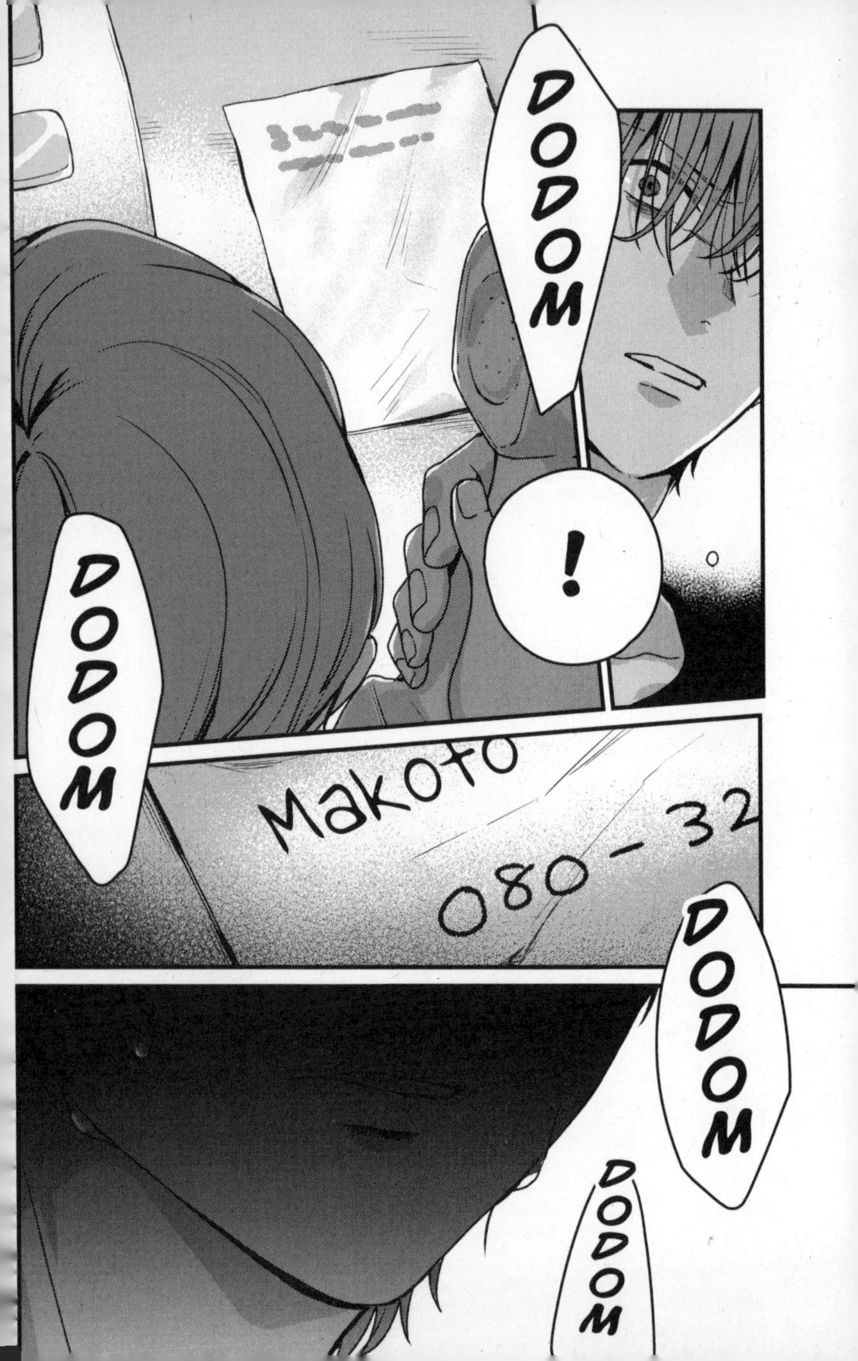
DODOM
!
DODOM
Makoto
080-32
DODOM
DODOM

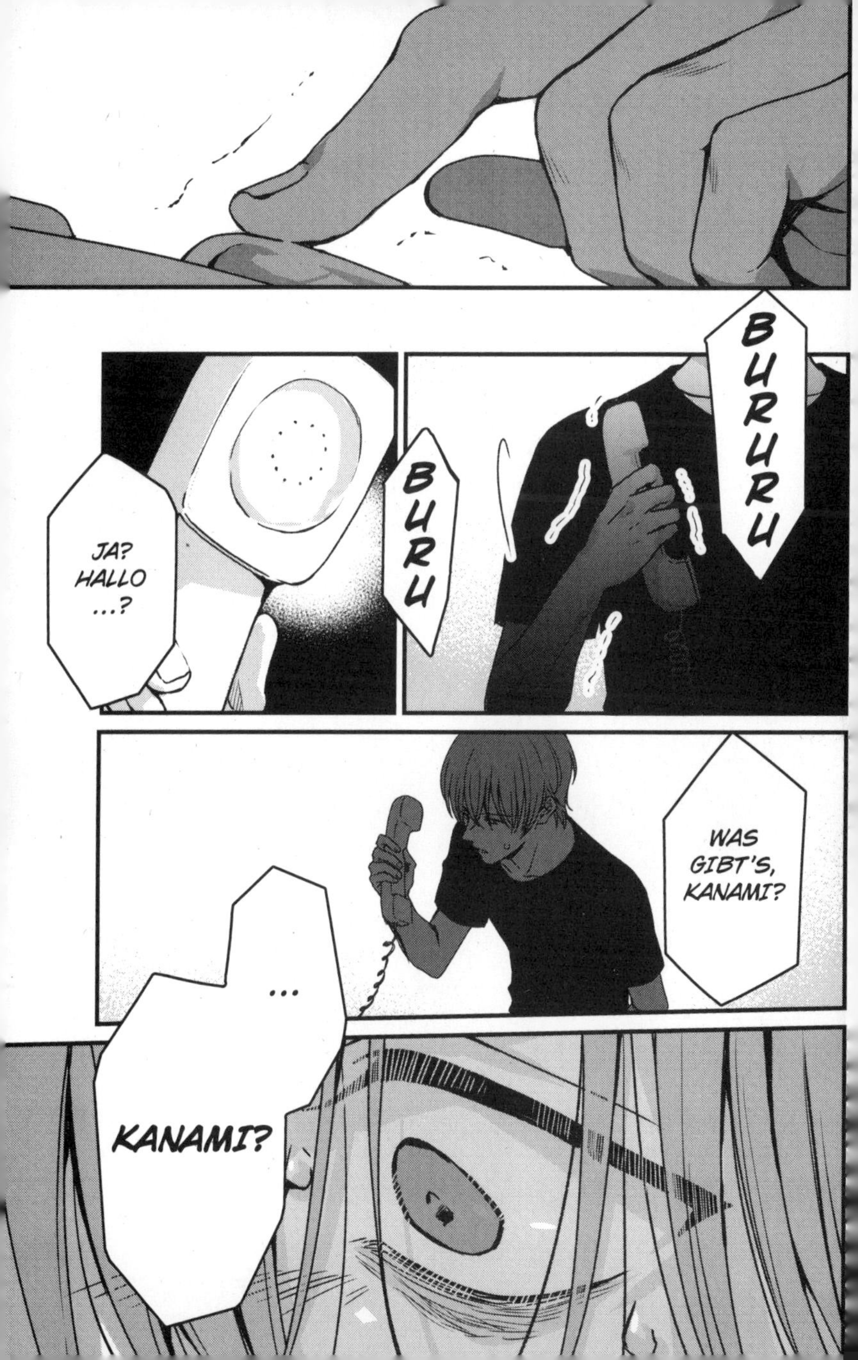
BURURU
BURU
JA? HALLO …?
WAS GIBT'S, KANAMI?
…
KANAMI?

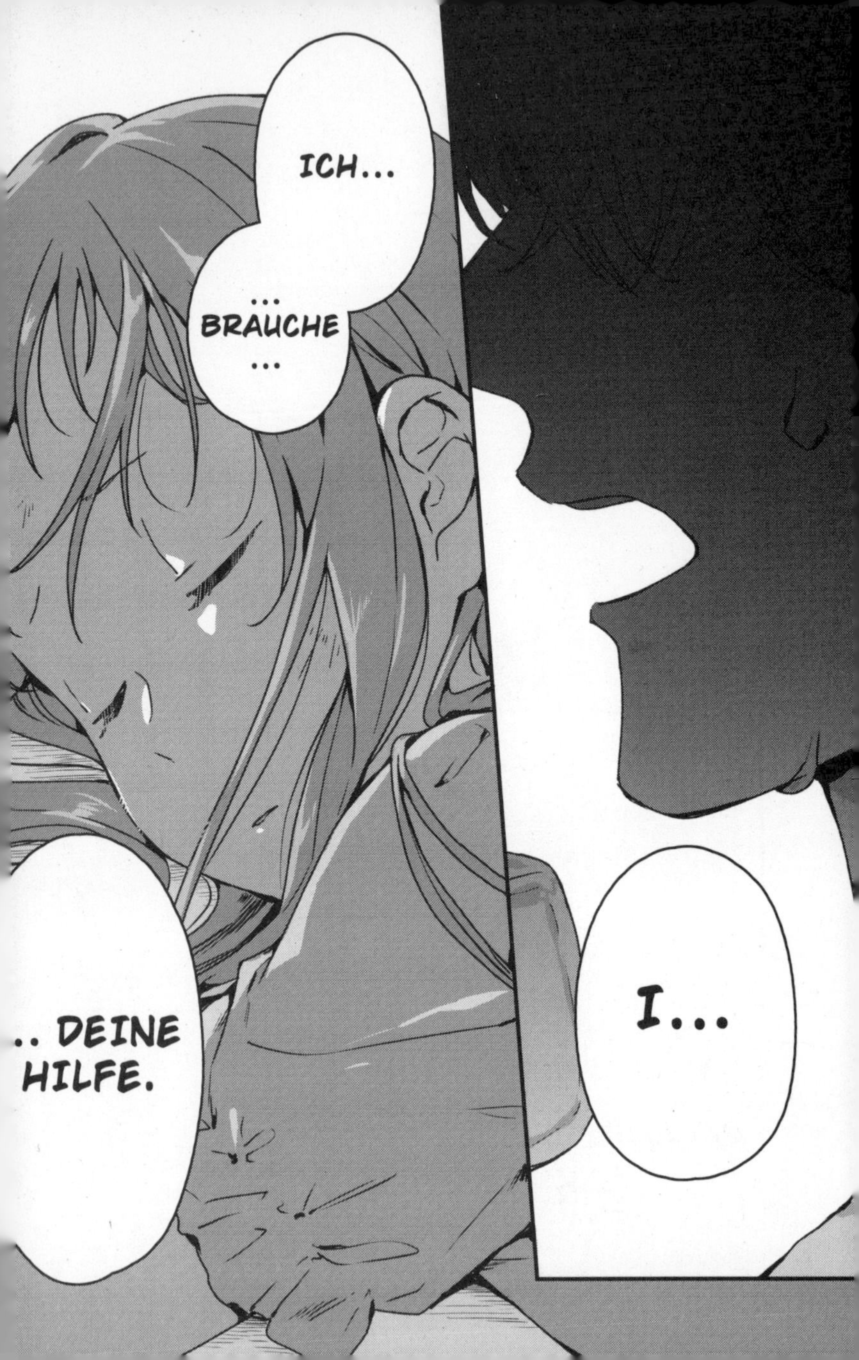

I...
ICH...
... BRAUCHE ...
.. DEINE HILFE.

Brother for Rent

4

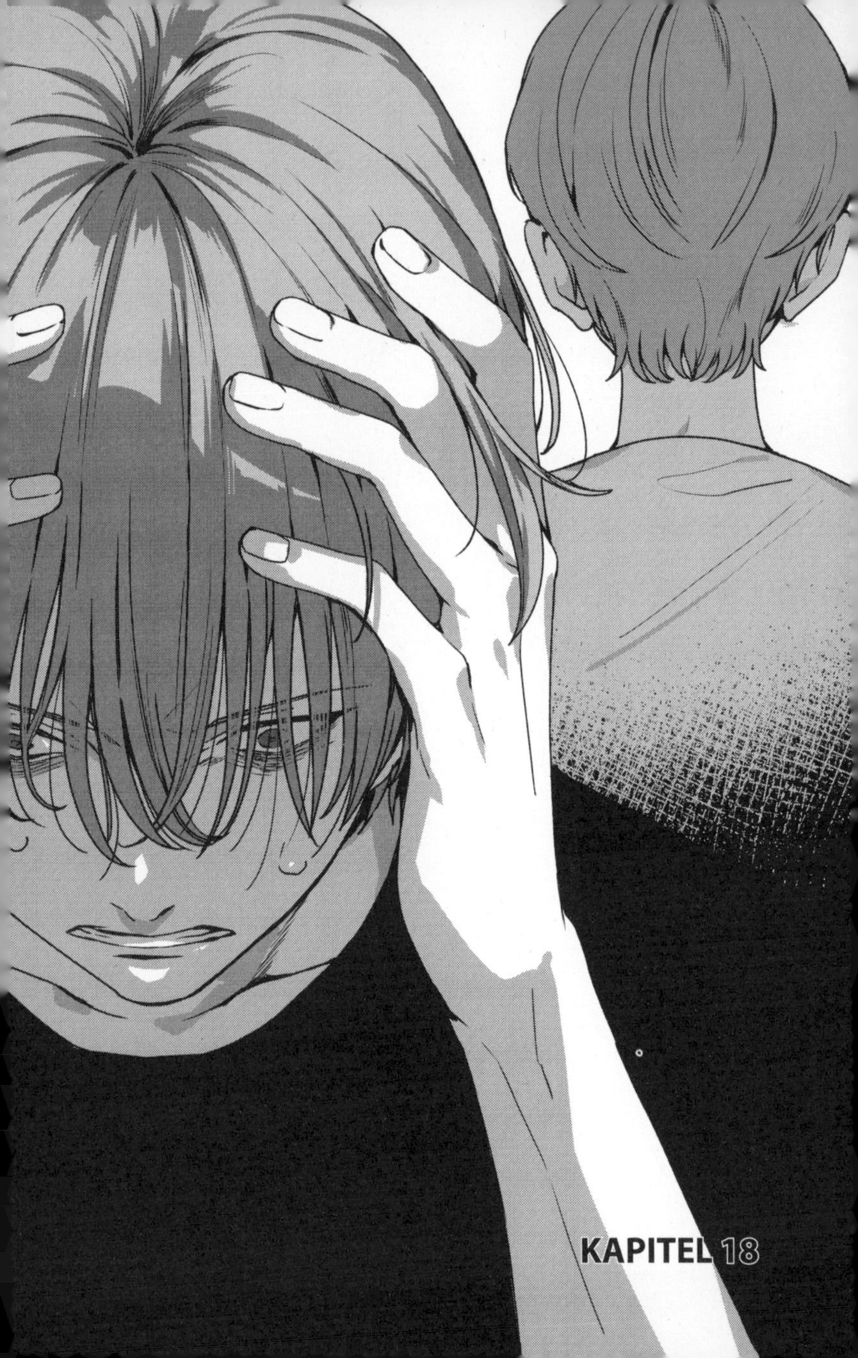
KAPITEL 18

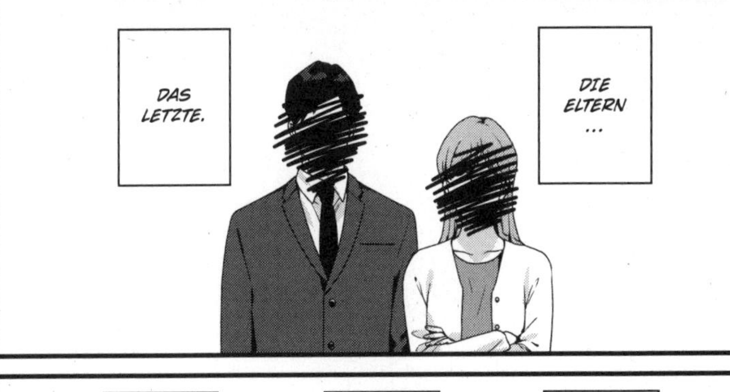
DIE ELTERN ...
DAS LETZTE.

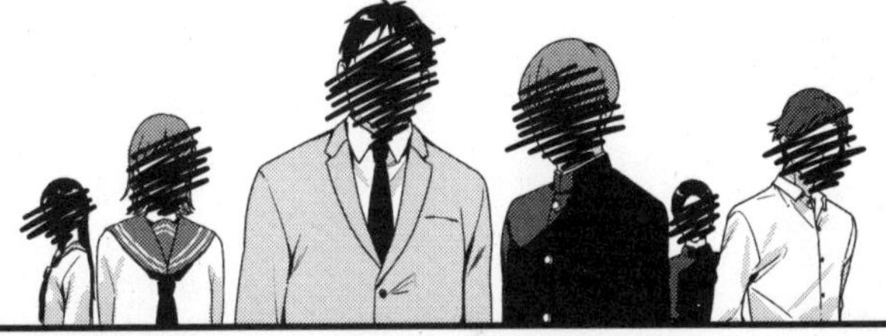
DIE TYPEN IN DER SCHULE...
DIE KERLE, DIE NUR HINTER DEM GELD HER SIND...
DAS LETZTE.

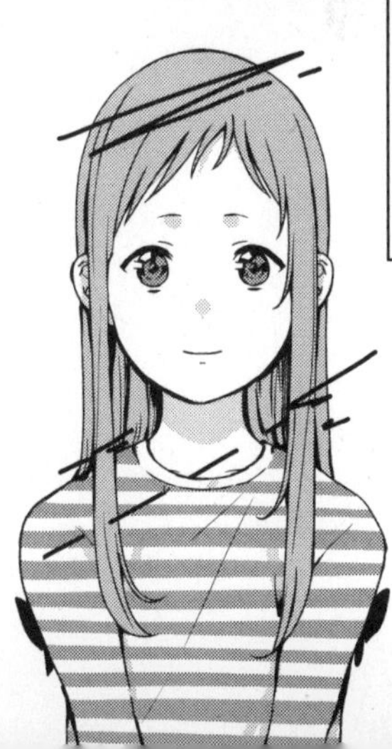
KANAMI...
...

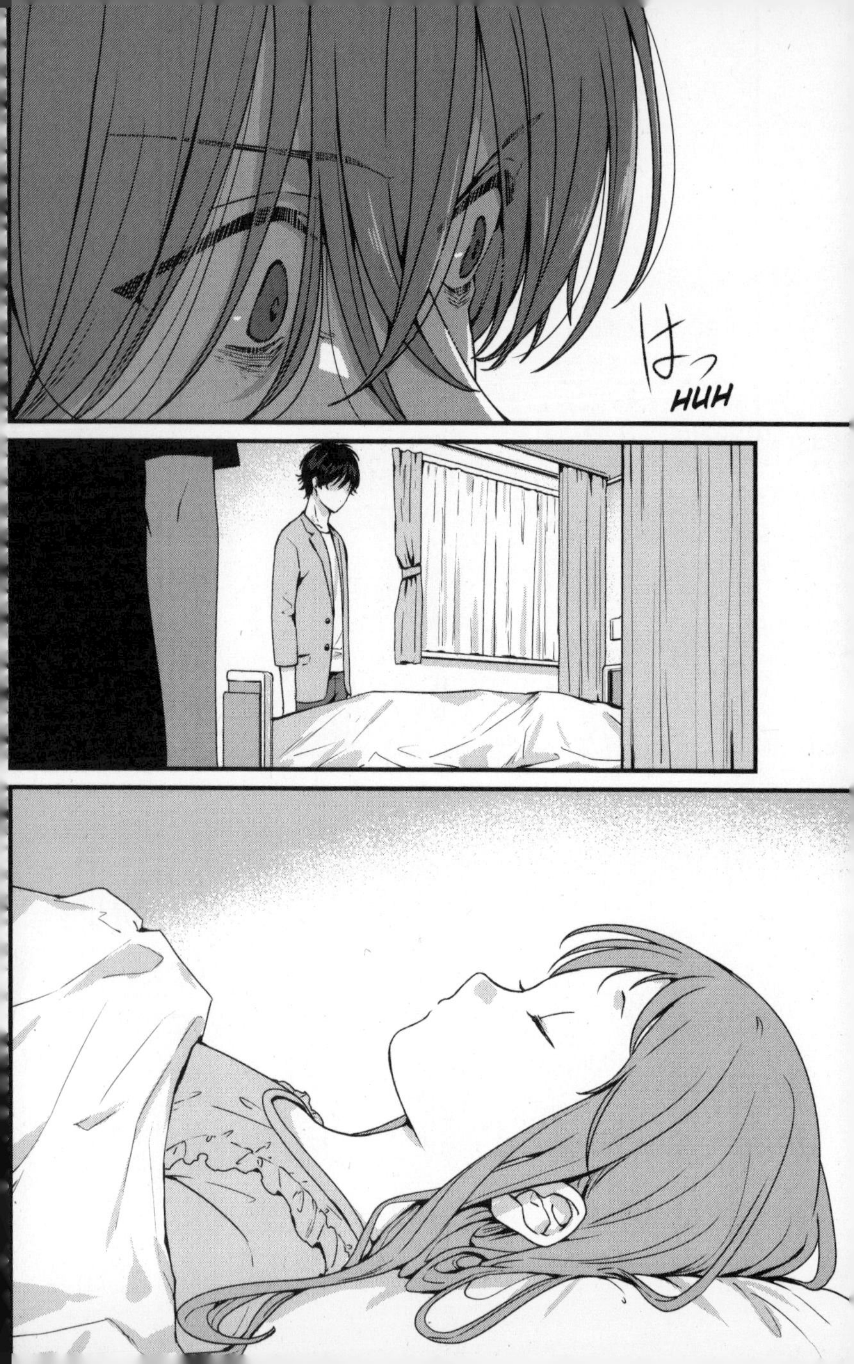
はっ
HUH

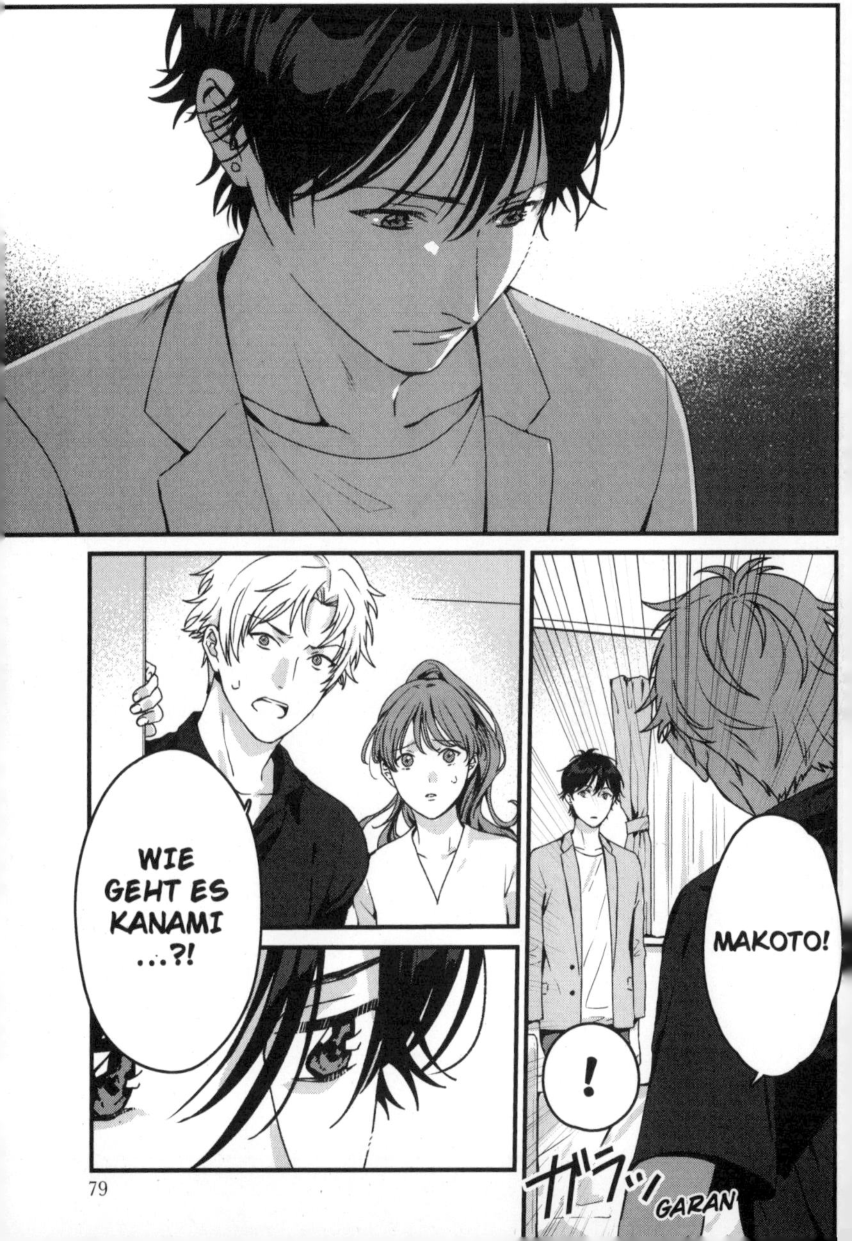

MAKOTO!
!
ガラッ
GARAN
WIE GEHT ES KANAMI …?!

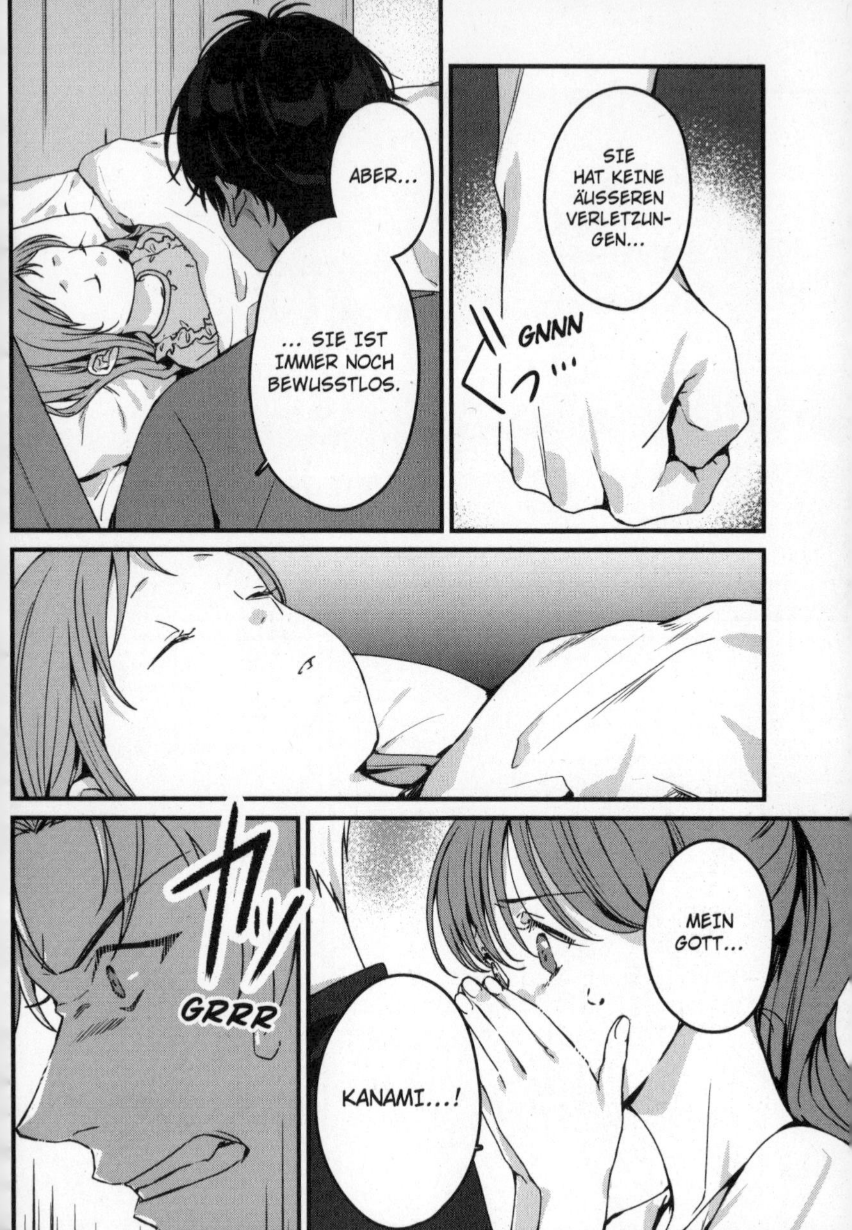
SIE HAT KEINE ÄUSSEREN VERLETZUNGEN...
GNNN
ABER...
... SIE IST IMMER NOCH BEWUSSTLOS.
MEIN GOTT...
KANAMI...!
GRRR

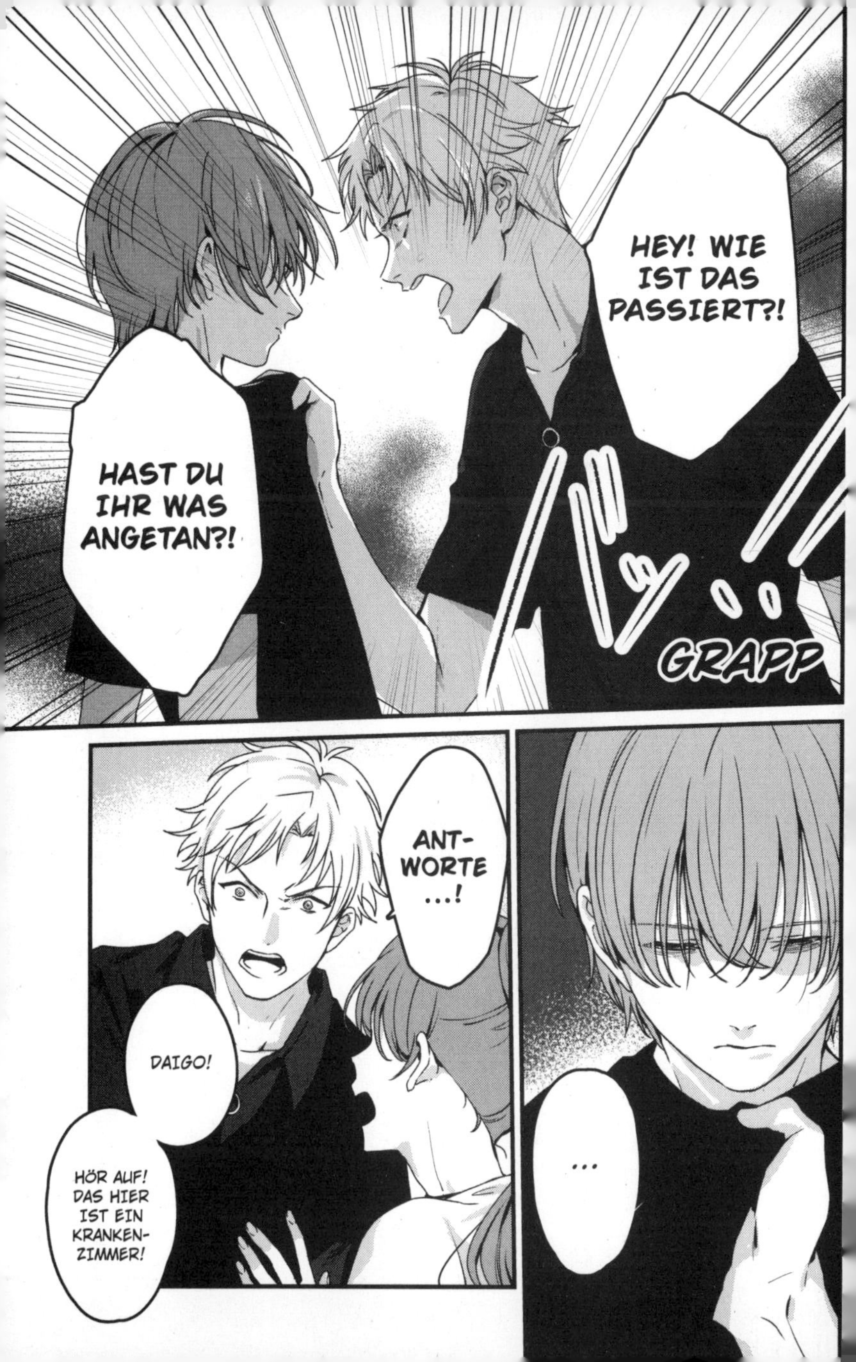

HEY! WIE IST DAS PASSIERT?!

HAST DU IHR WAS ANGETAN?!

GRAPP

...

ANT-WORTE ...!

DAIGO!

HÖR AUF! DAS HIER IST EIN KRANKEN-ZIMMER!

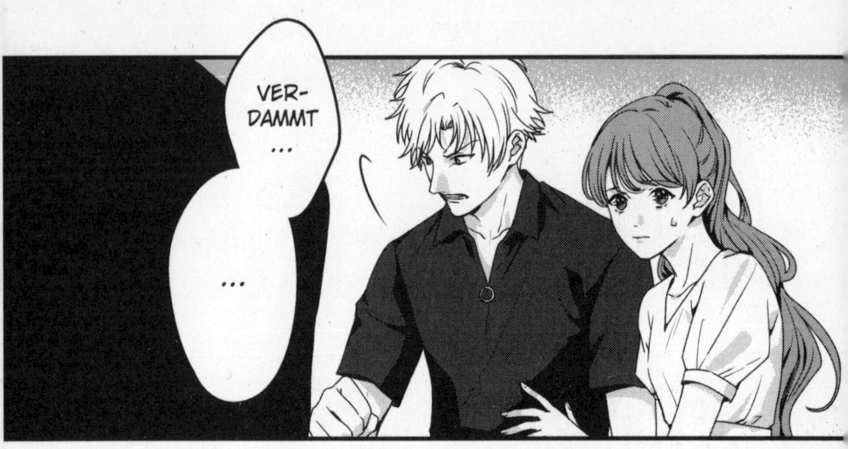
VER-
DAMMT
...
...

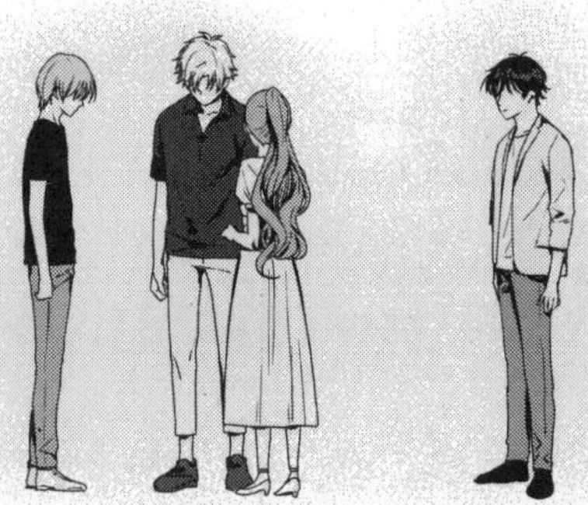

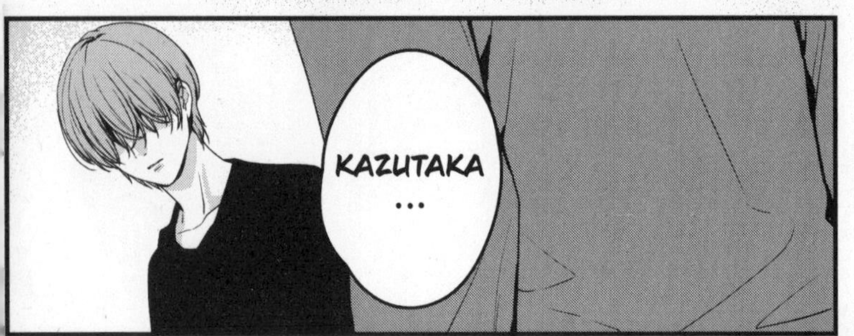
KAZUTAKA
...

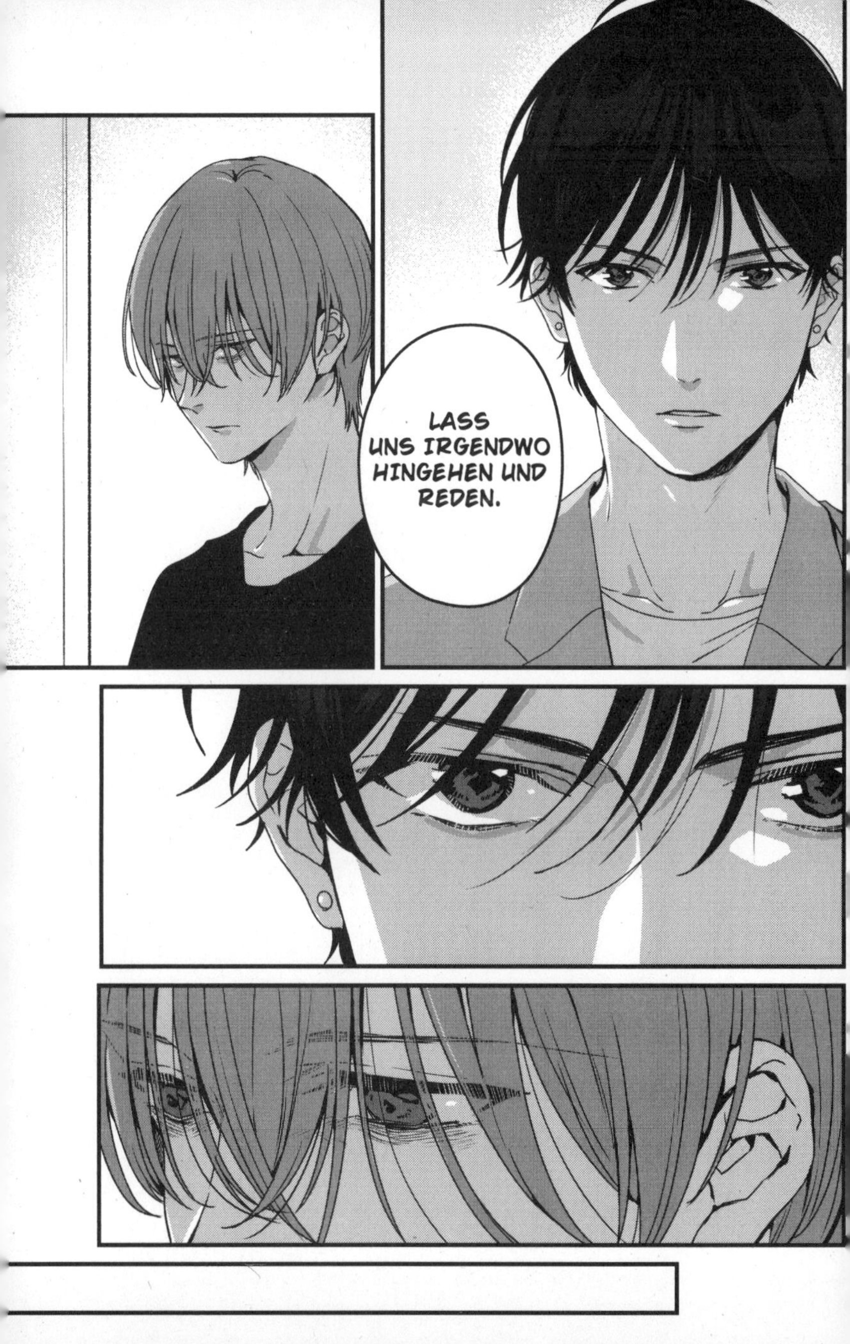
LASS UNS IRGENDWO HINGEHEN UND REDEN.

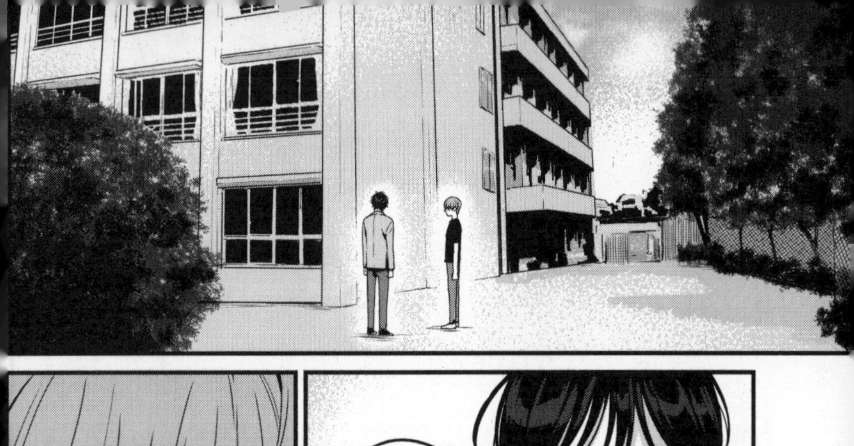

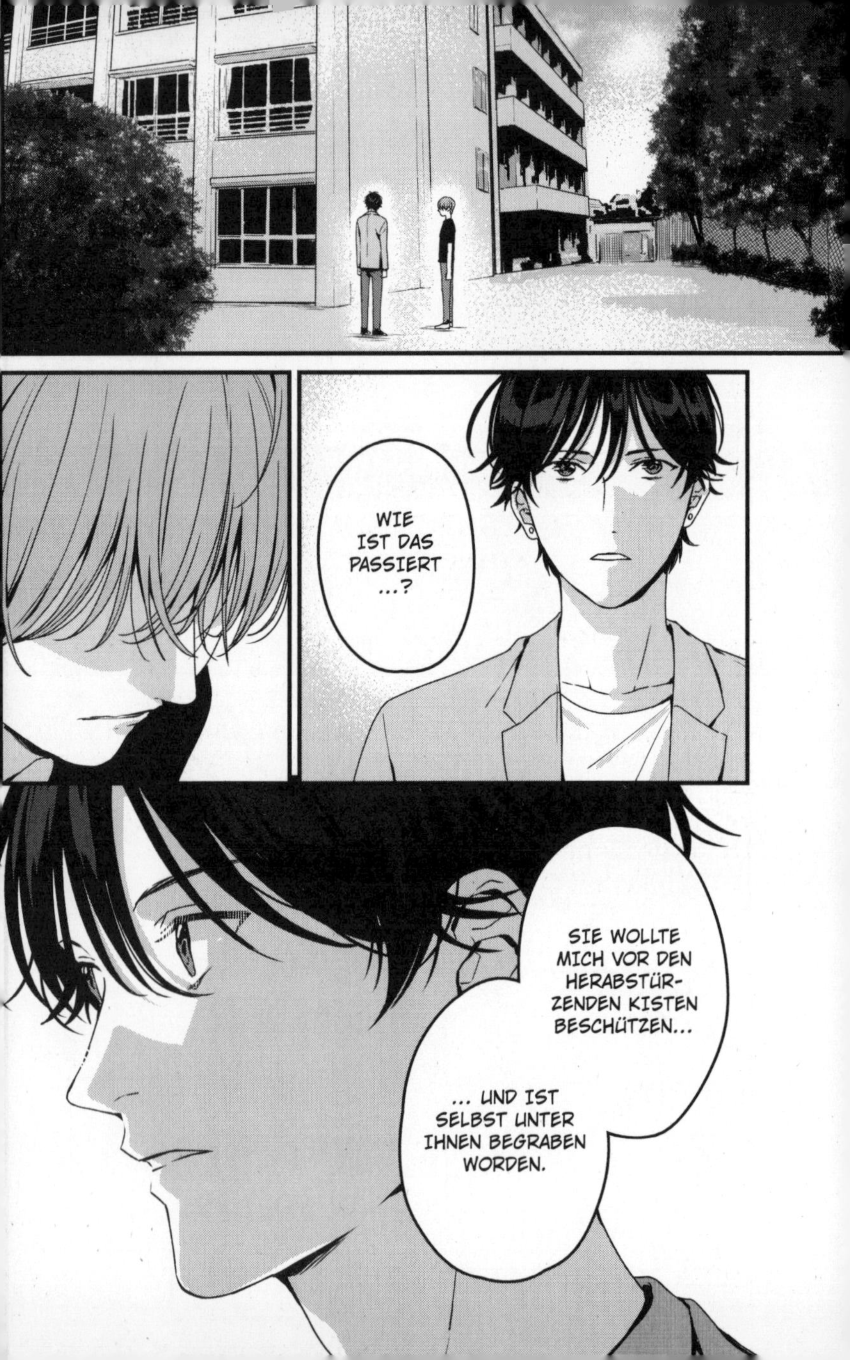

WIE IST DAS PASSIERT …?

SIE WOLLTE MICH VOR DEN HERABSTÜRZENDEN KISTEN BESCHÜTZEN…

… UND IST SELBST UNTER IHNEN BEGRABEN WORDEN.

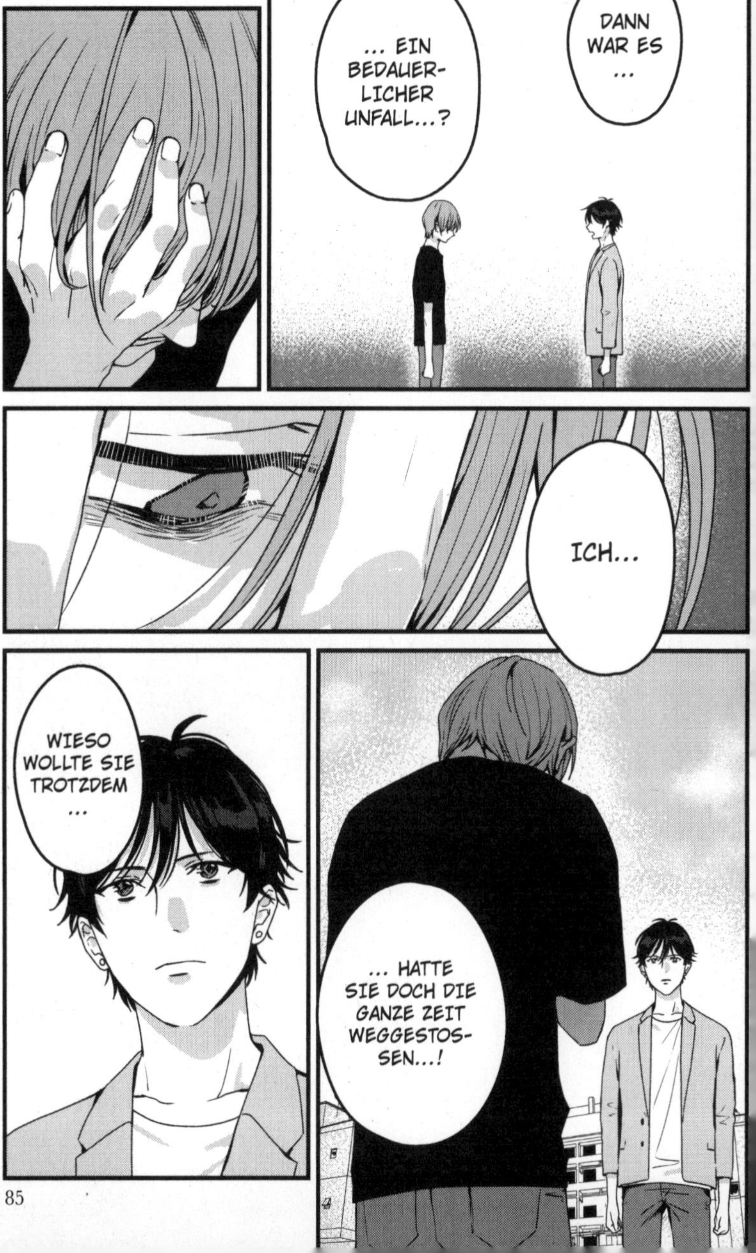

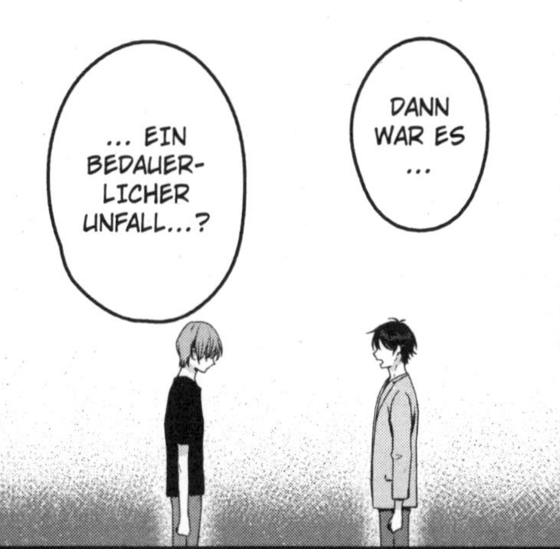

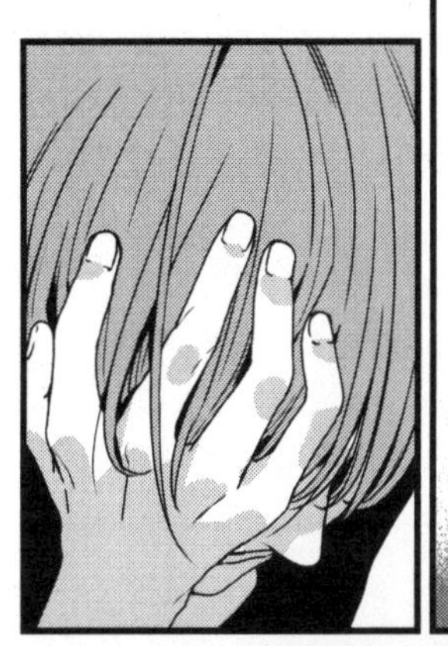

ICH...

... HATTE SIE DOCH DIE GANZE ZEIT WEGGESTOS-SEN...!

WIESO WOLLTE SIE TROTZDEM ...

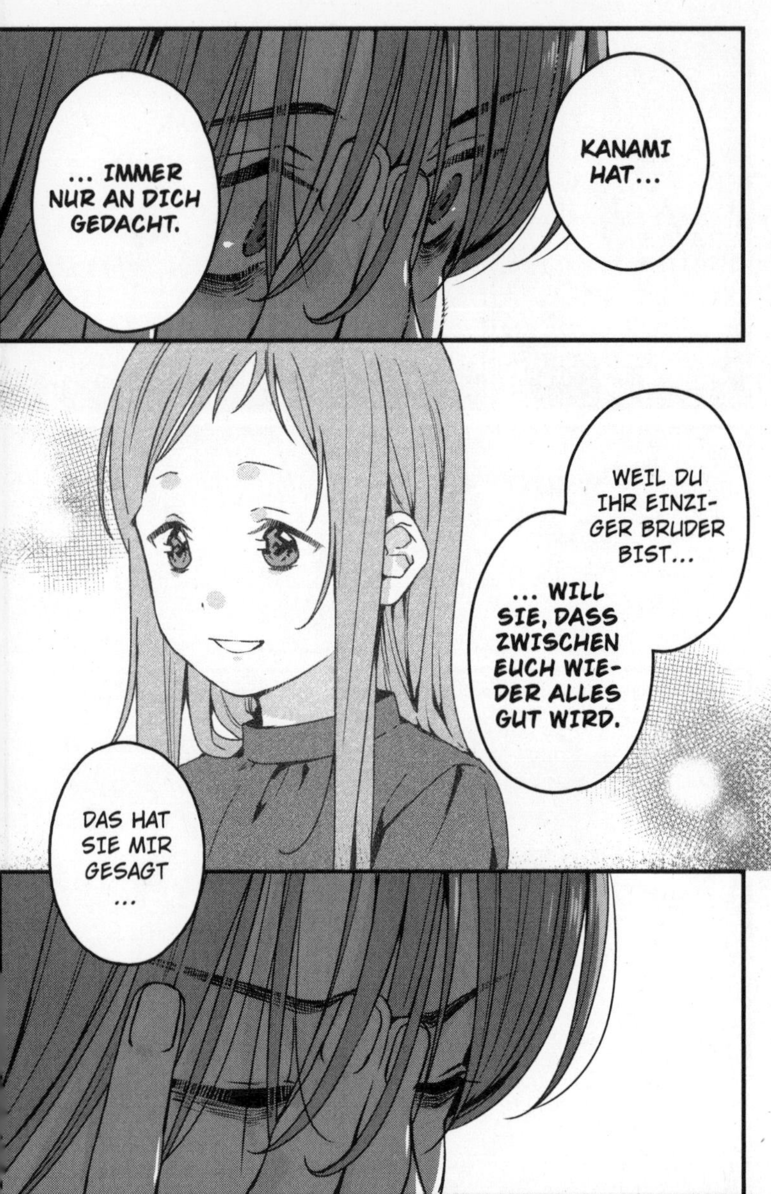
KANAMI HAT…
… IMMER NUR AN DICH GEDACHT.
WEIL DU IHR EINZI-GER BRUDER BIST…
… WILL SIE, DASS ZWISCHEN EUCH WIE-DER ALLES GUT WIRD.
DAS HAT SIE MIR GESAGT …

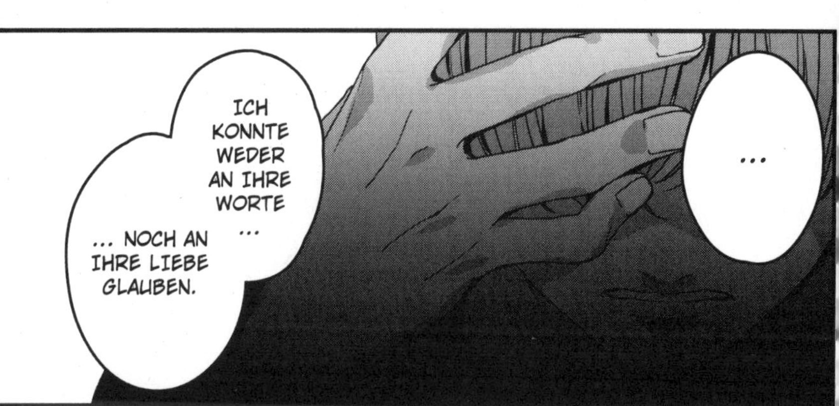
...
ICH KONNTE WEDER AN IHRE WORTE ...
... NOCH AN IHRE LIEBE GLAUBEN.

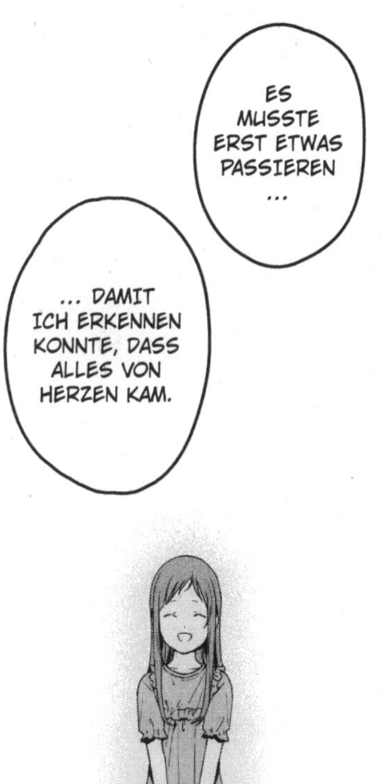
ES MUSSTE ERST ETWAS PASSIEREN ...
... DAMIT ICH ERKENNEN KONNTE, DASS ALLES VON HERZEN KAM.

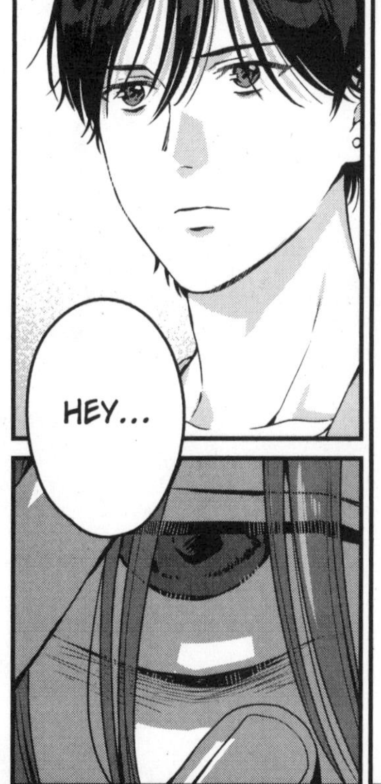
HEY...

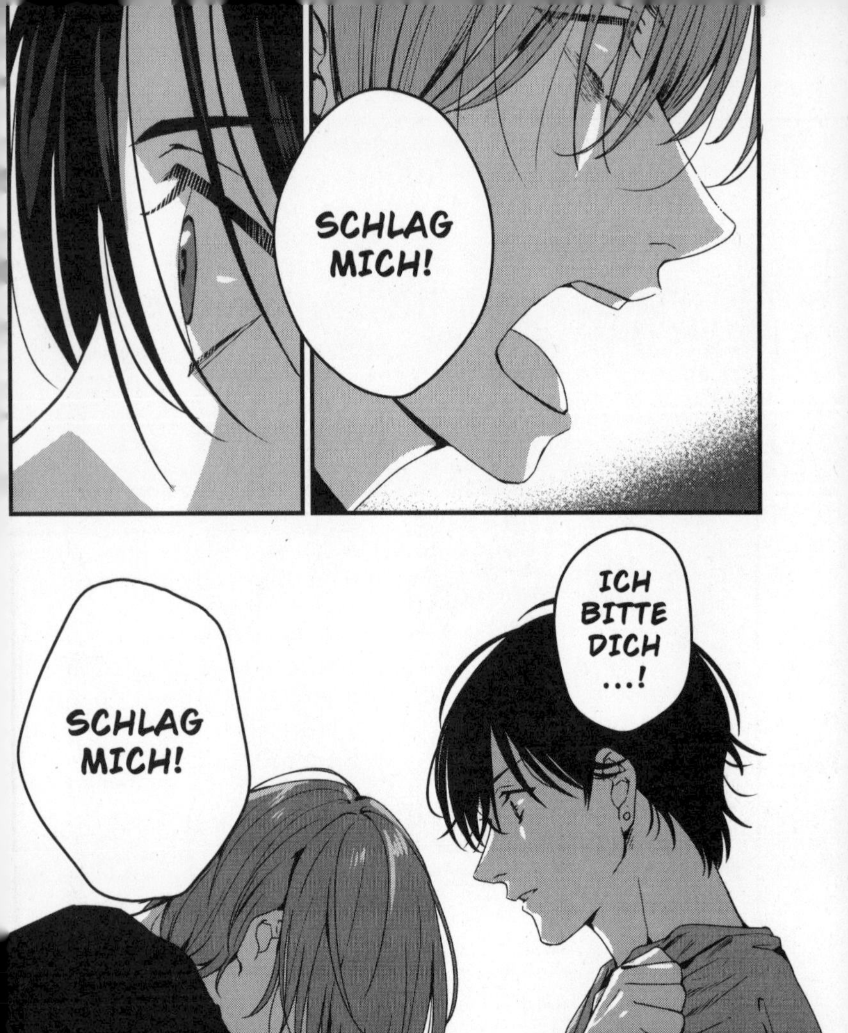
SCHLAG MICH!
ICH BITTE DICH ...!
SCHLAG MICH!

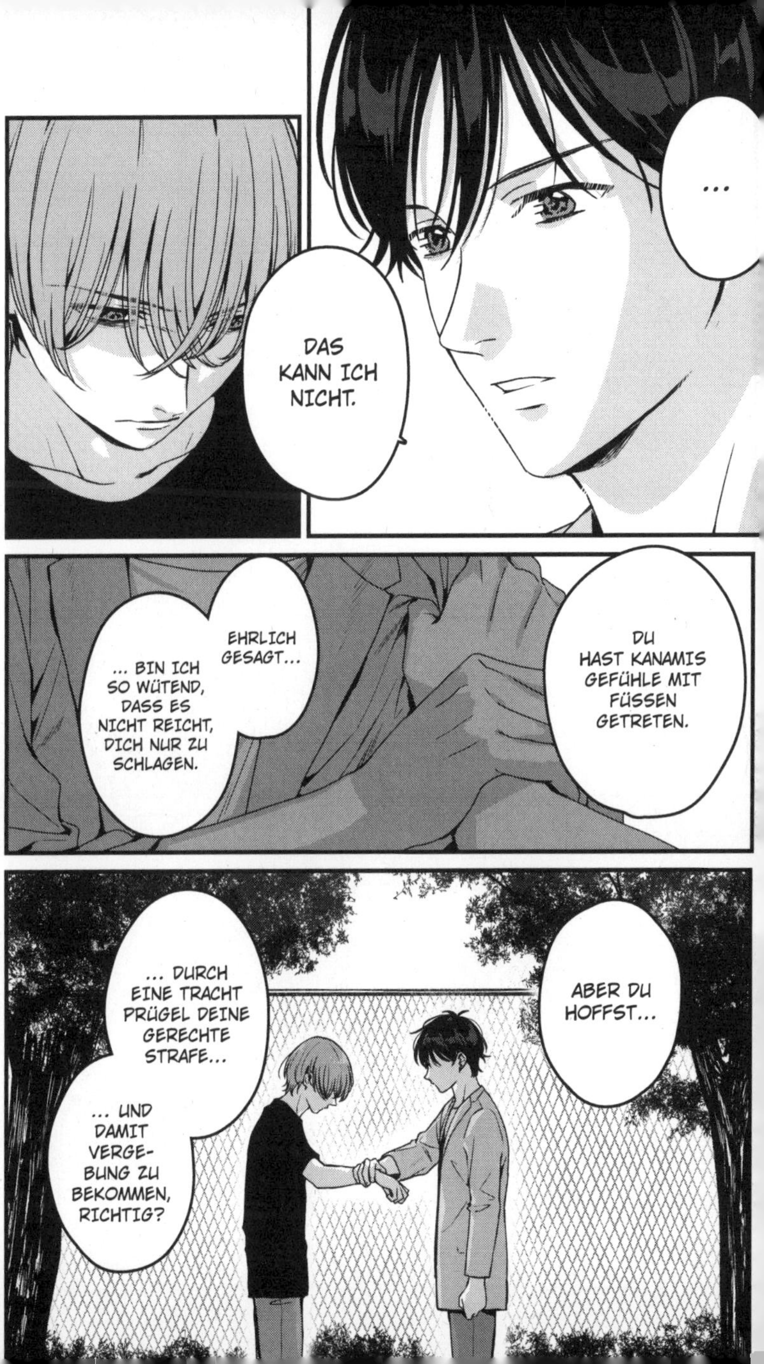

…
DAS KANN ICH NICHT.
DU HAST KANAMIS GEFÜHLE MIT FÜSSEN GETRETEN.
EHRLICH GESAGT…
… BIN ICH SO WÜTEND, DASS ES NICHT REICHT, DICH NUR ZU SCHLAGEN.

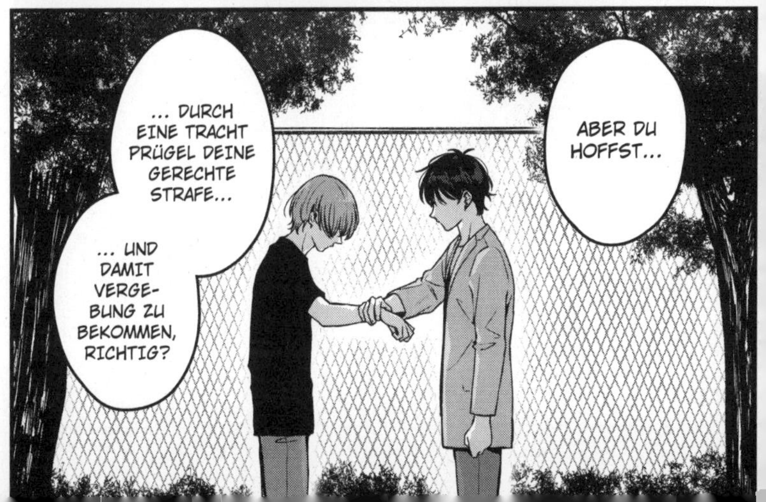
ABER DU HOFFST…
… DURCH EINE TRACHT PRÜGEL DEINE GERECHTE STRAFE…
… UND DAMIT VERGE-BUNG ZU BEKOMMEN, RICHTIG?

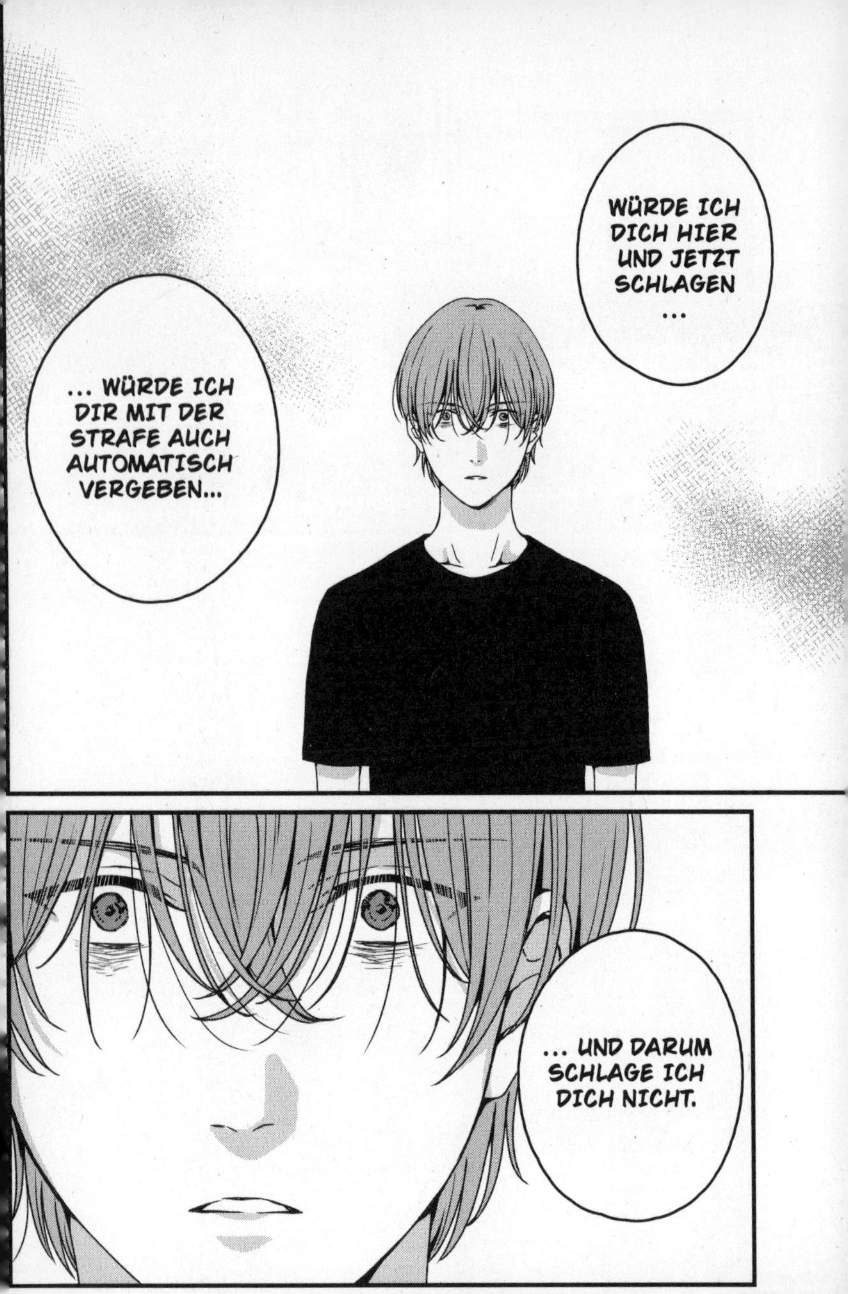

WÜRDE ICH DICH HIER UND JETZT SCHLAGEN ...

... WÜRDE ICH DIR MIT DER STRAFE AUCH AUTOMATISCH VERGEBEN...

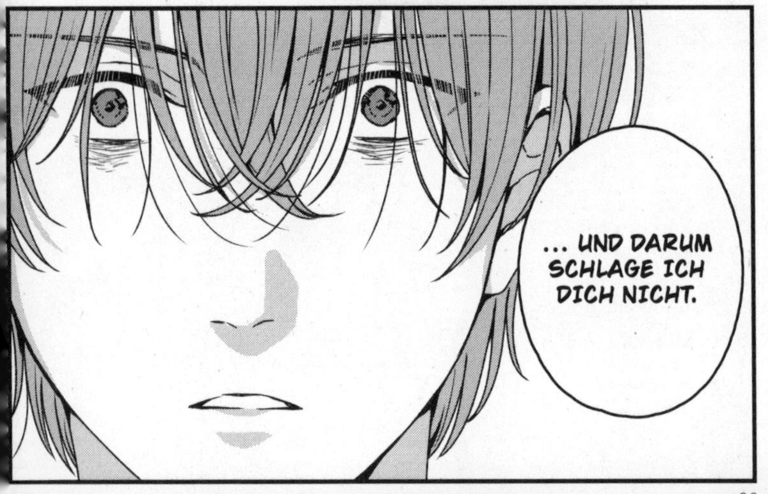

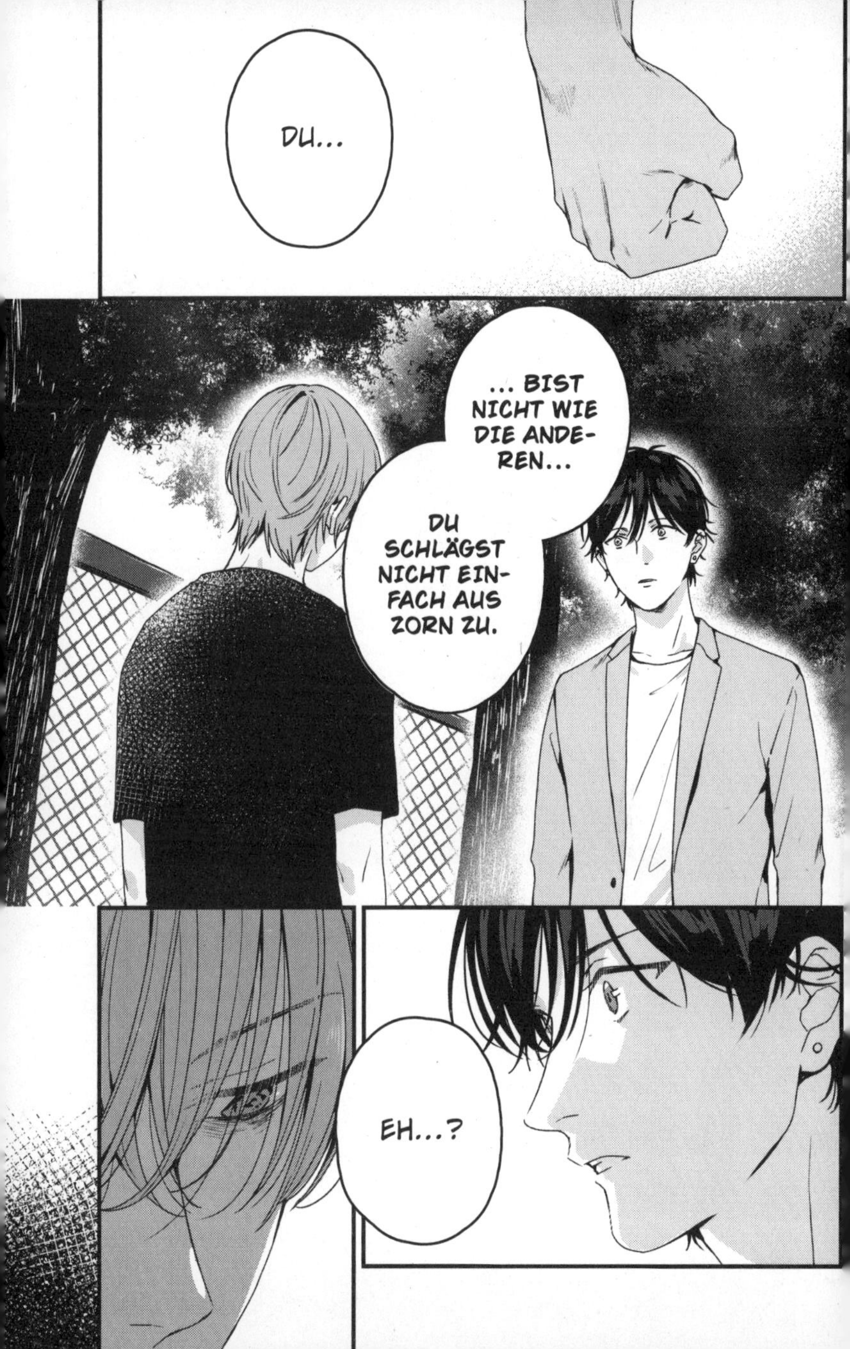
DU...
... BIST NICHT WIE DIE ANDE-REN...
DU SCHLÄGST NICHT EIN-FACH AUS ZORN ZU.
EH...?

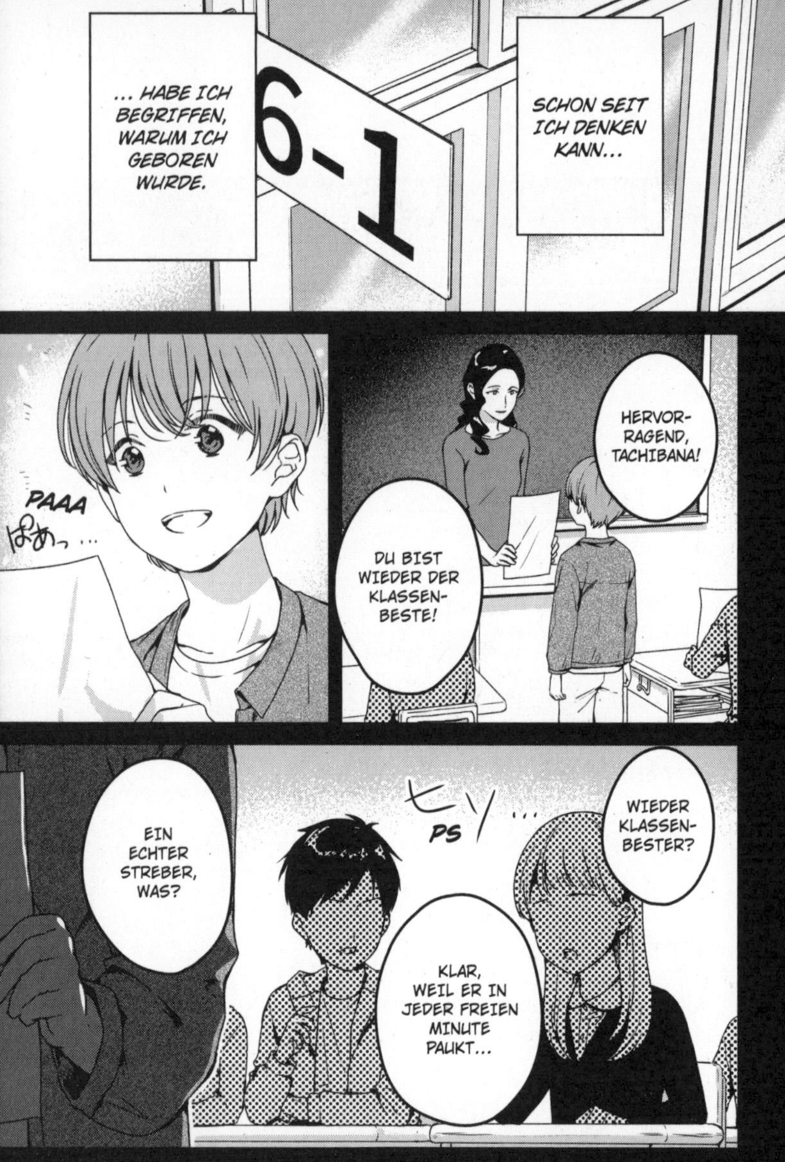
SCHON SEIT ICH DENKEN KANN...
... HABE ICH BEGRIFFEN, WARUM ICH GEBOREN WURDE.
6-1
HERVOR-RAGEND, TACHIBANA!
DU BIST WIEDER DER KLASSEN-BESTE!
PAAA
ぱあっ...
WIEDER KLASSEN-BESTER?
PS
ヒソ...
KLAR, WEIL ER IN JEDER FREIEN MINUTE PAUKT...
EIN ECHTER STREBER, WAS?

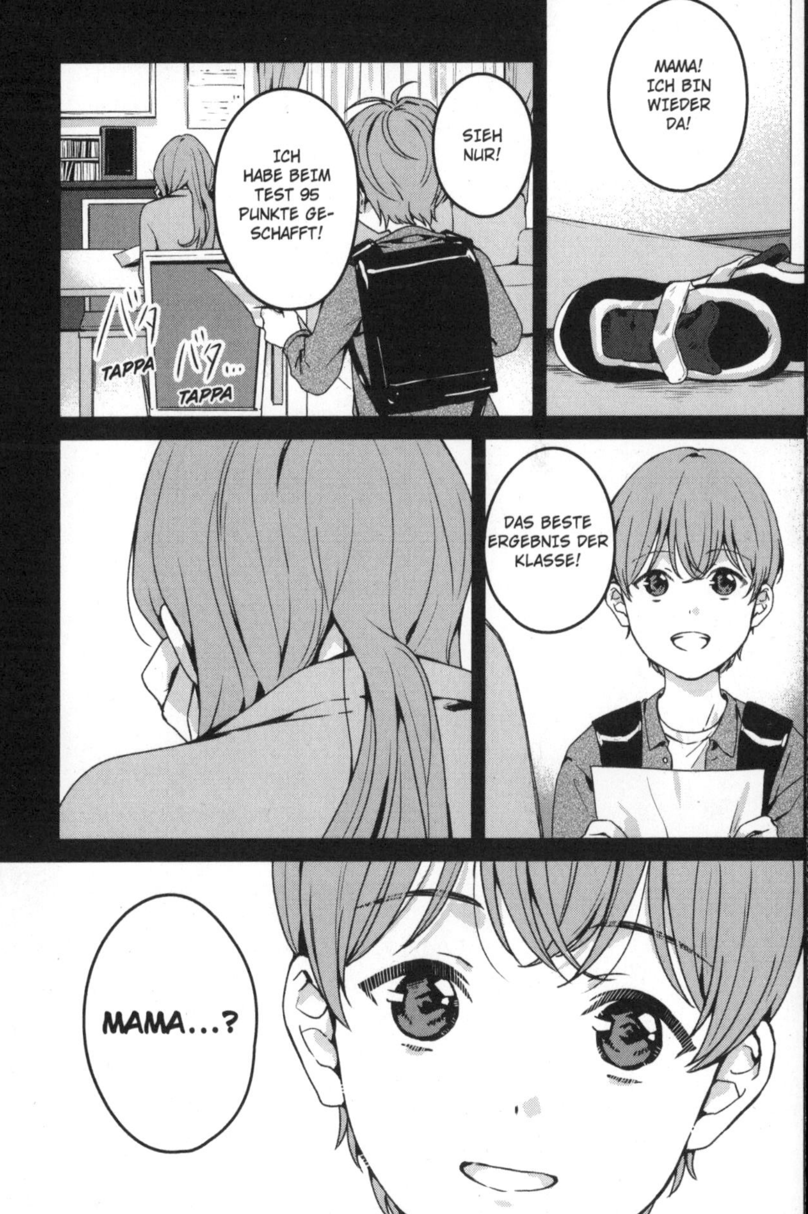
MAMA! ICH BIN WIEDER DA!
SIEH NUR!
ICH HABE BEIM TEST 95 PUNKTE GE-SCHAFFT!
バタ TAPPA
バタ… TAPPA
DAS BESTE ERGEBNIS DER KLASSE!
MAMA...?

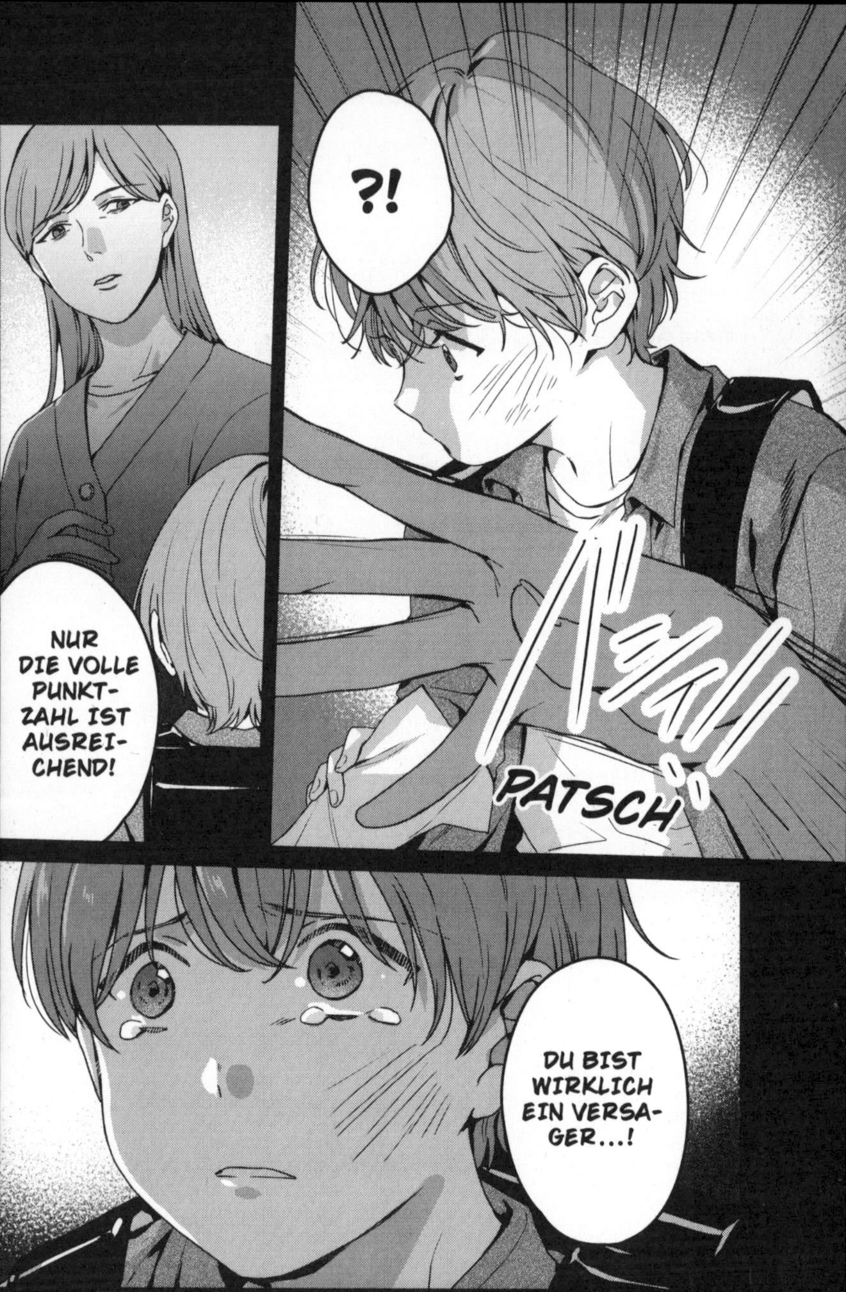
?!
PATSCH
NUR DIE VOLLE PUNKT-ZAHL IST AUSREI-CHEND!
DU BIST WIRKLICH EIN VERSA-GER…!

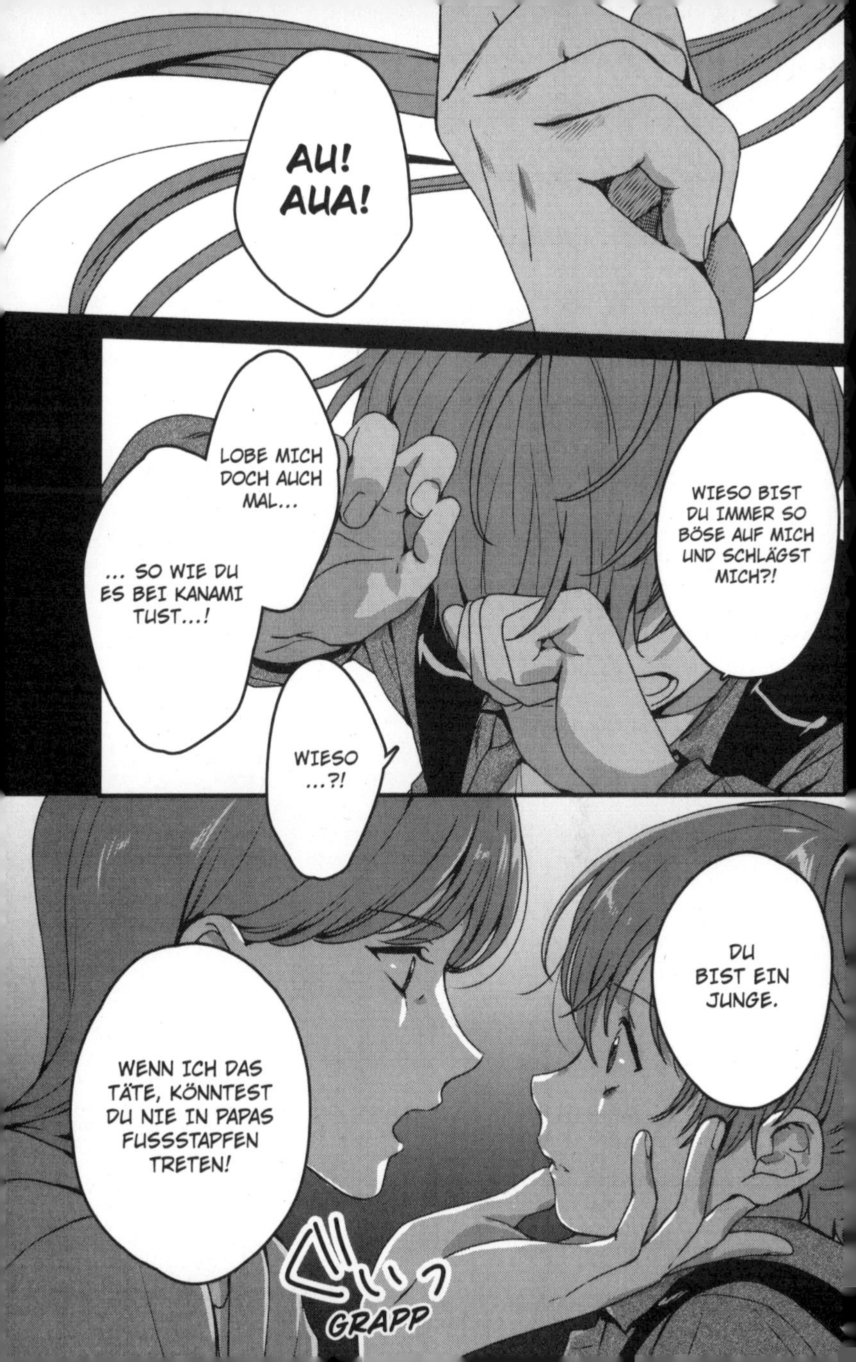
AU!
AUA!
WIESO BIST DU IMMER SO BÖSE AUF MICH UND SCHLÄGST MICH?!
LOBE MICH DOCH AUCH MAL...
... SO WIE DU ES BEI KANAMI TUST...!
WIESO ...?!
DU BIST EIN JUNGE.
WENN ICH DAS TÄTE, KÖNNTEST DU NIE IN PAPAS FUSSSTAPFEN TRETEN!
GRAPP

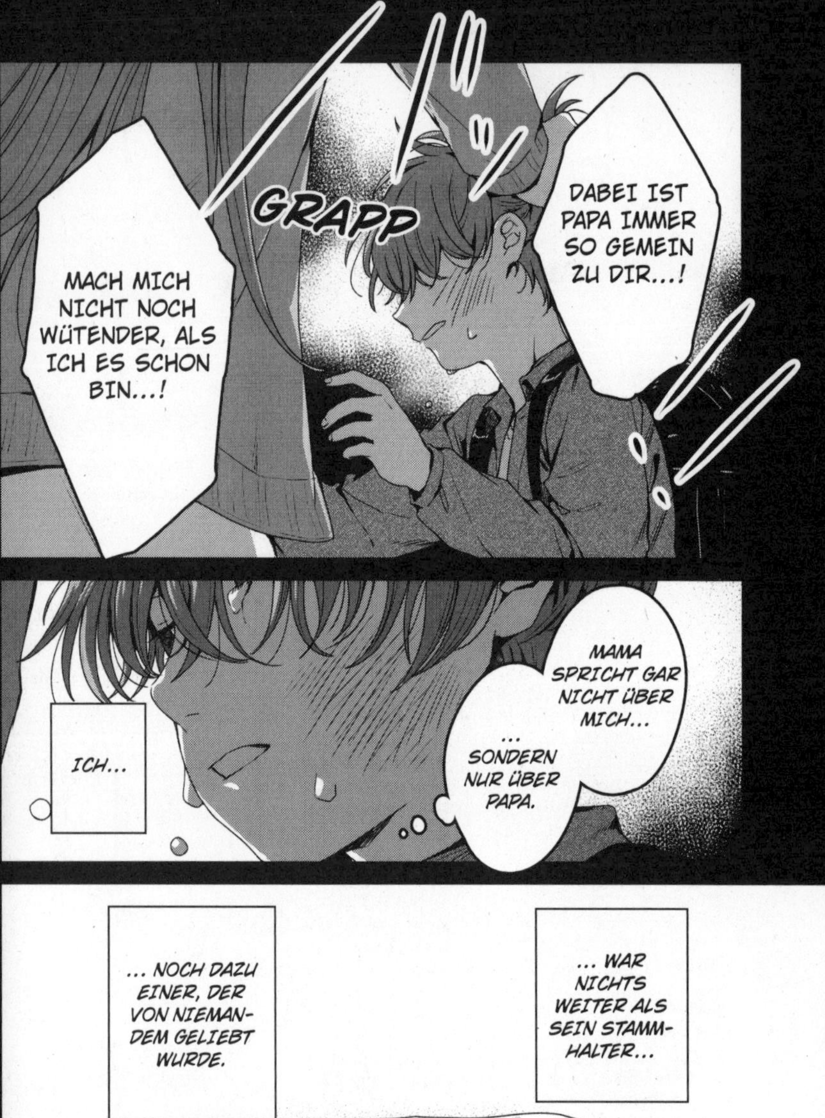
DABEI IST PAPA IMMER SO GEMEIN ZU DIR...!
GRAPP
MACH MICH NICHT NOCH WÜTENDER, ALS ICH ES SCHON BIN...!
MAMA SPRICHT GAR NICHT ÜBER MICH...
... SONDERN NUR ÜBER PAPA.
ICH...
... WAR NICHTS WEITER ALS SEIN STAMM-HALTER...
... NOCH DAZU EINER, DER VON NIEMAN-DEM GELIEBT WURDE.

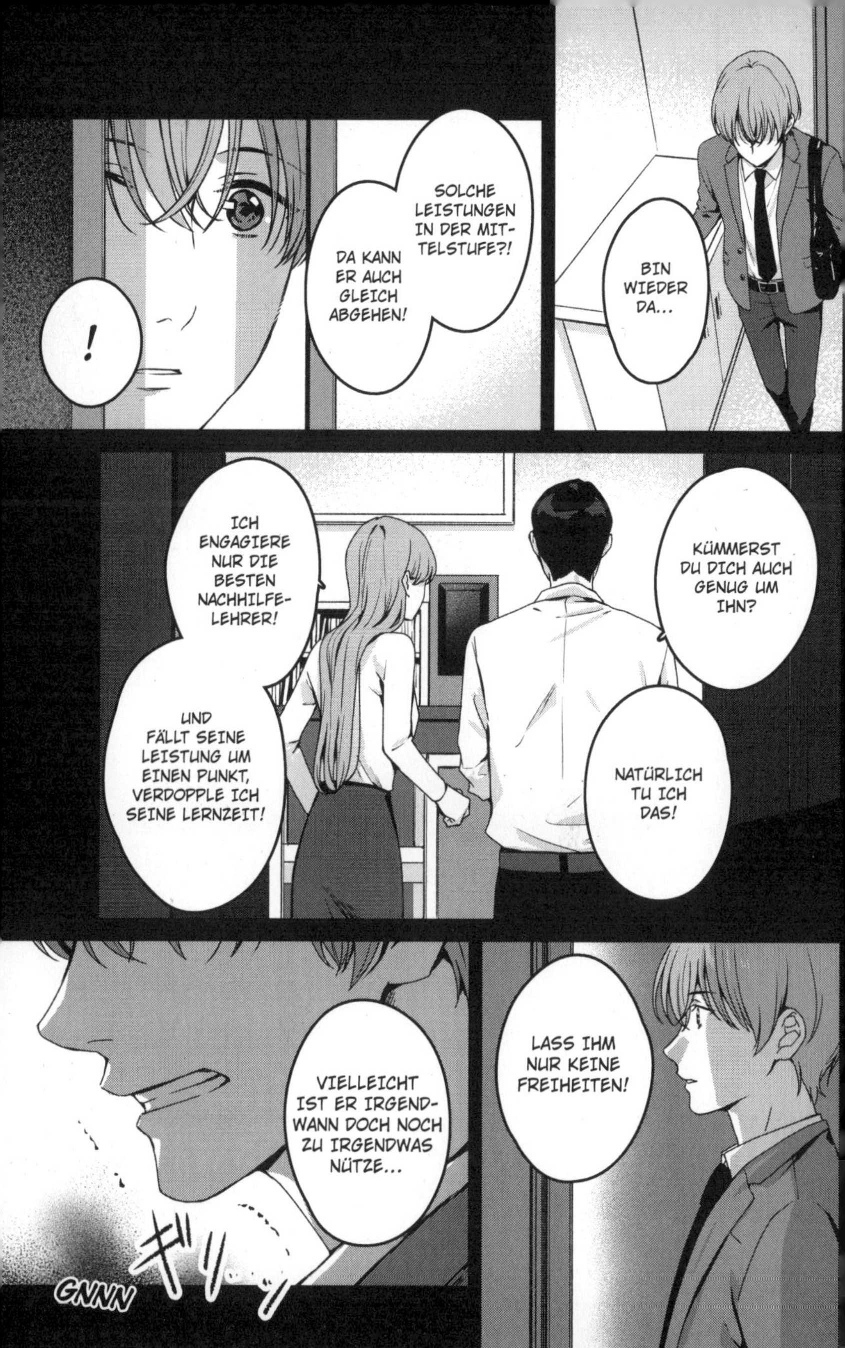
BIN WIEDER DA...
SOLCHE LEISTUNGEN IN DER MITTELSTUFE?!
DA KANN ER AUCH GLEICH ABGEHEN!
!
KÜMMERST DU DICH AUCH GENUG UM IHN?
NATÜRLICH TU ICH DAS!
ICH ENGAGIERE NUR DIE BESTEN NACHHILFELEHRER!
UND FÄLLT SEINE LEISTUNG UM EINEN PUNKT, VERDOPPLE ICH SEINE LERNZEIT!
LASS IHM NUR KEINE FREIHEITEN!
VIELLEICHT IST ER IRGENDWANN DOCH NOCH ZU IRGENDWAS NÜTZE...
GNNN

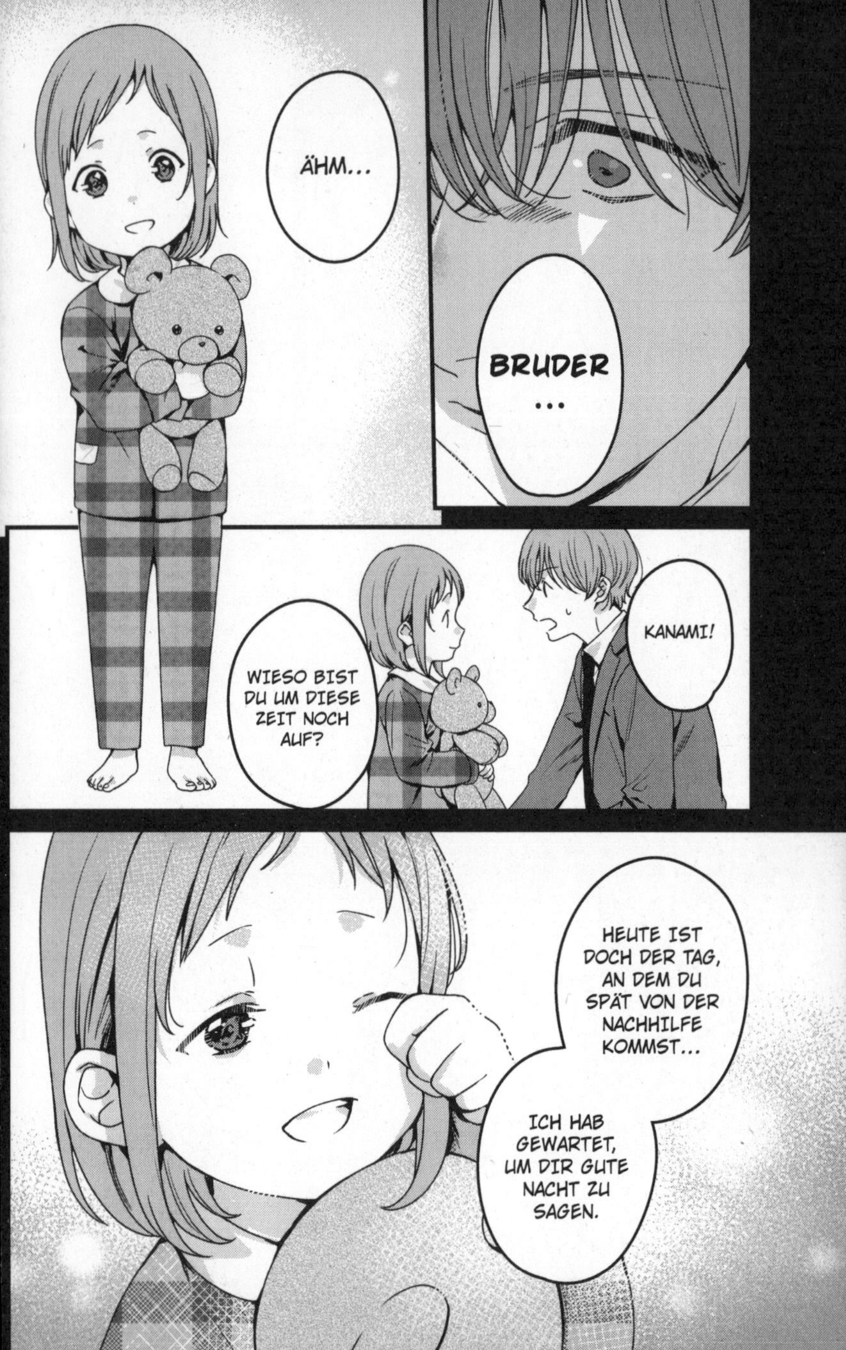
BRUDER …
ÄHM…
KANAMI!
WIESO BIST DU UM DIESE ZEIT NOCH AUF?
HEUTE IST DOCH DER TAG, AN DEM DU SPÄT VON DER NACHHILFE KOMMST…
ICH HAB GEWARTET, UM DIR GUTE NACHT ZU SAGEN.

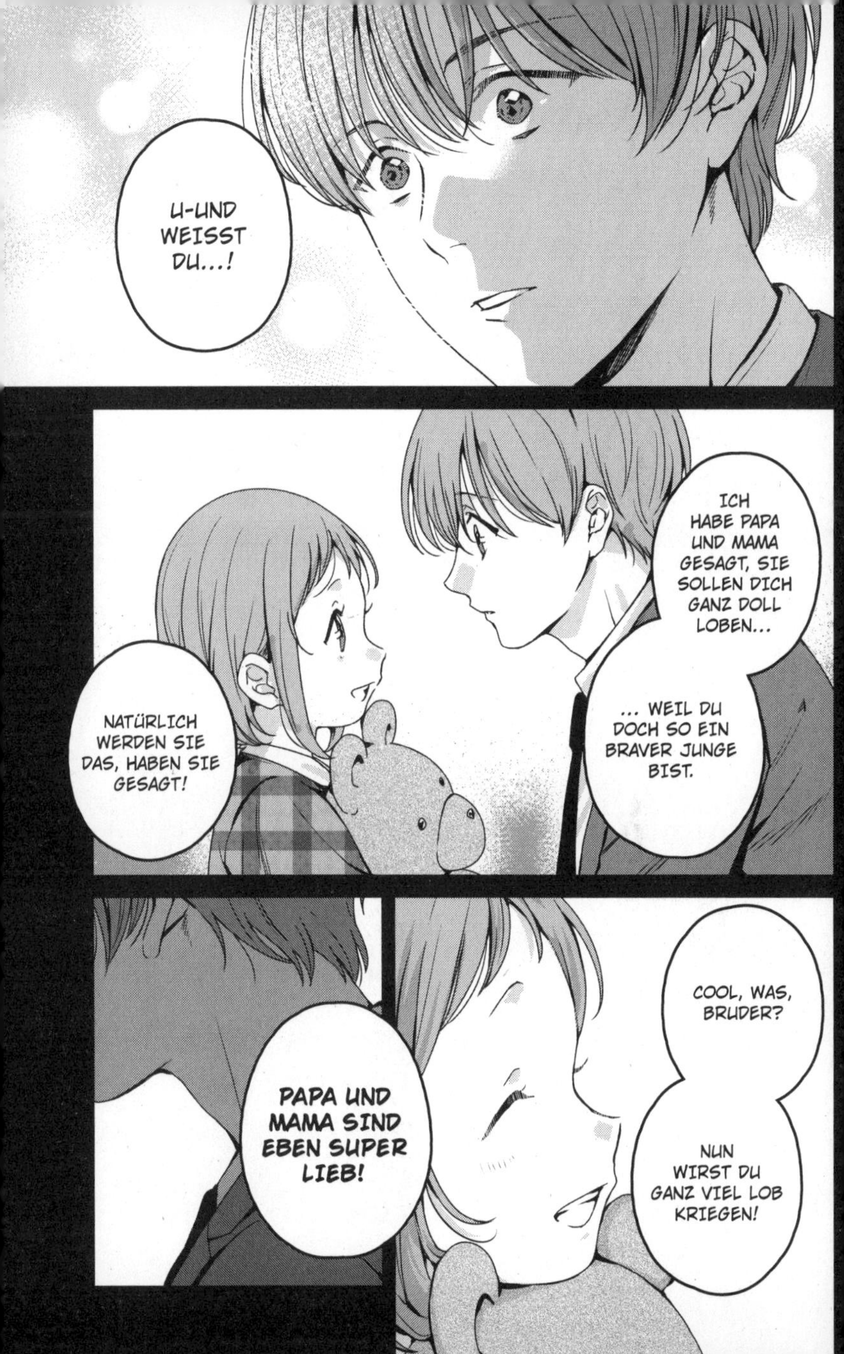
U-UND WEISST DU...!
ICH HABE PAPA UND MAMA GESAGT, SIE SOLLEN DICH GANZ DOLL LOBEN...
... WEIL DU DOCH SO EIN BRAVER JUNGE BIST.
NATÜRLICH WERDEN SIE DAS, HABEN SIE GESAGT!
COOL, WAS, BRUDER?
NUN WIRST DU GANZ VIEL LOB KRIEGEN!
PAPA UND MAMA SIND EBEN SUPER LIEB!

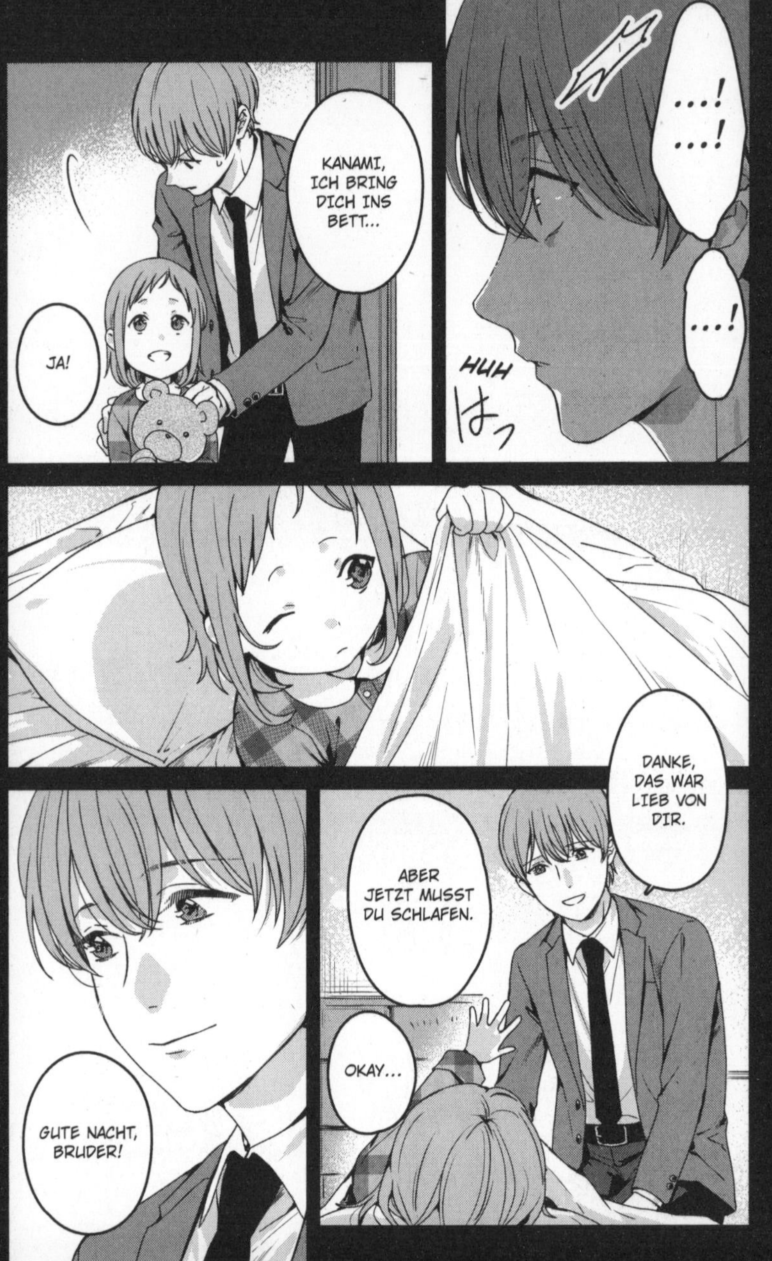
...!
...!
...!
HUH
はっ
KANAMI, ICH BRING DICH INS BETT...
JA!
DANKE, DAS WAR LIEB VON DIR.
ABER JETZT MUSST DU SCHLAFEN.
OKAY...
GUTE NACHT, BRUDER!

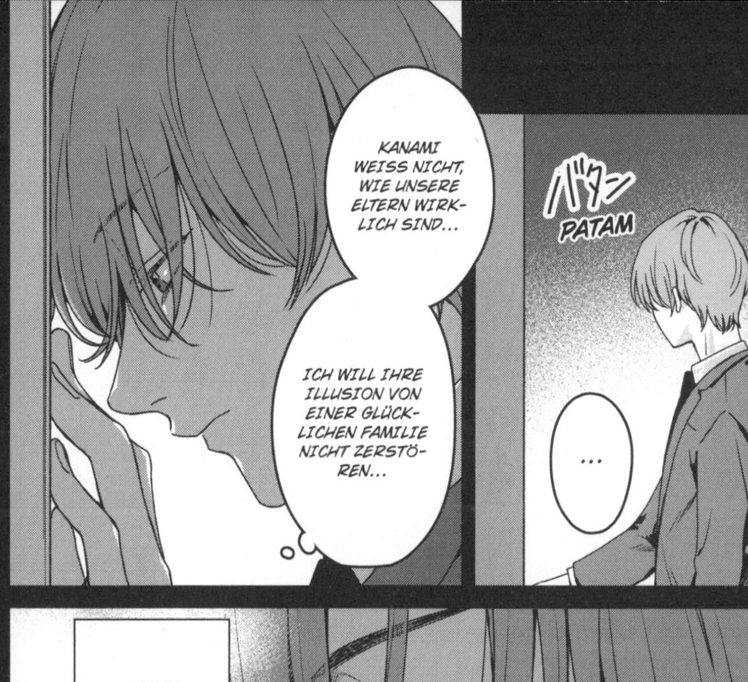

WENN ICH DIESEN GEDANKEN AUS DEN AUGEN VERLIEREN WÜRDE…

… KÖNNTE ICH SO…

… WOHL NICHT MEHR WEITERLEBEN.

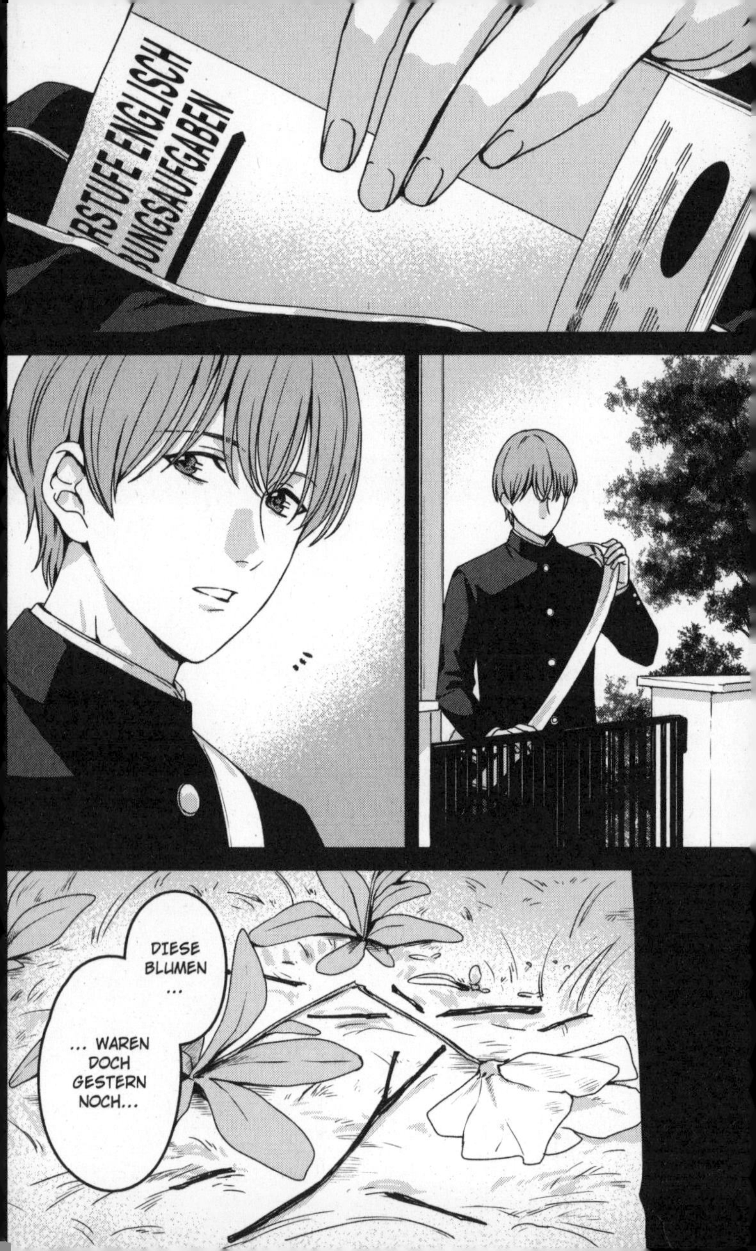
RSTUFE ENGLISCH
BUNGSAUFGABEN
...
DIESE BLUMEN ...
... WAREN DOCH GESTERN NOCH...

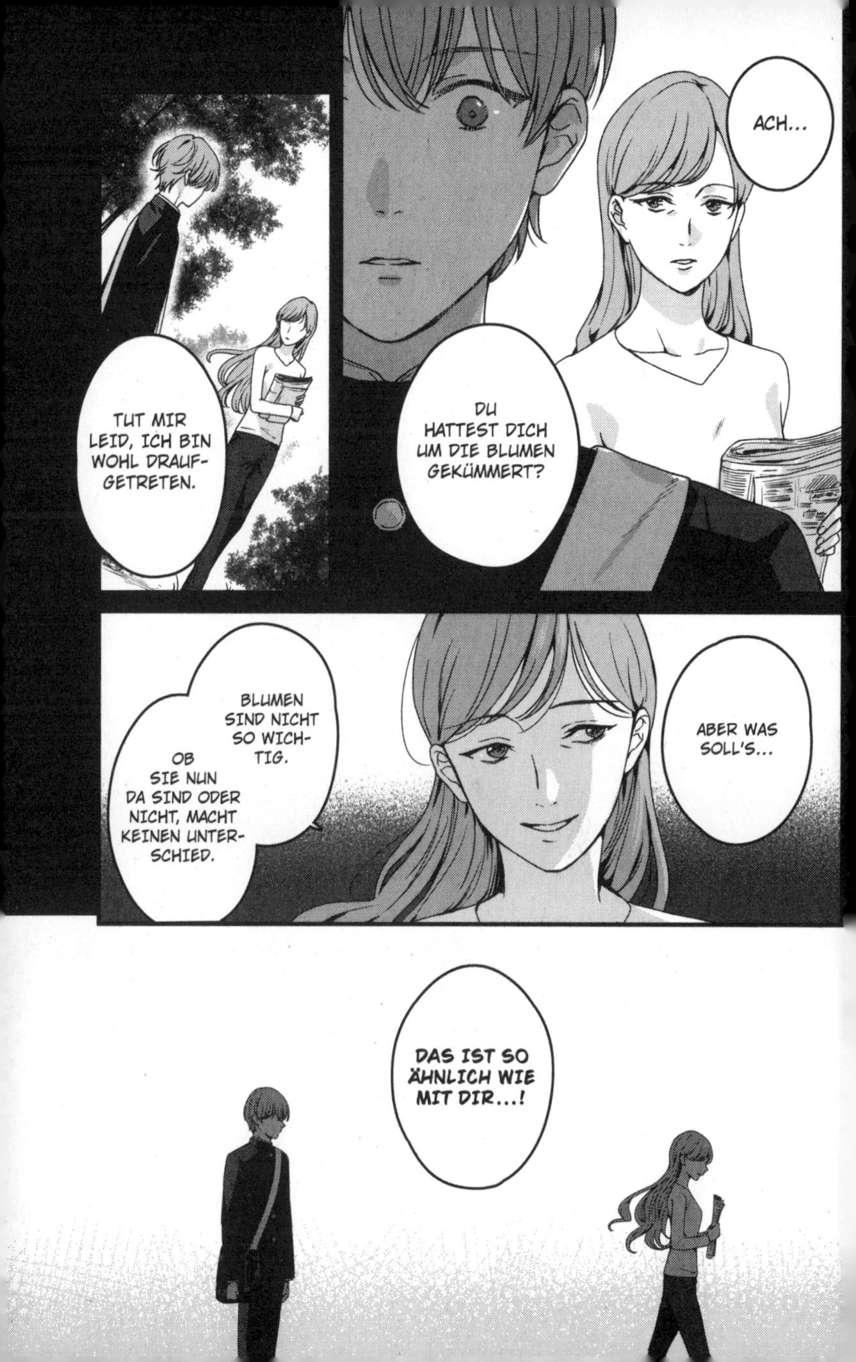

ACH...
DU HATTEST DICH UM DIE BLUMEN GEKÜMMERT?
TUT MIR LEID, ICH BIN WOHL DRAUF-GETRETEN.
ABER WAS SOLL'S...
BLUMEN SIND NICHT SO WICH-TIG.
OB SIE NUN DA SIND ODER NICHT, MACHT KEINEN UNTER-SCHIED.

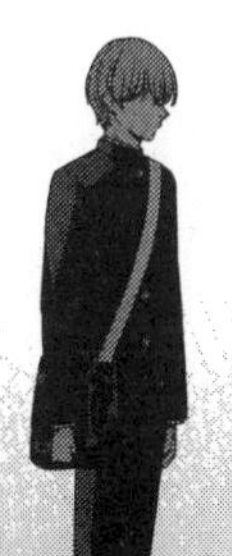

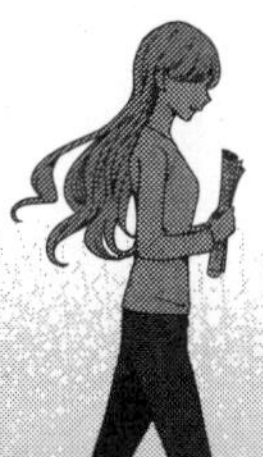

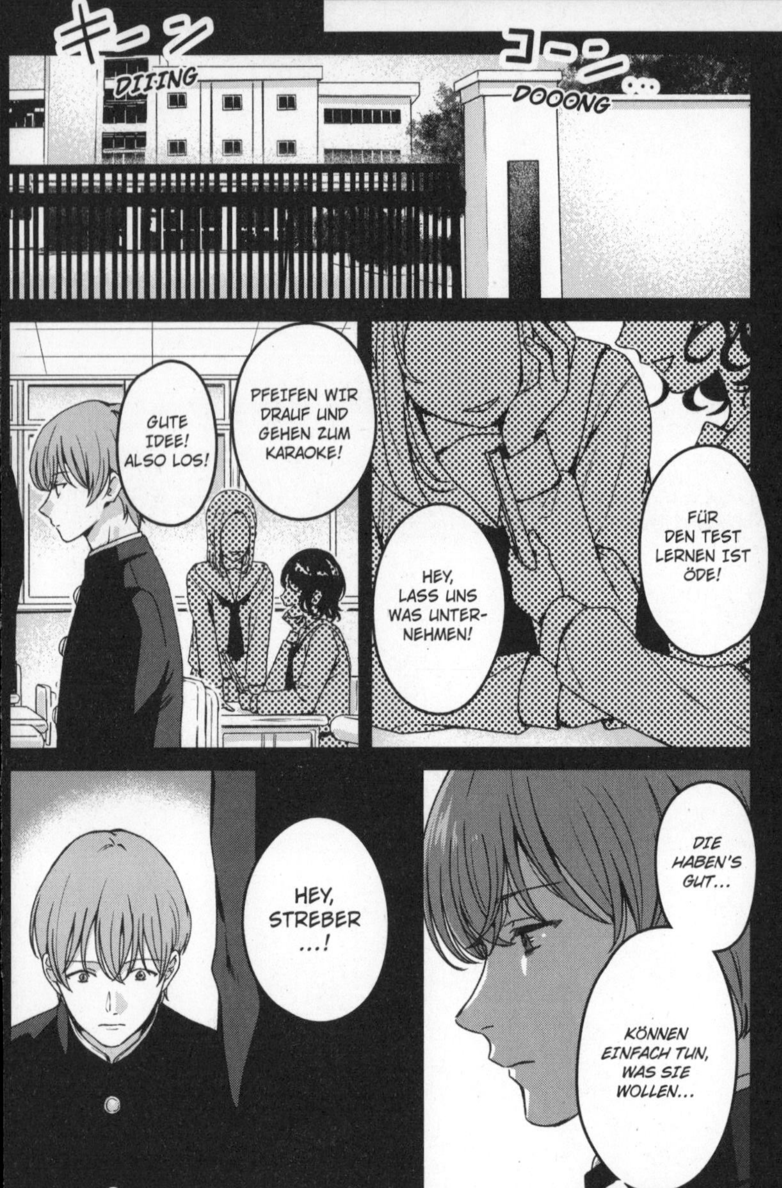
DIIING
DOOONG
FÜR DEN TEST LERNEN IST ÖDE!
HEY, LASS UNS WAS UNTERNEHMEN!
PFEIFEN WIR DRAUF UND GEHEN ZUM KARAOKE!
GUTE IDEE! ALSO LOS!
DIE HABEN'S GUT...
KÖNNEN EINFACH TUN, WAS SIE WOLLEN...
HEY, STREBER ...!

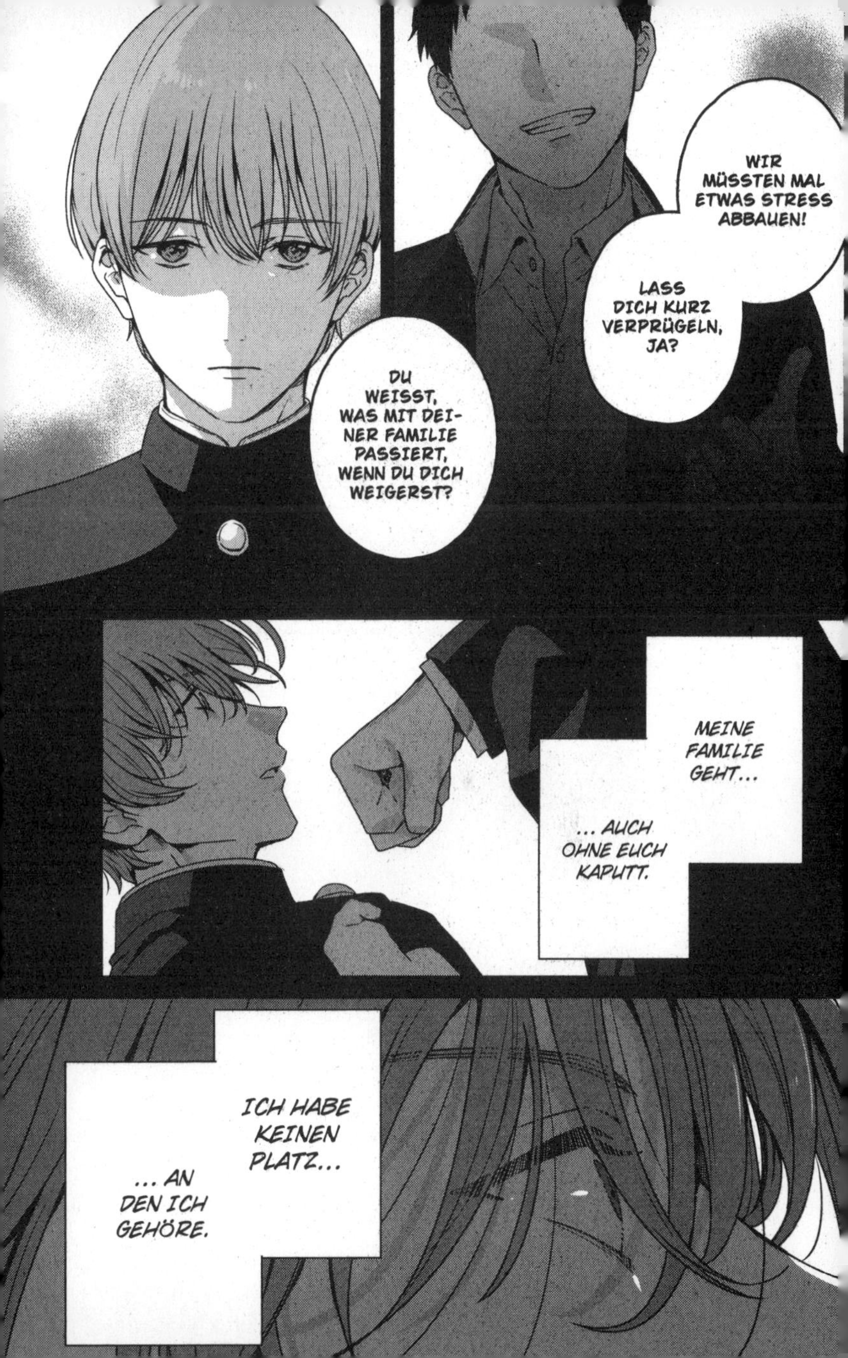

WIR MÜSSTEN MAL ETWAS STRESS ABBAUEN!
LASS DICH KURZ VERPRÜGELN, JA?
DU WEISST, WAS MIT DEINER FAMILIE PASSIERT, WENN DU DICH WEIGERST?
MEINE FAMILIE GEHT…
… AUCH OHNE EUCH KAPUTT.
ICH HABE KEINEN PLATZ…
… AN DEN ICH GEHÖRE.

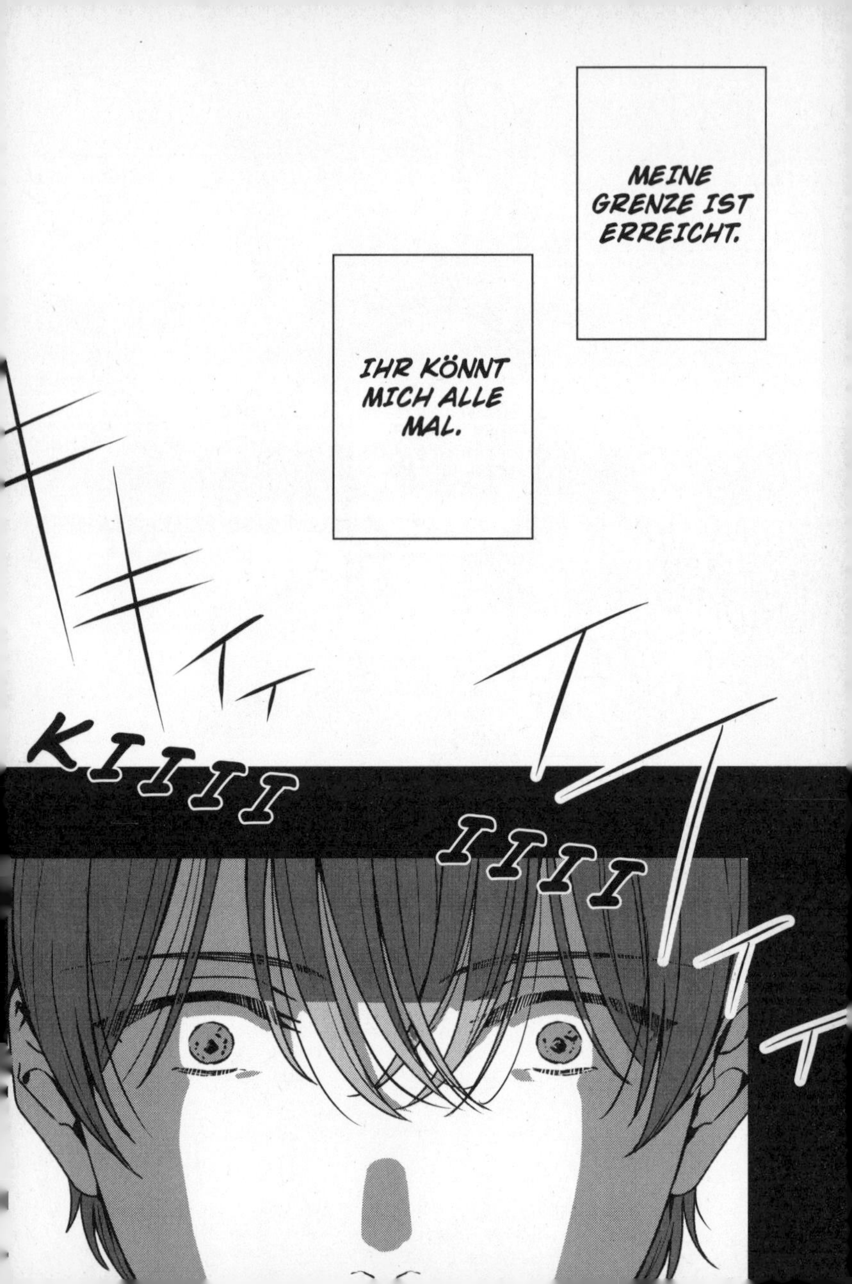

MEINE GRENZE IST ERREICHT.

IHR KÖNNT MICH ALLE MAL.

KIIIII IIII

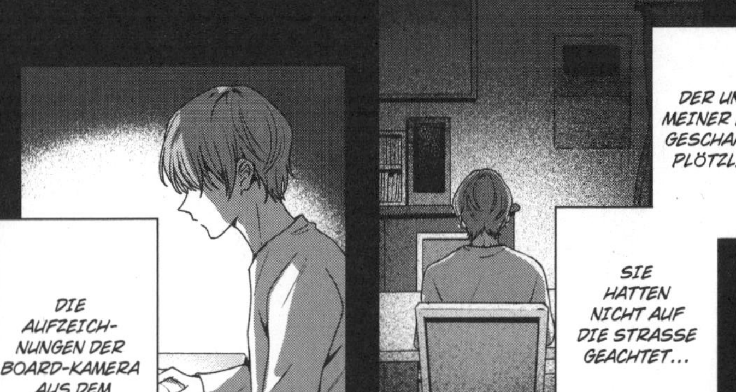

DER UNFALL MEINER ELTERN GESCHAH GANZ PLÖTZLICH...
SIE HATTEN NICHT AUF DIE STRASSE GEACHTET...
DIE AUFZEICHNUNGEN DER BOARD-KAMERA AUS DEM AUTO...

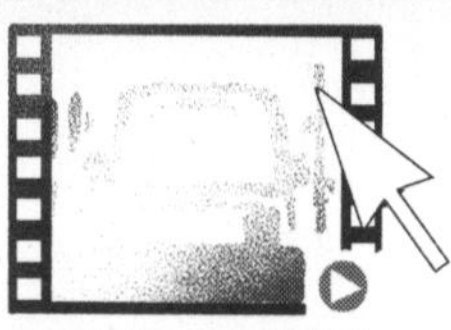

BOARD-KAMERA #0306
... HABEN MIR DAS VERRATEN.

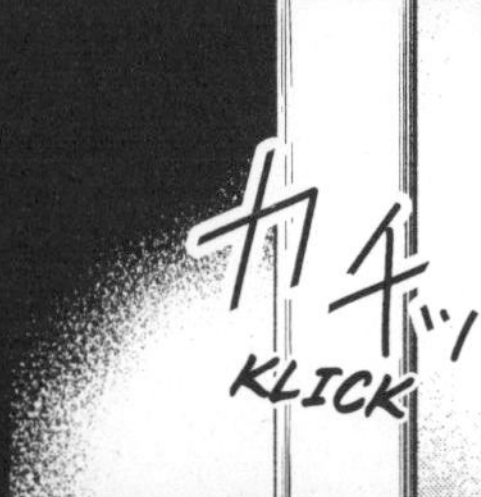

カチッ
KLICK

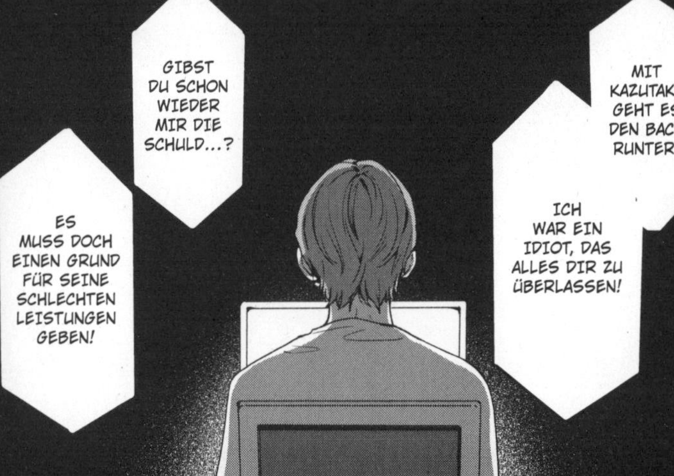

MIT KAZUTAKA GEHT ES DEN BACH RUNTER!
ICH WAR EIN IDIOT, DAS ALLES DIR ZU ÜBERLASSEN!
GIBST DU SCHON WIEDER MIR DIE SCHULD...?
ES MUSS DOCH EINEN GRUND FÜR SEINE SCHLECHTEN LEISTUNGEN GEBEN!

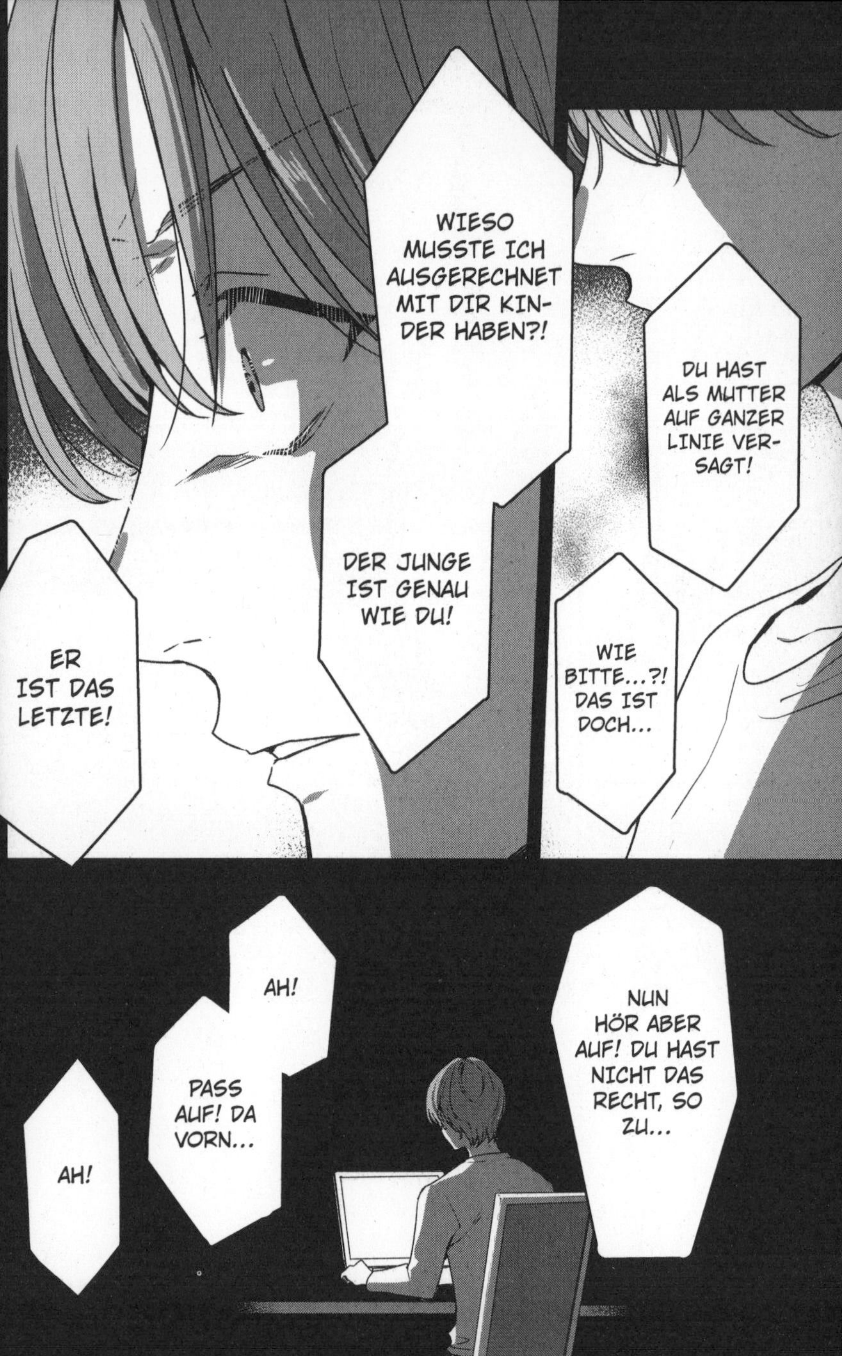
WIESO MUSSTE ICH AUSGERECHNET MIT DIR KIN-DER HABEN?!
DU HAST ALS MUTTER AUF GANZER LINIE VER-SAGT!
DER JUNGE IST GENAU WIE DU!
WIE BITTE...?! DAS IST DOCH...
ER IST DAS LETZTE!
NUN HÖR ABER AUF! DU HAST NICHT DAS RECHT, SO ZU...
AH!
PASS AUF! DA VORN...
AH!

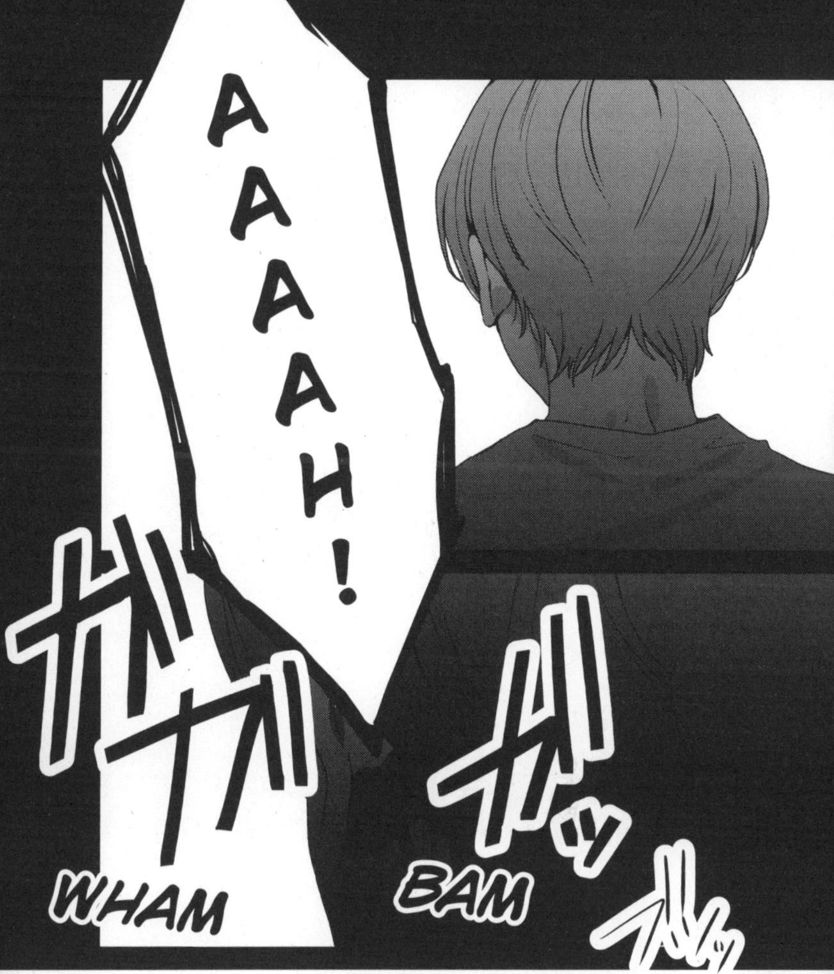

WAS SOLL DAS ...?

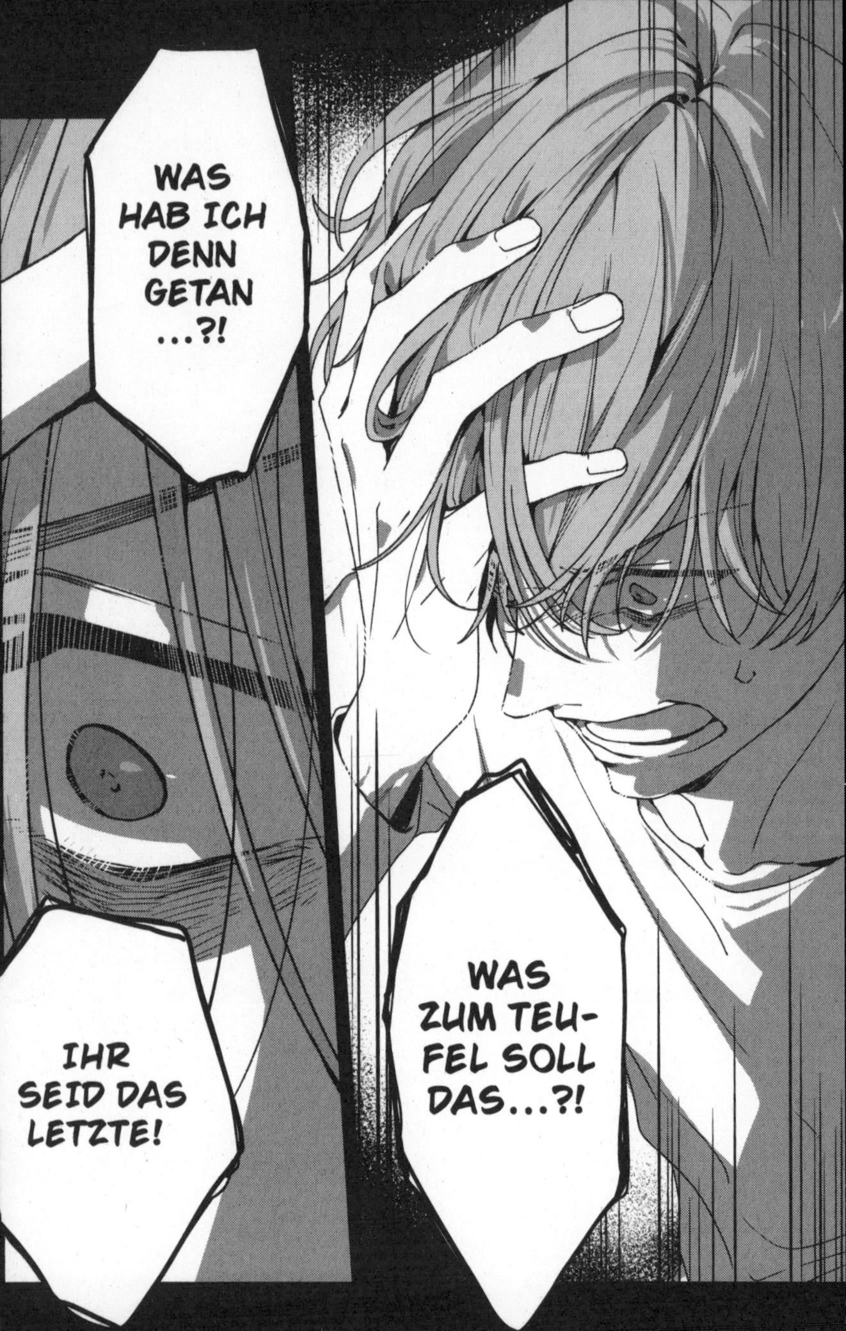
WAS HAB ICH DENN GETAN ...?!
WAS ZUM TEU-FEL SOLL DAS...?!
IHR SEID DAS LETZTE!

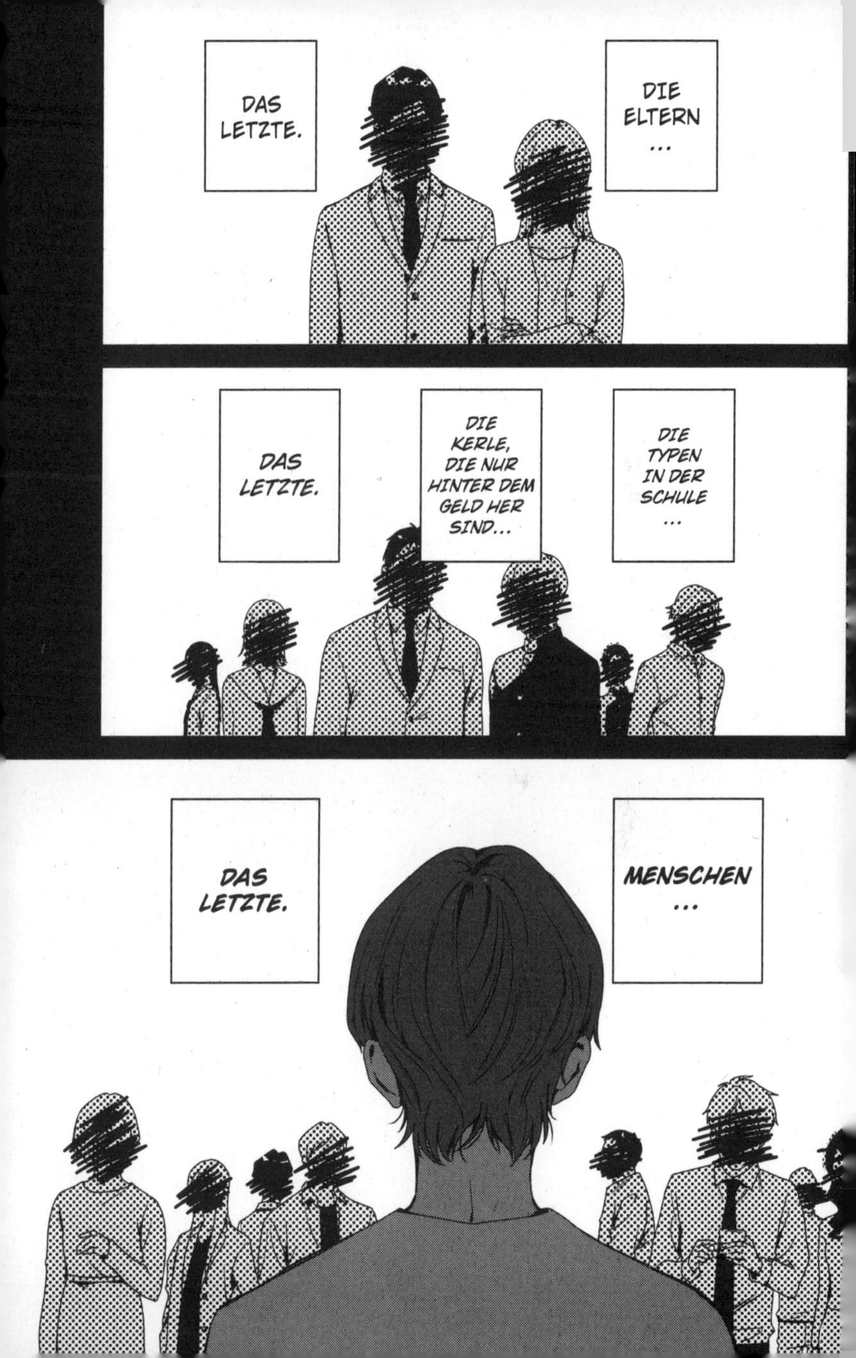

DIE ELTERN ...

DAS LETZTE.

DIE TYPEN IN DER SCHULE ...

DIE KERLE, DIE NUR HINTER DEM GELD HER SIND...

DAS LETZTE.

MENSCHEN ...

DAS LETZTE.

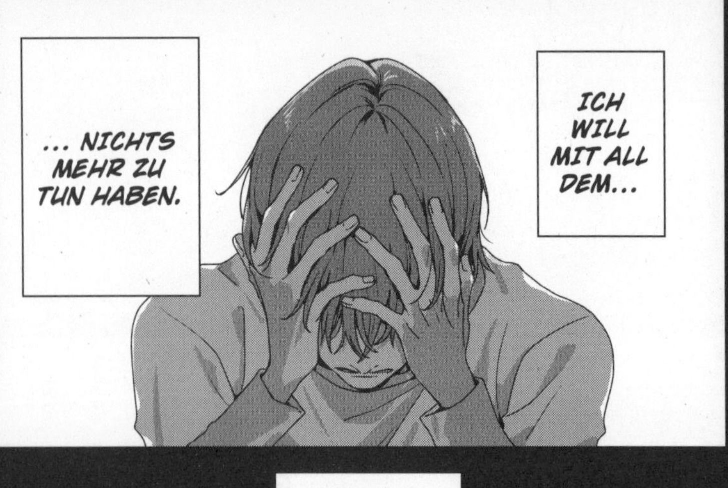
ICH WILL MIT ALL DEM...
... NICHTS MEHR ZU TUN HABEN.

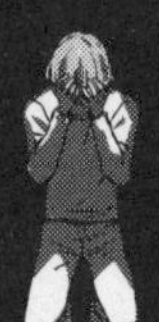
ES MACHT MIR ANGST.

BRUDER ...

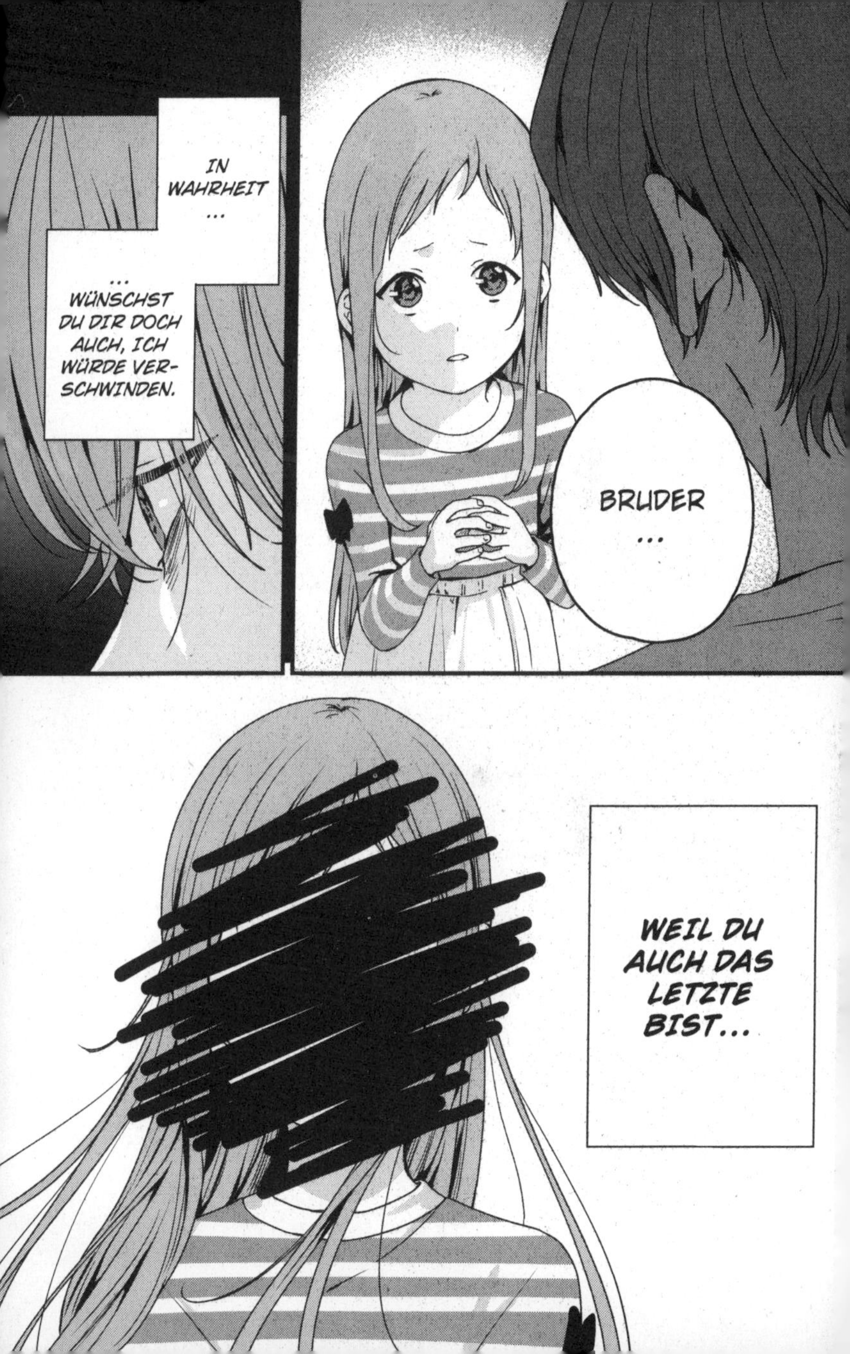

BRUDER …

IN WAHRHEIT …

… WÜNSCHST DU DIR DOCH AUCH, ICH WÜRDE VERSCHWINDEN.

WEIL DU AUCH DAS LETZTE BIST…

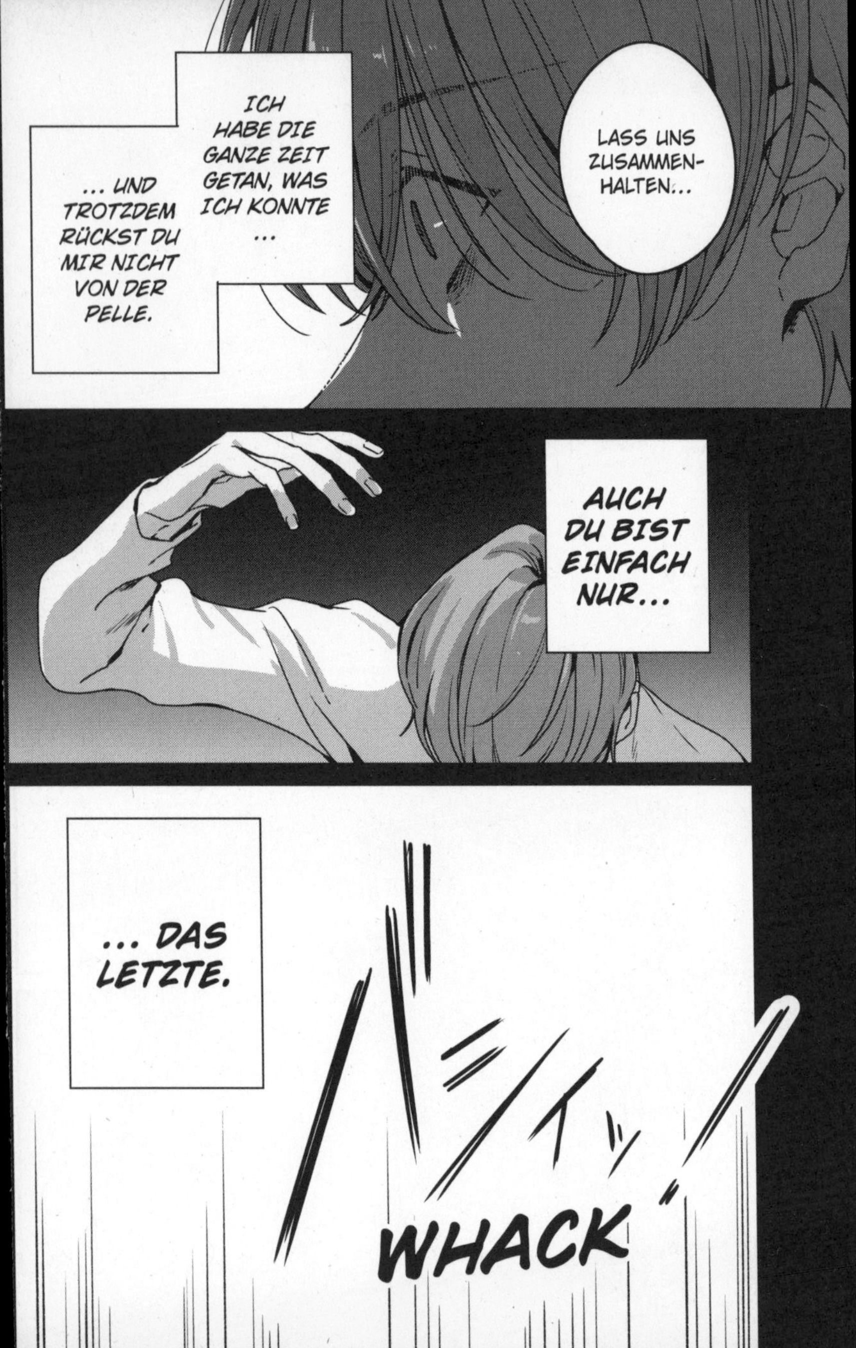
LASS UNS ZUSAMMEN-HALTEN...
ICH HABE DIE GANZE ZEIT GETAN, WAS ICH KONNTE ...
... UND TROTZDEM RÜCKST DU MIR NICHT VON DER PELLE.
AUCH DU BIST EINFACH NUR...
... DAS LETZTE.
WHACK

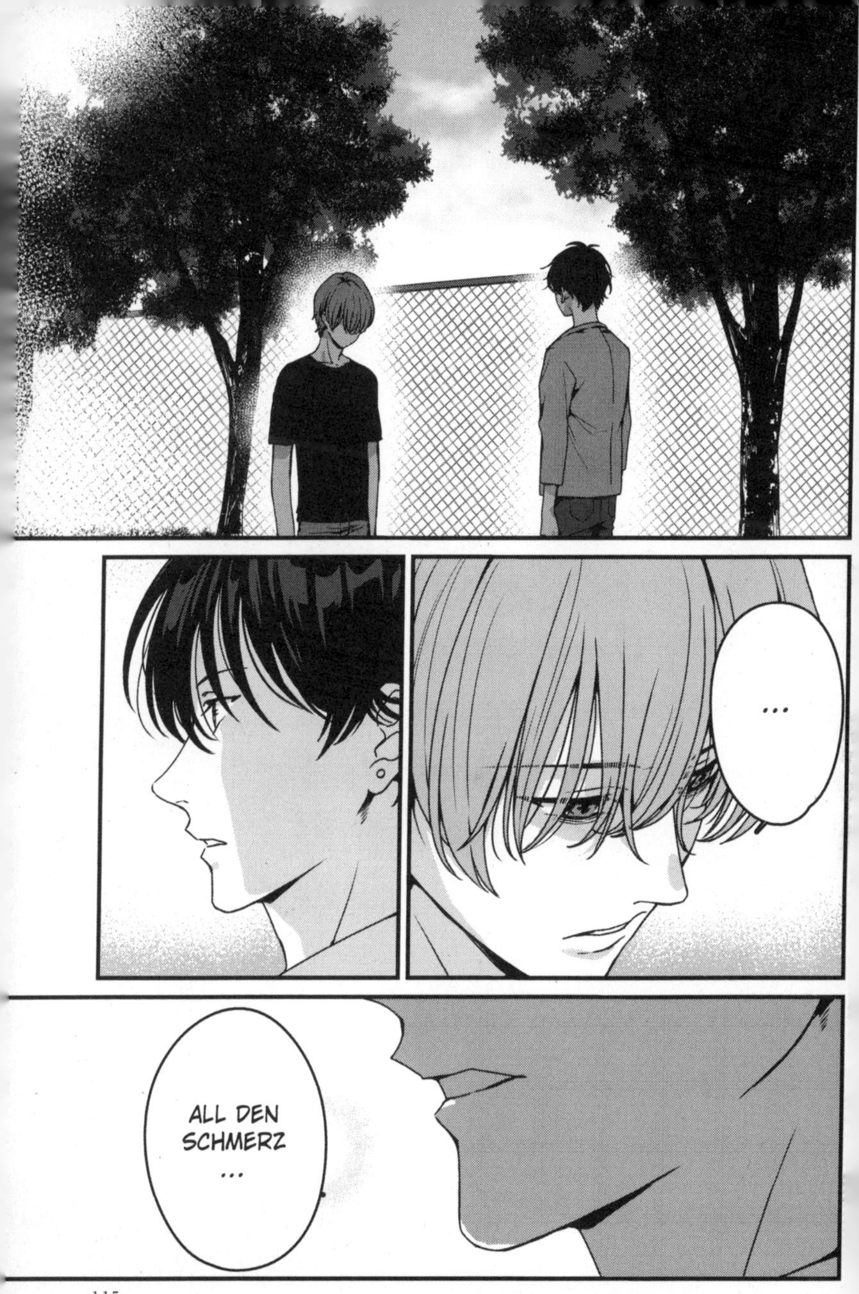
...
ALL DEN SCHMERZ ...

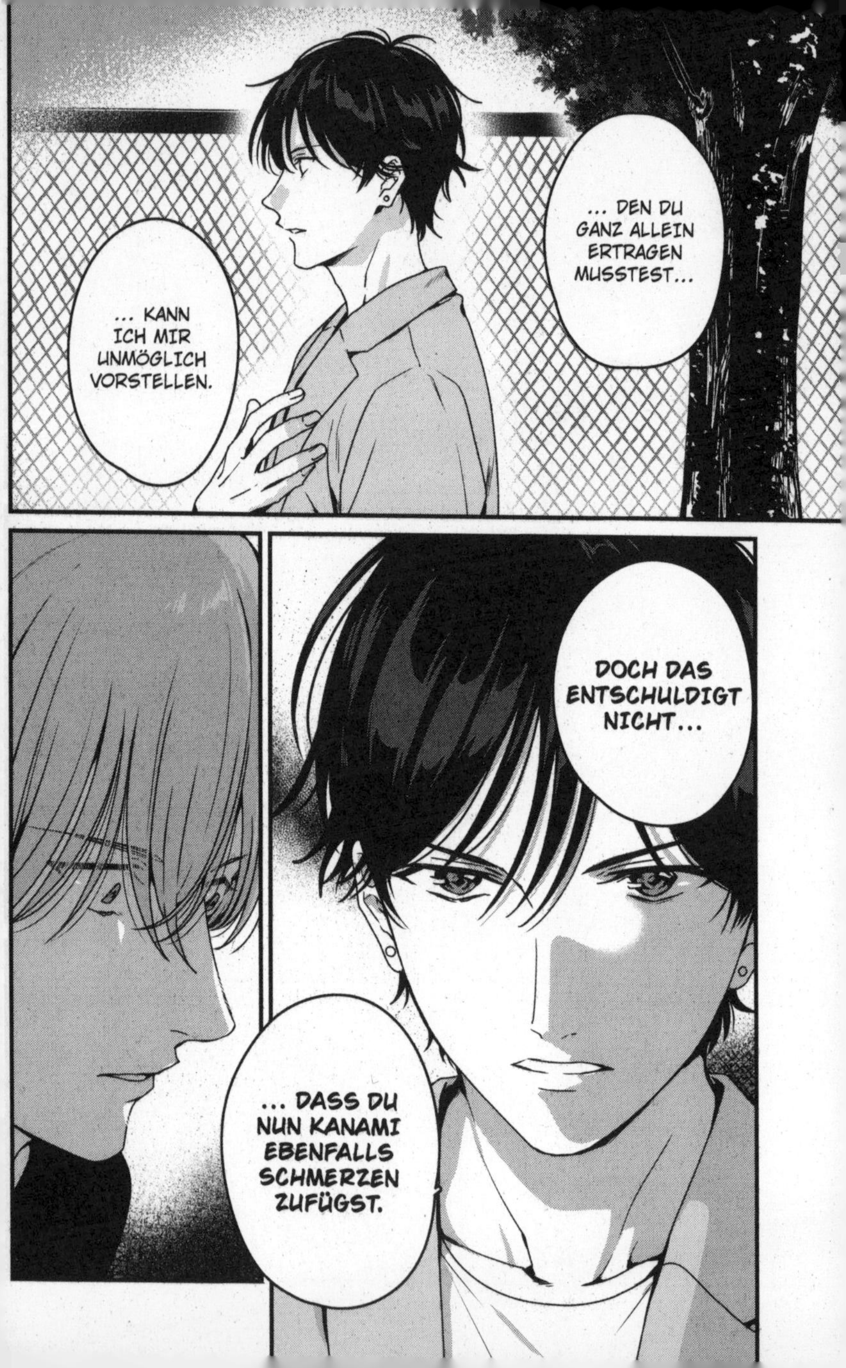

… DEN DU GANZ ALLEIN ERTRAGEN MUSSTEST …

… KANN ICH MIR UNMÖGLICH VORSTELLEN.

DOCH DAS ENTSCHULDIGT NICHT …

… DASS DU NUN KANAMI EBENFALLS SCHMERZEN ZUFÜGST.

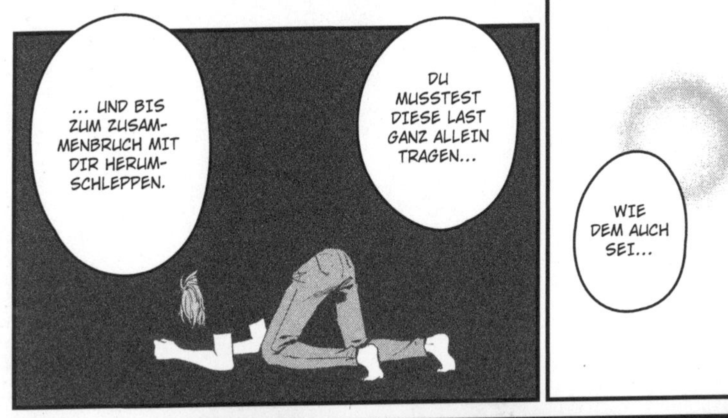
WIE DEM AUCH SEI …
DU MUSSTEST DIESE LAST GANZ ALLEIN TRAGEN …
… UND BIS ZUM ZUSAM-MENBRUCH MIT DIR HERUM-SCHLEPPEN.

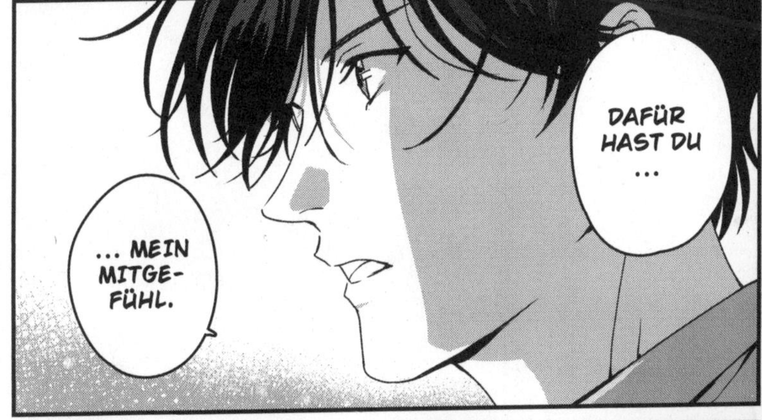
DAFÜR HAST DU …
… MEIN MITGE-FÜHL.

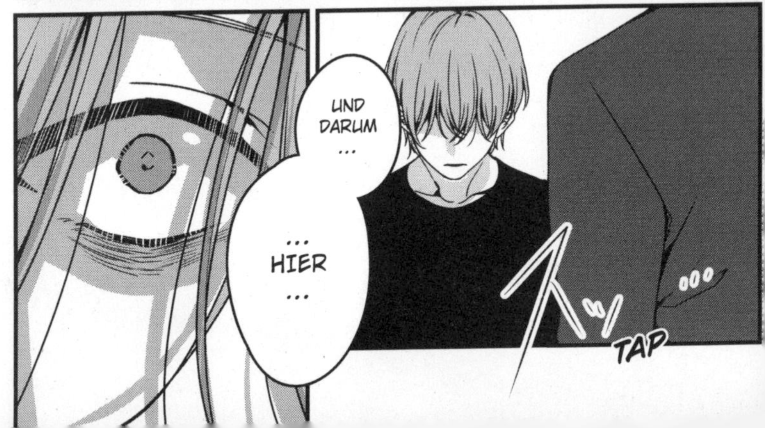
TAP
UND DARUM …
… HIER …

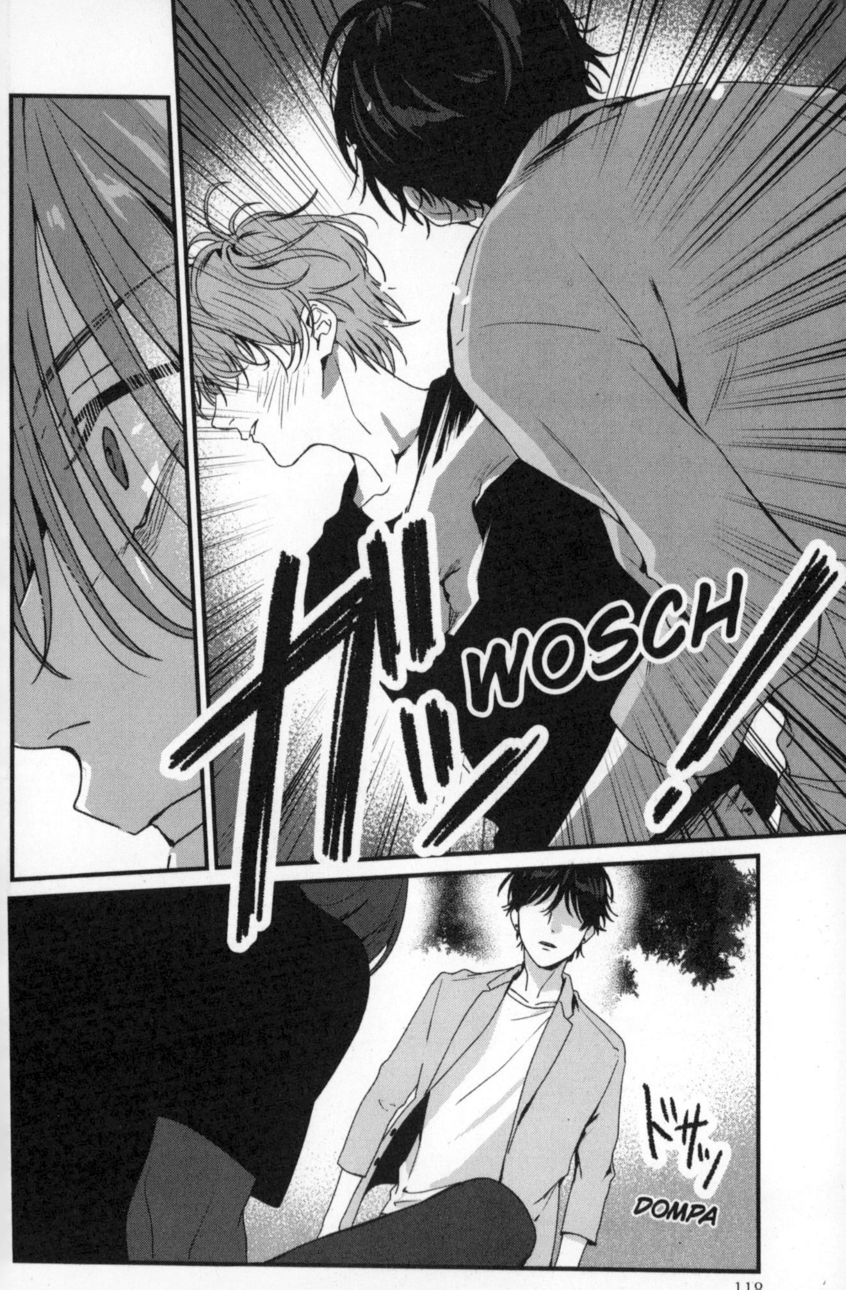
ザッ
WOSCH
ドサッ
DOMPA

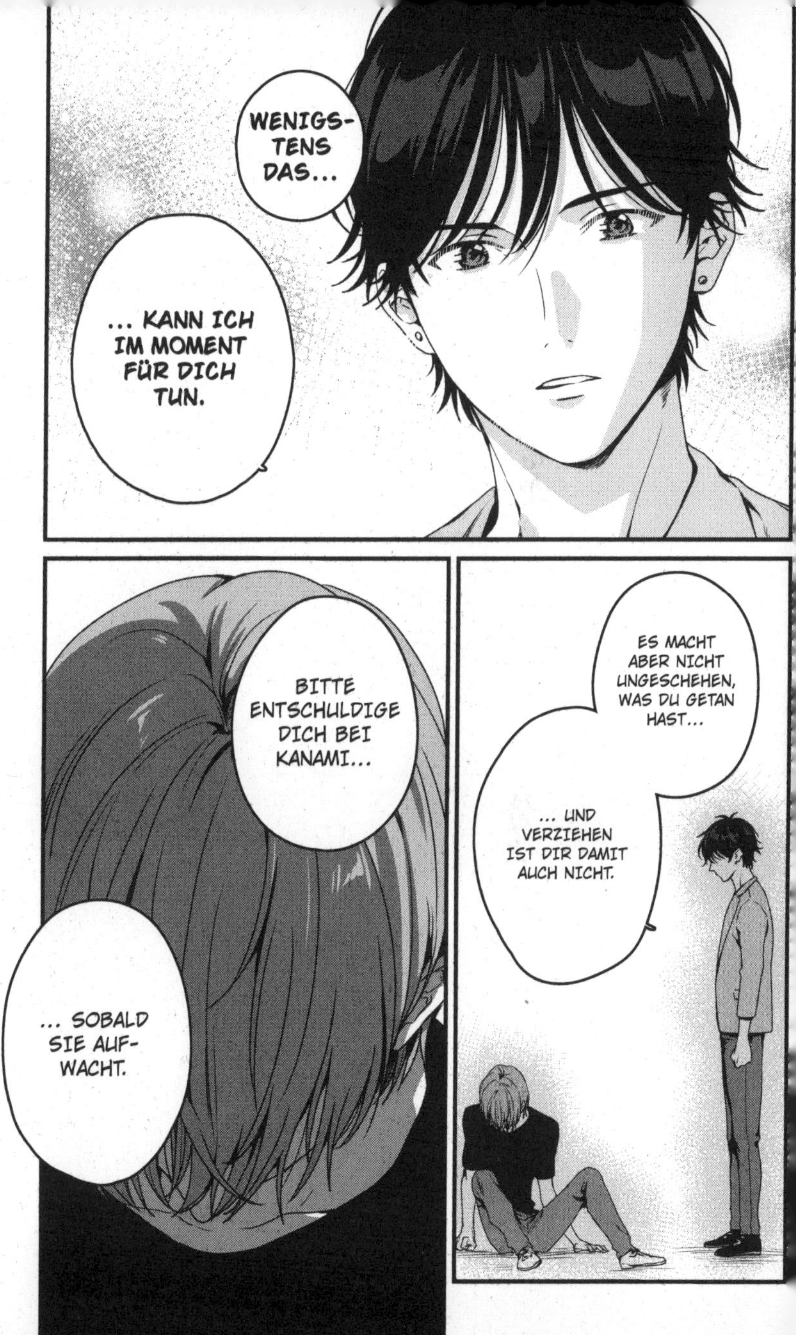

WENIGSTENS DAS…

… KANN ICH IM MOMENT FÜR DICH TUN.

ES MACHT ABER NICHT UNGESCHEHEN, WAS DU GETAN HAST…

… UND VERZIEHEN IST DIR DAMIT AUCH NICHT.

BITTE ENTSCHULDIGE DICH BEI KANAMI…

… SOBALD SIE AUFWACHT.

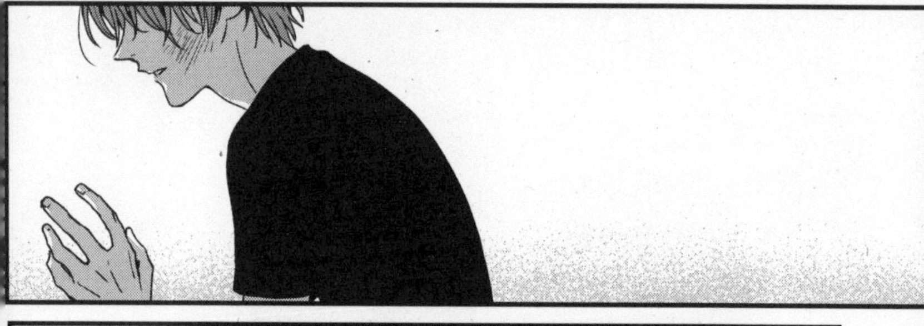

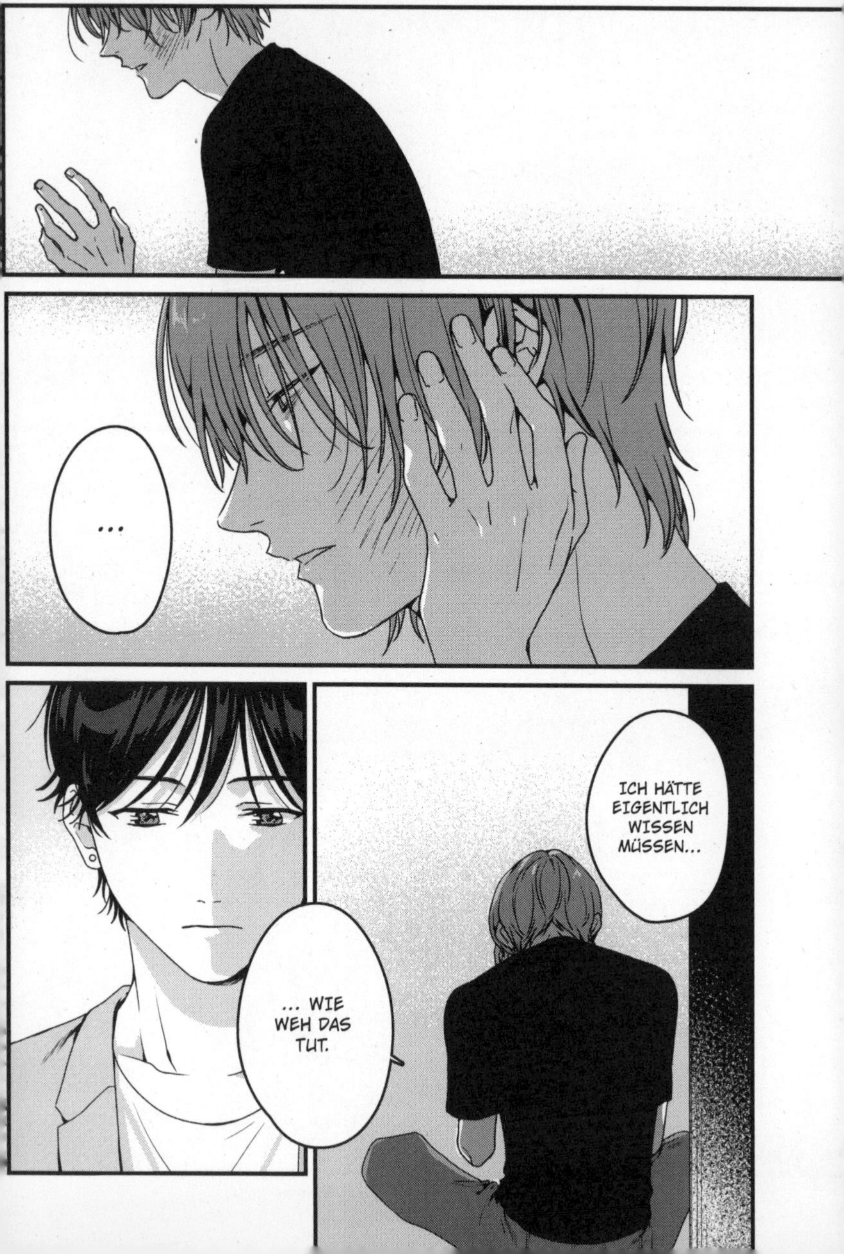

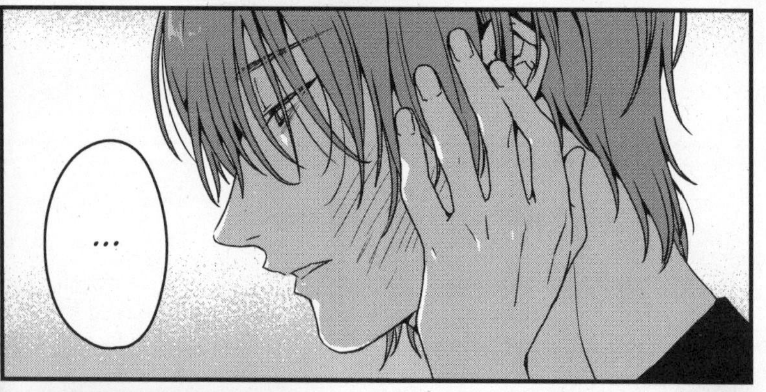

ICH HÄTTE EIGENTLICH WISSEN MÜSSEN...

... WIE WEH DAS TUT.

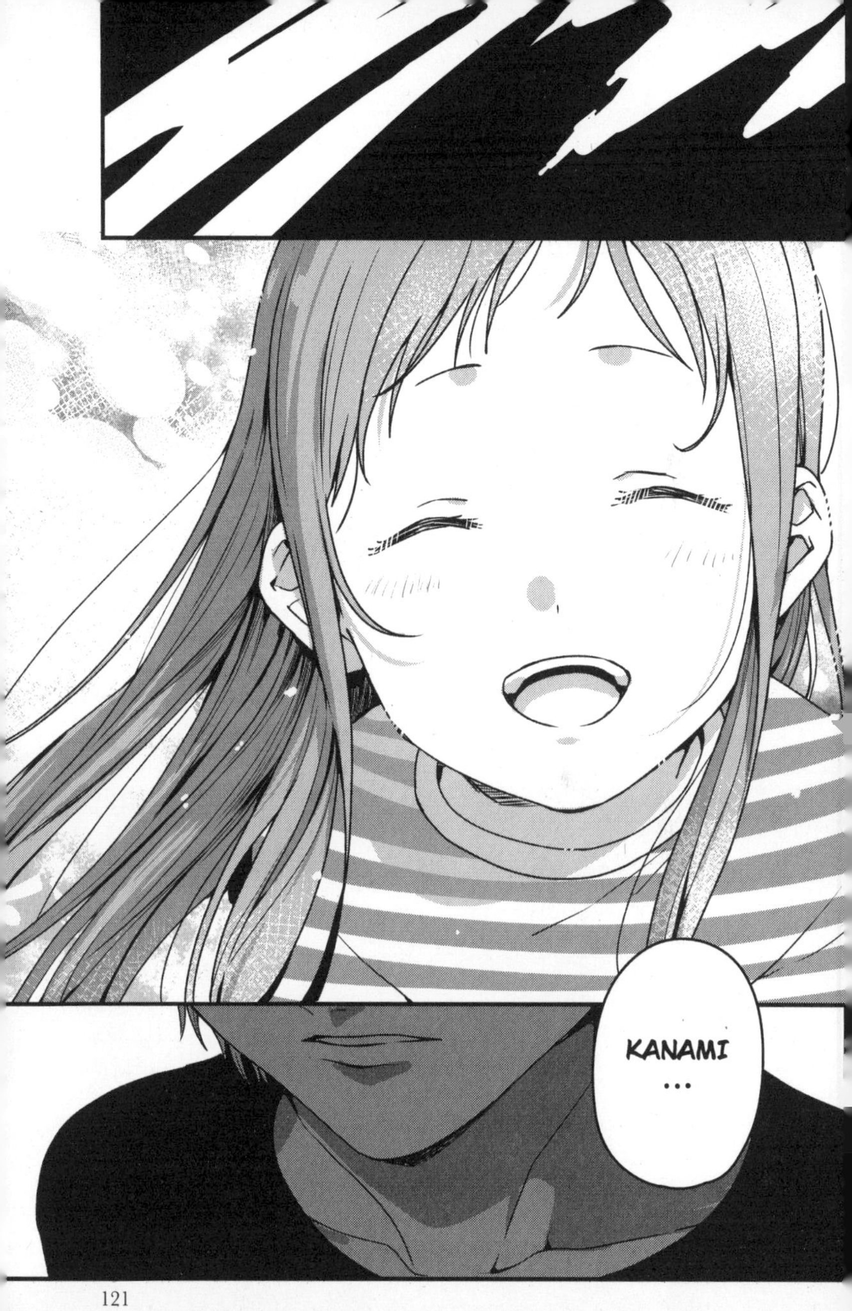
KANAMI
...

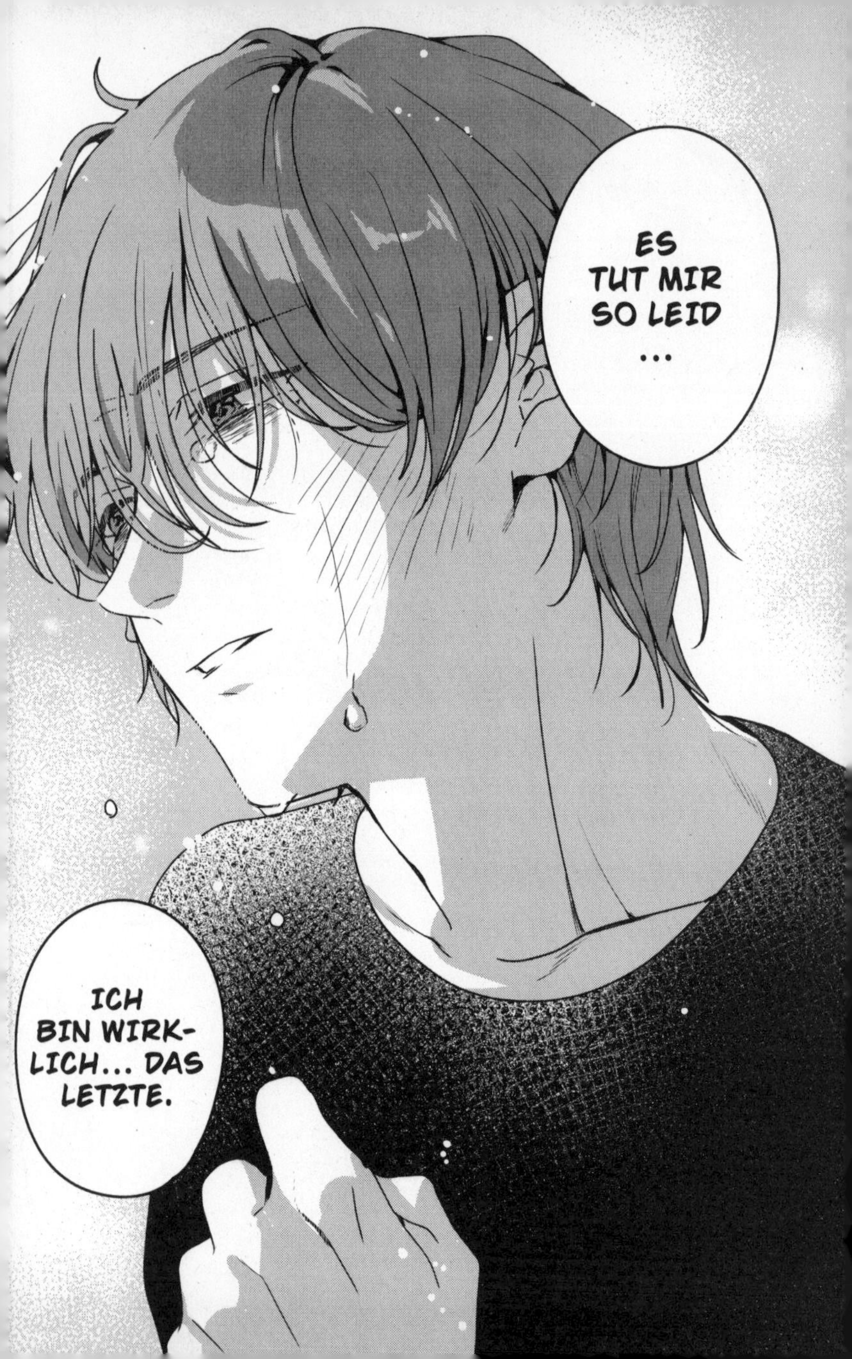
ES TUT MIR SO LEID ...
ICH BIN WIRK-LICH... DAS LETZTE.

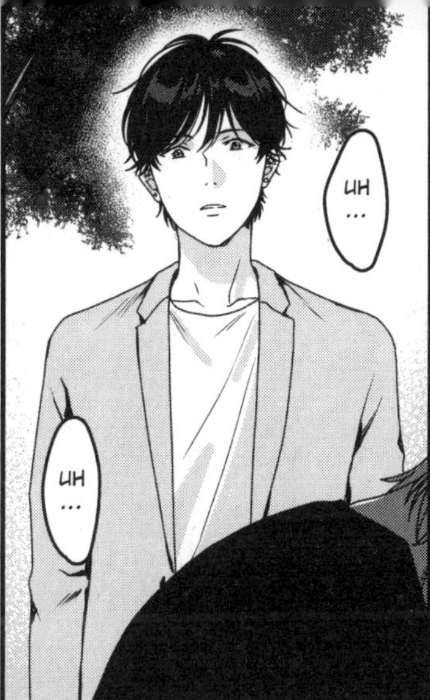
UH …
UH …

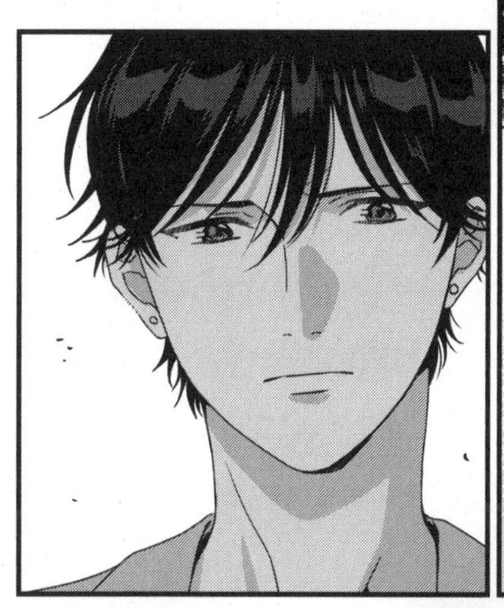

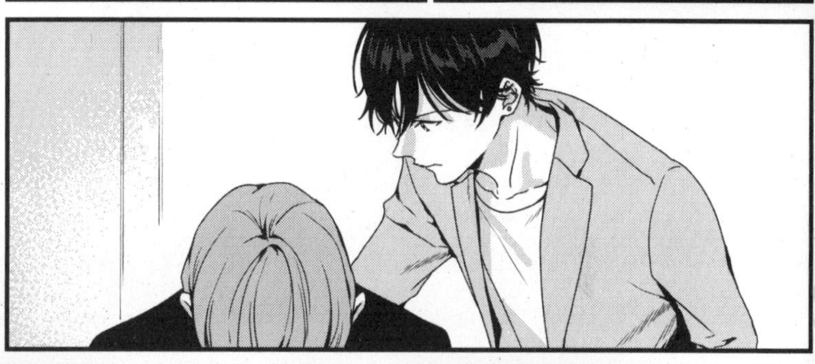

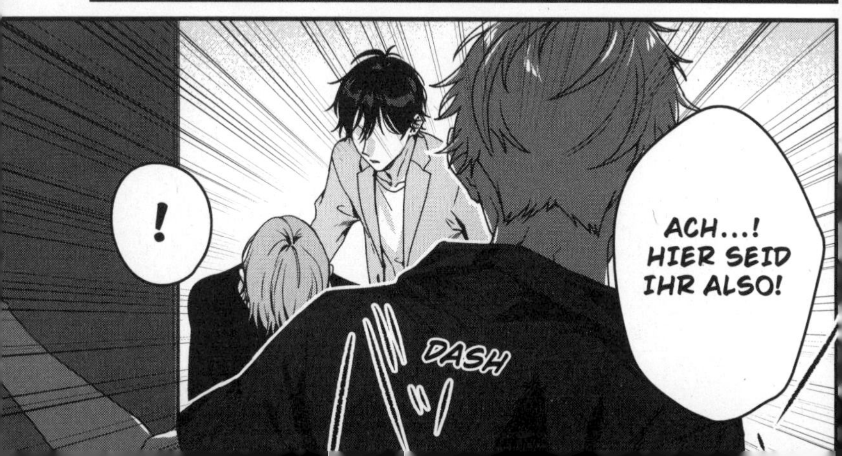
ACH…! HIER SEID IHR ALSO!
!
DASH

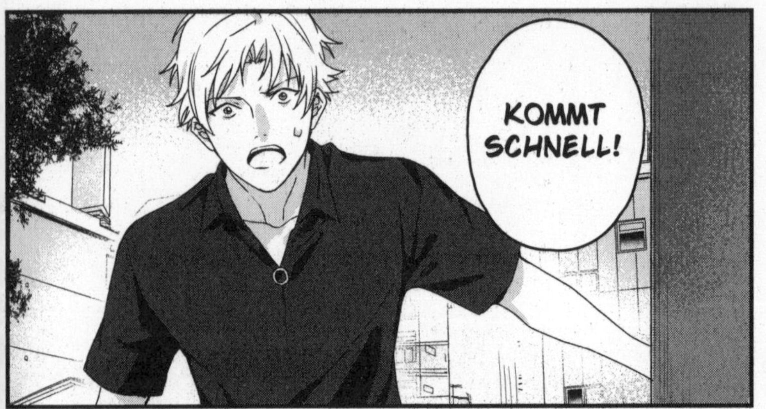

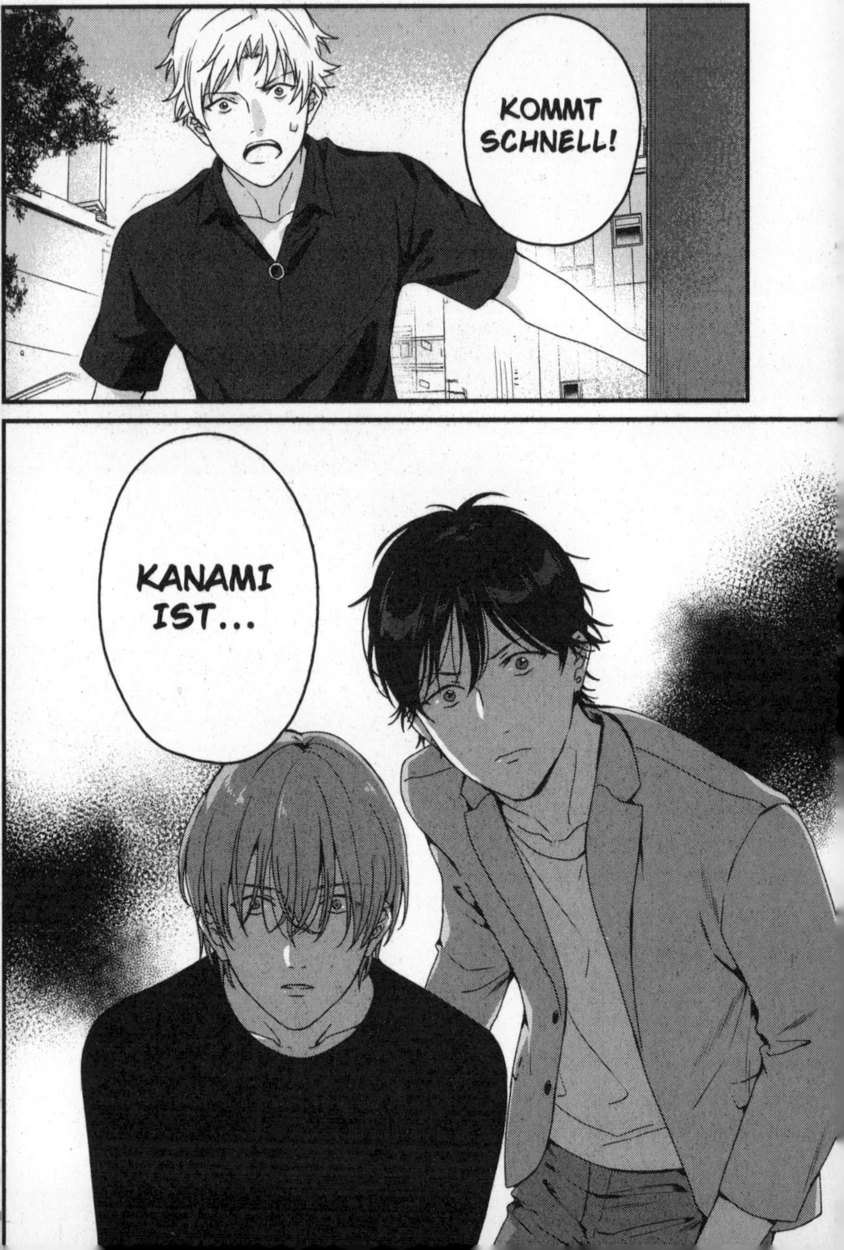

KANAMI IST...

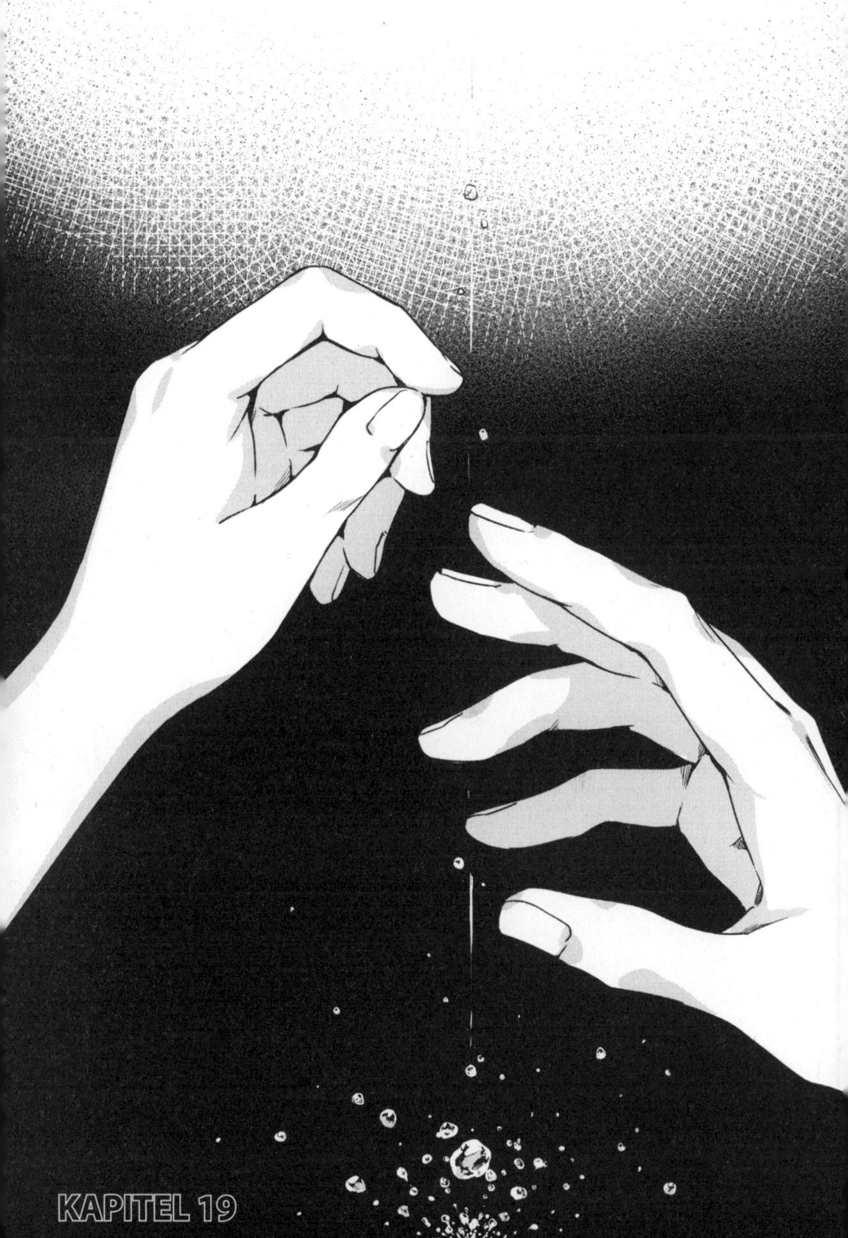
KAPITEL 19

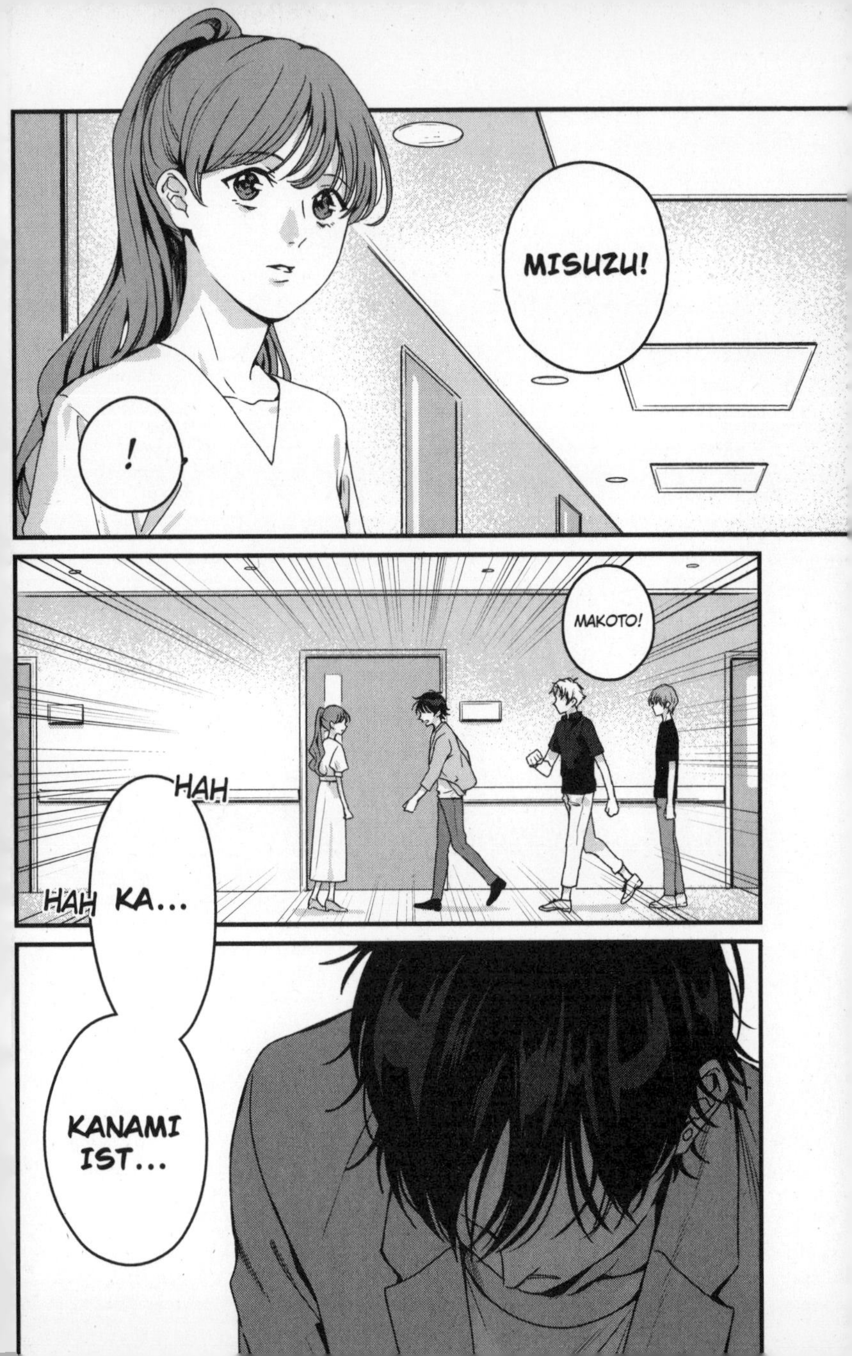
MISUZU!
!
MAKOTO!
HAH
HAH KA...
KANAMI IST...

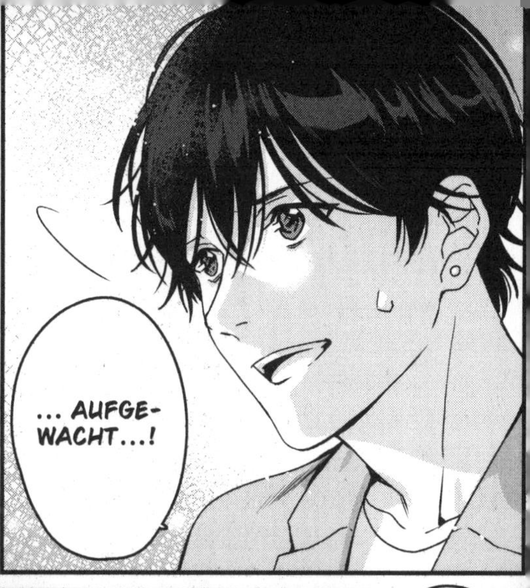
... AUFGE-
WACHT...!

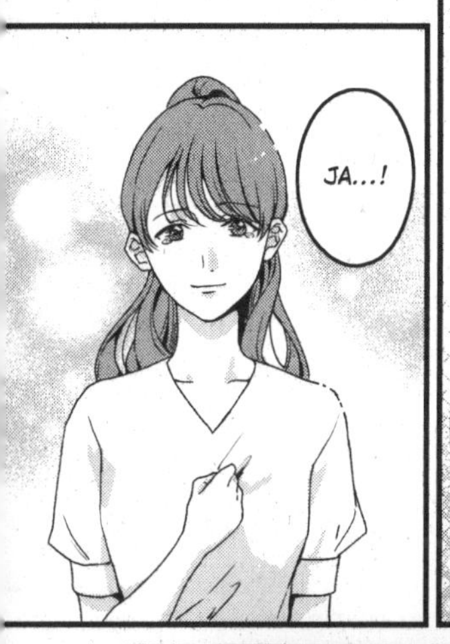
JA...!

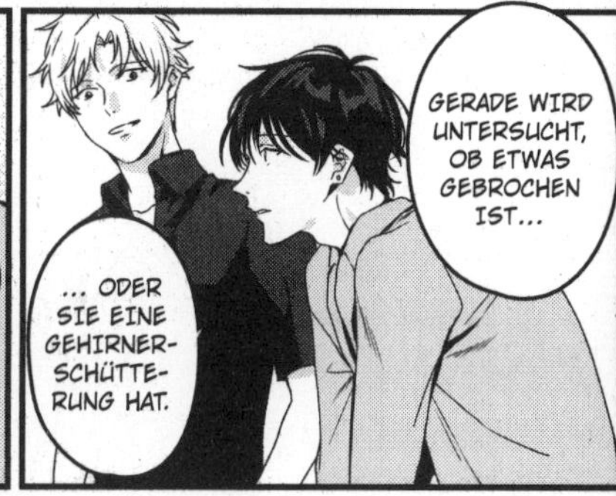
GERADE WIRD UNTERSUCHT, OB ETWAS GEBROCHEN IST...
... ODER SIE EINE GEHIRNER-SCHÜTTE-RUNG HAT.

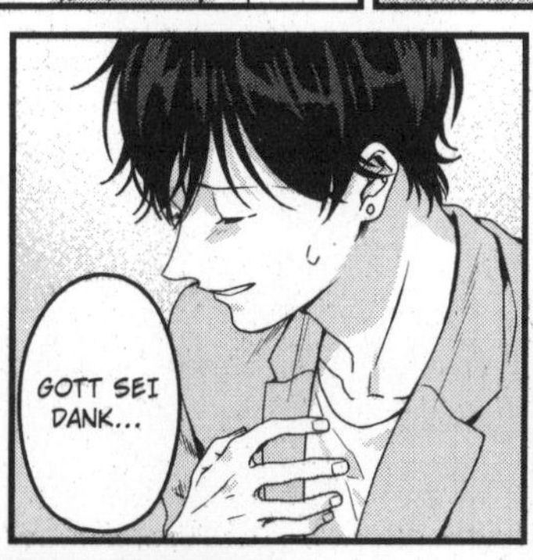
GOTT SEI DANK...

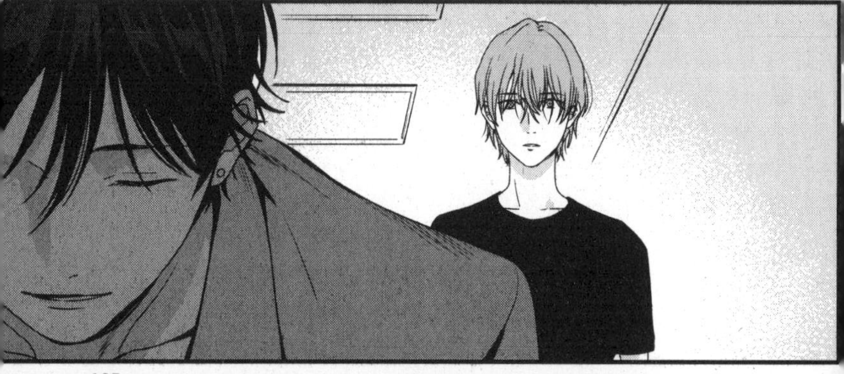

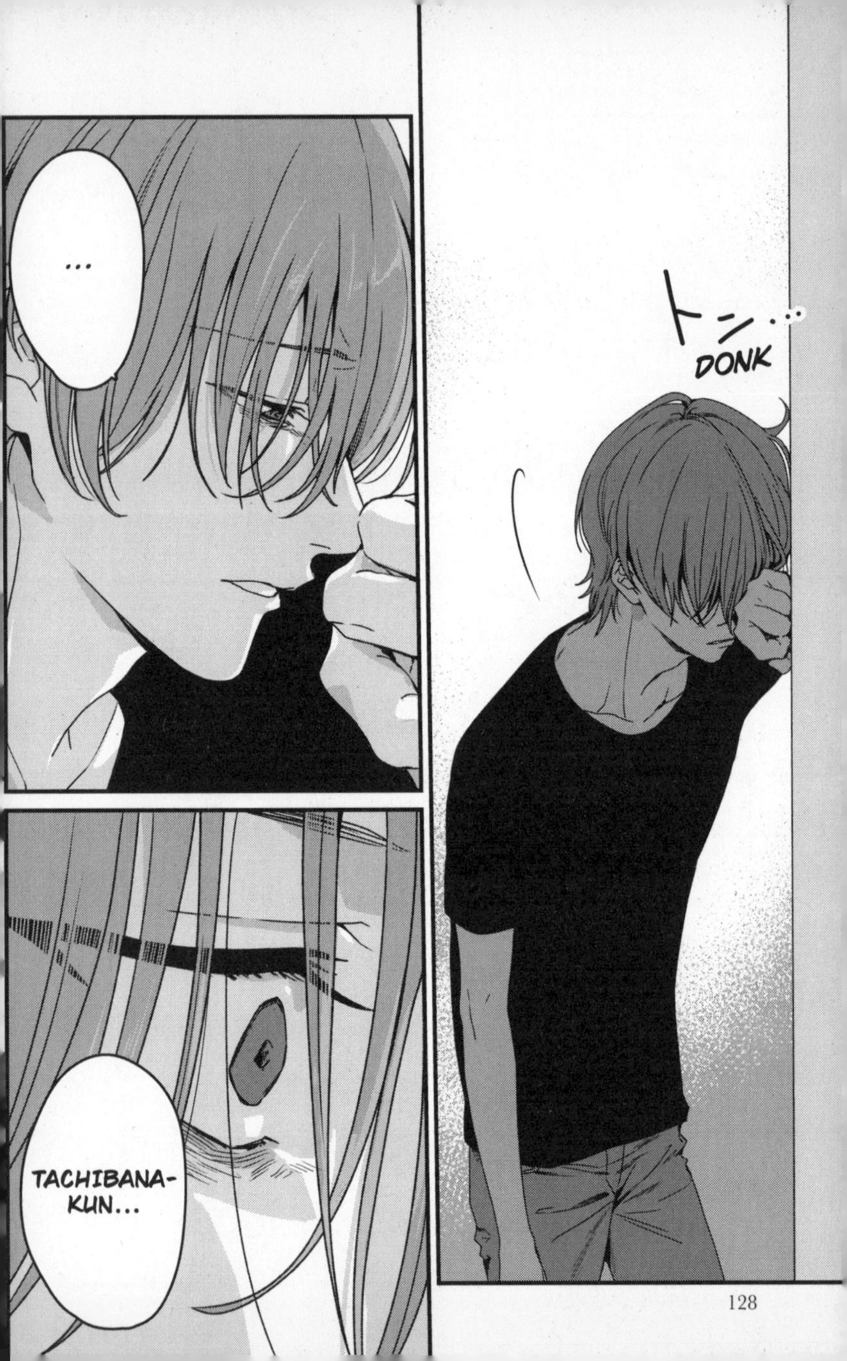

トン…
DONK

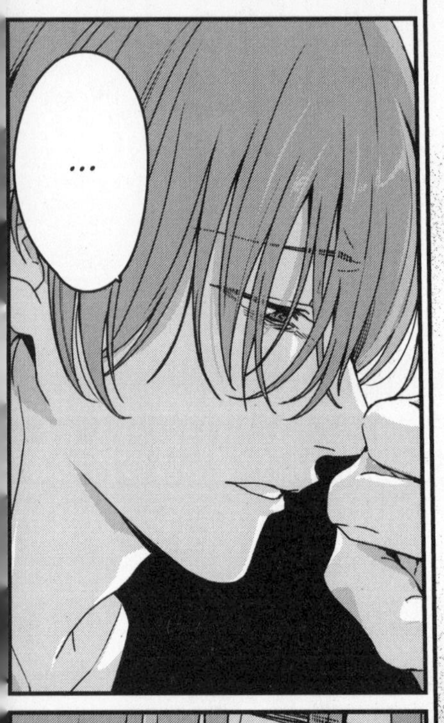

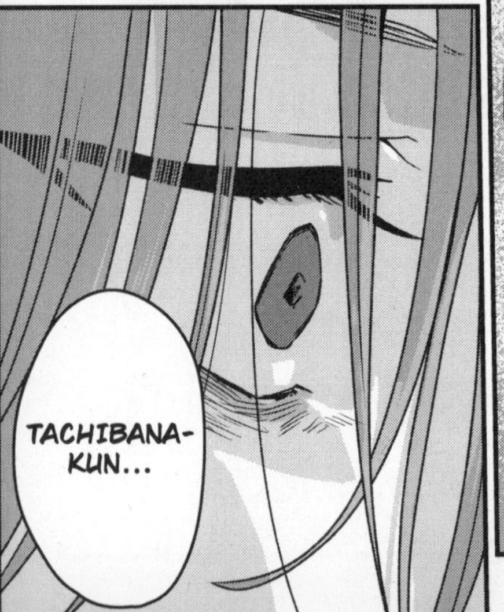

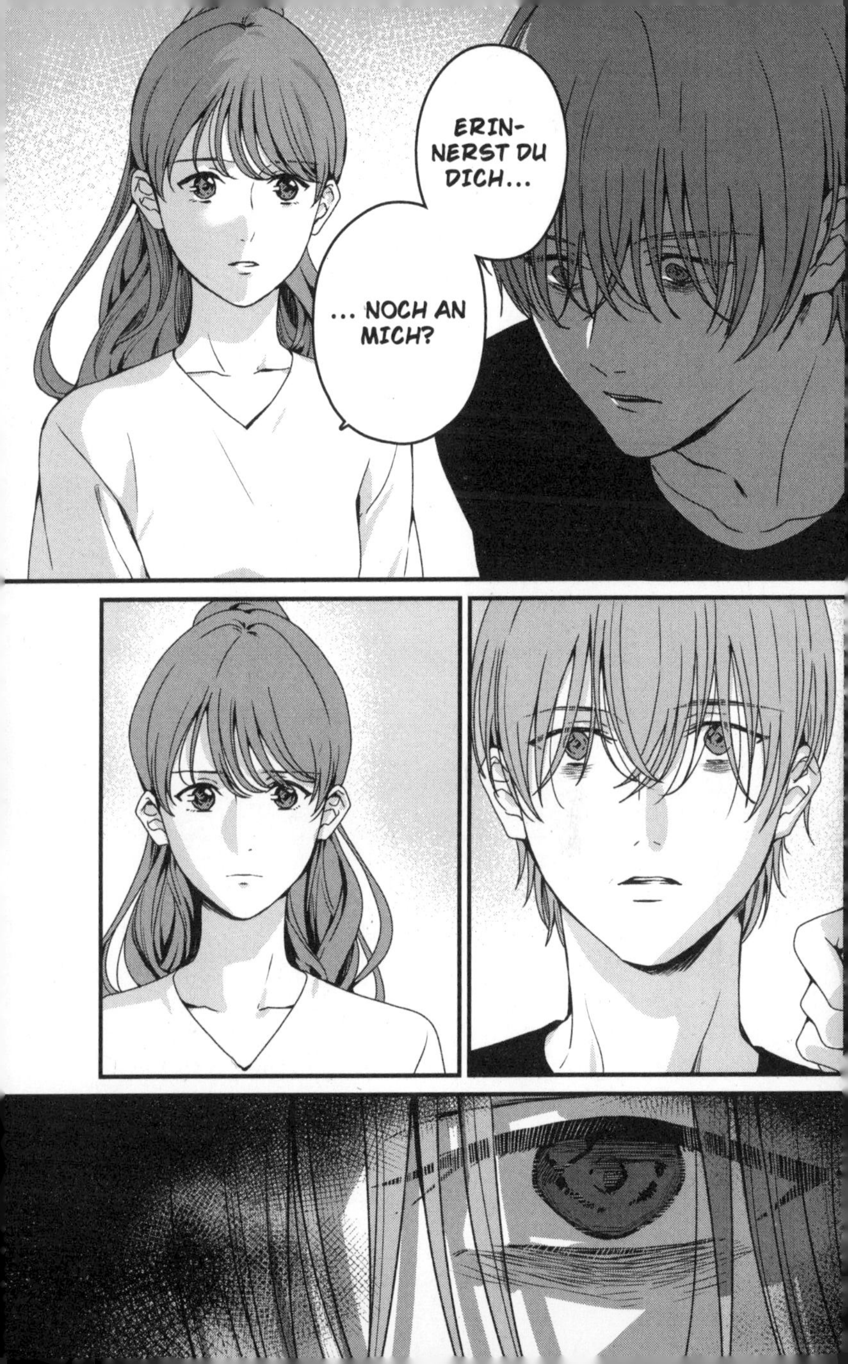
ERIN-
NERST DU
DICH …
… NOCH AN
MICH?

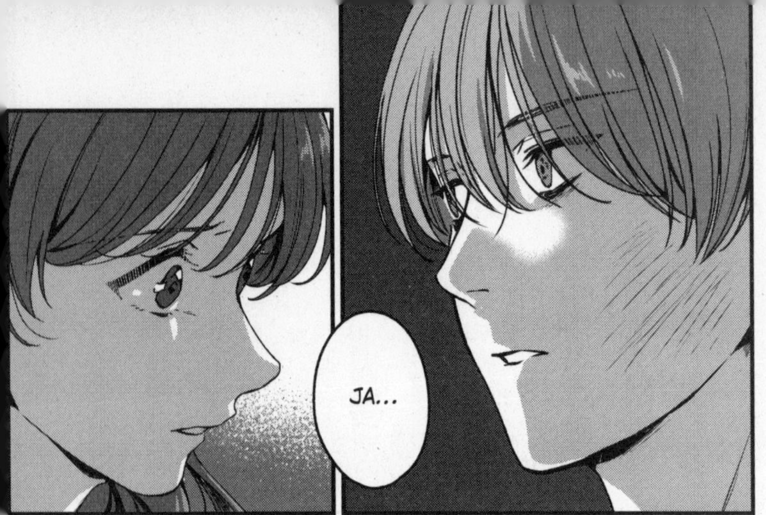
JA...

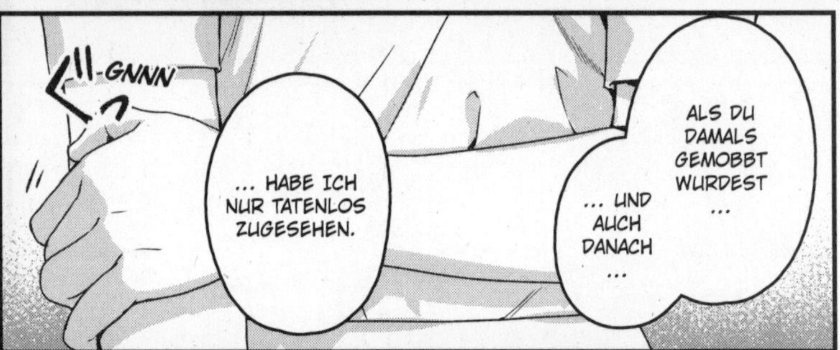
ALS DU DAMALS GEMOBBT WURDEST ...
... UND AUCH DANACH ...
... HABE ICH NUR TATENLOS ZUGESEHEN.
-GNNN

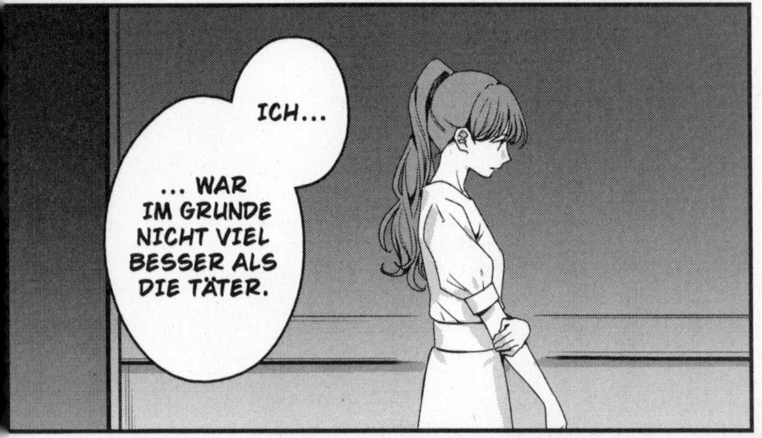
ICH...
... WAR IM GRUNDE NICHT VIEL BESSER ALS DIE TÄTER.

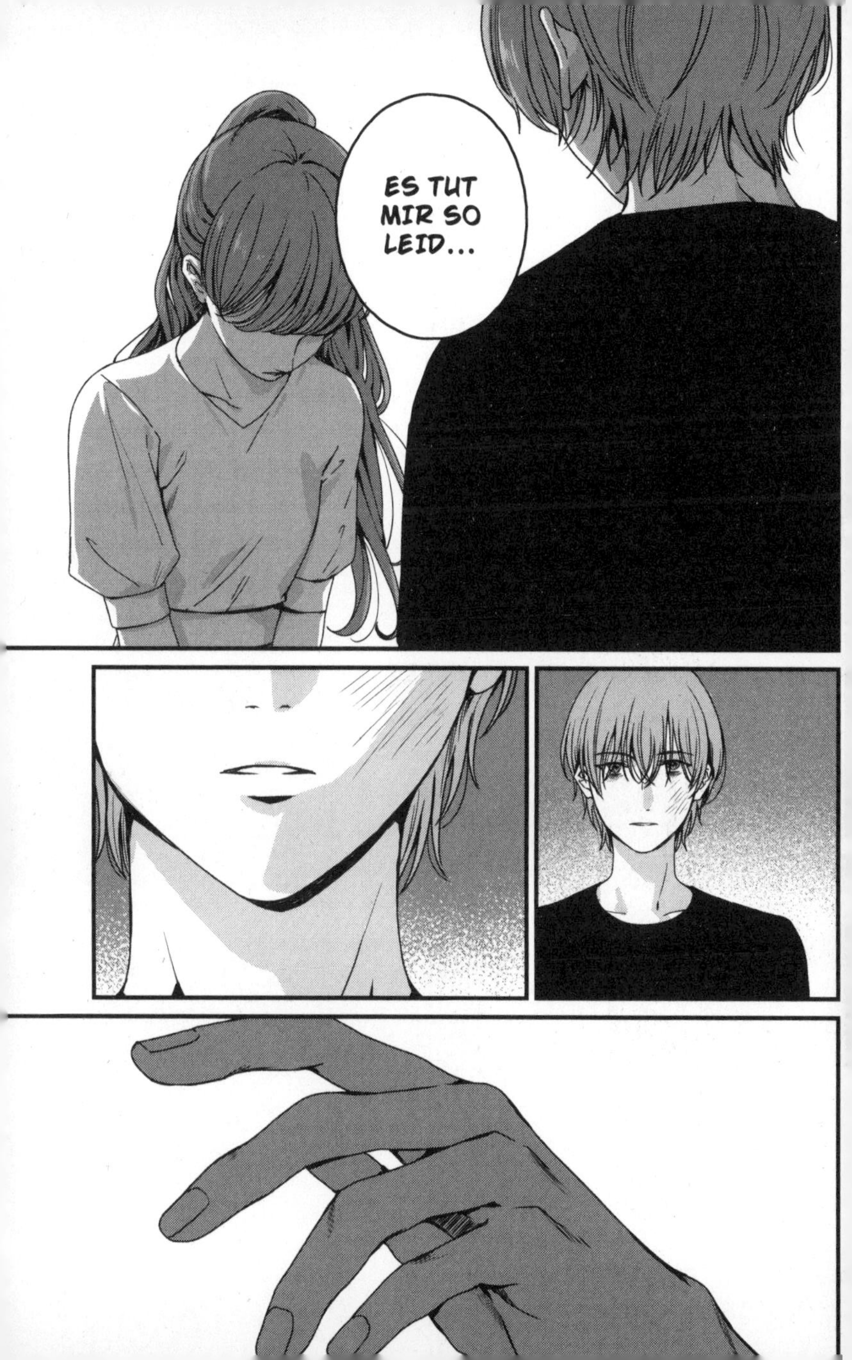
ES TUT
MIR SO
LEID…

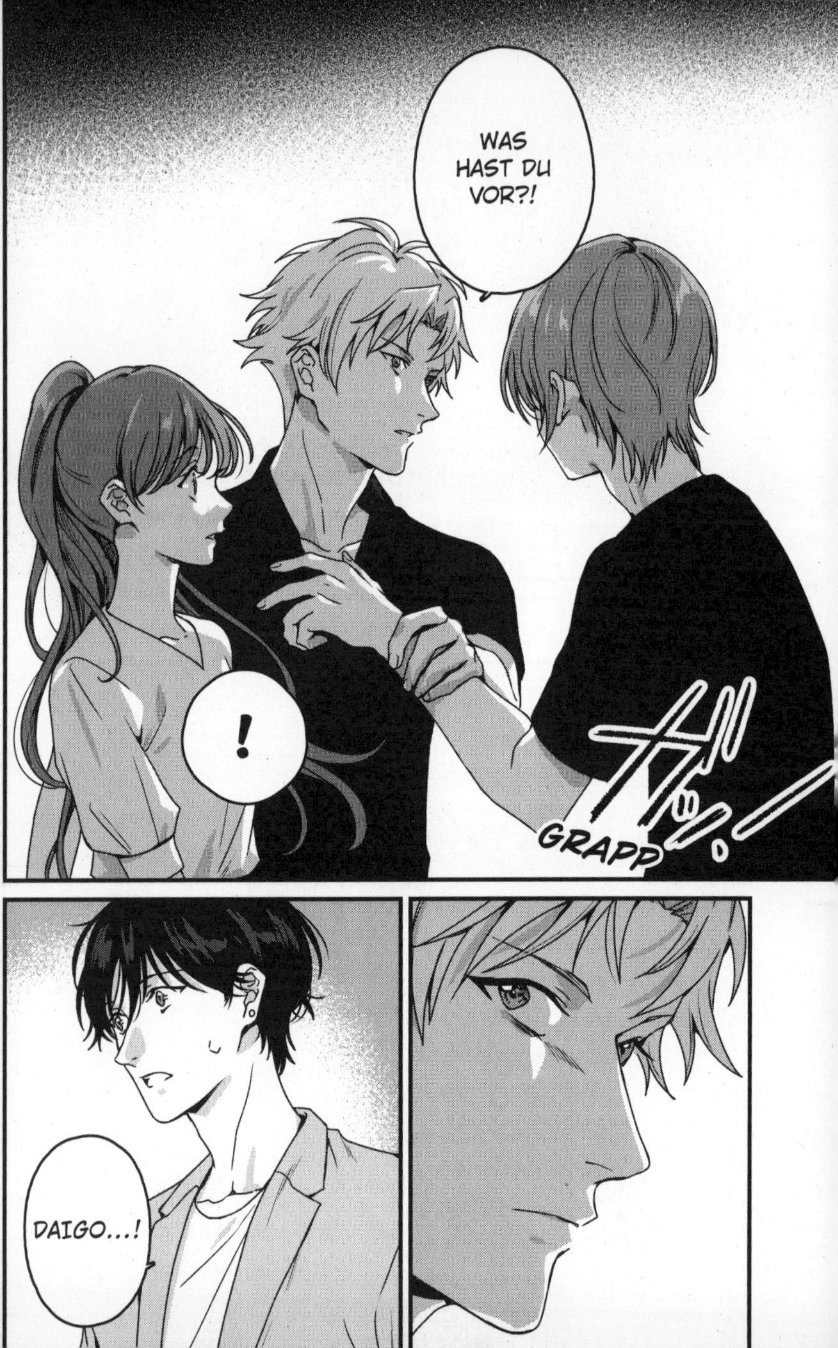

WAS HAST DU VOR?!

!

GRAPP

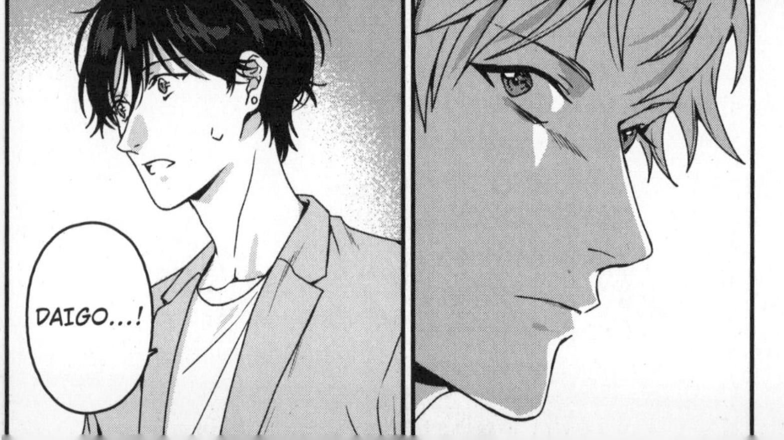

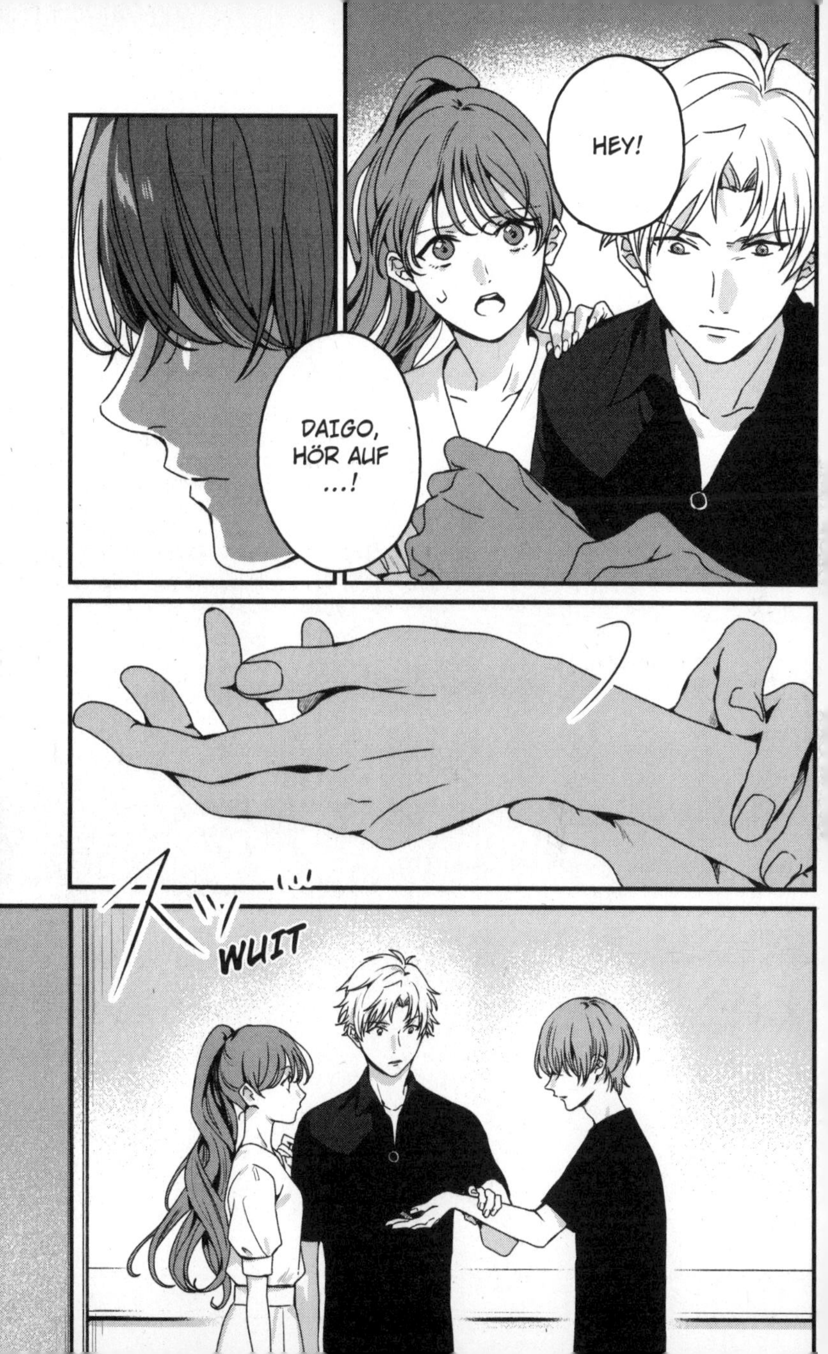
HEY!
DAIGO, HÖR AUF ...!
WUIT

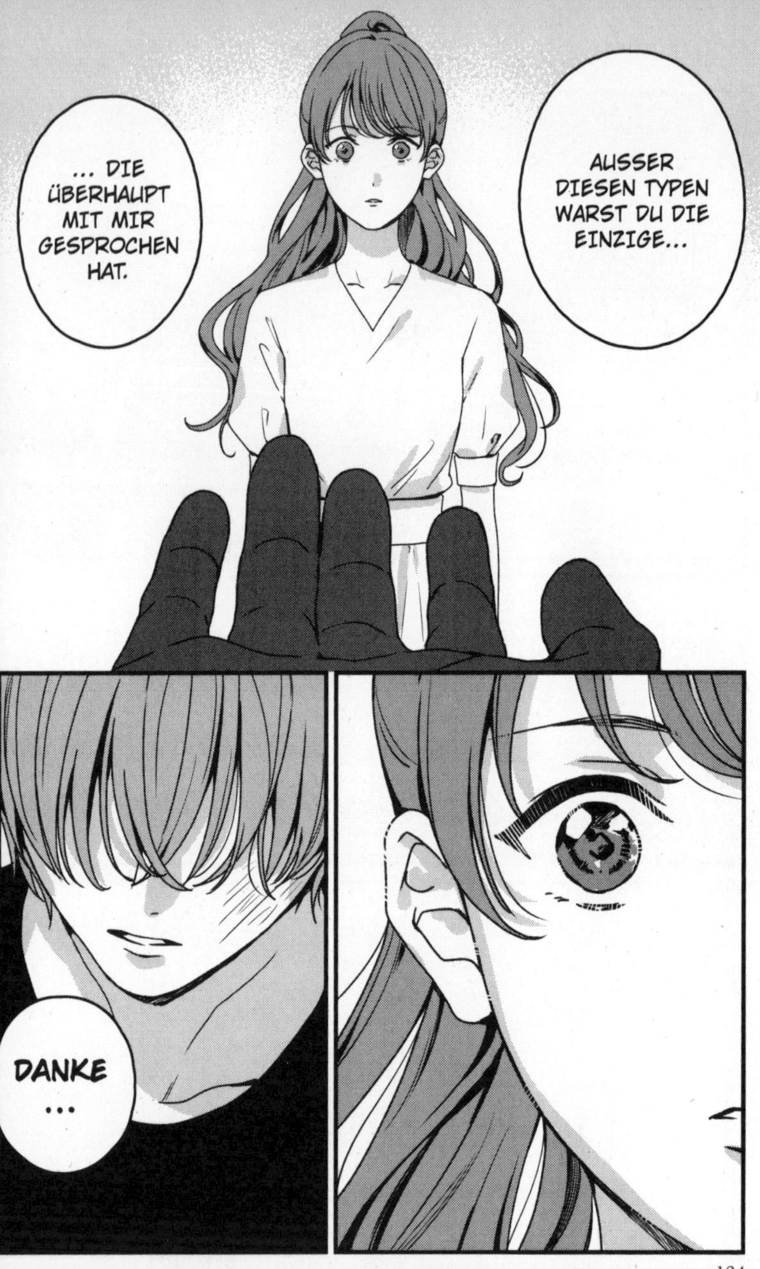
AUSSER DIESEN TYPEN WARST DU DIE EINZIGE...
... DIE ÜBERHAUPT MIT MIR GESPROCHEN HAT.
DANKE ...

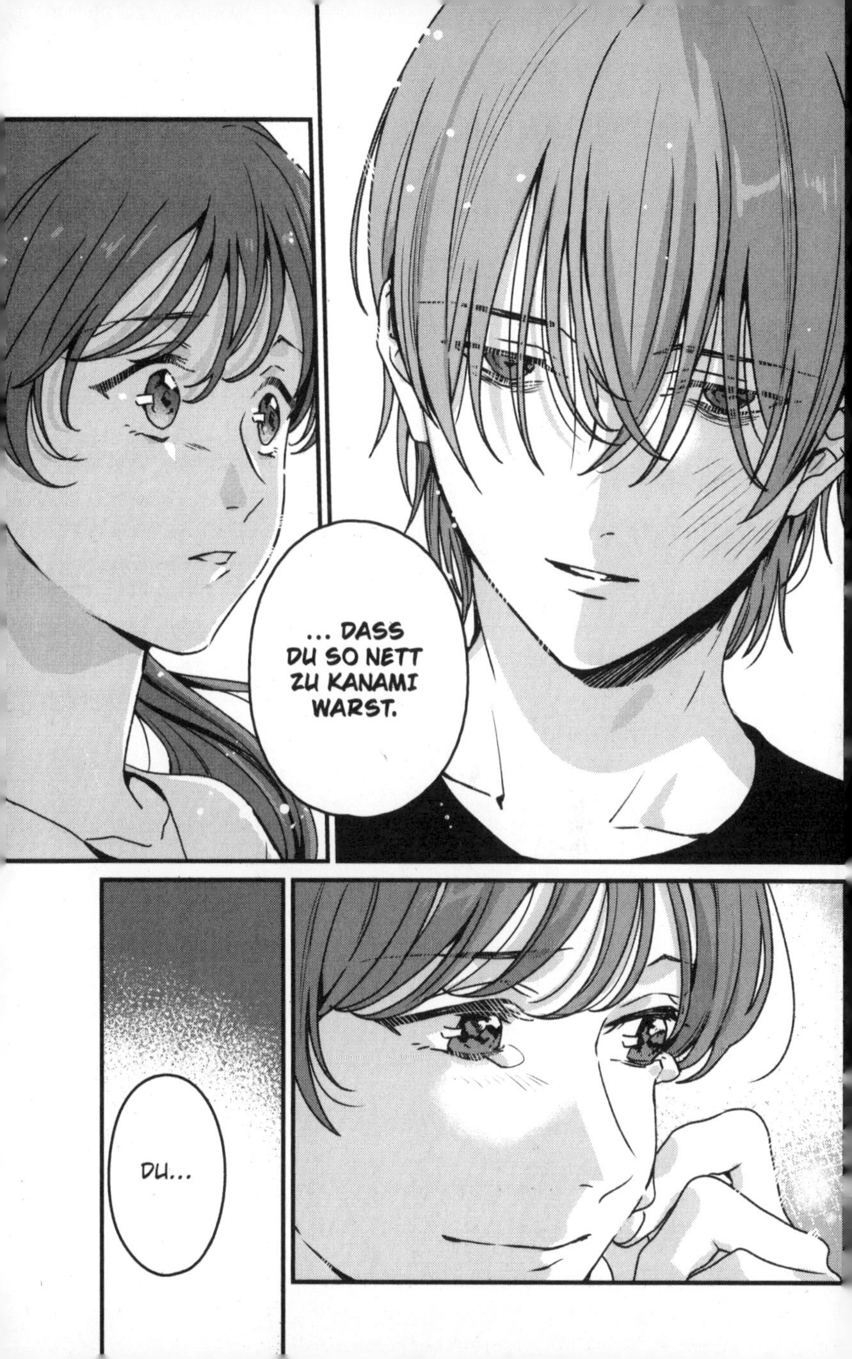

… DASS DU SO NETT ZU KANAMI WARST.

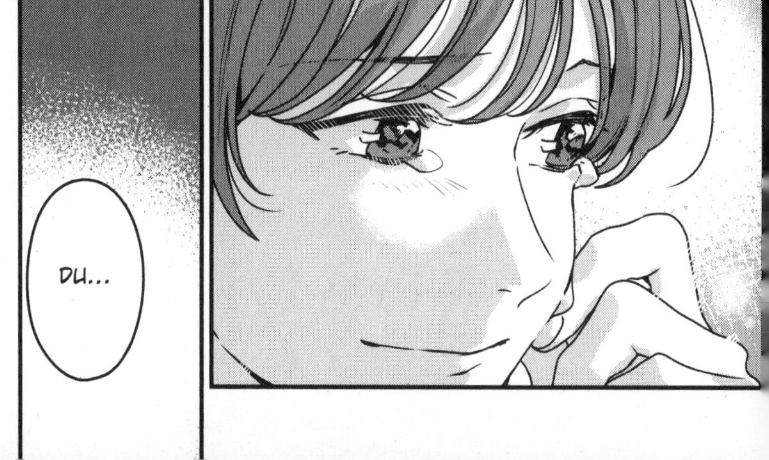

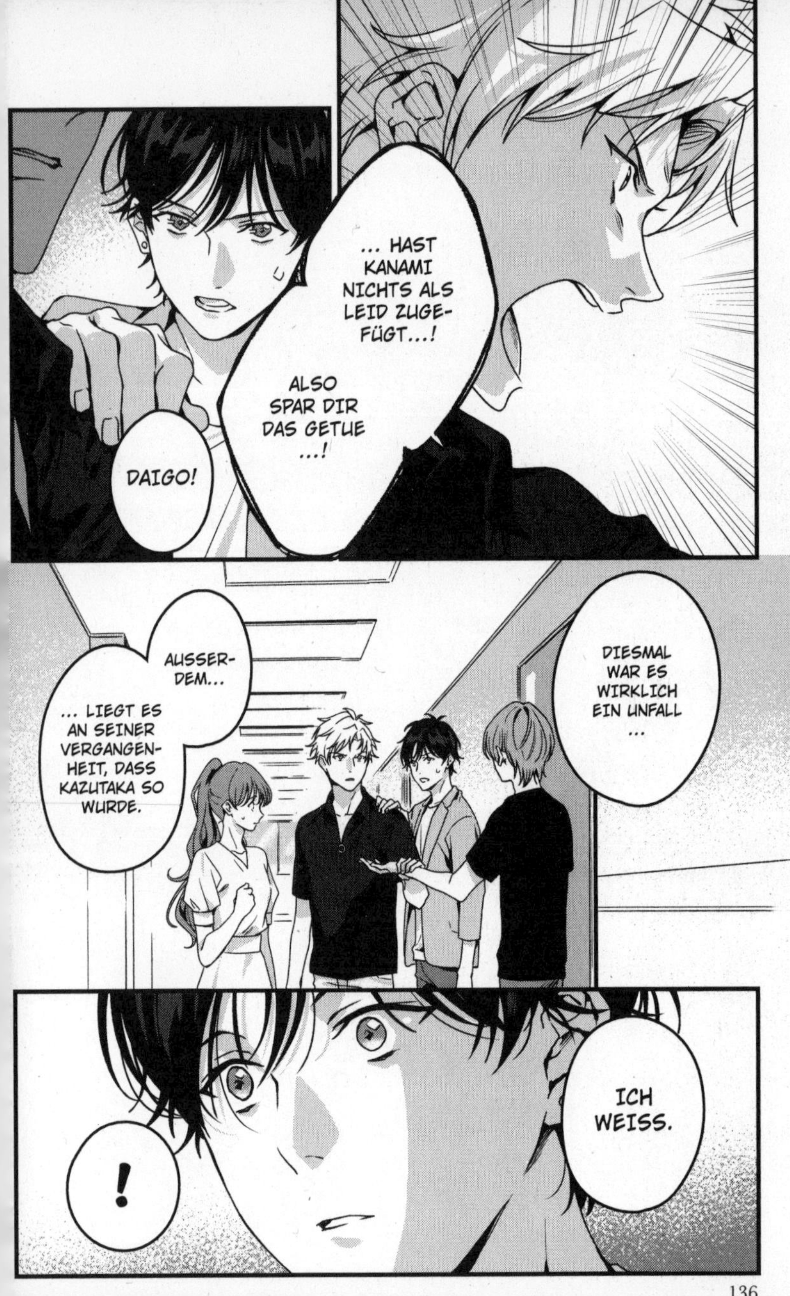
... HAST KANAMI NICHTS ALS LEID ZUGEFÜGT...!
ALSO SPAR DIR DAS GETUE ...!
DAIGO!
DIESMAL WAR ES WIRKLICH EIN UNFALL ...
AUSSERDEM...
... LIEGT ES AN SEINER VERGANGENHEIT, DASS KAZUTAKA SO WURDE.
ICH WEISS.
!

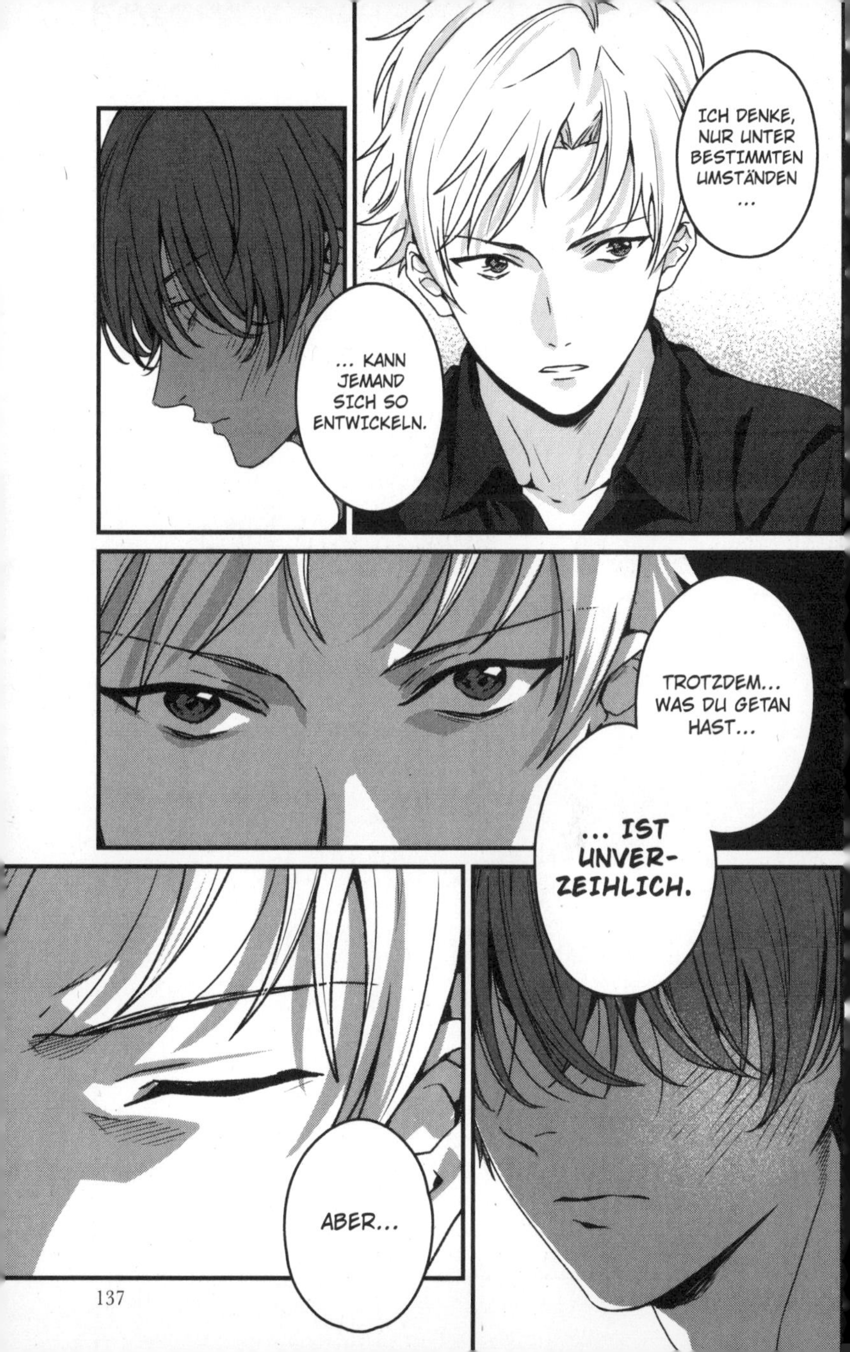
ICH DENKE, NUR UNTER BESTIMMTEN UMSTÄNDEN …
… KANN JEMAND SICH SO ENTWICKELN.
TROTZDEM… WAS DU GETAN HAST…
… IST UNVER-ZEIHLICH.
ABER…

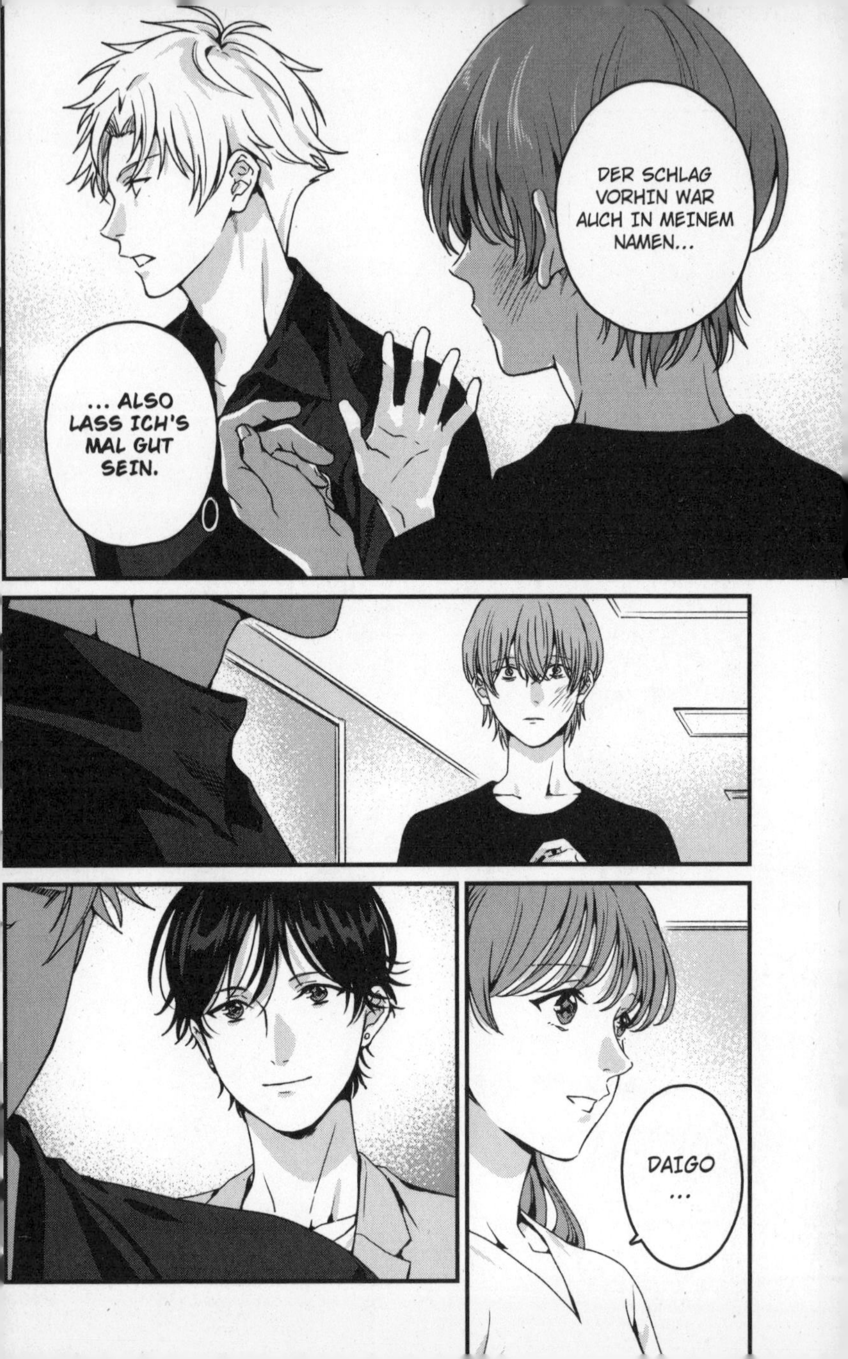

DER SCHLAG VORHIN WAR AUCH IN MEINEM NAMEN…
… ALSO LASS ICH'S MAL GUT SEIN.

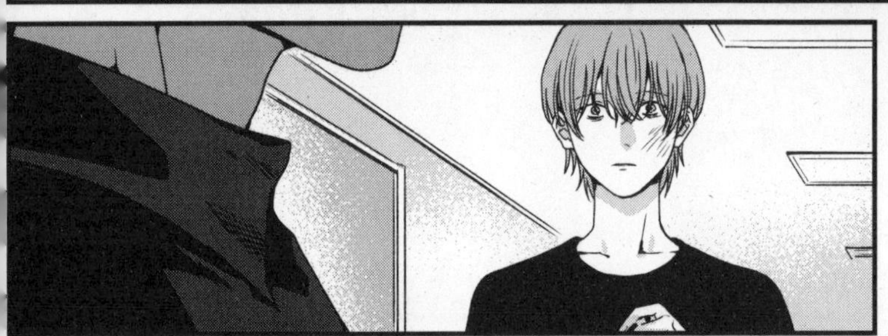

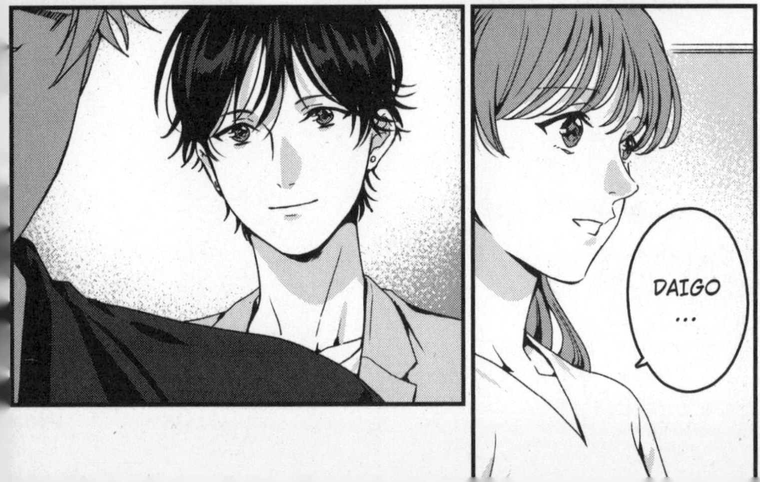

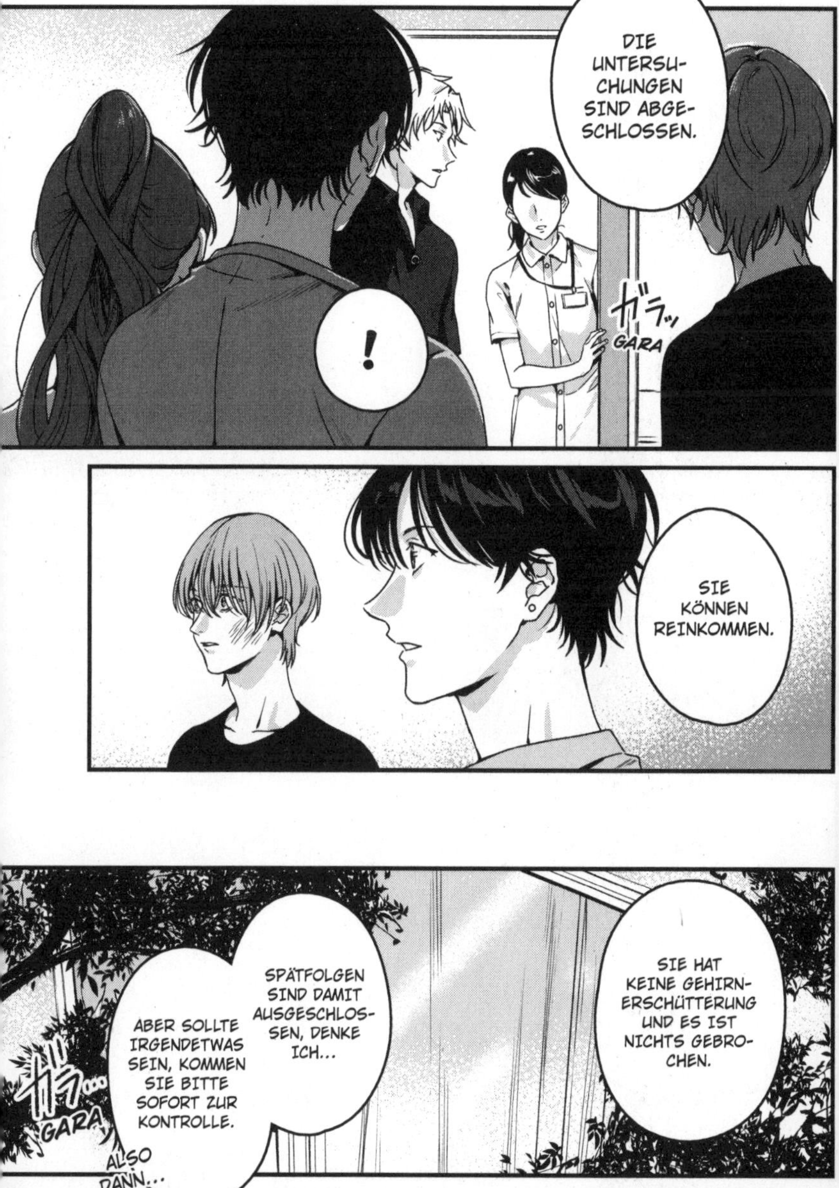

DIE UNTERSUCHUNGEN SIND ABGESCHLOSSEN.
ガラッ GARA
!

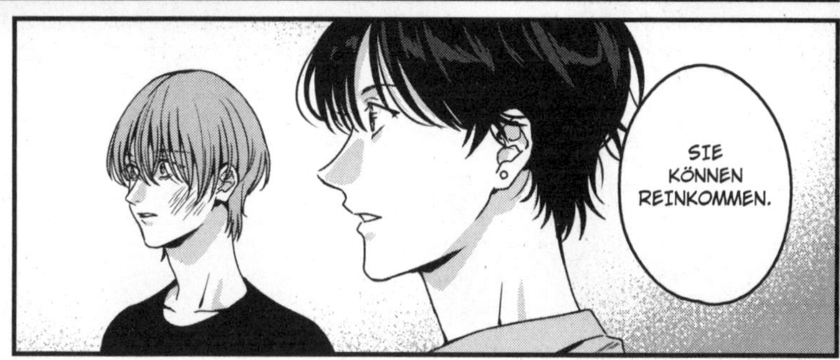
SIE KÖNNEN REINKOMMEN.

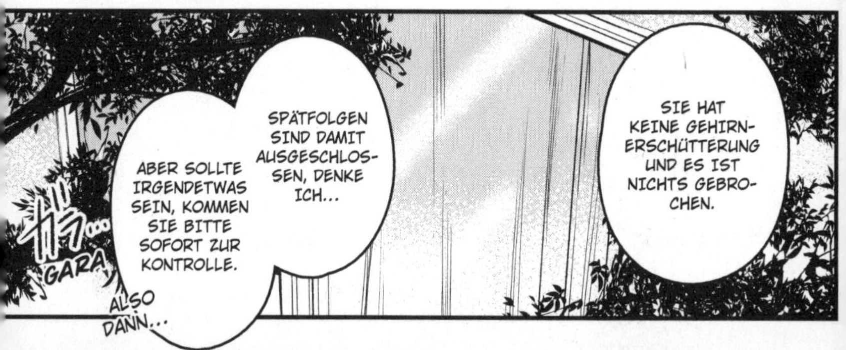
SIE HAT KEINE GEHIRNERSCHÜTTERUNG UND ES IST NICHTS GEBROCHEN.
SPÄTFOLGEN SIND DAMIT AUSGESCHLOSSEN, DENKE ICH…
ABER SOLLTE IRGENDETWAS SEIN, KOMMEN SIE BITTE SOFORT ZUR KONTROLLE.
ガラ… GARA
ALSO DANN…

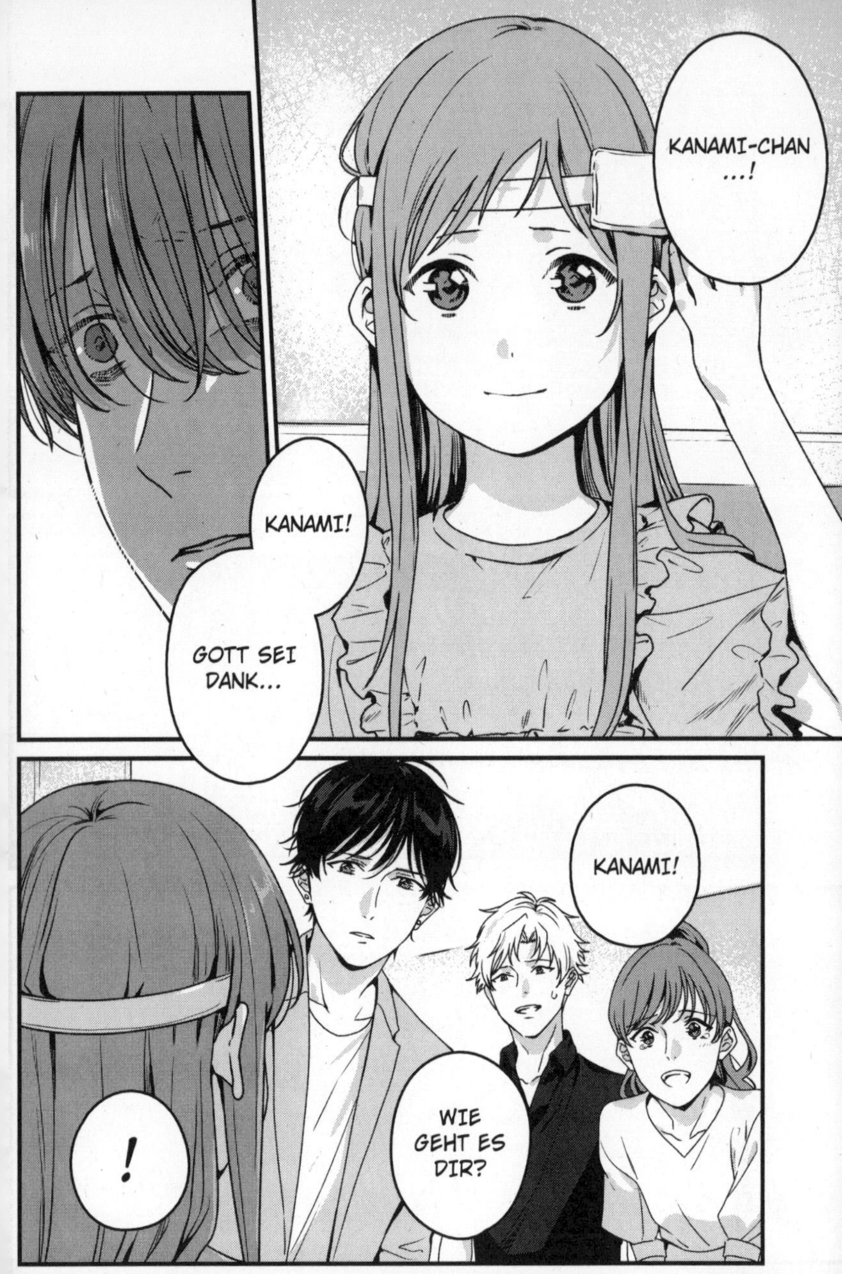
KANAMI-CHAN ...!
KANAMI!
GOTT SEI DANK...
KANAMI!
WIE GEHT ES DIR?
!

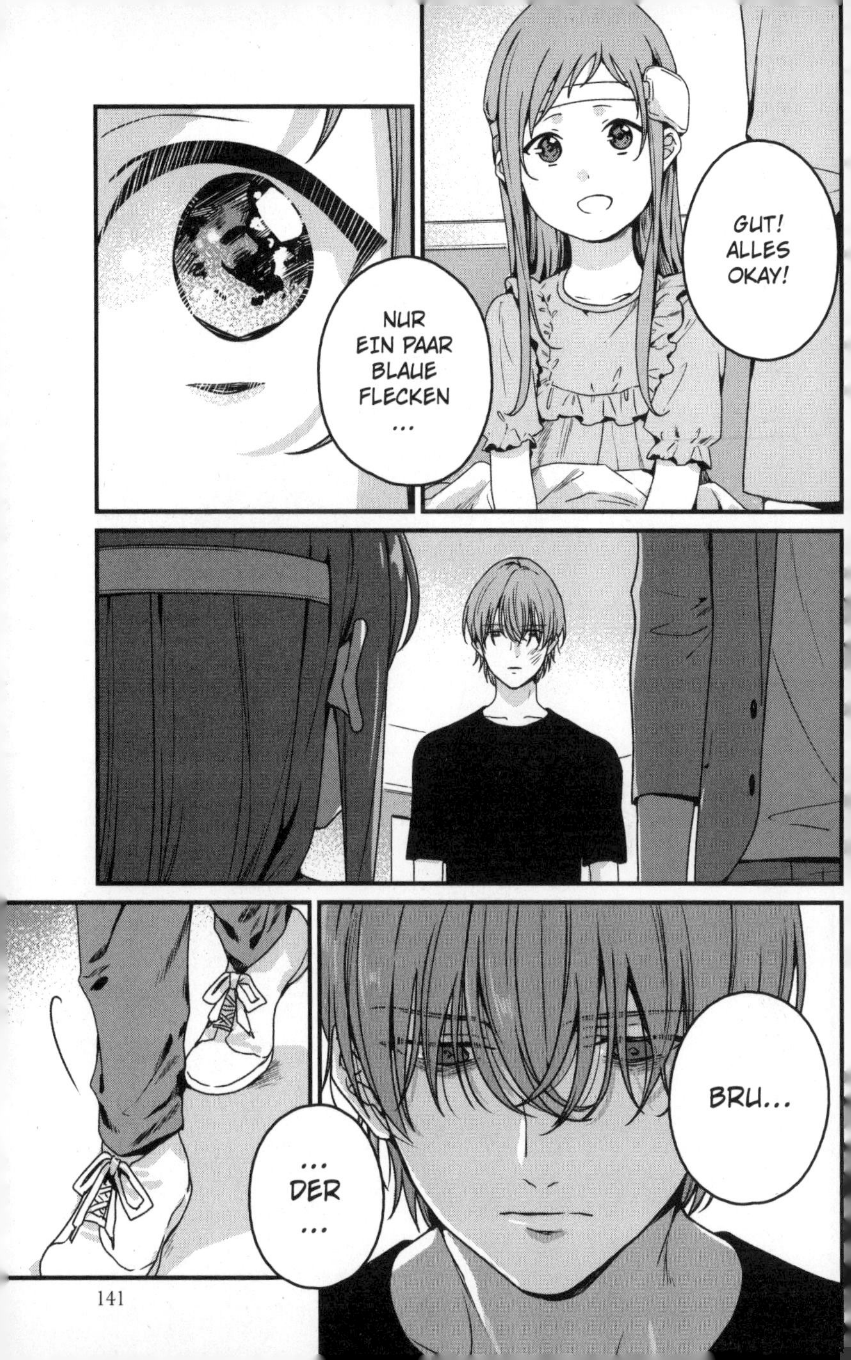

GUT! ALLES OKAY!

NUR EIN PAAR BLAUE FLECKEN ...

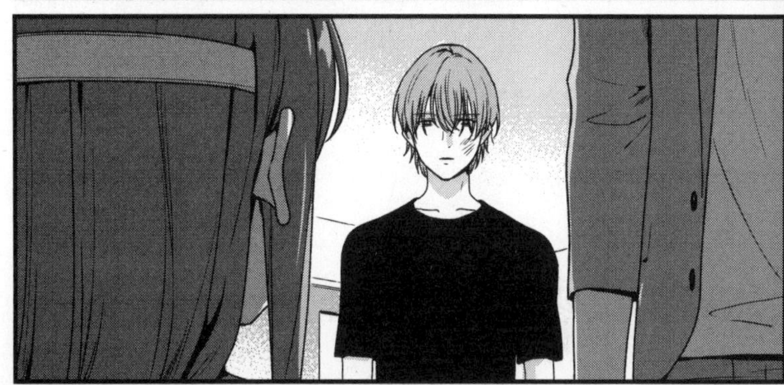

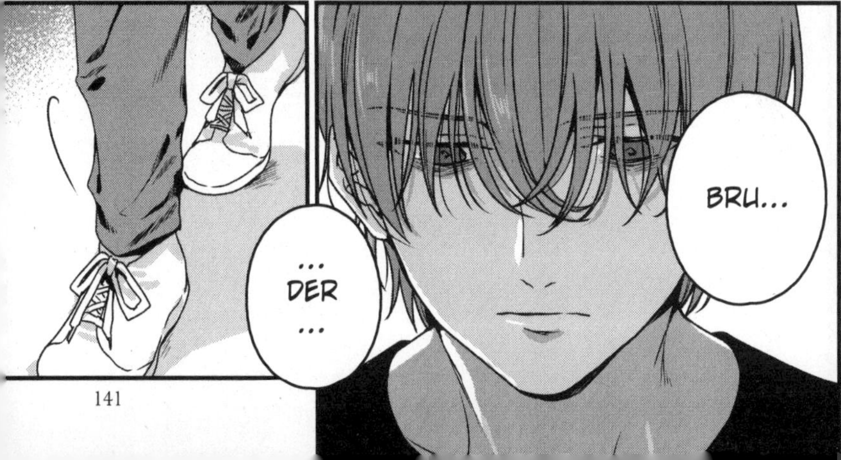

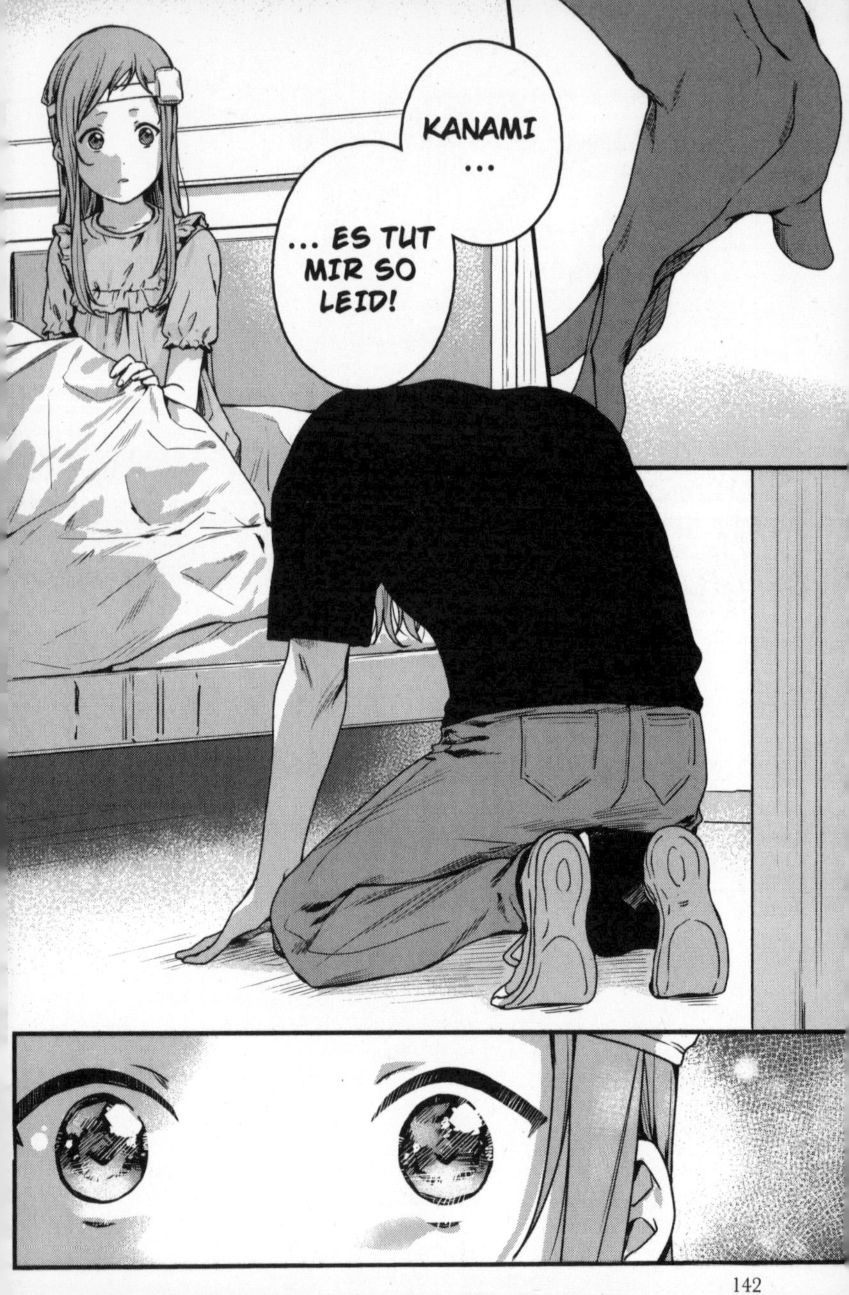
KANAMI
...
... ES TUT
MIR SO
LEID!

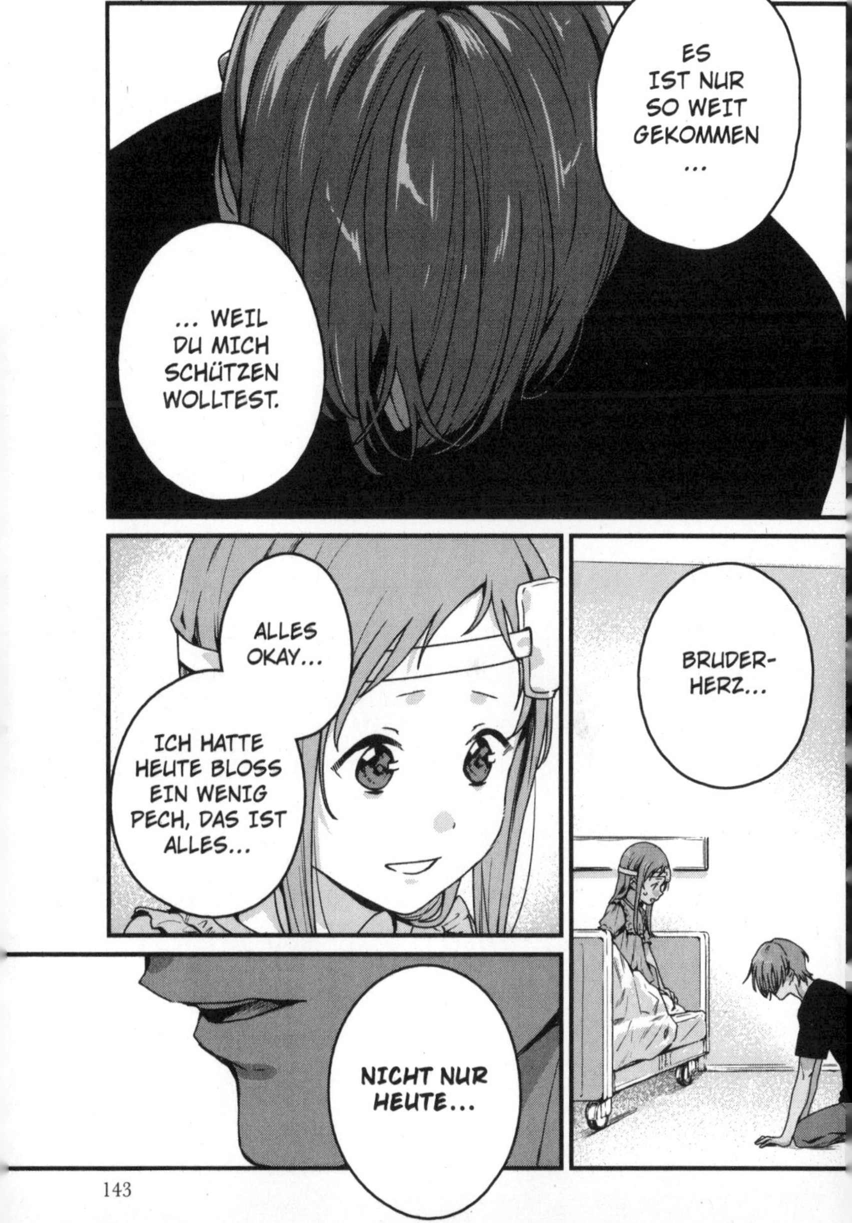

ES IST NUR SO WEIT GEKOMMEN ...
... WEIL DU MICH SCHÜTZEN WOLLTEST.

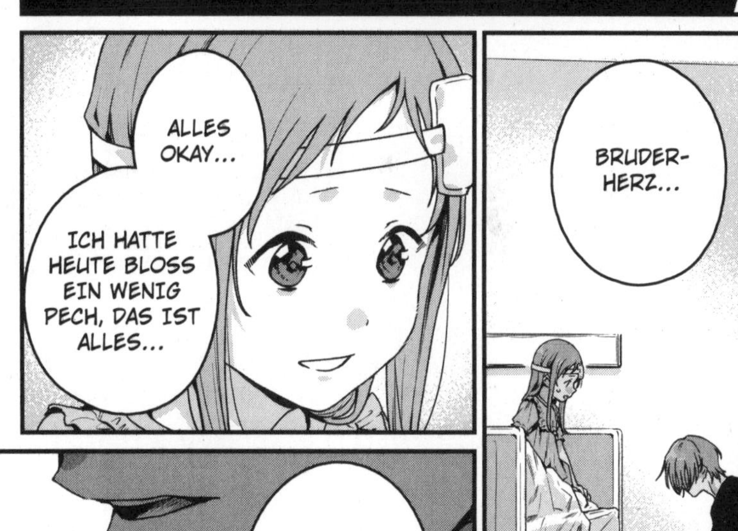

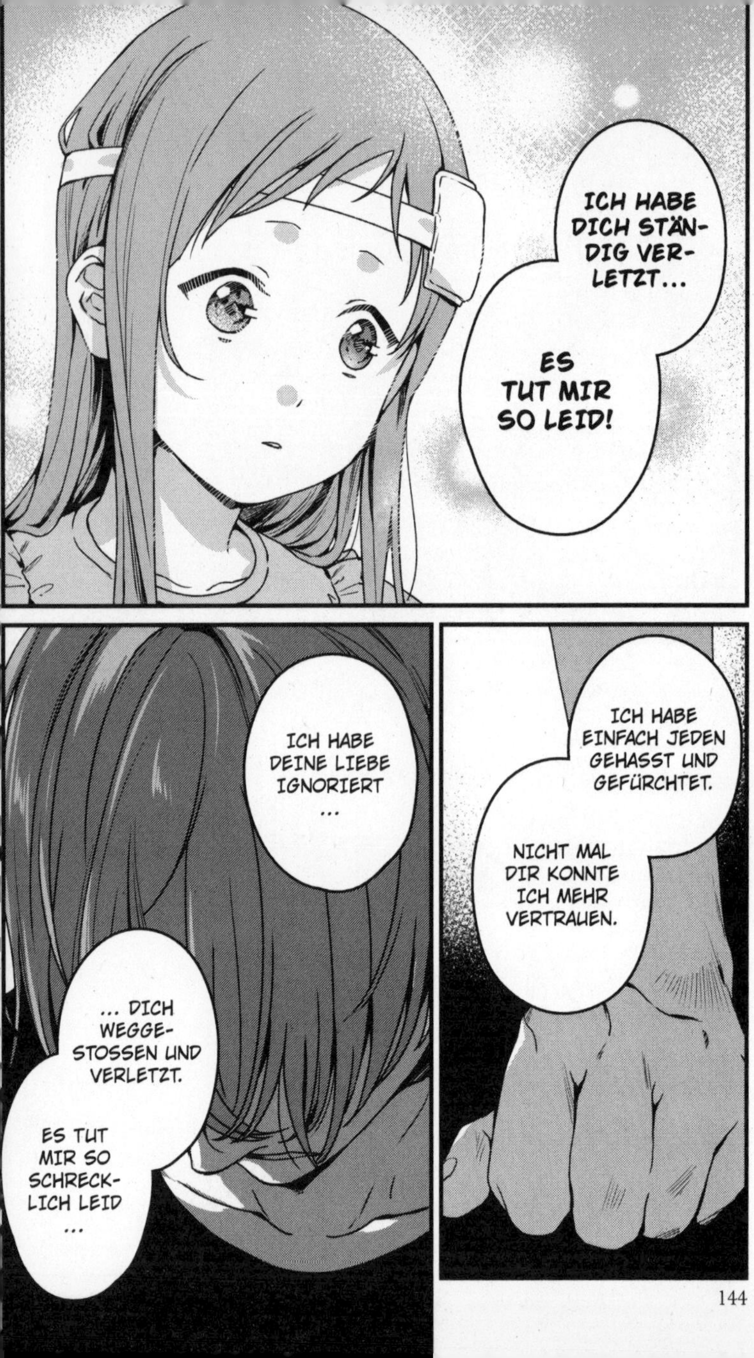

ICH HABE DICH STÄNDIG VERLETZT...

ES TUT MIR SO LEID!

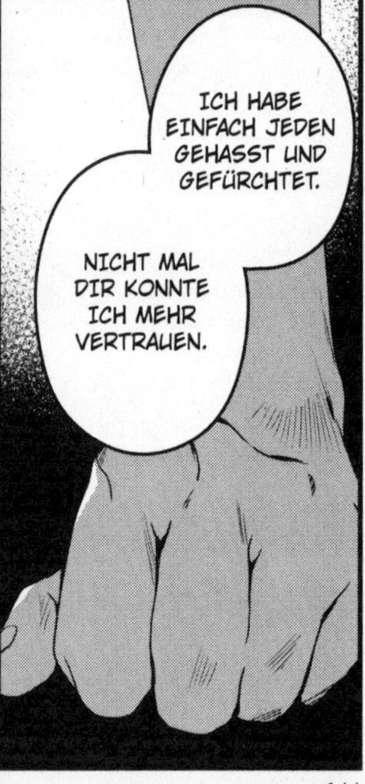

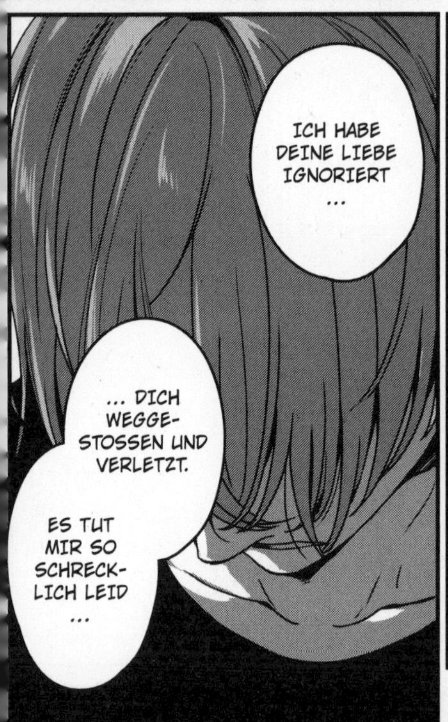

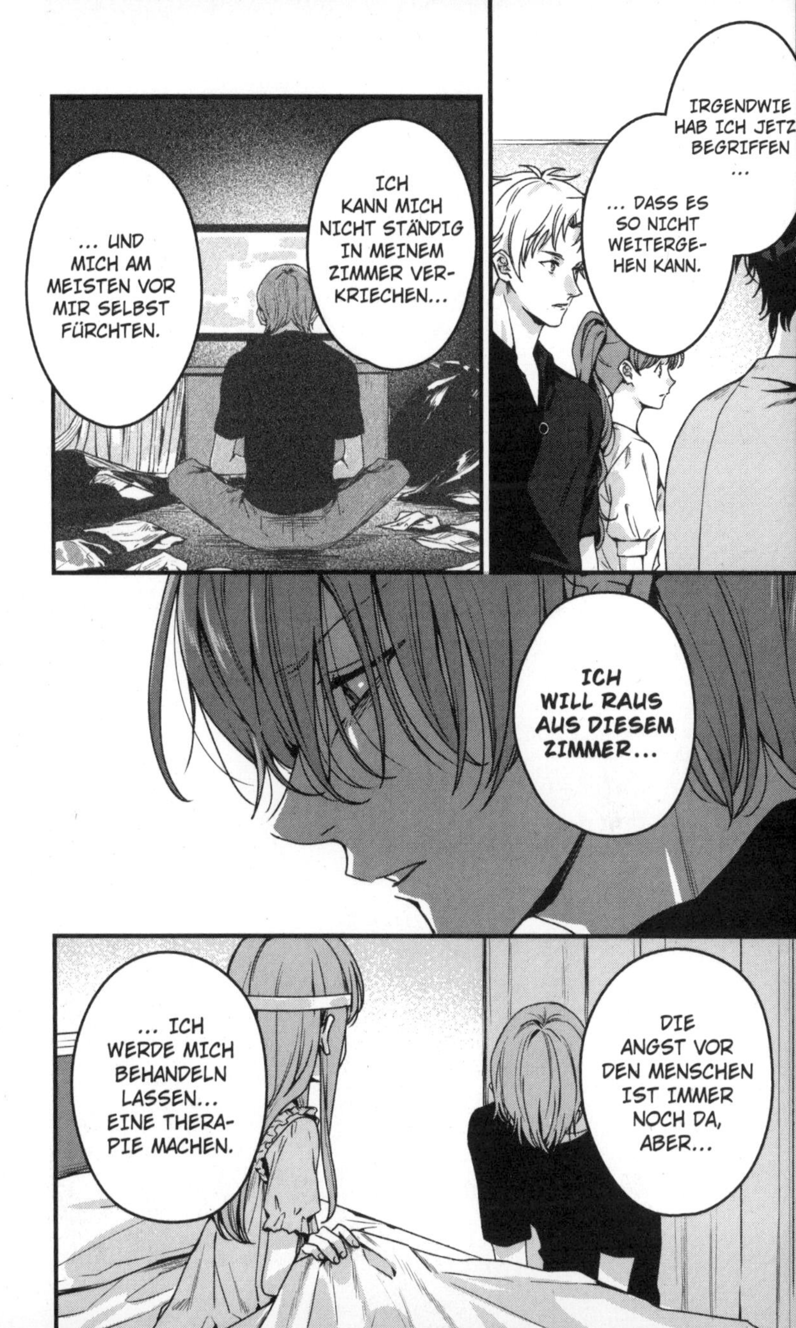
IRGENDWIE HAB ICH JETZT BEGRIFFEN ...
... DASS ES SO NICHT WEITERGE-HEN KANN.
ICH KANN MICH NICHT STÄNDIG IN MEINEM ZIMMER VER-KRIECHEN...
... UND MICH AM MEISTEN VOR MIR SELBST FÜRCHTEN.
ICH WILL RAUS AUS DIESEM ZIMMER...
DIE ANGST VOR DEN MENSCHEN IST IMMER NOCH DA, ABER...
... ICH WERDE MICH BEHANDELN LASSEN... EINE THERA-PIE MACHEN.

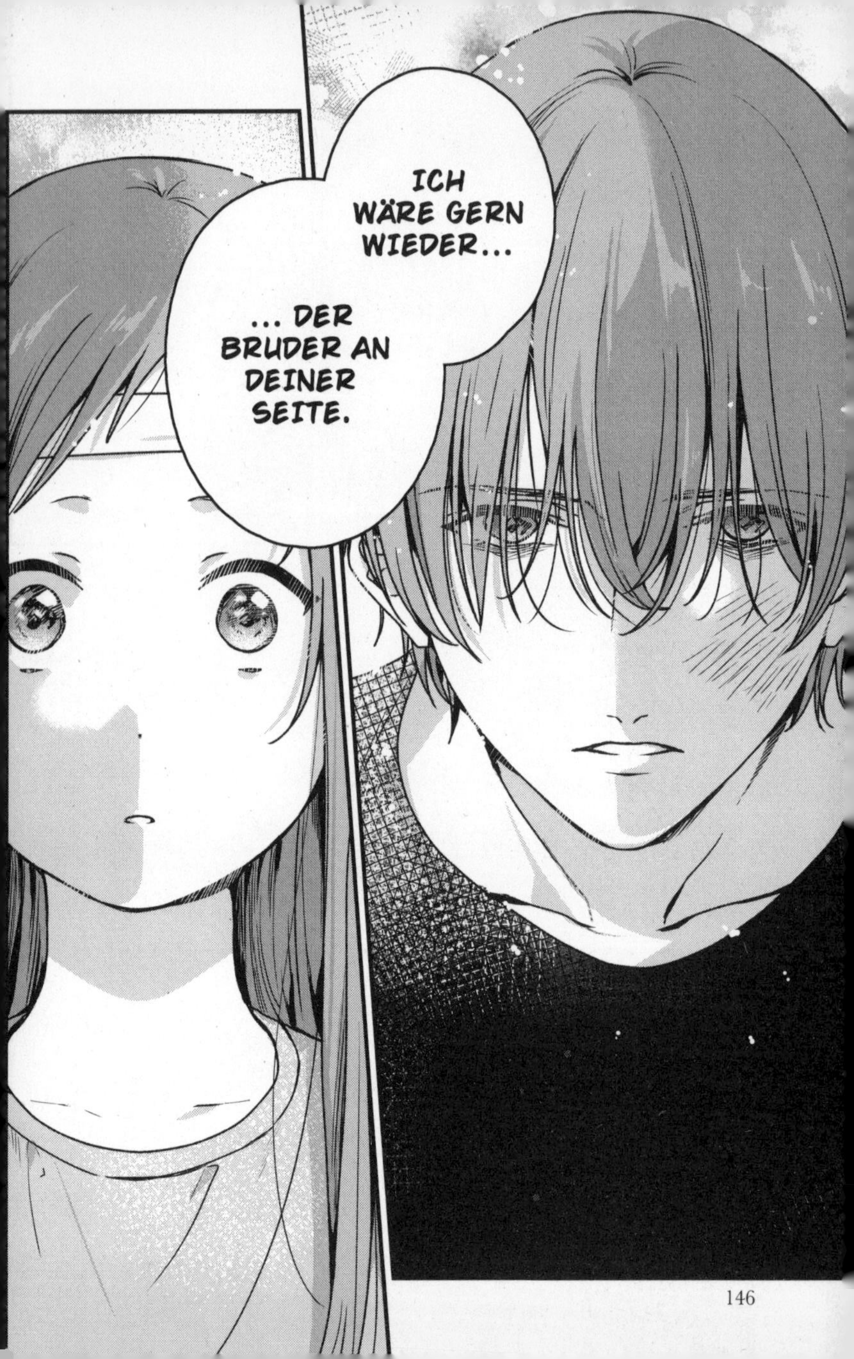
ICH WÄRE GERN WIEDER...
... DER BRUDER AN DEINER SEITE.

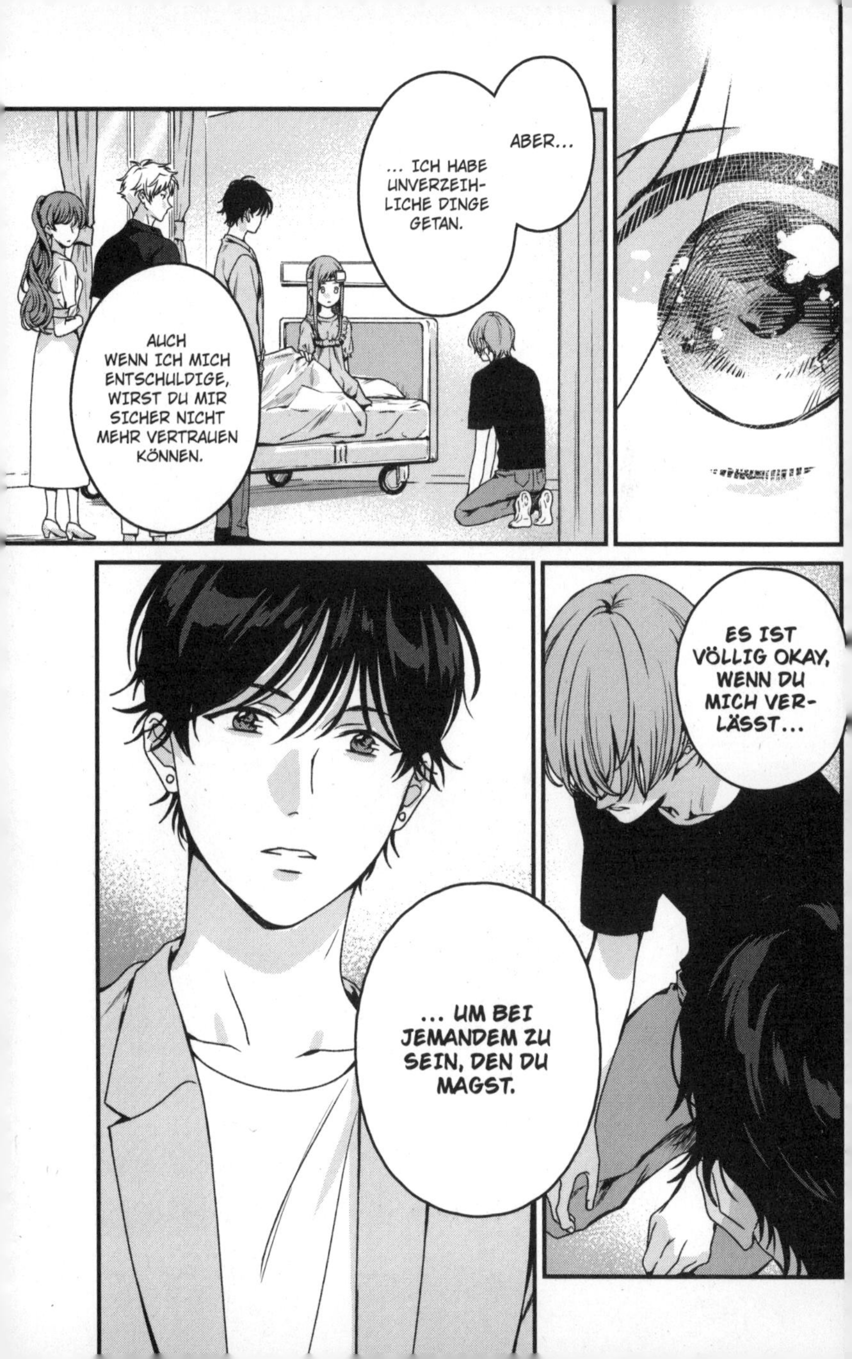

ABER...
... ICH HABE UNVERZEIH-LICHE DINGE GETAN.
AUCH WENN ICH MICH ENTSCHULDIGE, WIRST DU MIR SICHER NICHT MEHR VERTRAUEN KÖNNEN.
ES IST VÖLLIG OKAY, WENN DU MICH VER-LÄSST...
... UM BEI JEMANDEM ZU SEIN, DEN DU MAGST.

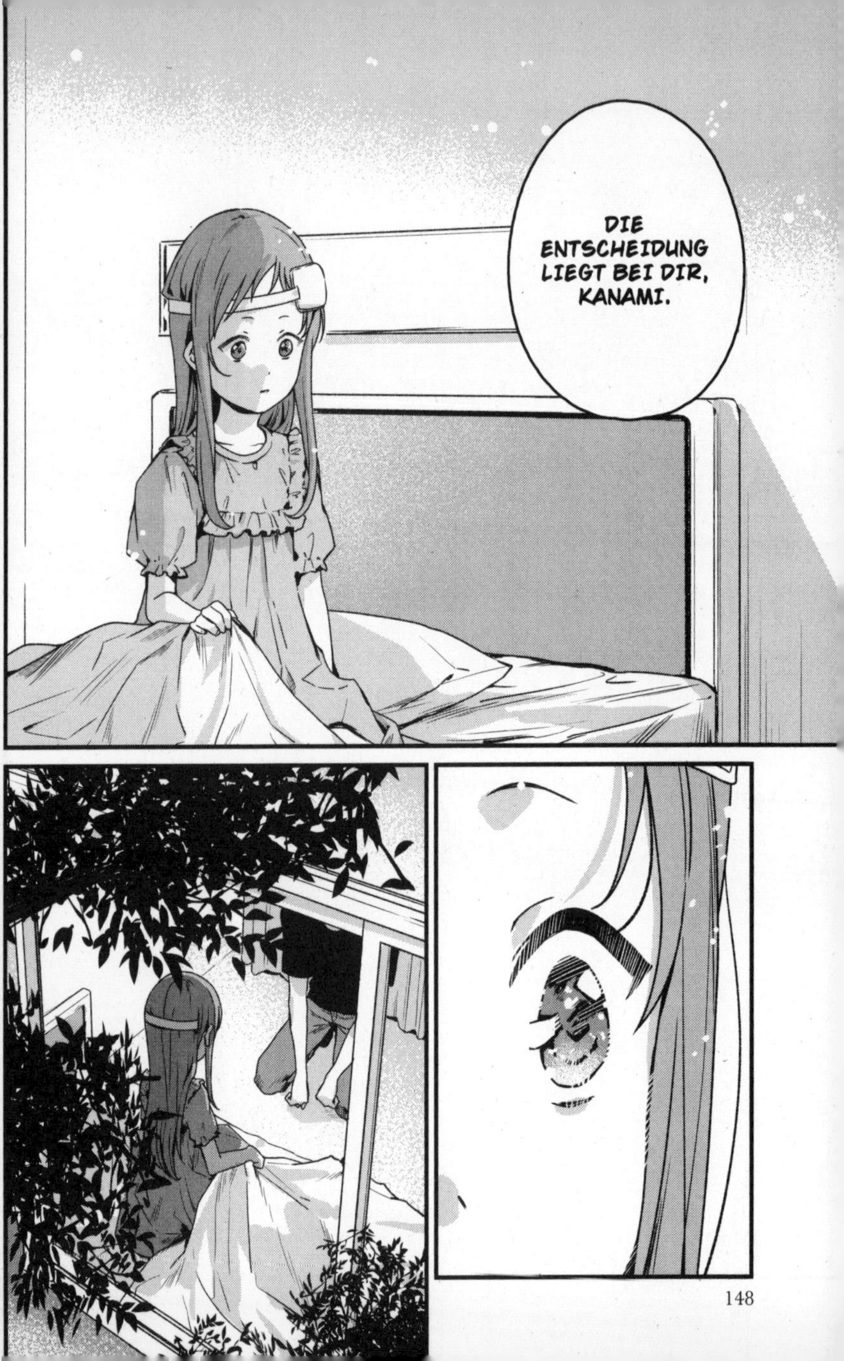

DIE ENTSCHEIDUNG LIEGT BEI DIR, KANAMI.

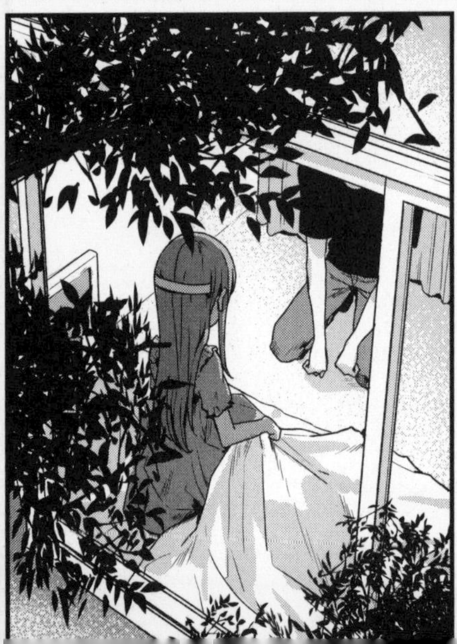

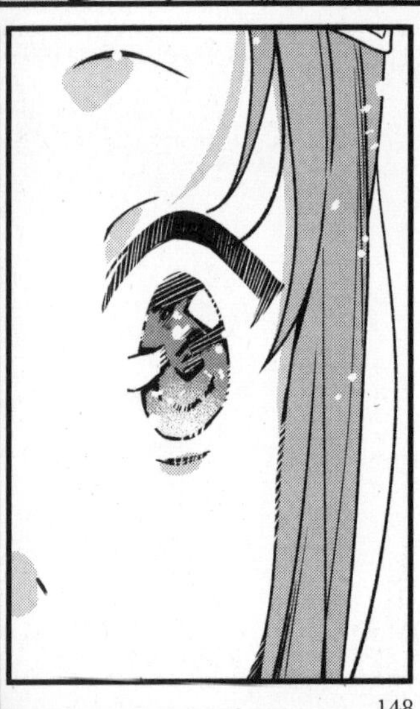

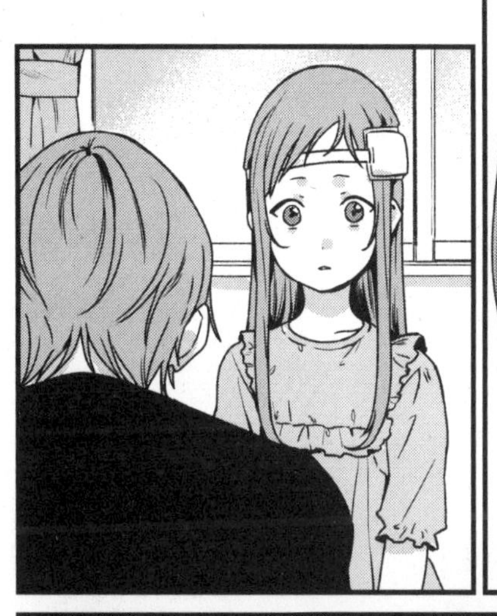
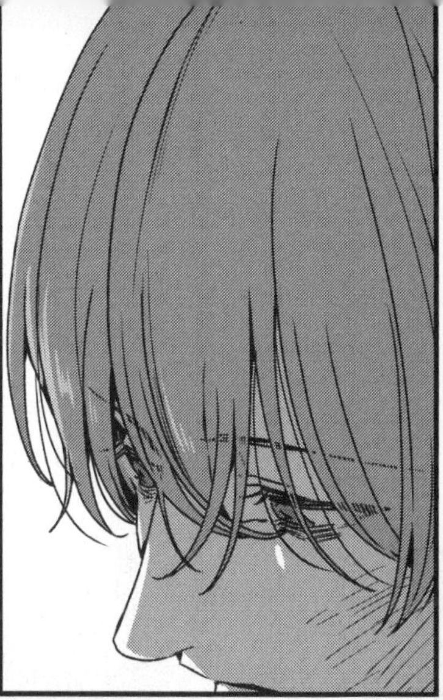
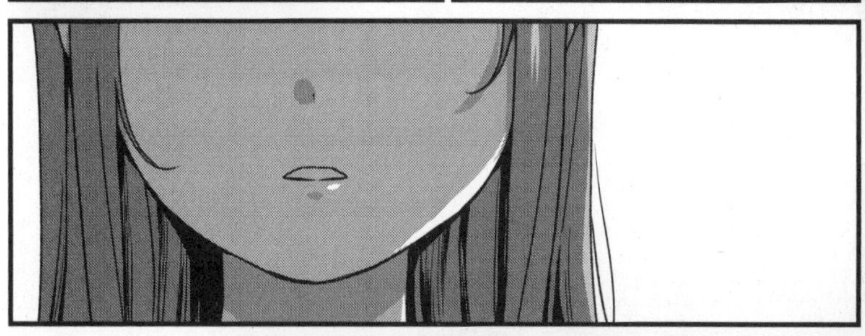
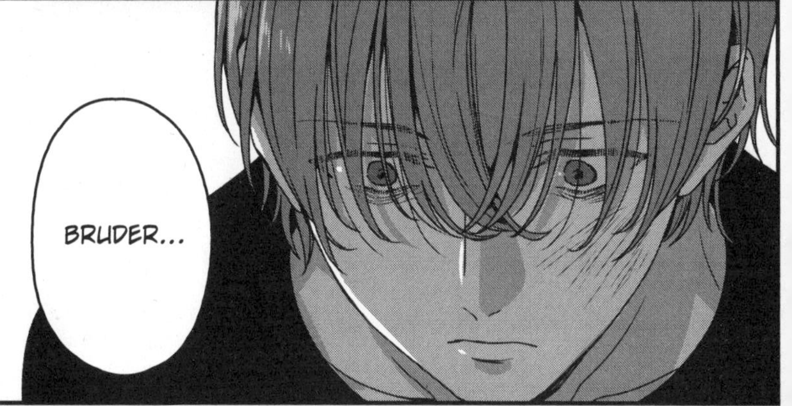
BRUDER...

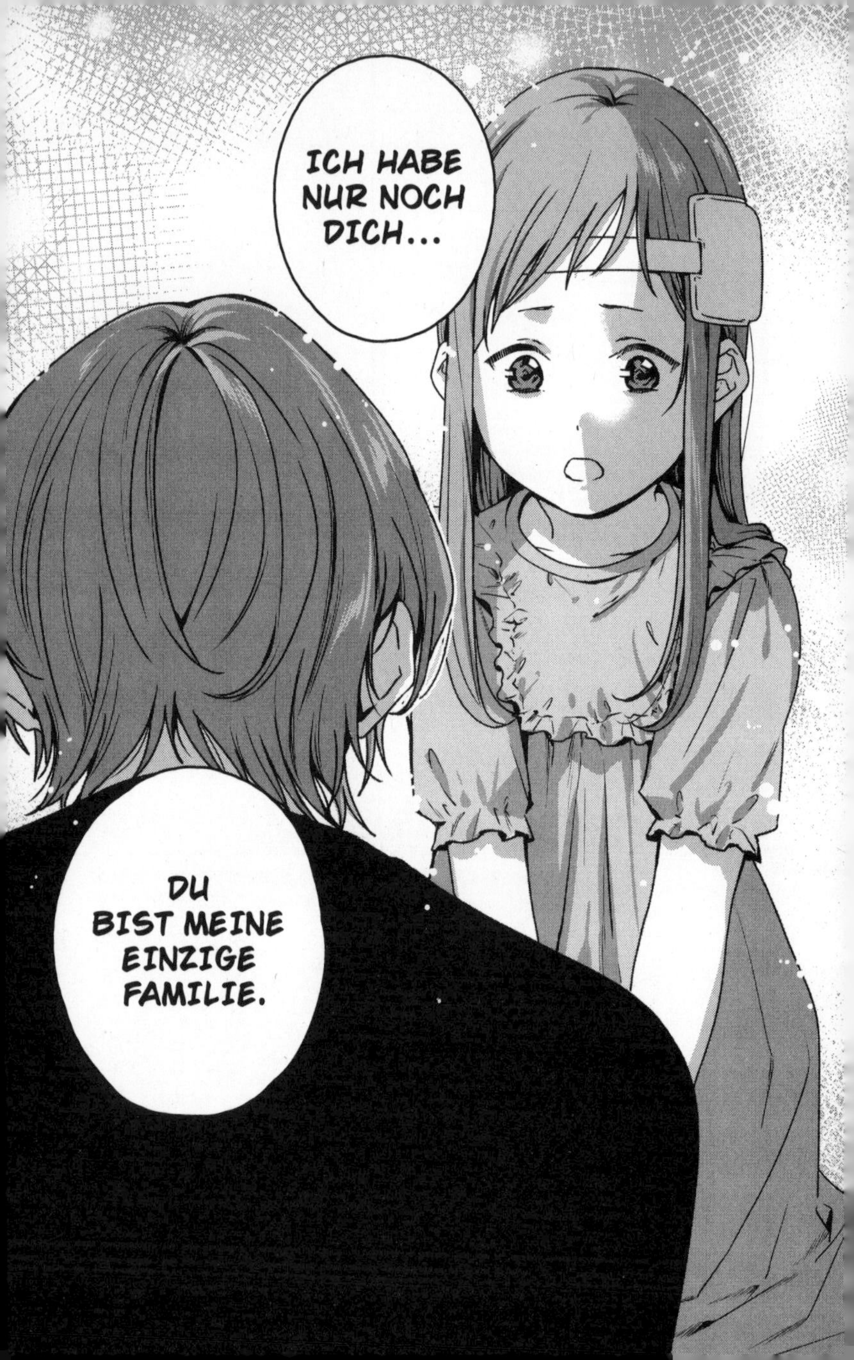
ICH HABE NUR NOCH DICH...
DU BIST MEINE EINZIGE FAMILIE.

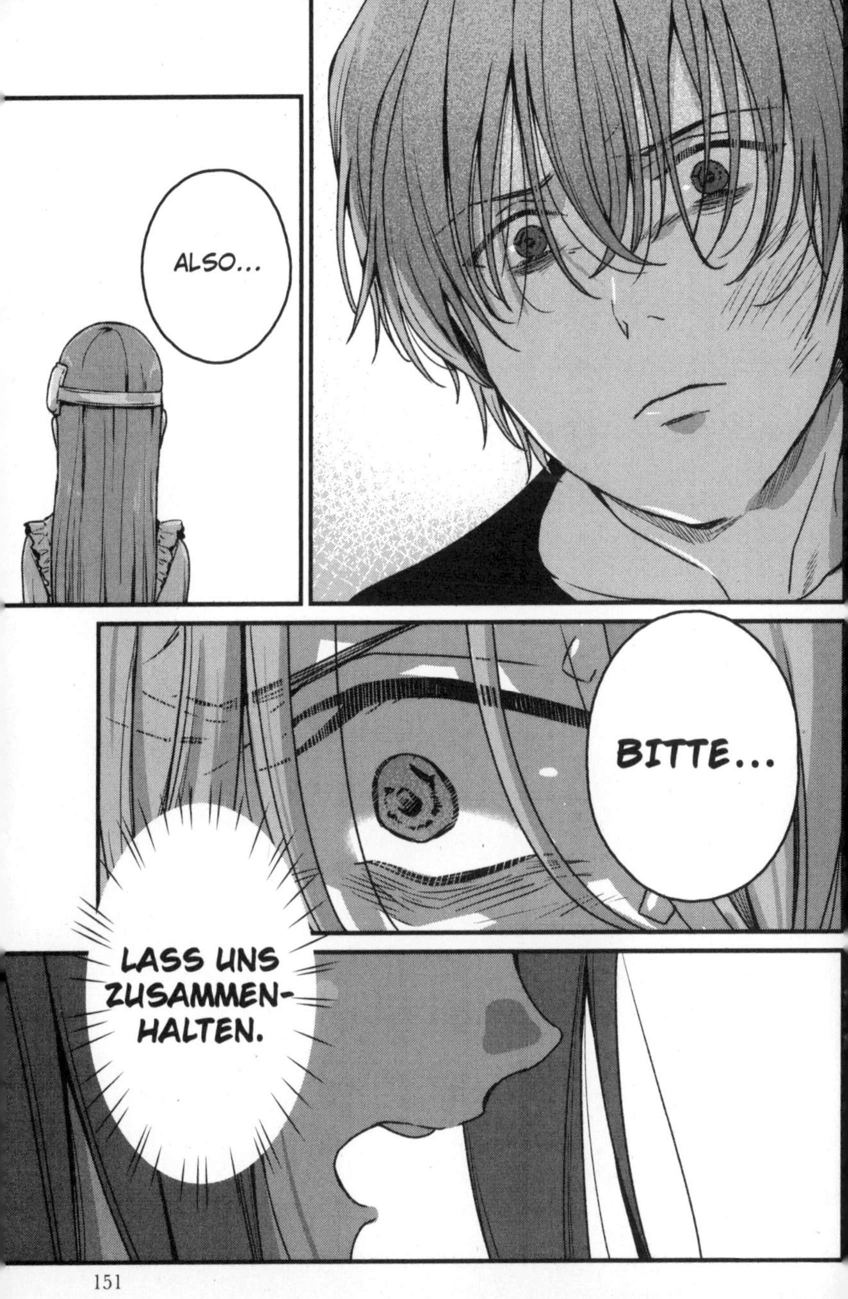
ALSO...
BITTE...
LASS UNS ZUSAMMEN-HALTEN.

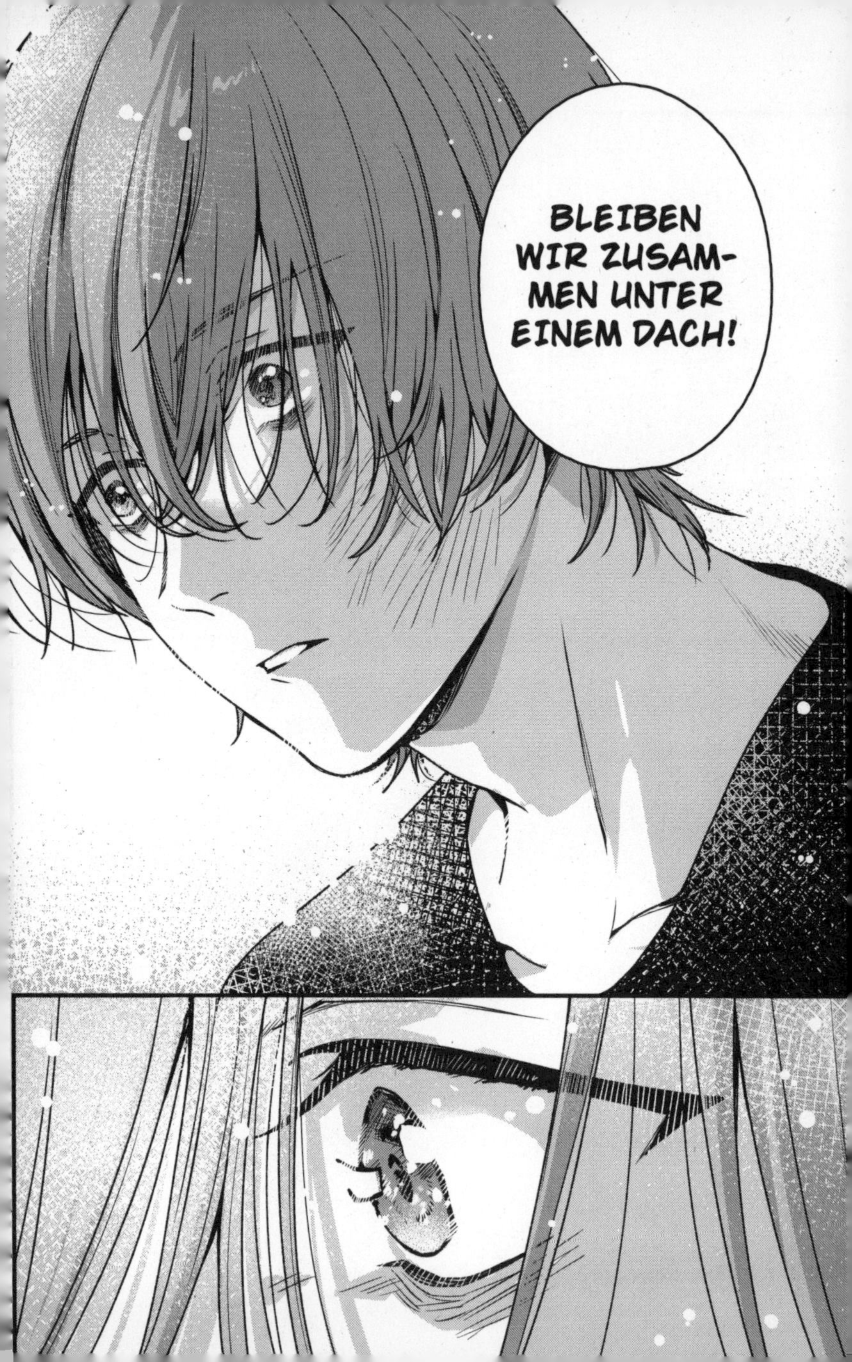
BLEIBEN WIR ZUSAM-
MEN UNTER
EINEM DACH!

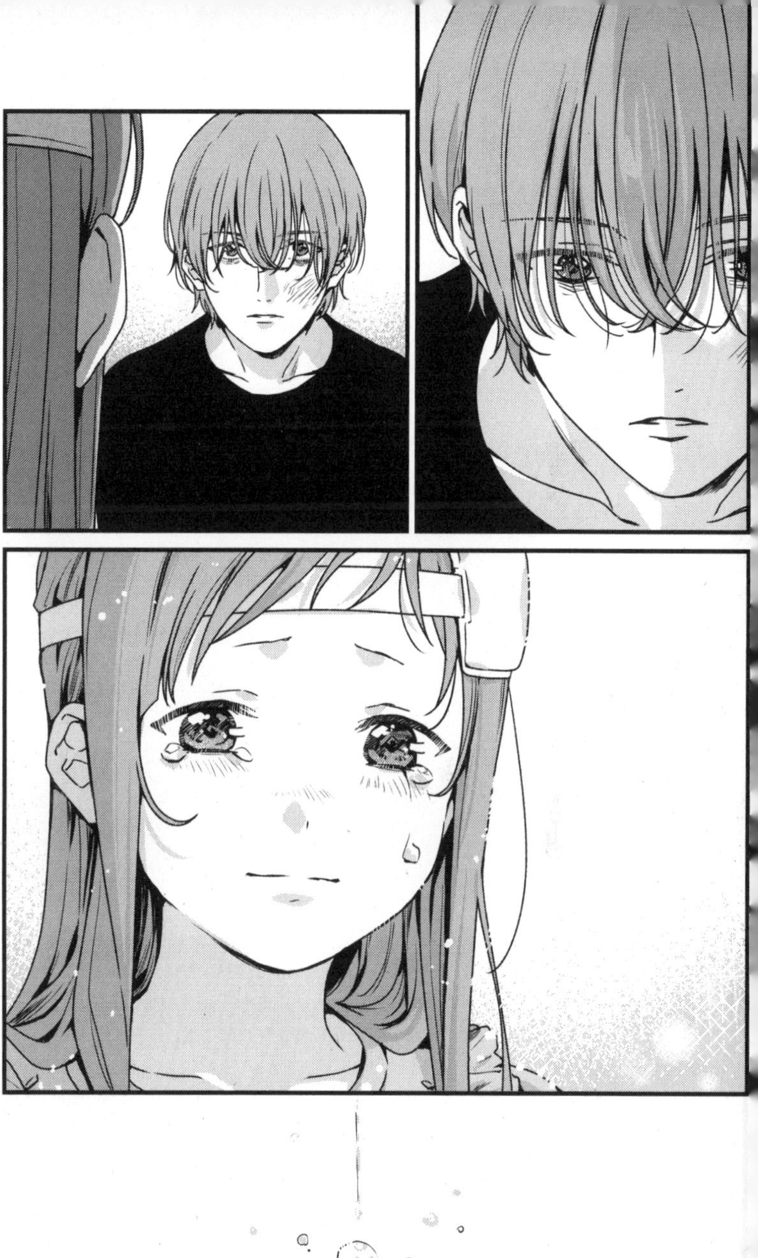

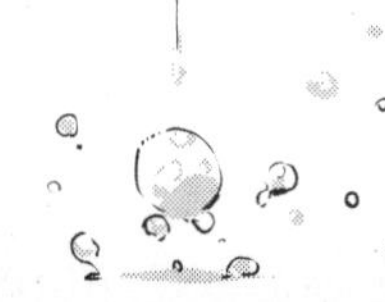

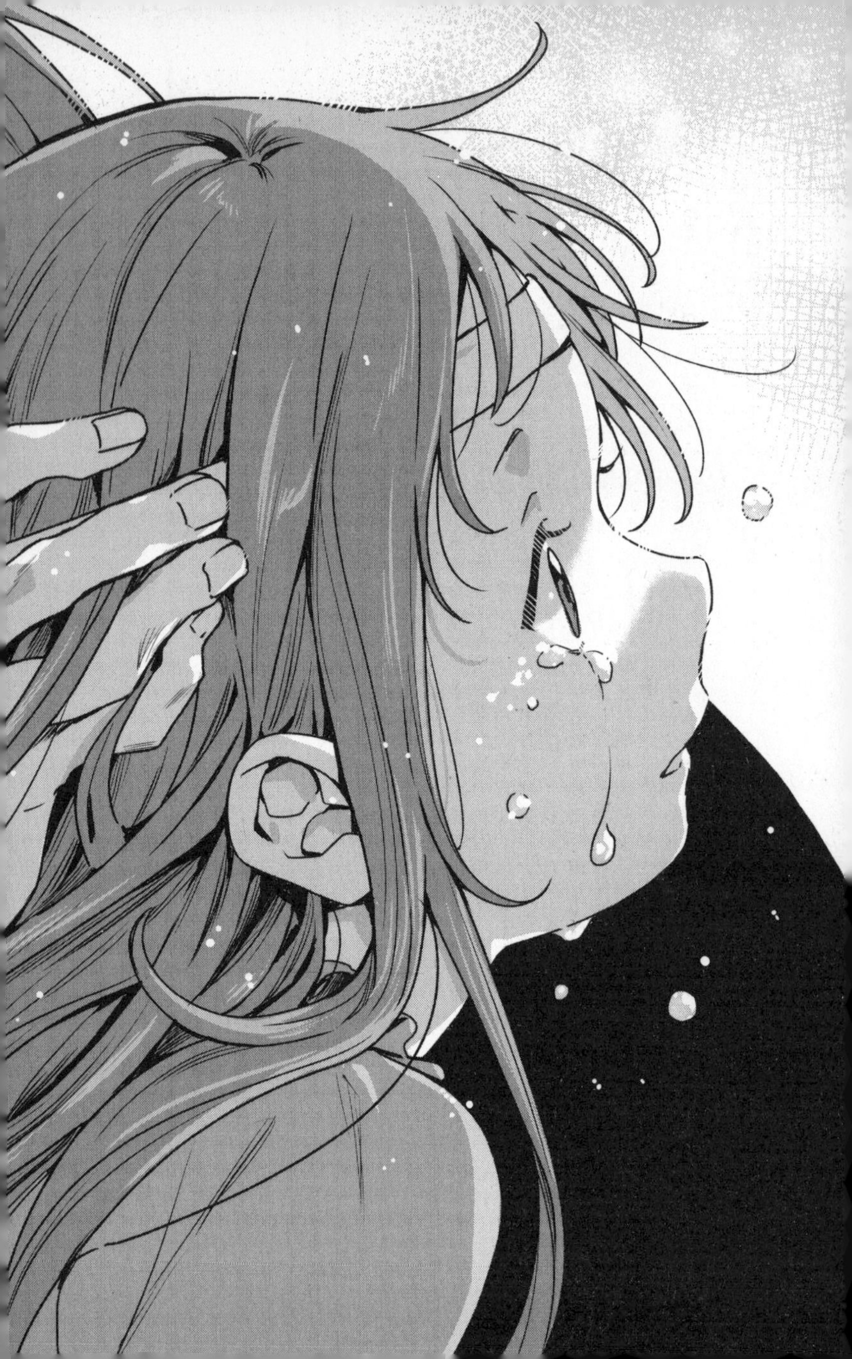

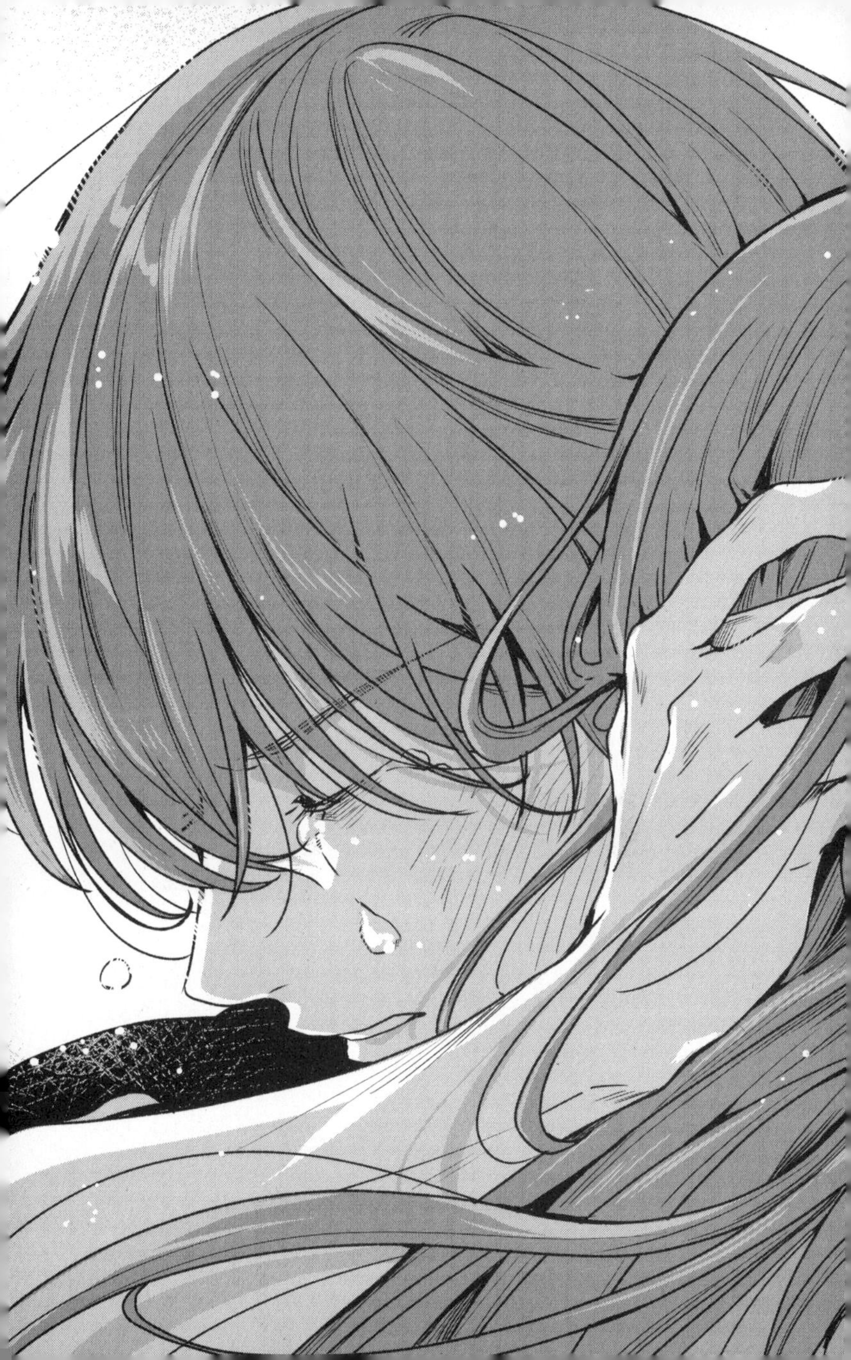

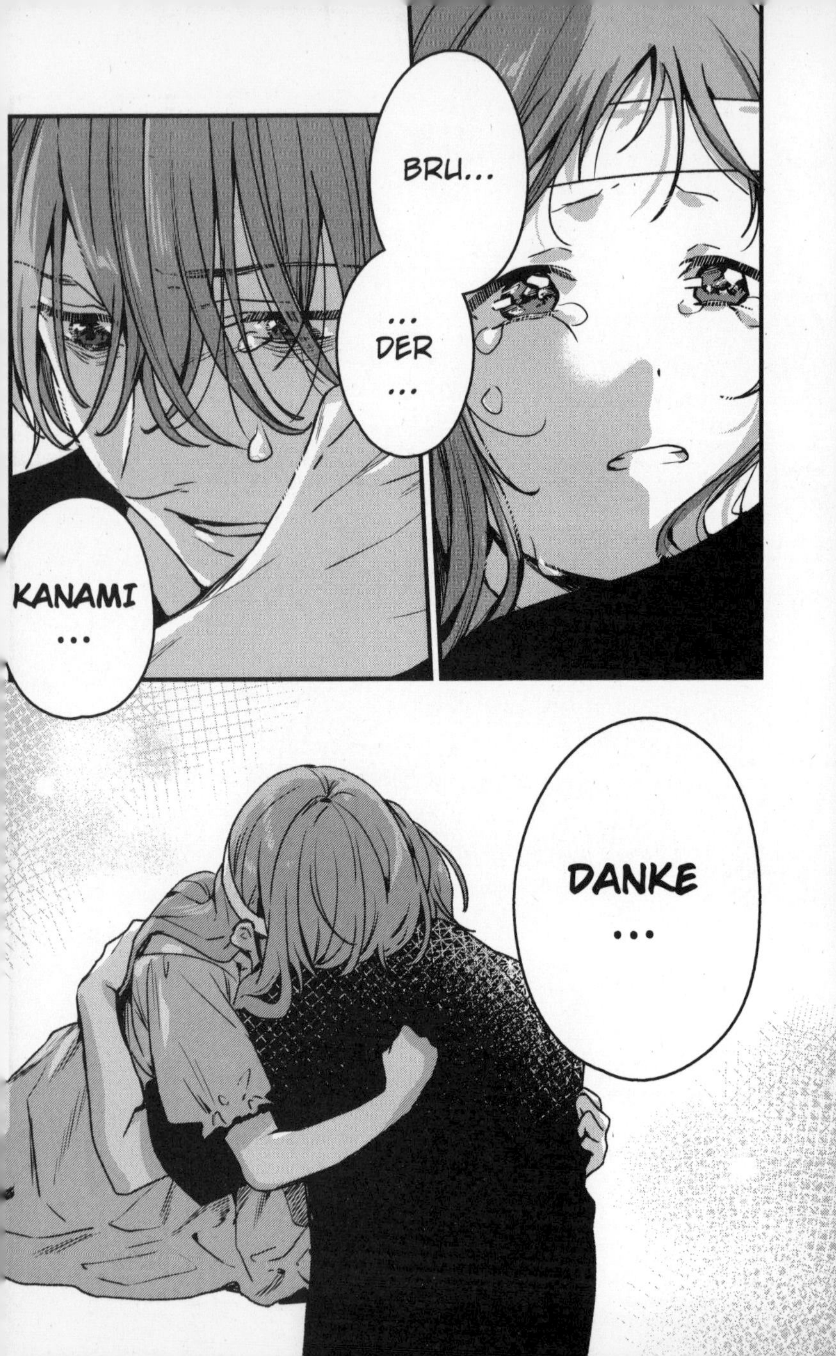
BRU...
... DER ...
KANAMI ...
DANKE ...

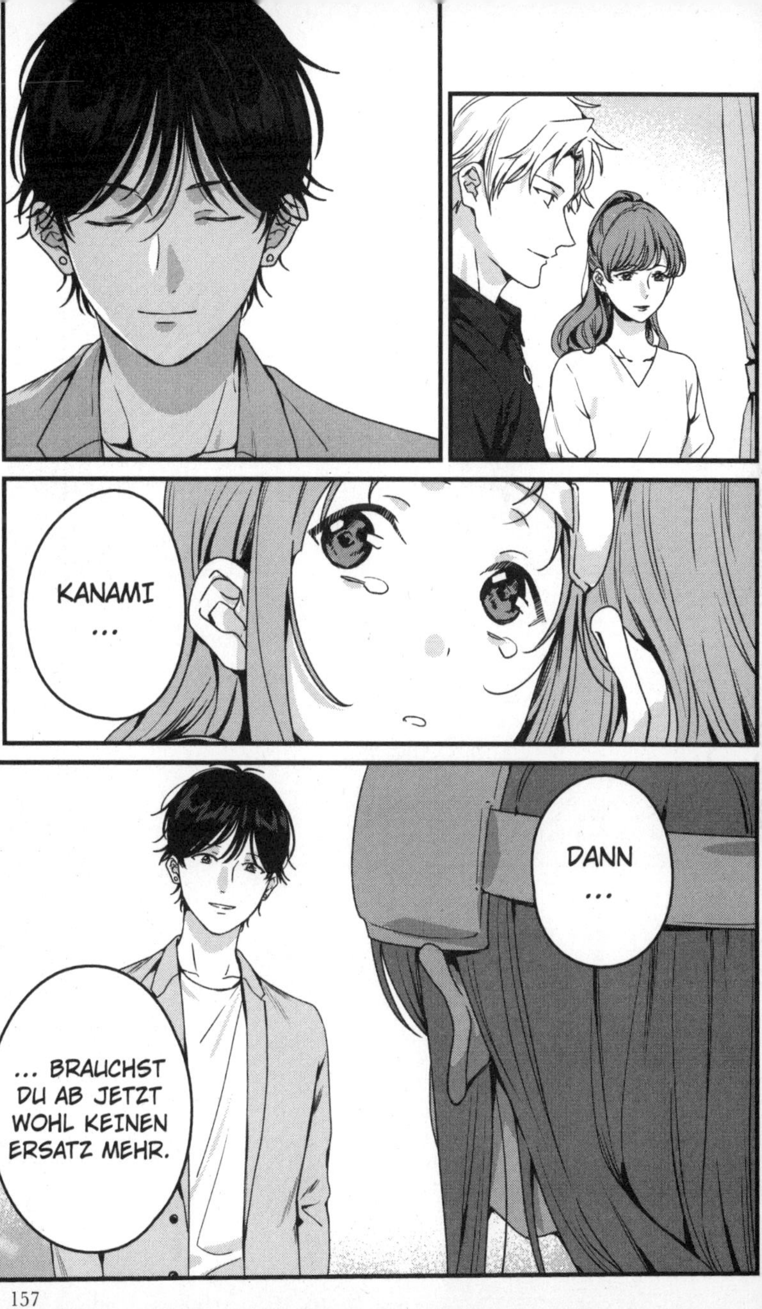

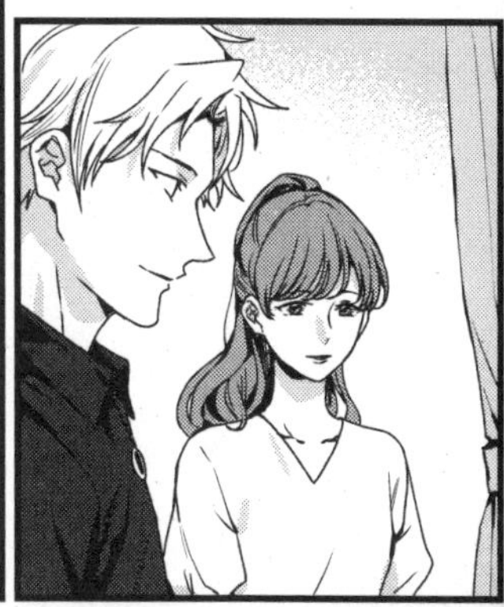

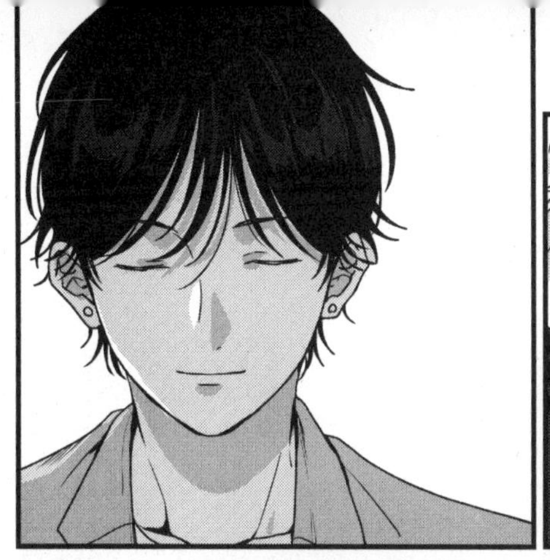

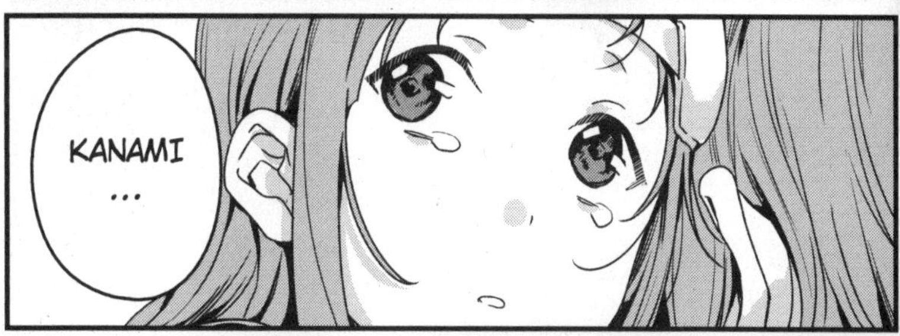

DANN ...

... BRAUCHST DU AB JETZT WOHL KEINEN ERSATZ MEHR.

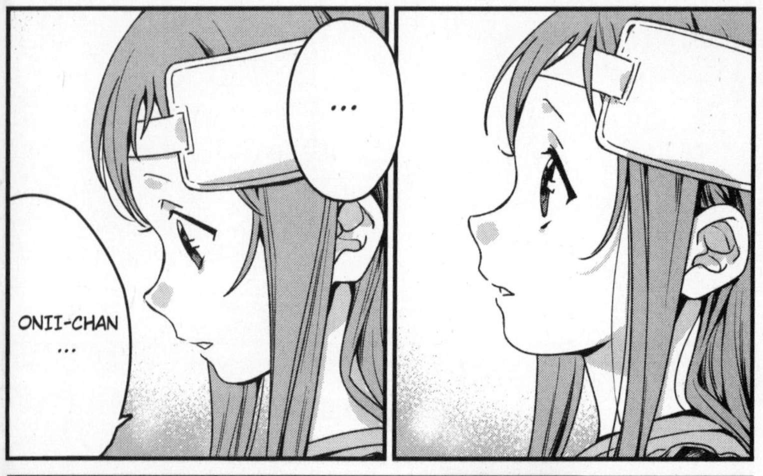
…
ONII-CHAN …

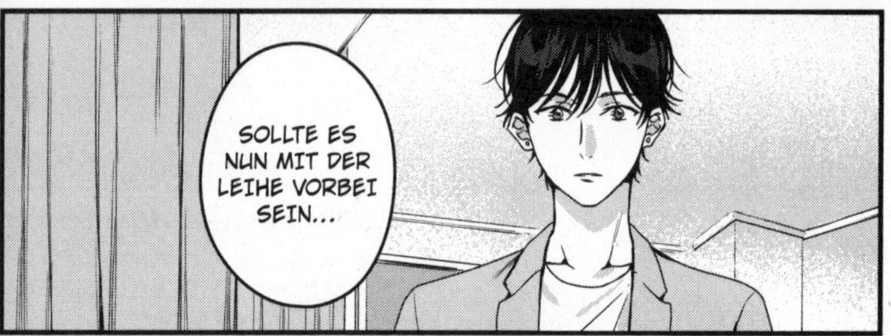
SOLLTE ES NUN MIT DER LEIHE VORBEI SEIN…

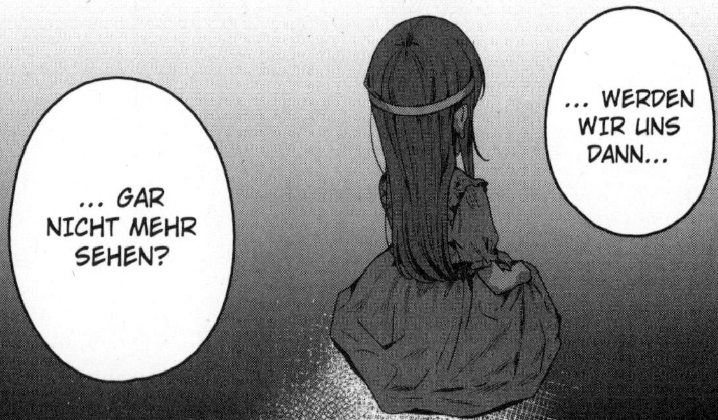
… WERDEN WIR UNS DANN…
… GAR NICHT MEHR SEHEN?

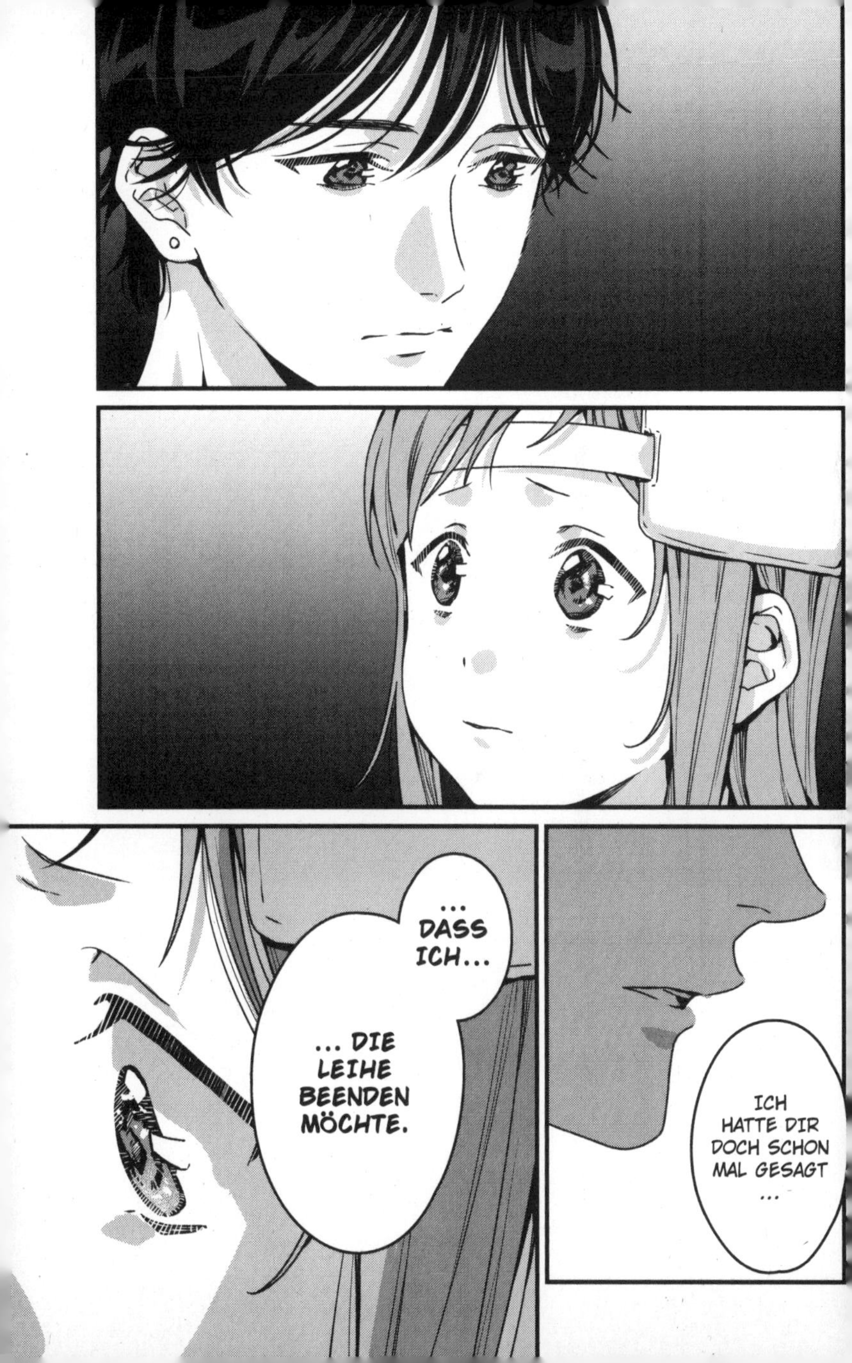

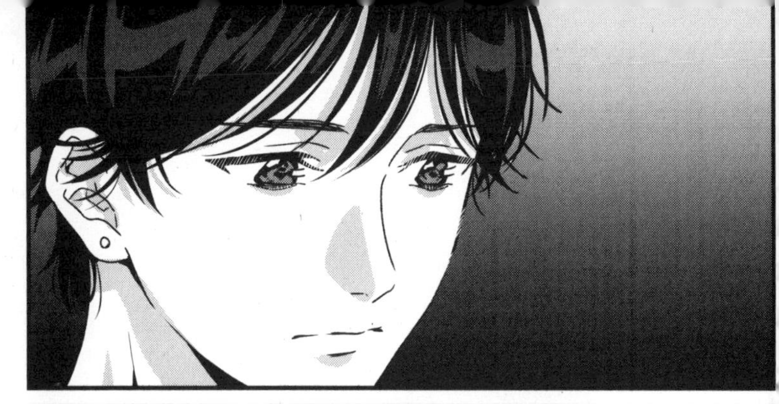

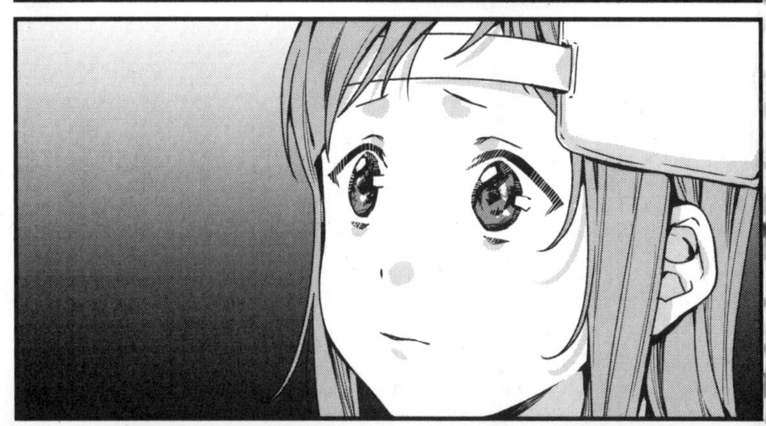

ICH HATTE DIR DOCH SCHON MAL GESAGT ...

... DASS ICH...

... DIE LEIHE BEENDEN MÖCHTE.

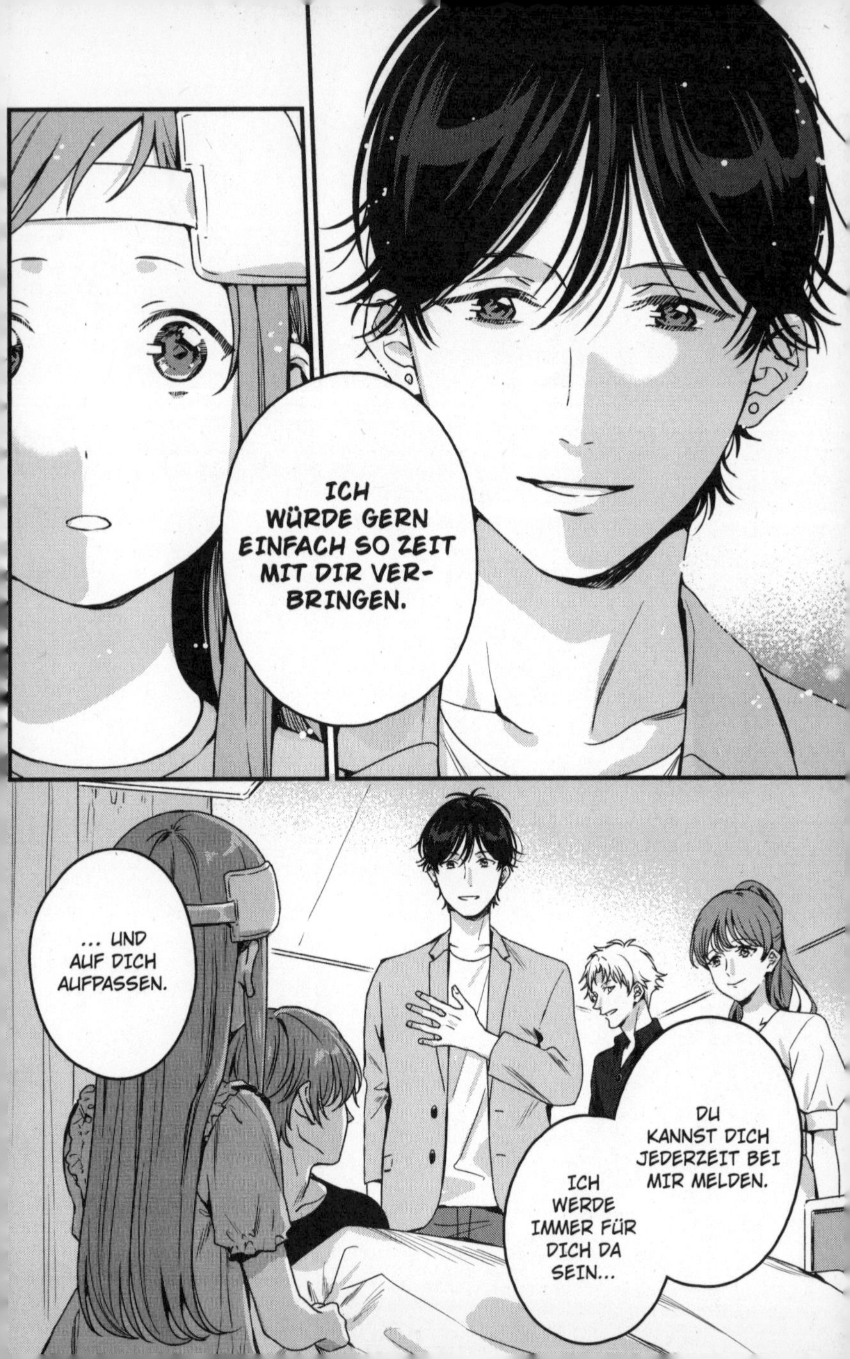
ICH WÜRDE GERN EINFACH SO ZEIT MIT DIR VER-BRINGEN.
... UND AUF DICH AUFPASSEN.
DU KANNST DICH JEDERZEIT BEI MIR MELDEN.
ICH WERDE IMMER FÜR DICH DA SEIN...

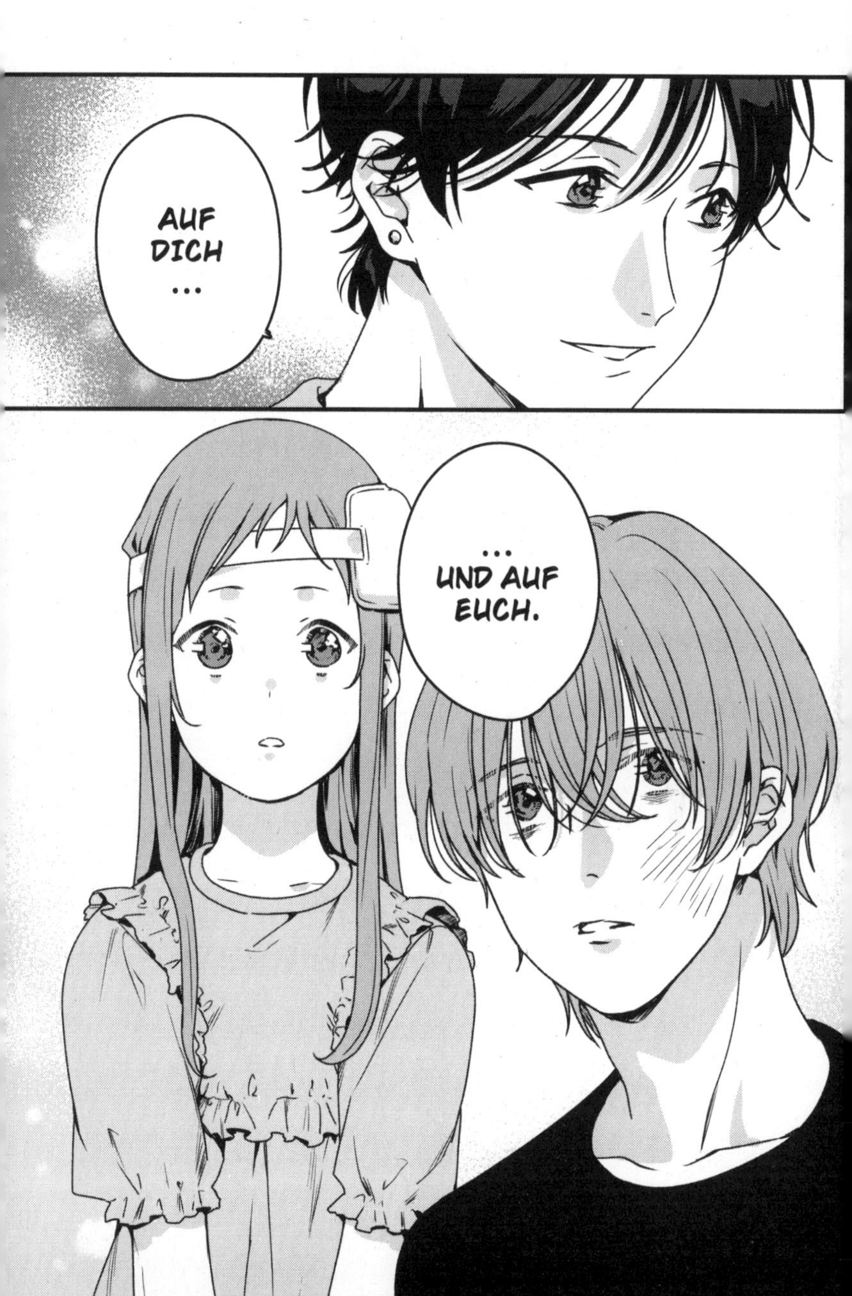

AUF DICH ...
... UND AUF EUCH.

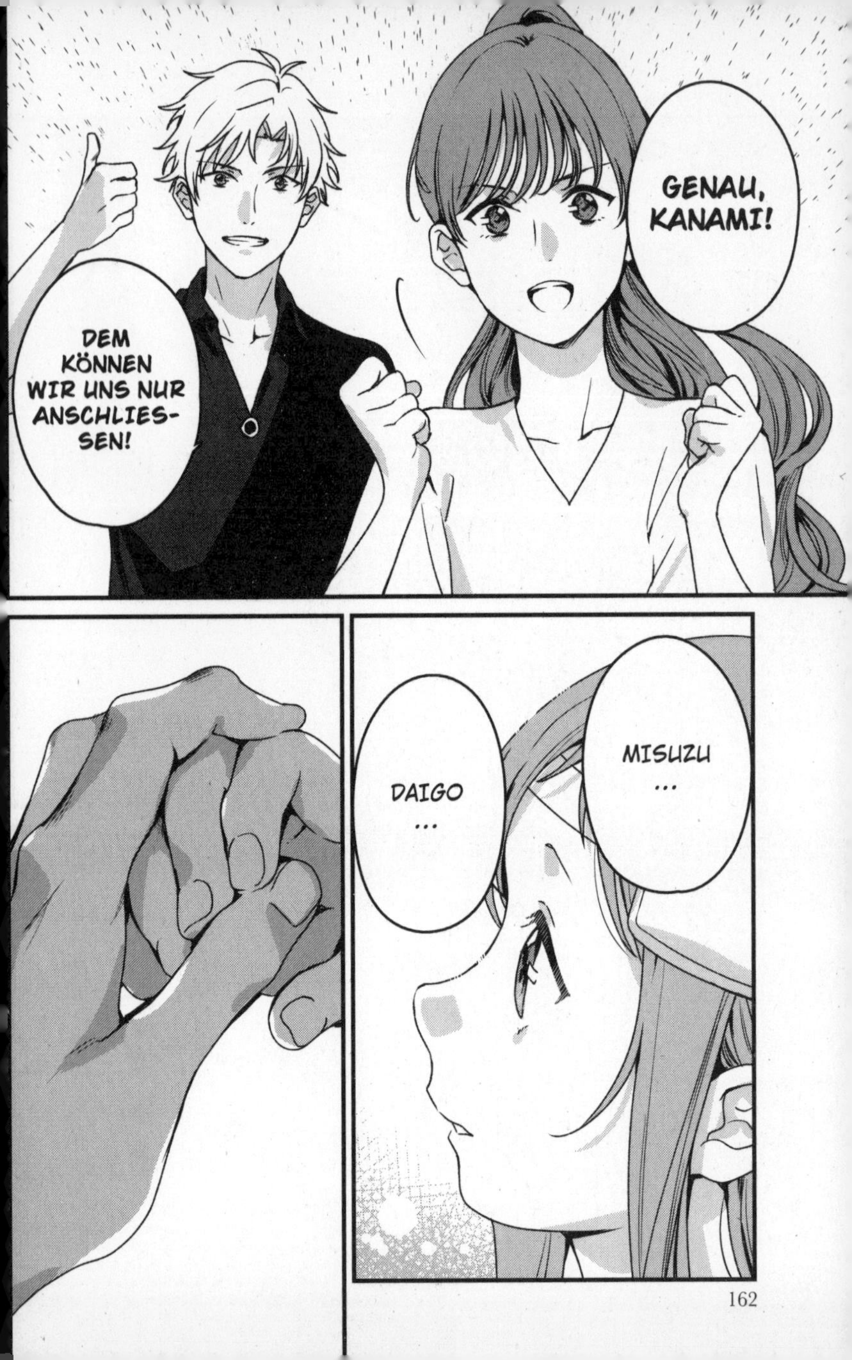

GENAU, KANAMI!

DEM KÖNNEN WIR UNS NUR ANSCHLIES-SEN!

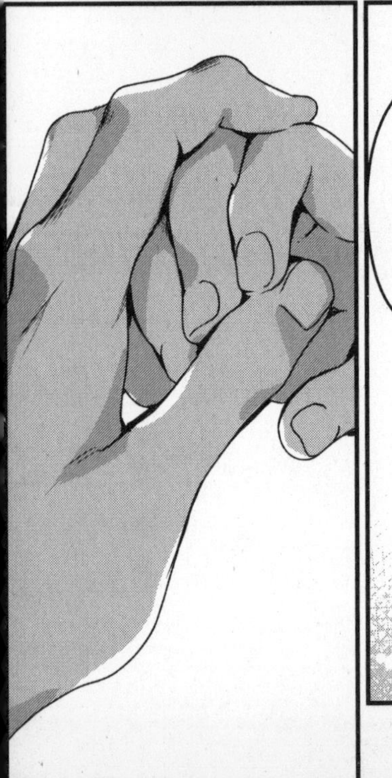

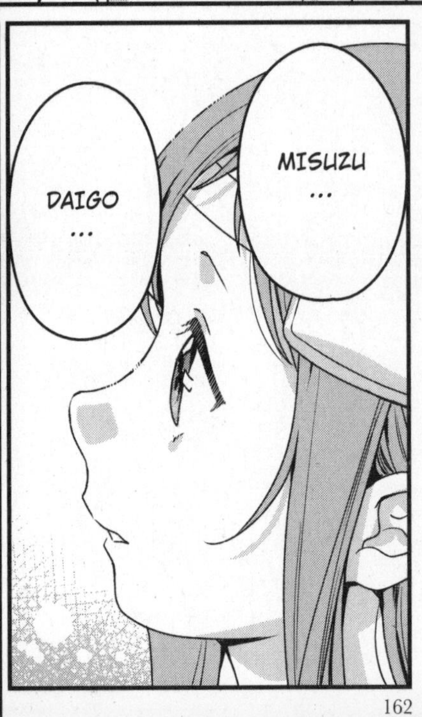

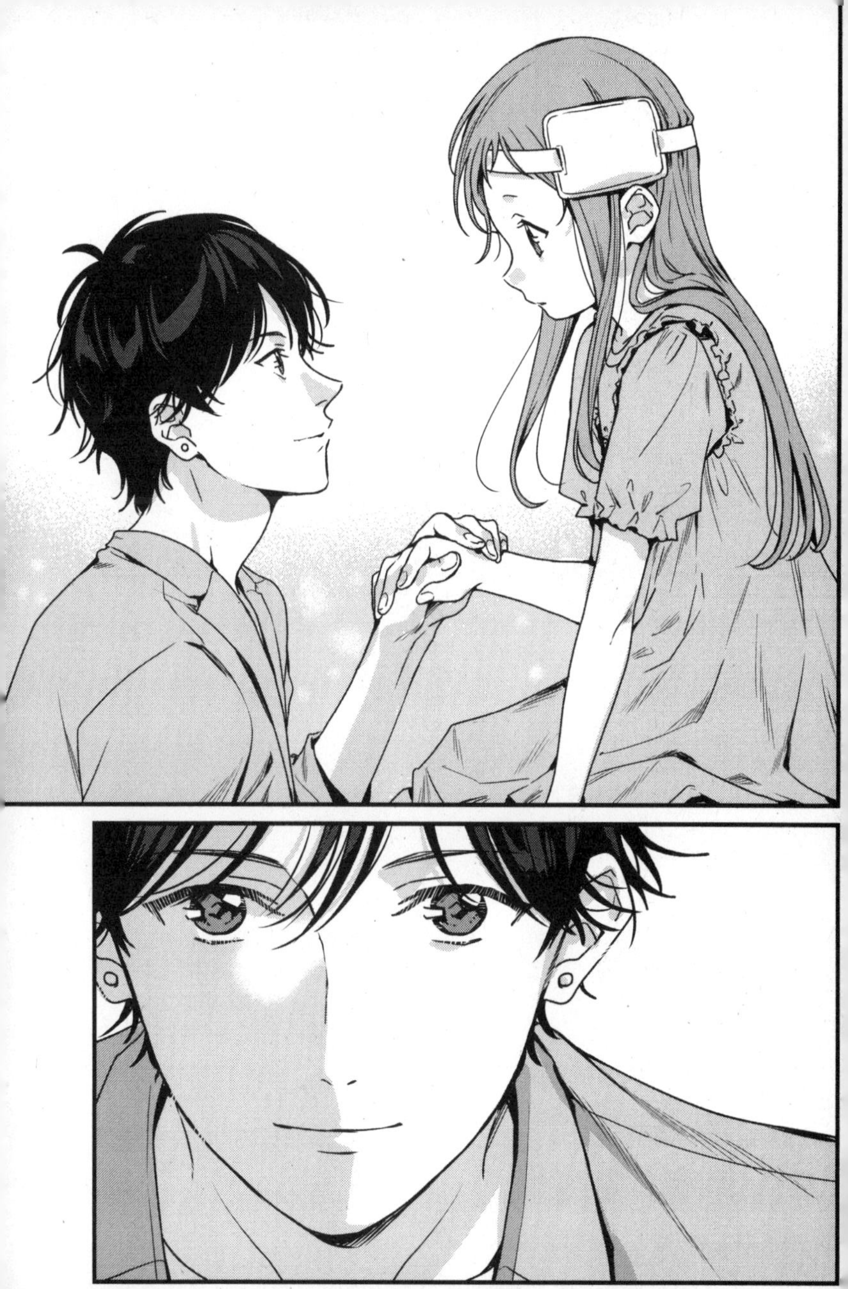

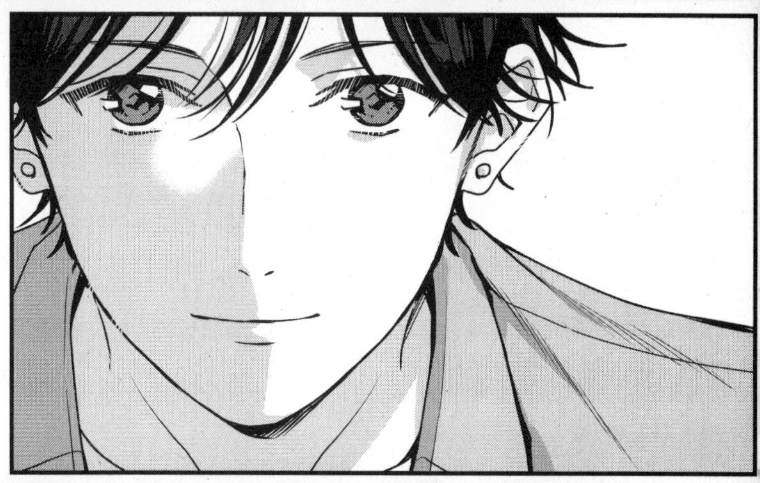

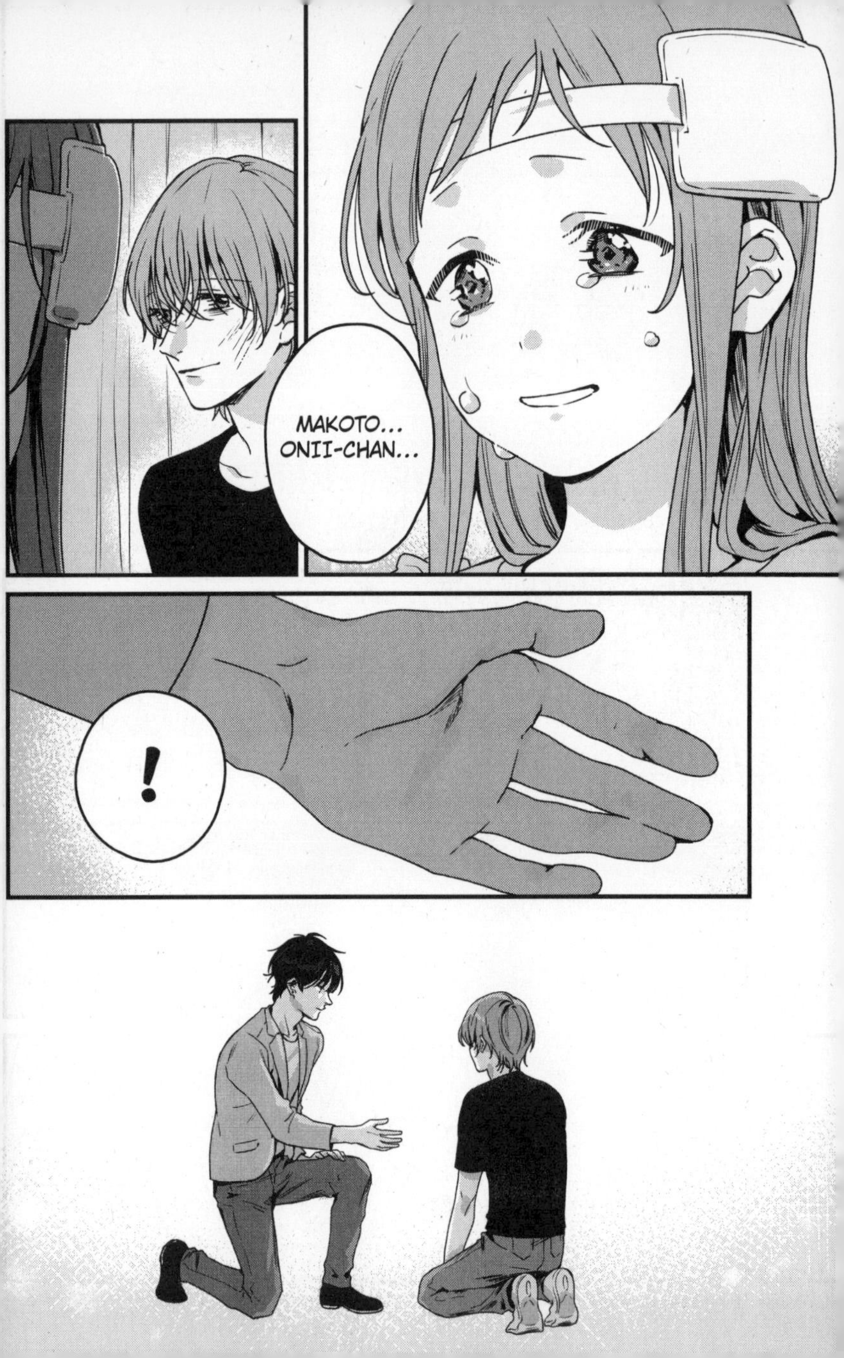

MAKOTO...
ONII-CHAN...

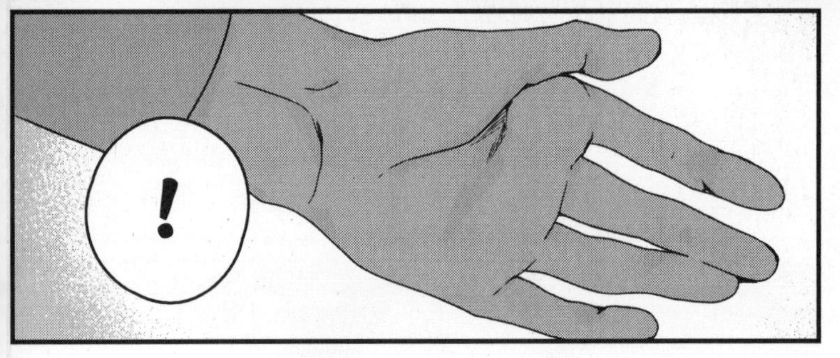

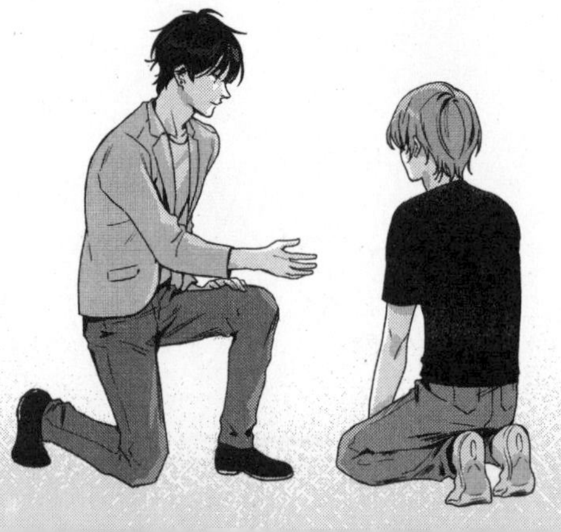

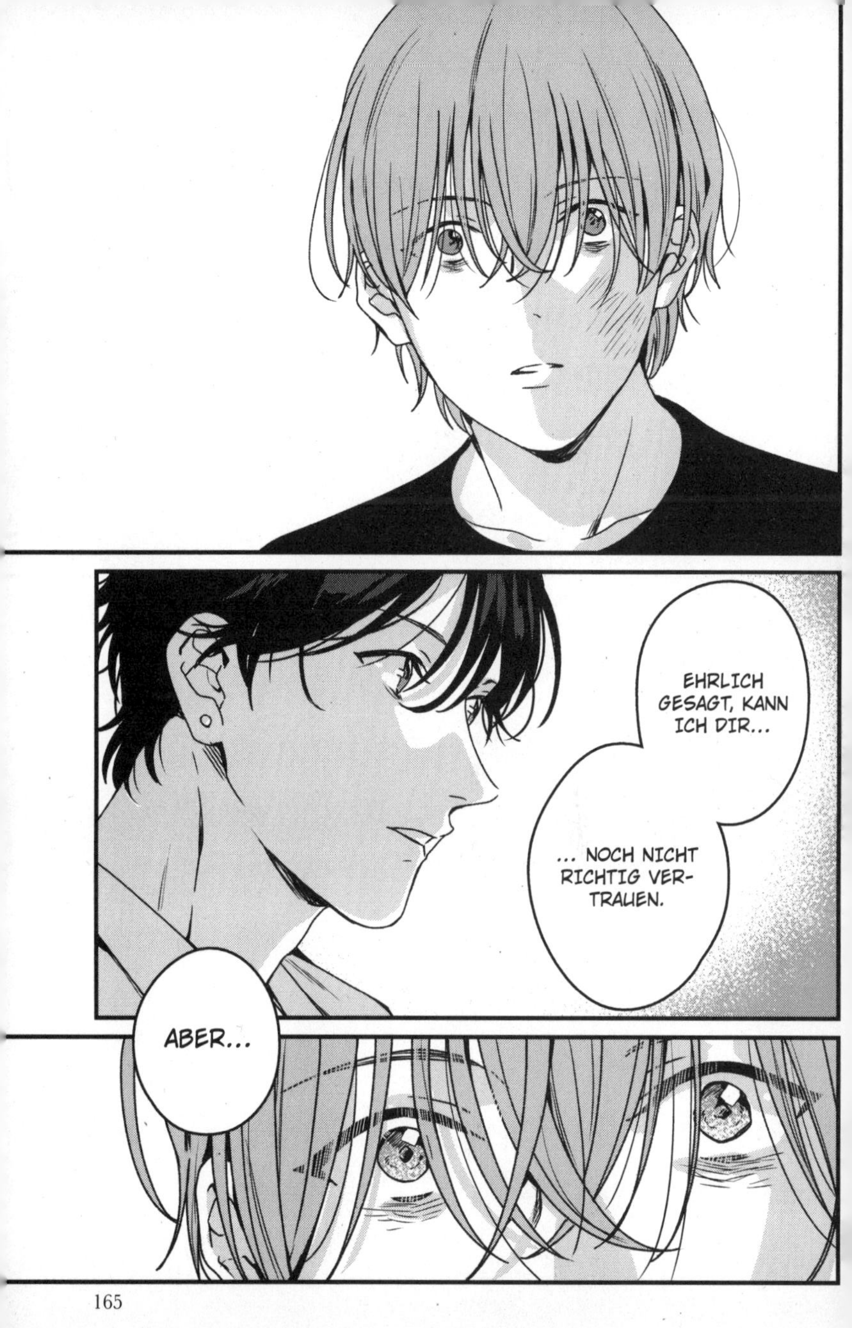

EHRLICH GESAGT, KANN ICH DIR...

... NOCH NICHT RICHTIG VERTRAUEN.

ABER...

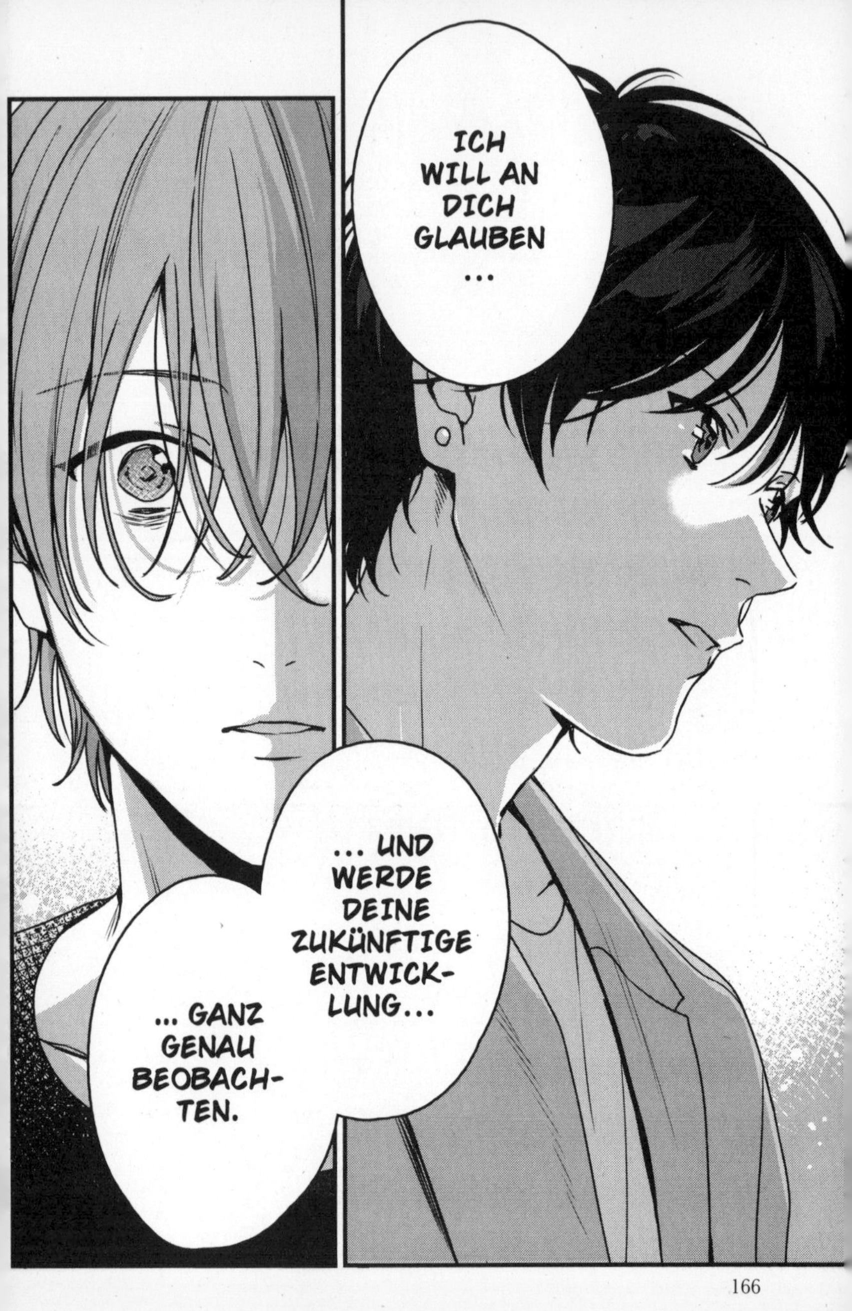
ICH WILL AN DICH GLAUBEN ...
... UND WERDE DEINE ZUKÜNFTIGE ENTWICK-LUNG...
... GANZ GENAU BEOBACH-TEN.

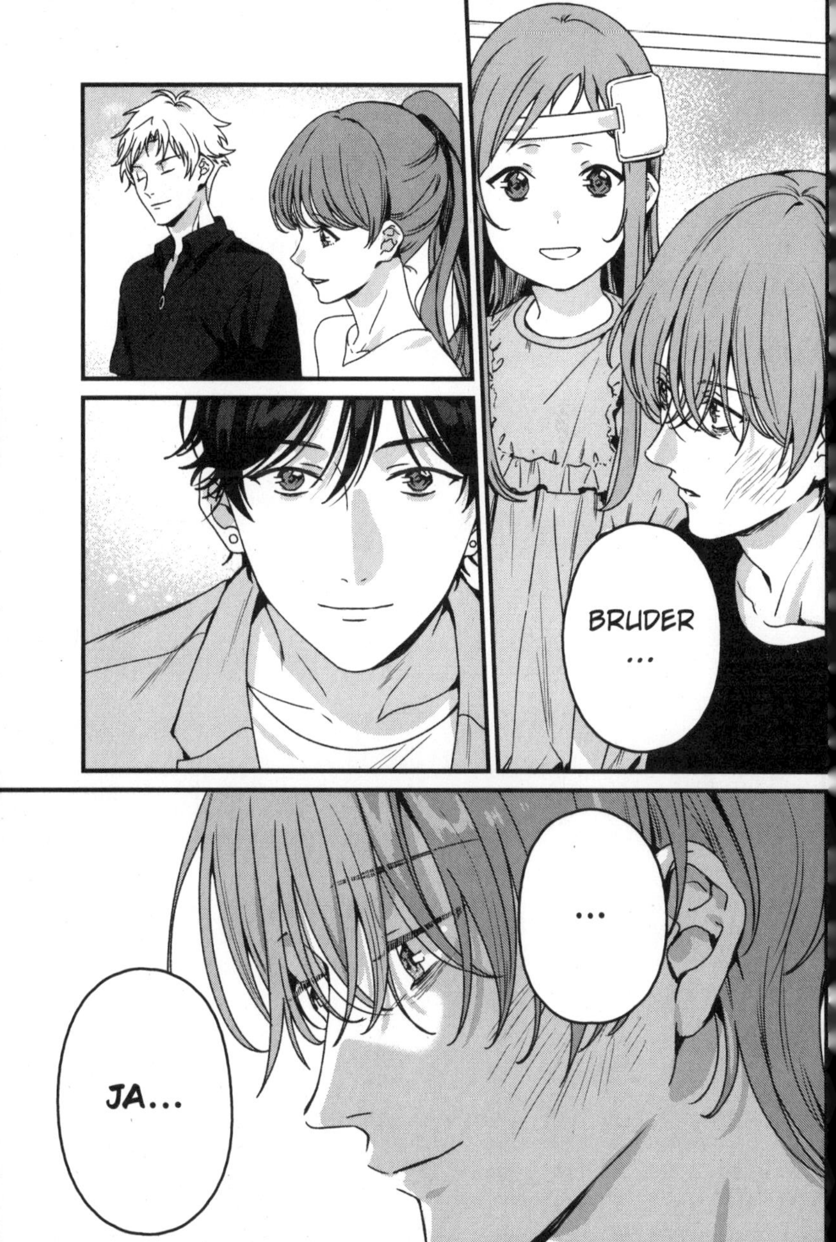
BRUDER ...
...
JA...

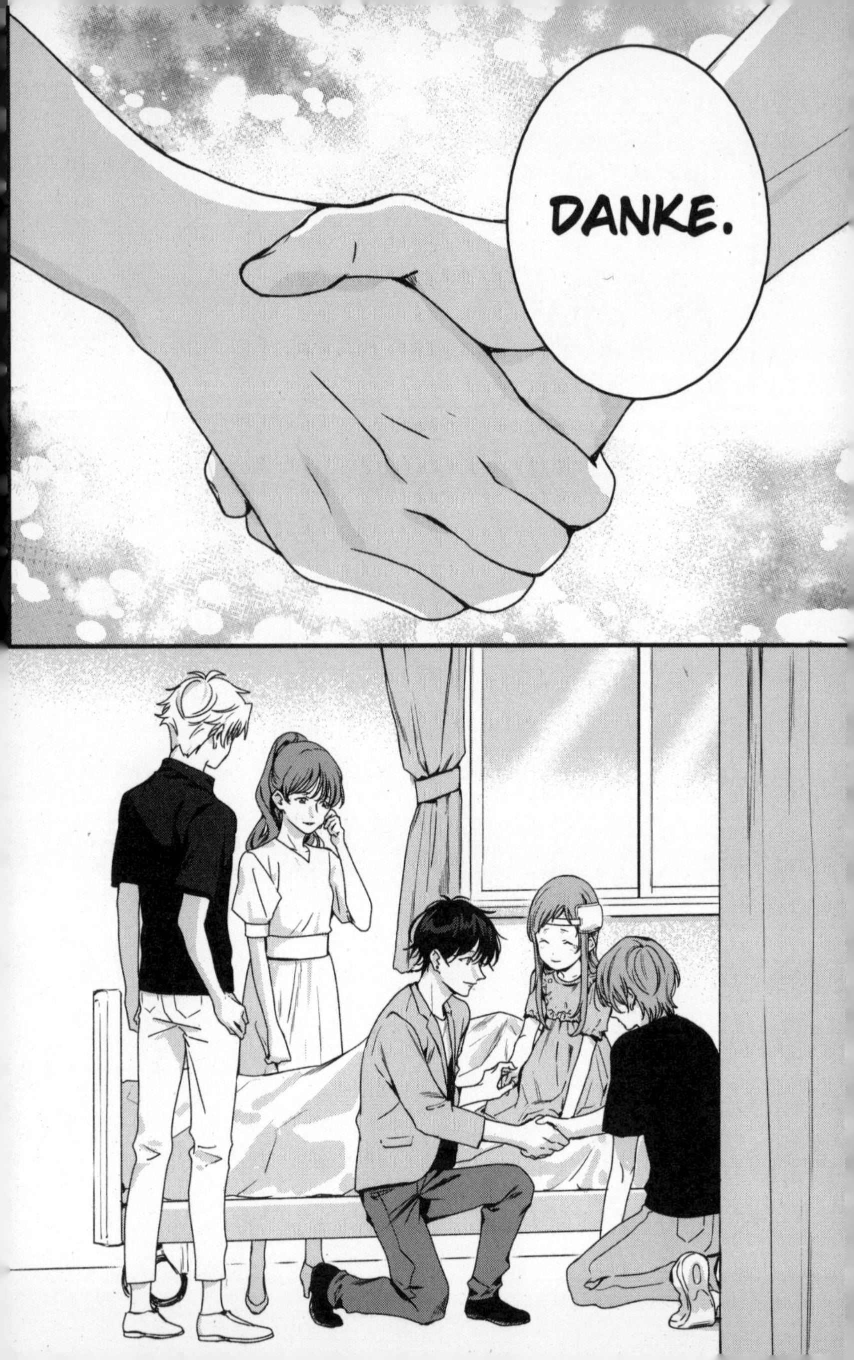
DANKE.

Brother for Rent

4

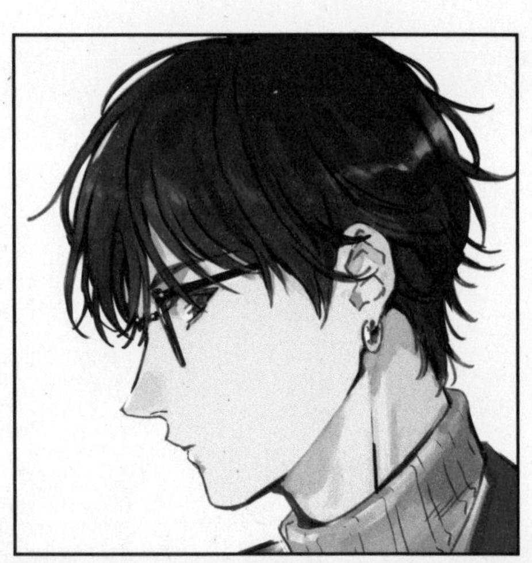

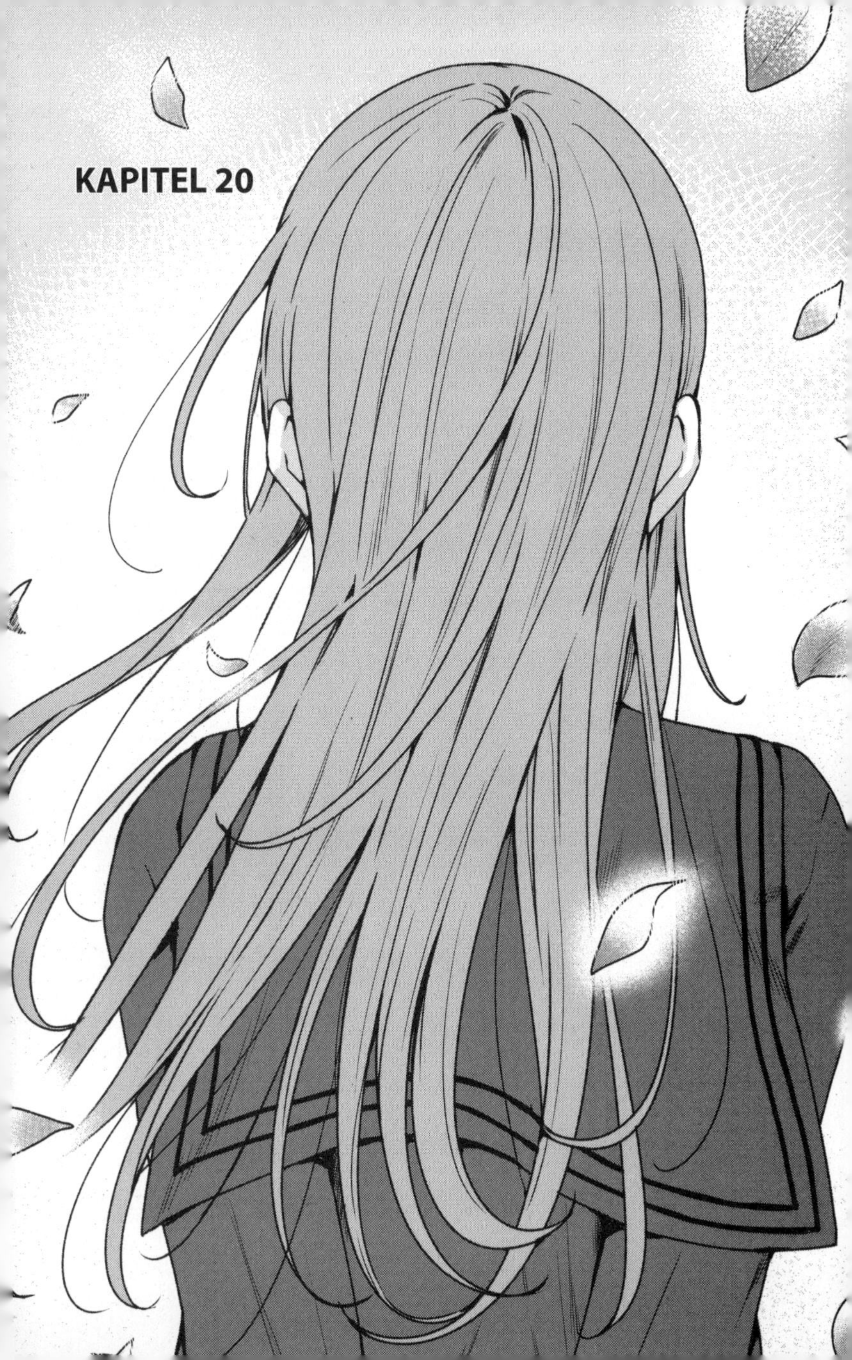
KAPITEL 20

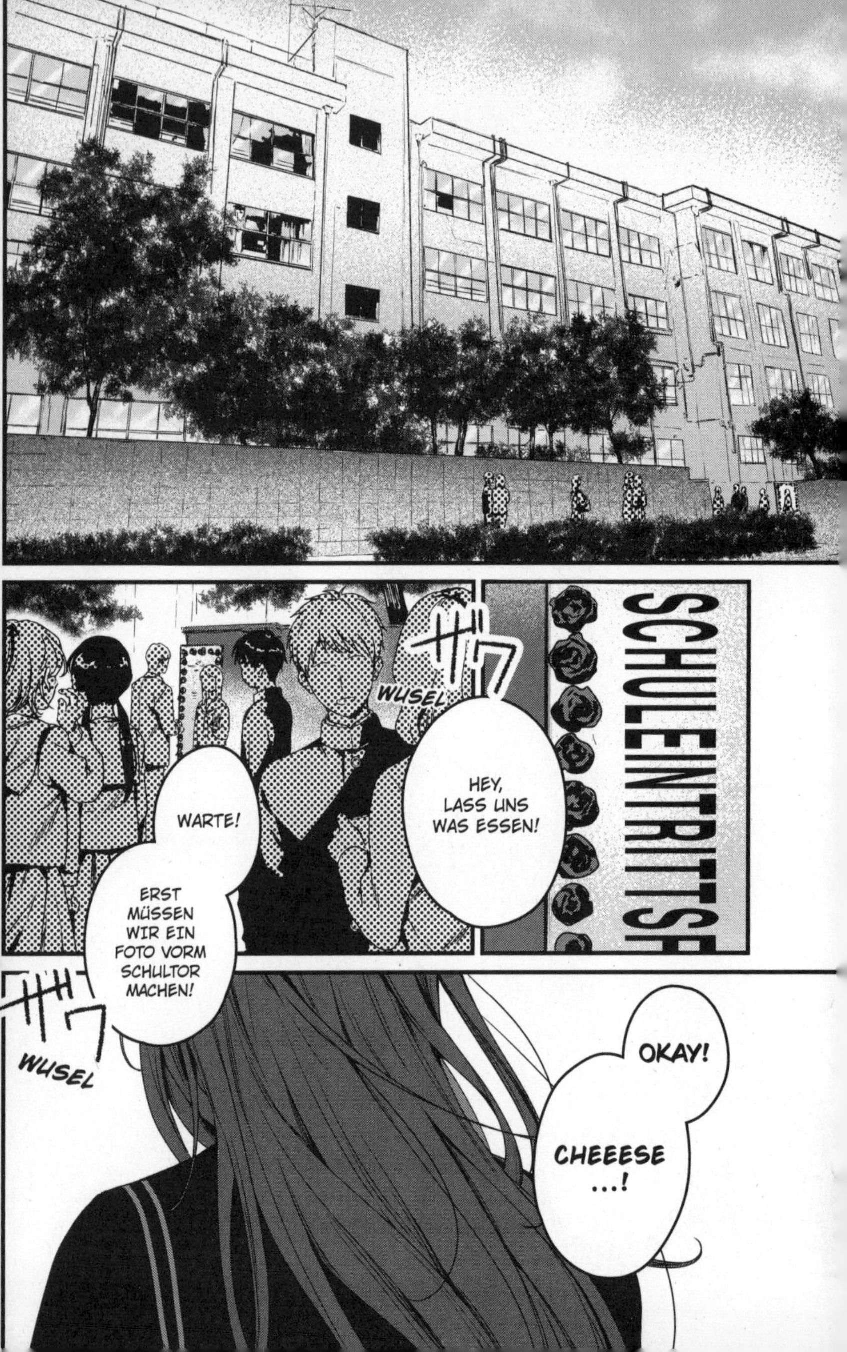

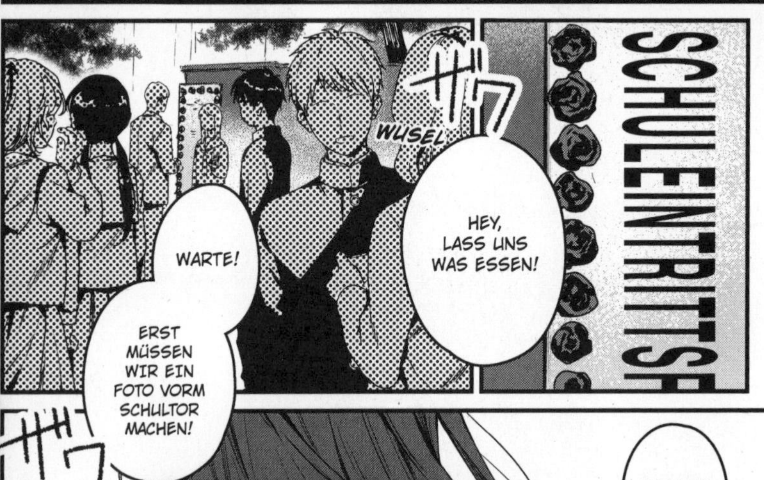
SCHULEINTRITTSF
HEY, LASS UNS WAS ESSEN!
WUSEL
WARTE!
ERST MÜSSEN WIR EIN FOTO VORM SCHULTOR MACHEN!
WUSEL
OKAY!
CHEEESE ...!

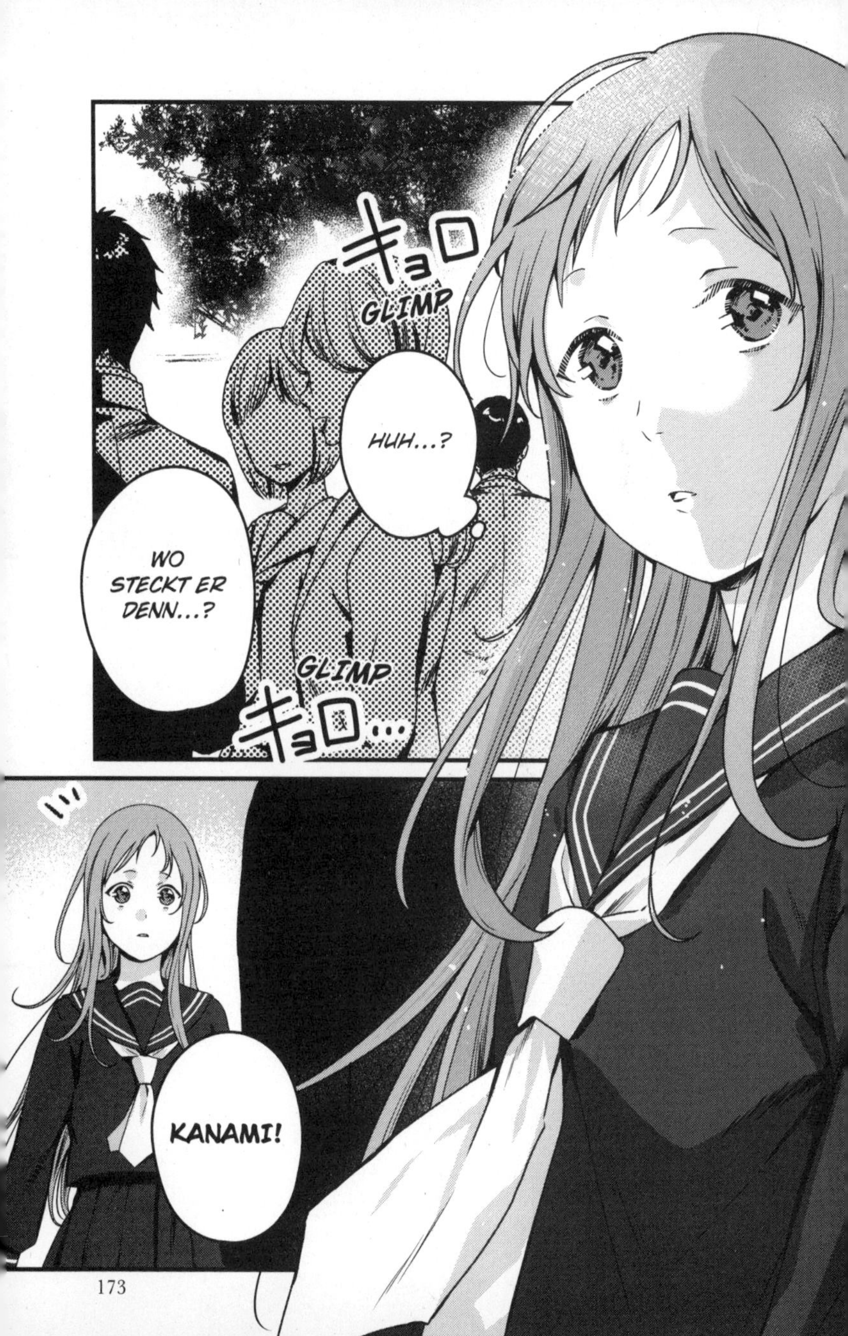

キョロ
GLIMP
HUH...?
WO STECKT ER DENN...?
GLIMP
キョロ...
KANAMI!

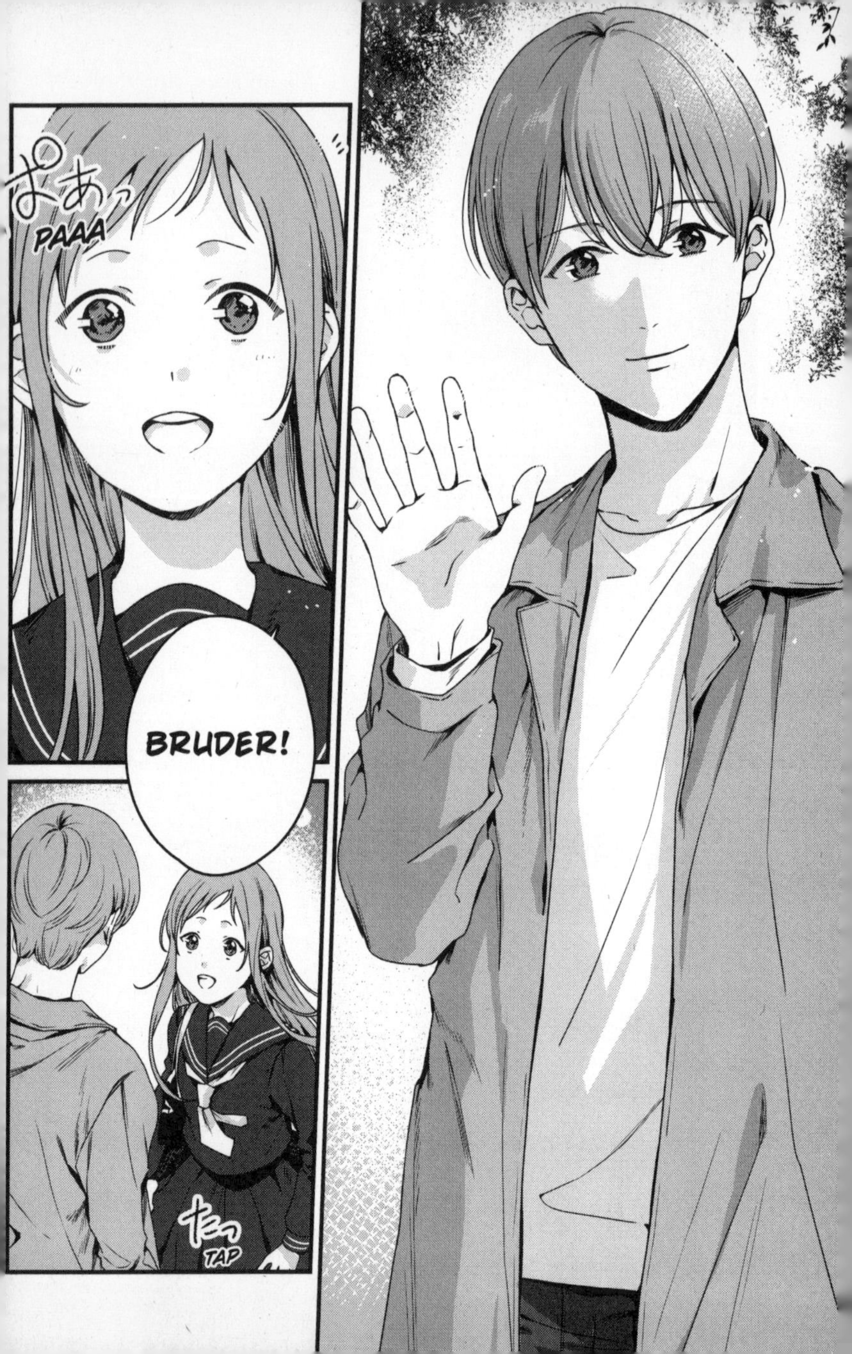
ぱあっ
PAAA
BRUDER!
たっ
TAP

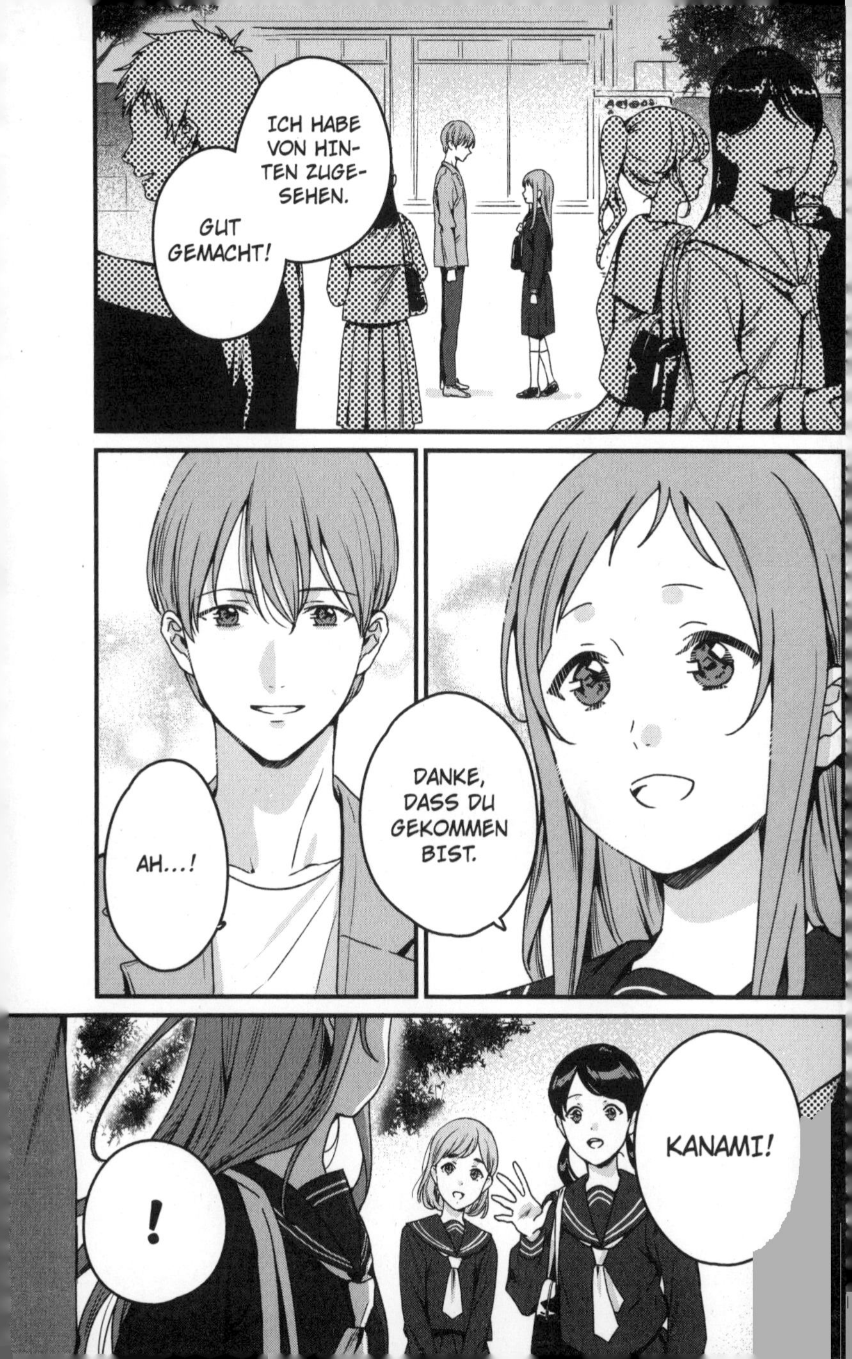

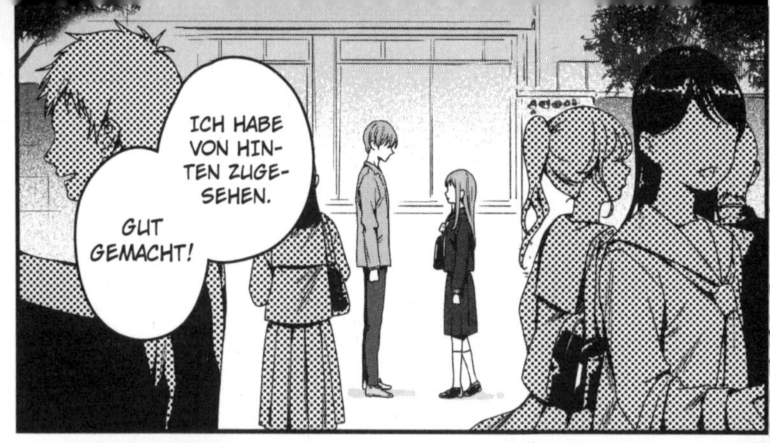

DANKE, DASS DU GEKOMMEN BIST.

AH...!

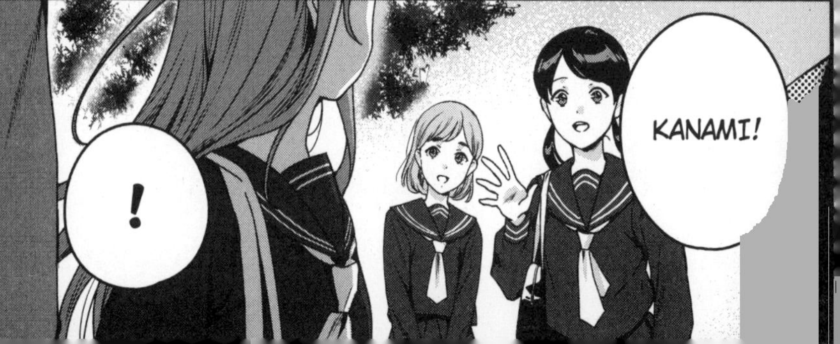

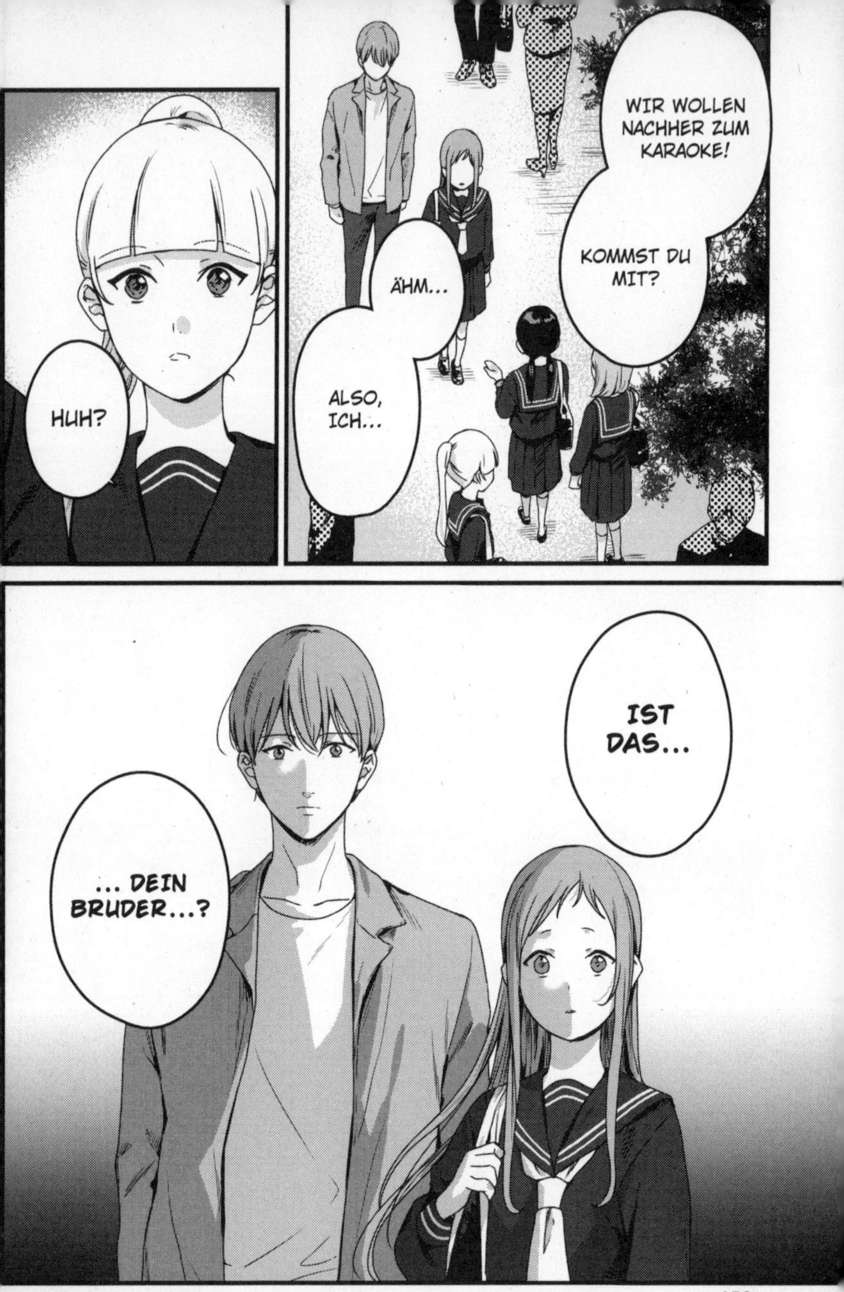

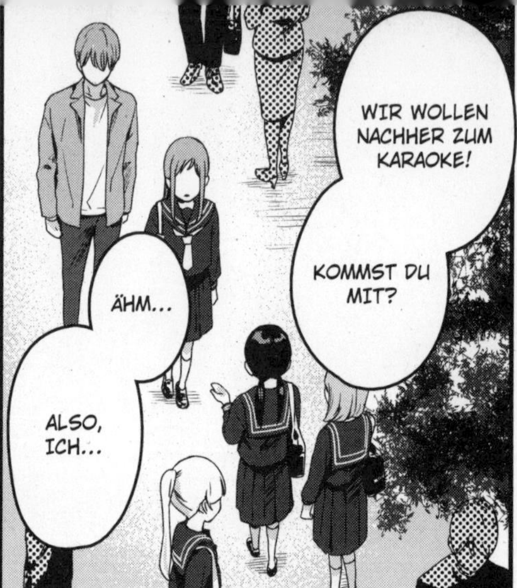

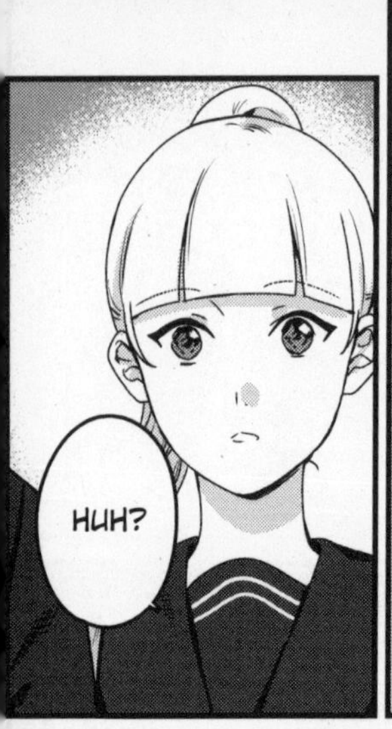

IST DAS...

... DEIN BRUDER...?

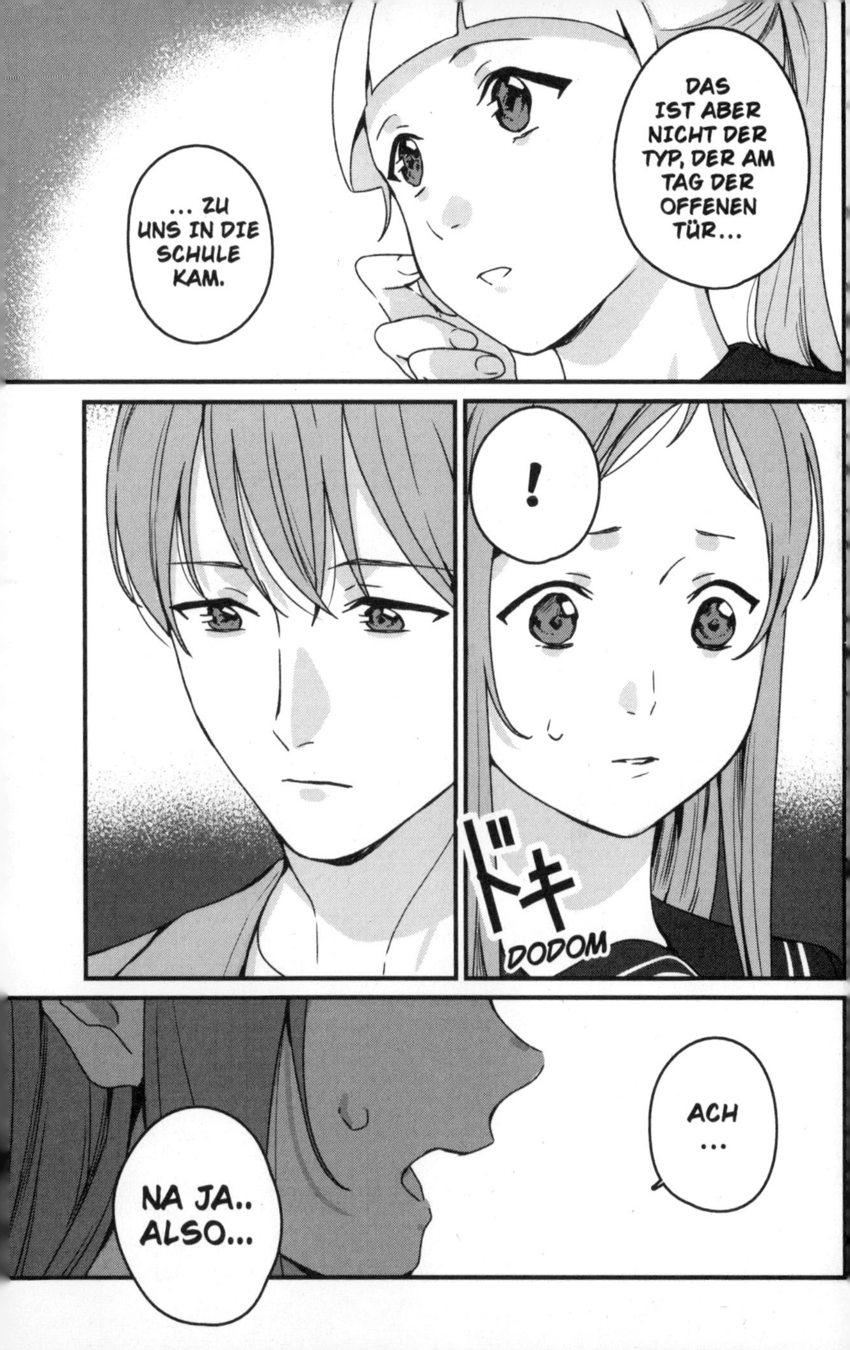
DAS IST ABER NICHT DER TYP, DER AM TAG DER OFFENEN TÜR…
… ZU UNS IN DIE SCHULE KAM.
!
ドキ
DODOM
ACH …
NA JA.. ALSO…

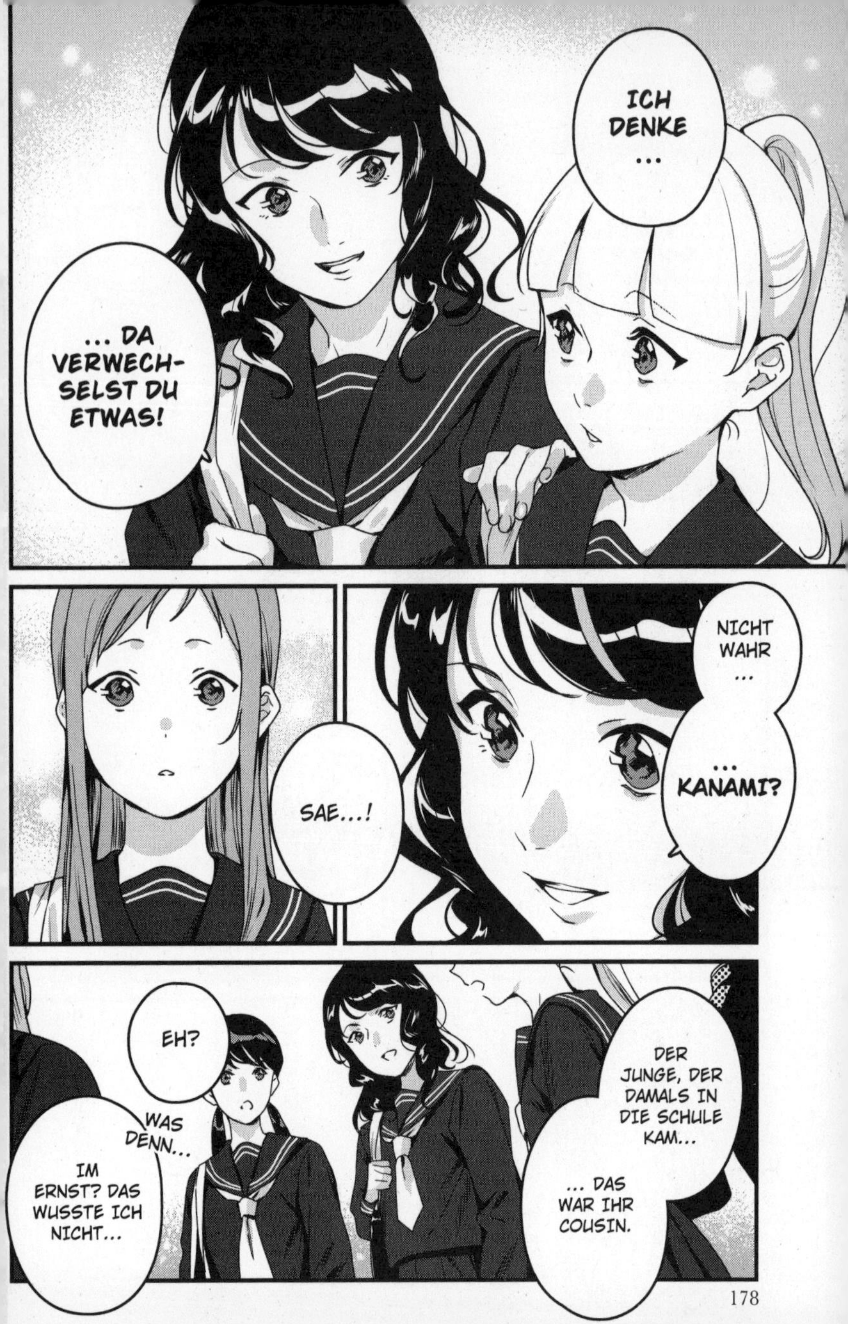

ICH DENKE ...
... DA VERWECHSELST DU ETWAS!

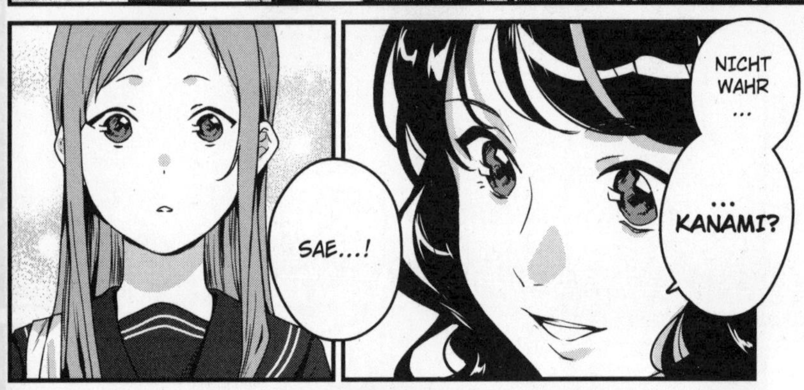

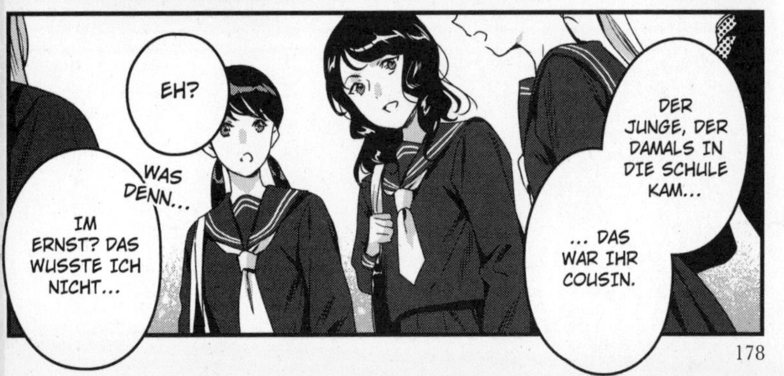

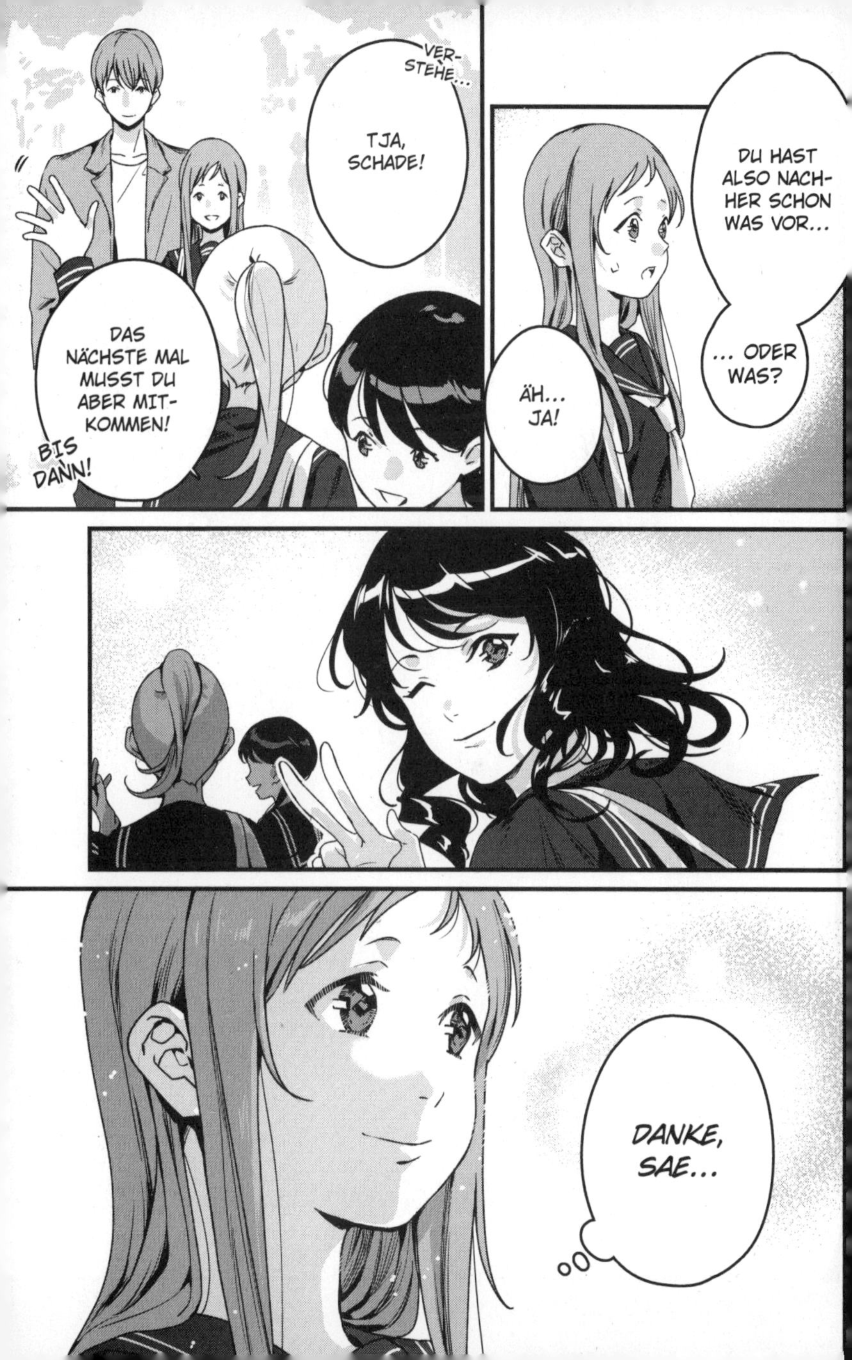

DU HAST ALSO NACHHER SCHON WAS VOR...

... ODER WAS?

ÄH... JA!

VERSTEHE...

TJA, SCHADE!

DAS NÄCHSTE MAL MUSST DU ABER MITKOMMEN!

BIS DANN!

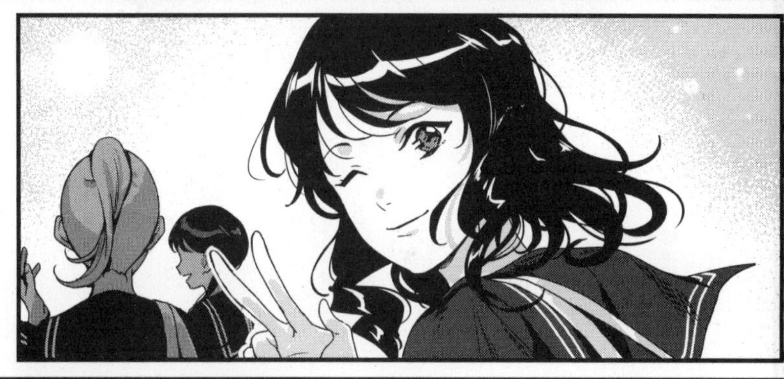

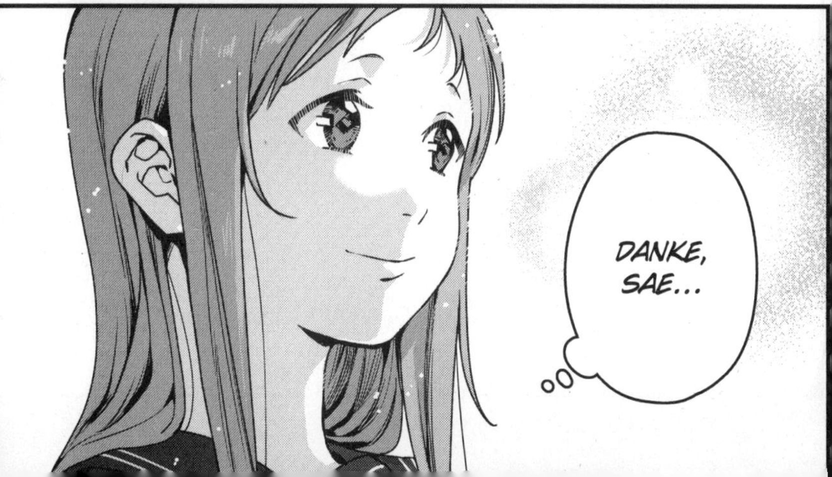

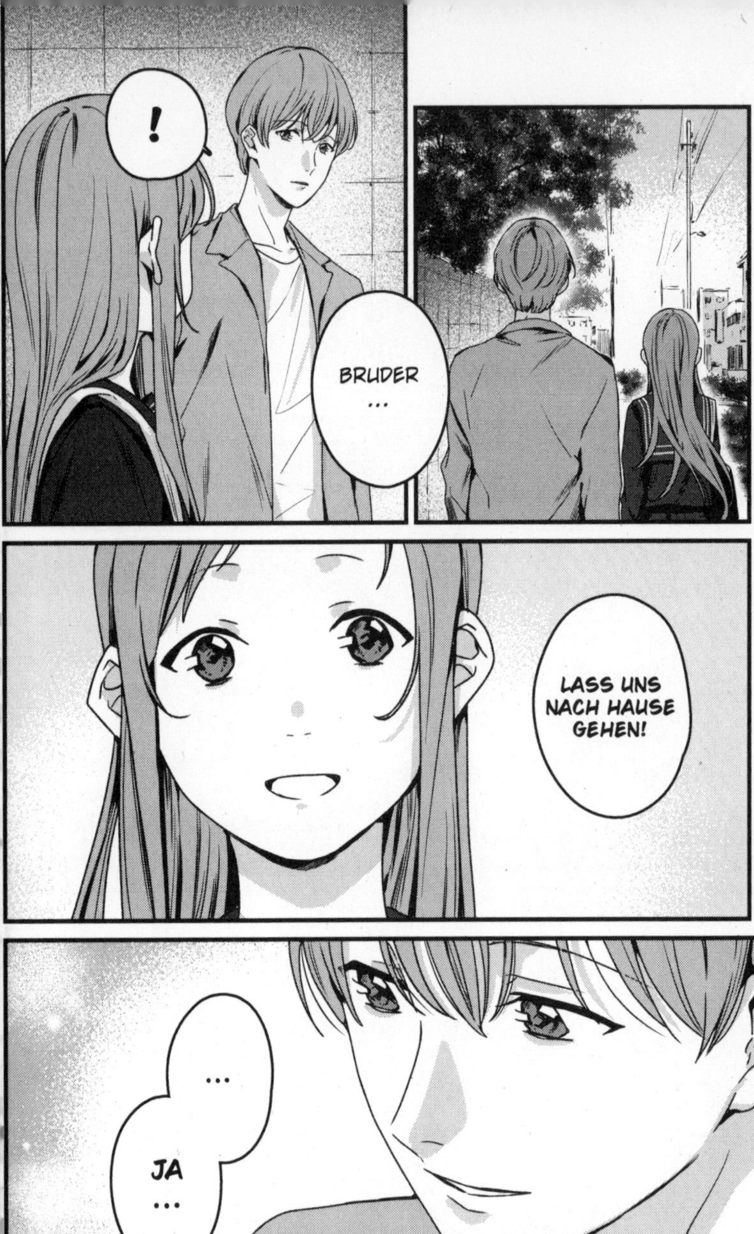

!

BRUDER ...

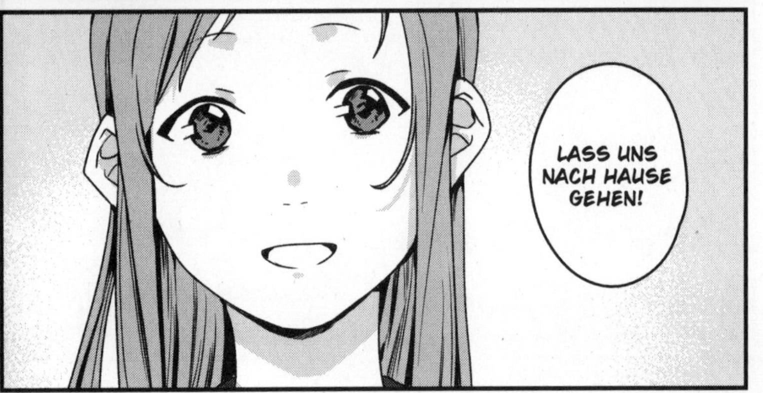

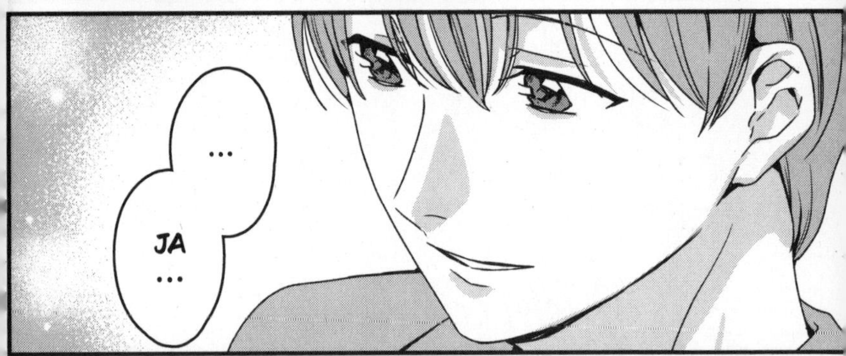

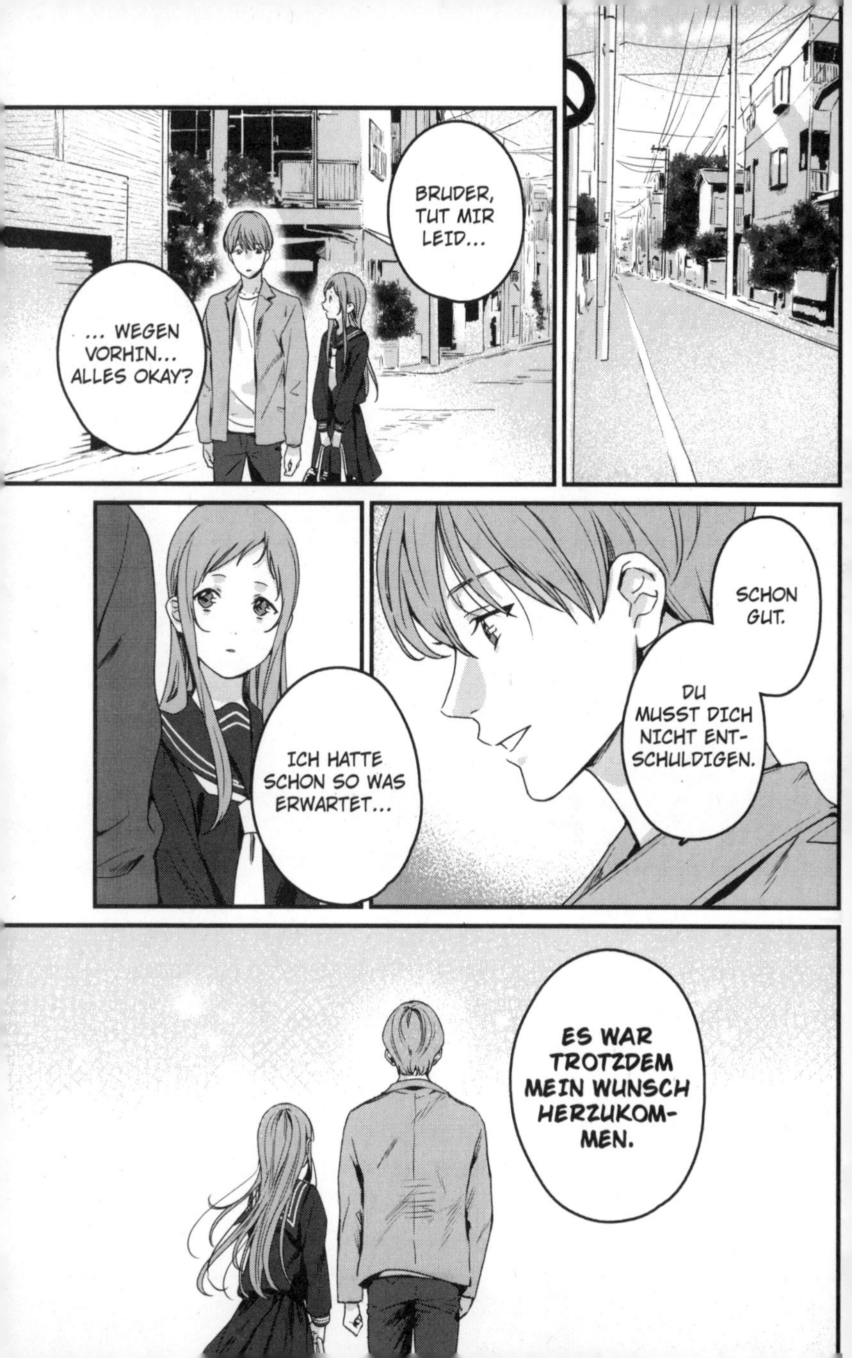

BRUDER, TUT MIR LEID…
… WEGEN VORHIN… ALLES OKAY?

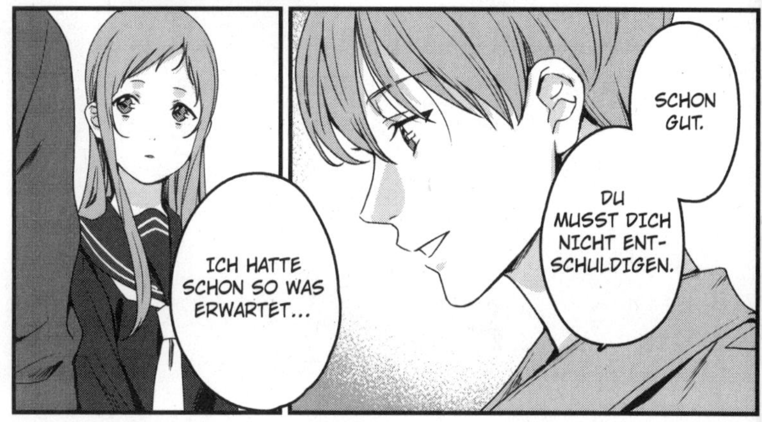

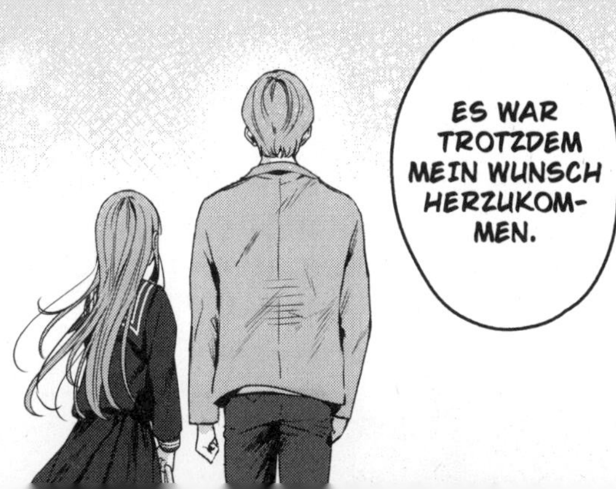

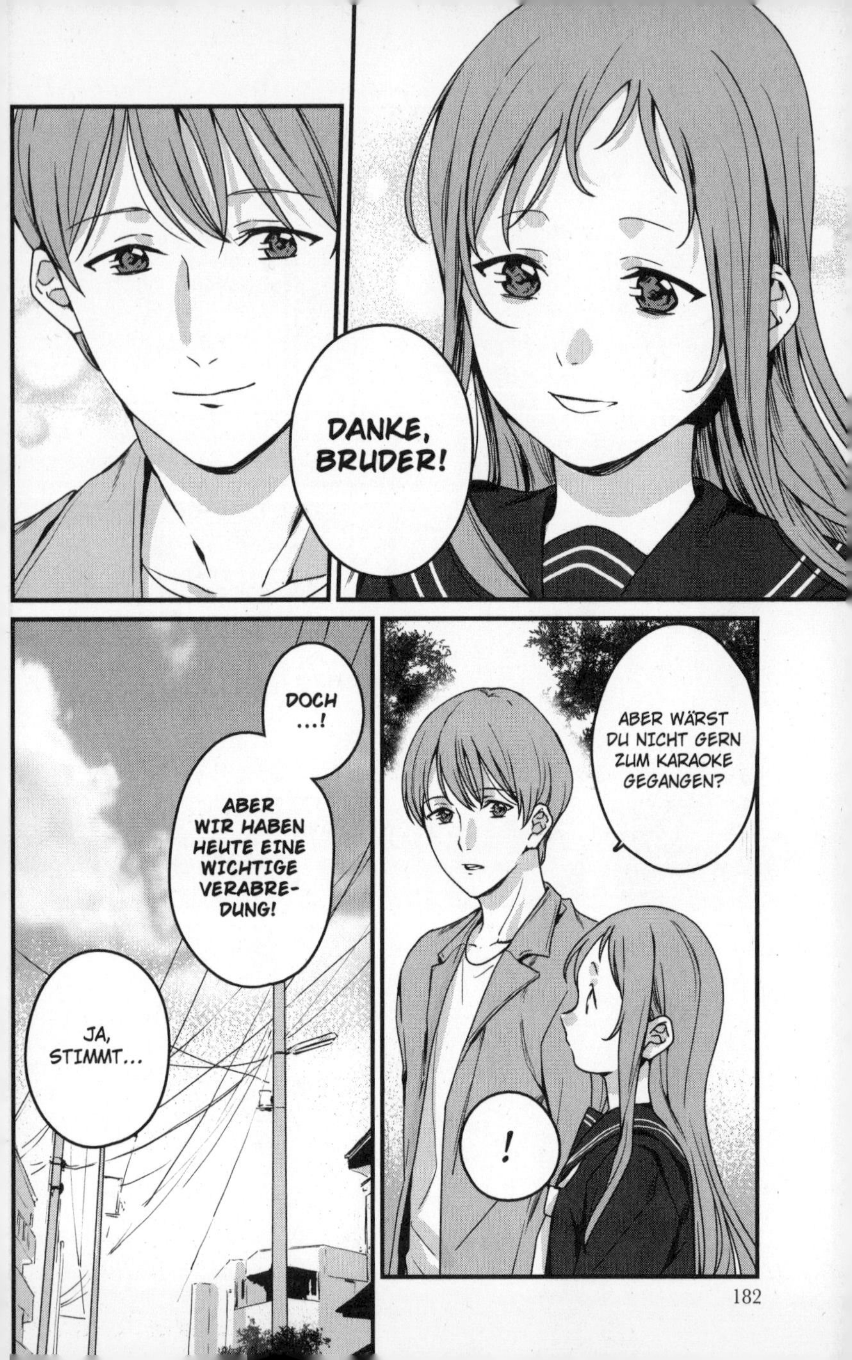

DANKE, BRUDER!

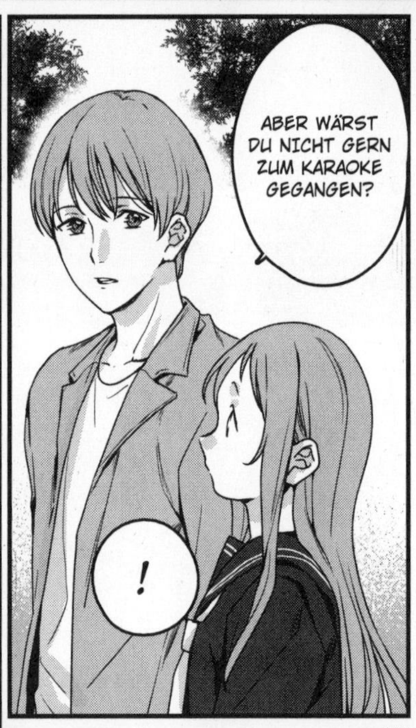

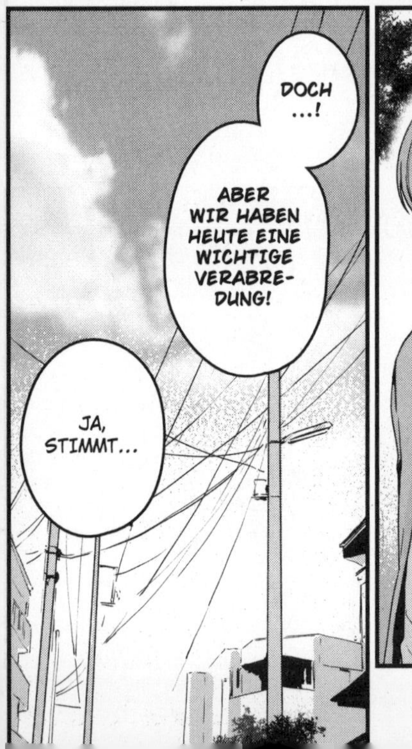

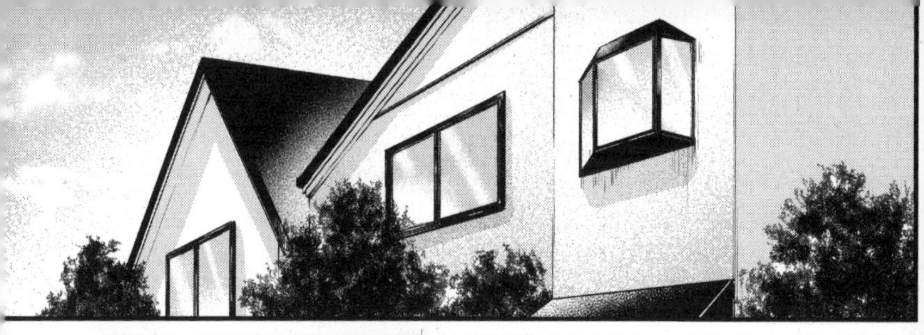

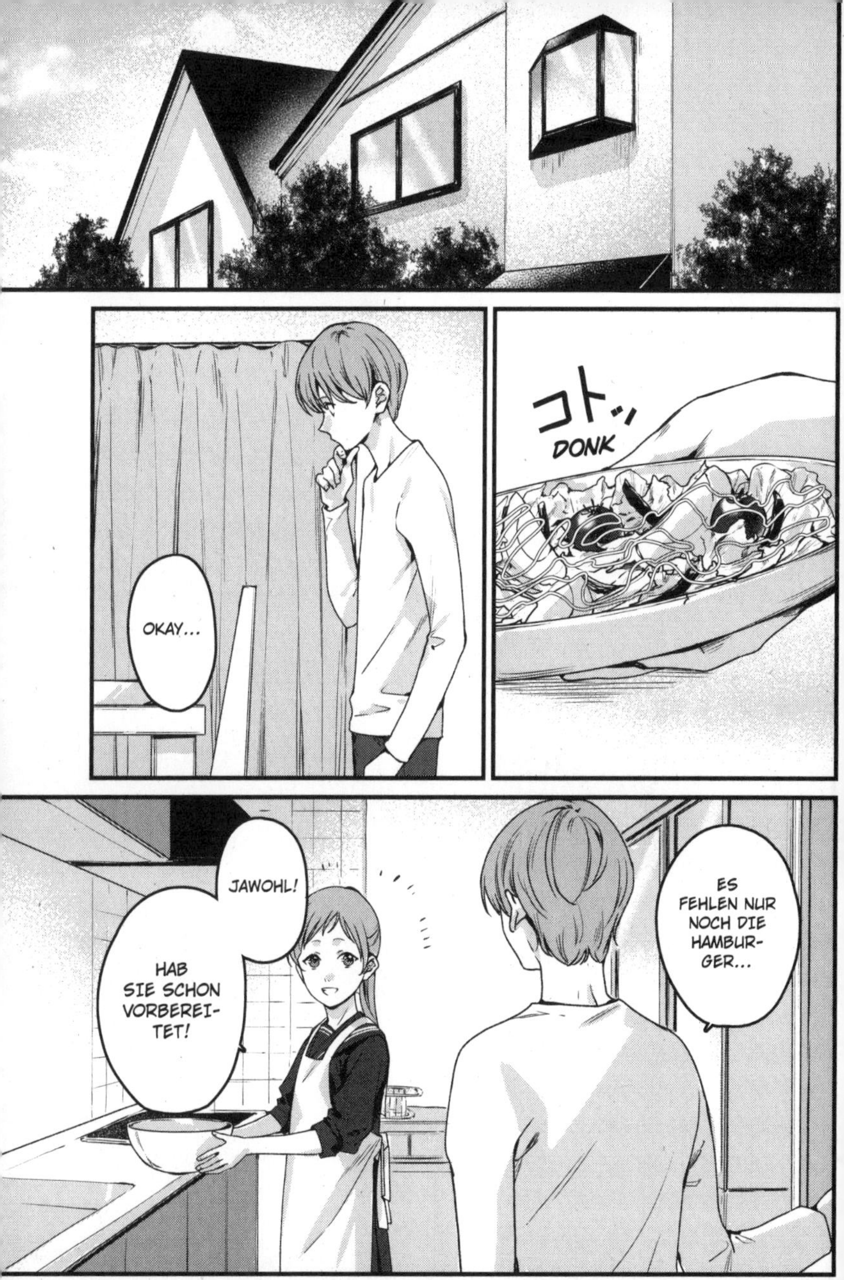

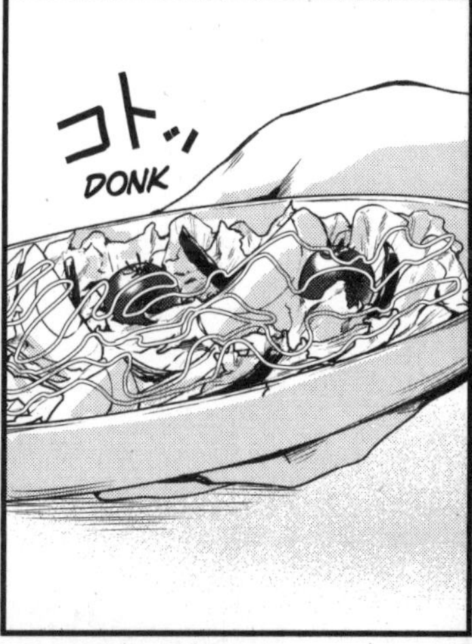

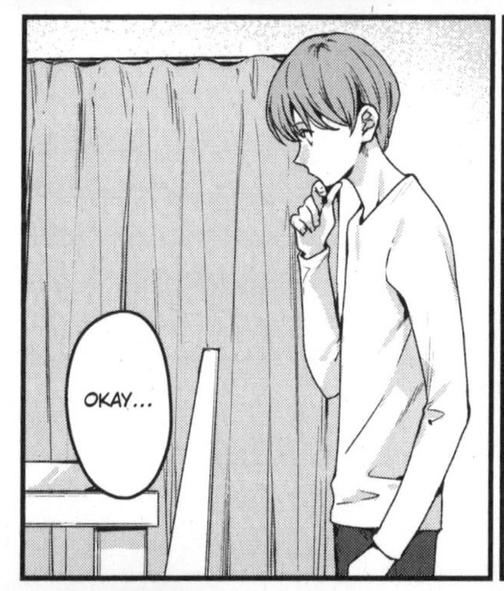

ES FEHLEN NUR NOCH DIE HAMBUR-GER…

JAWOHL!

HAB SIE SCHON VORBEREI-TET!

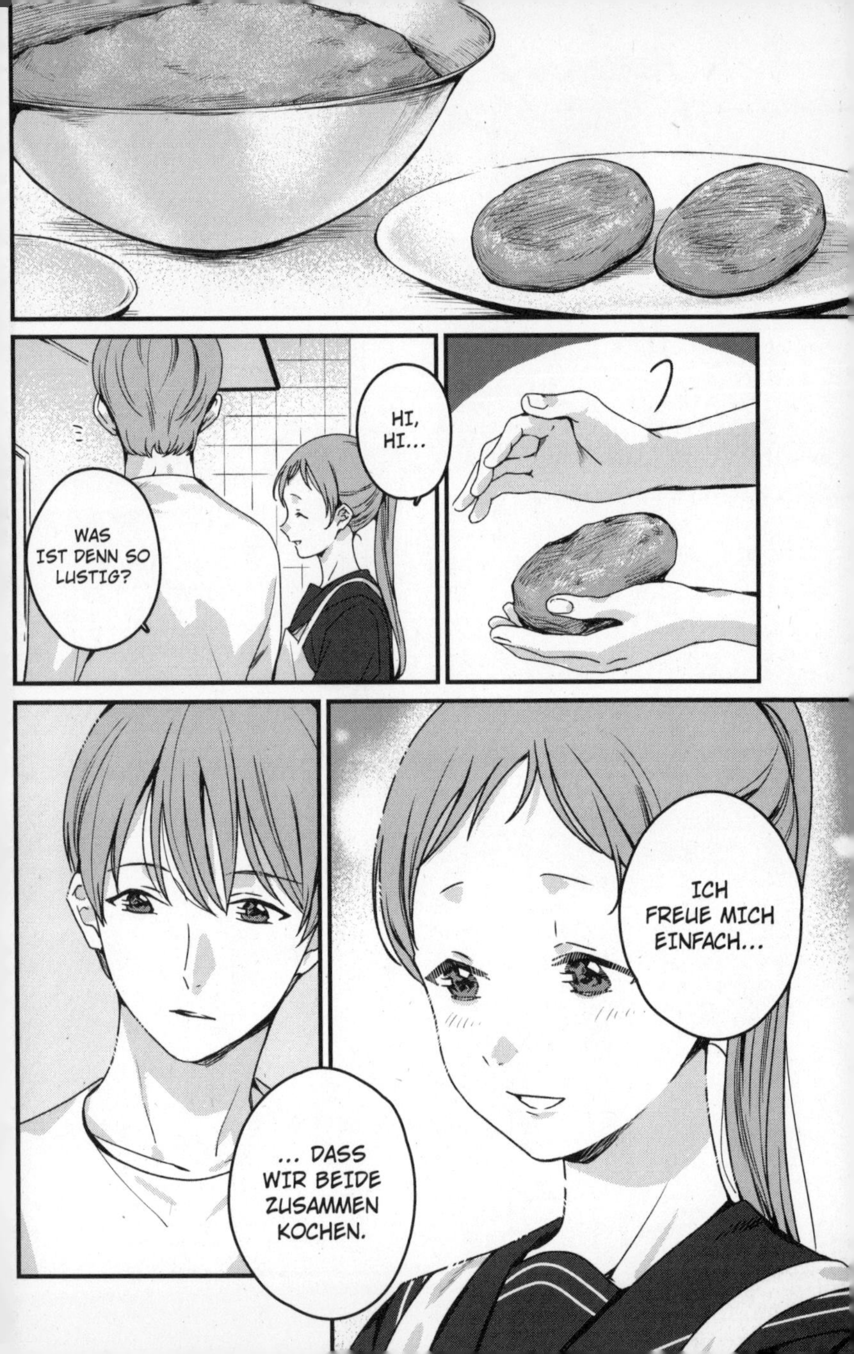
HI, HI...
WAS IST DENN SO LUSTIG?
ICH FREUE MICH EINFACH...
... DASS WIR BEIDE ZUSAMMEN KOCHEN.

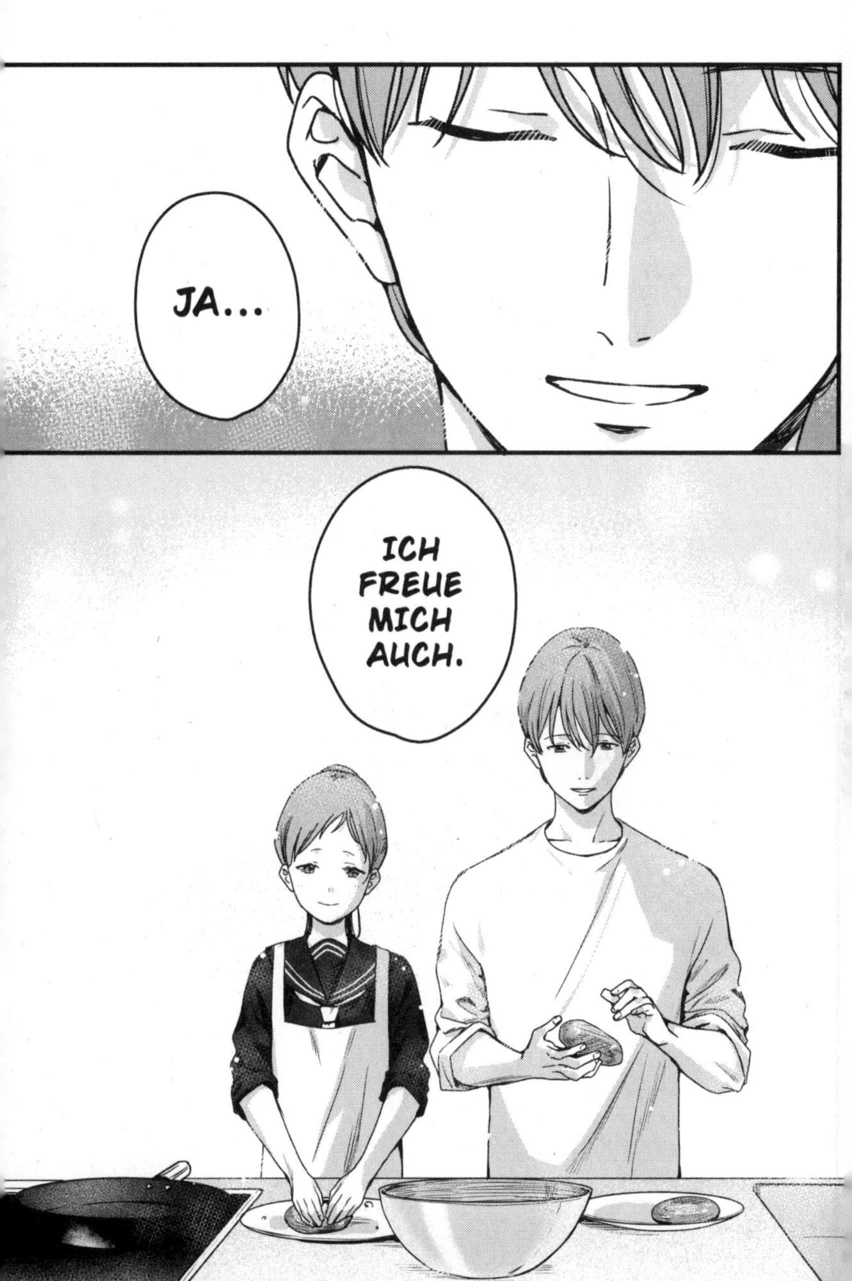
JA...
ICH FREUE MICH AUCH.

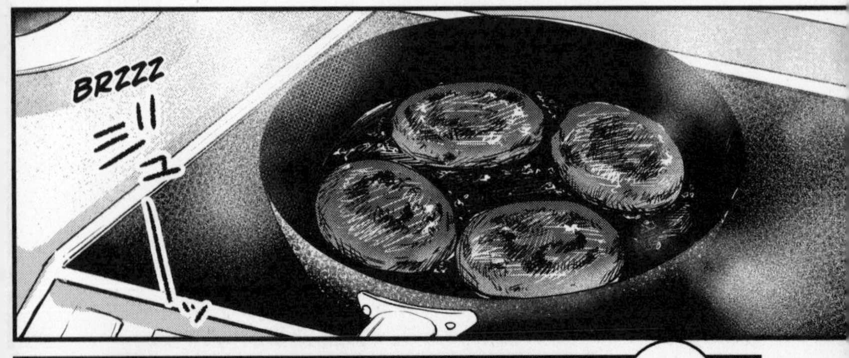

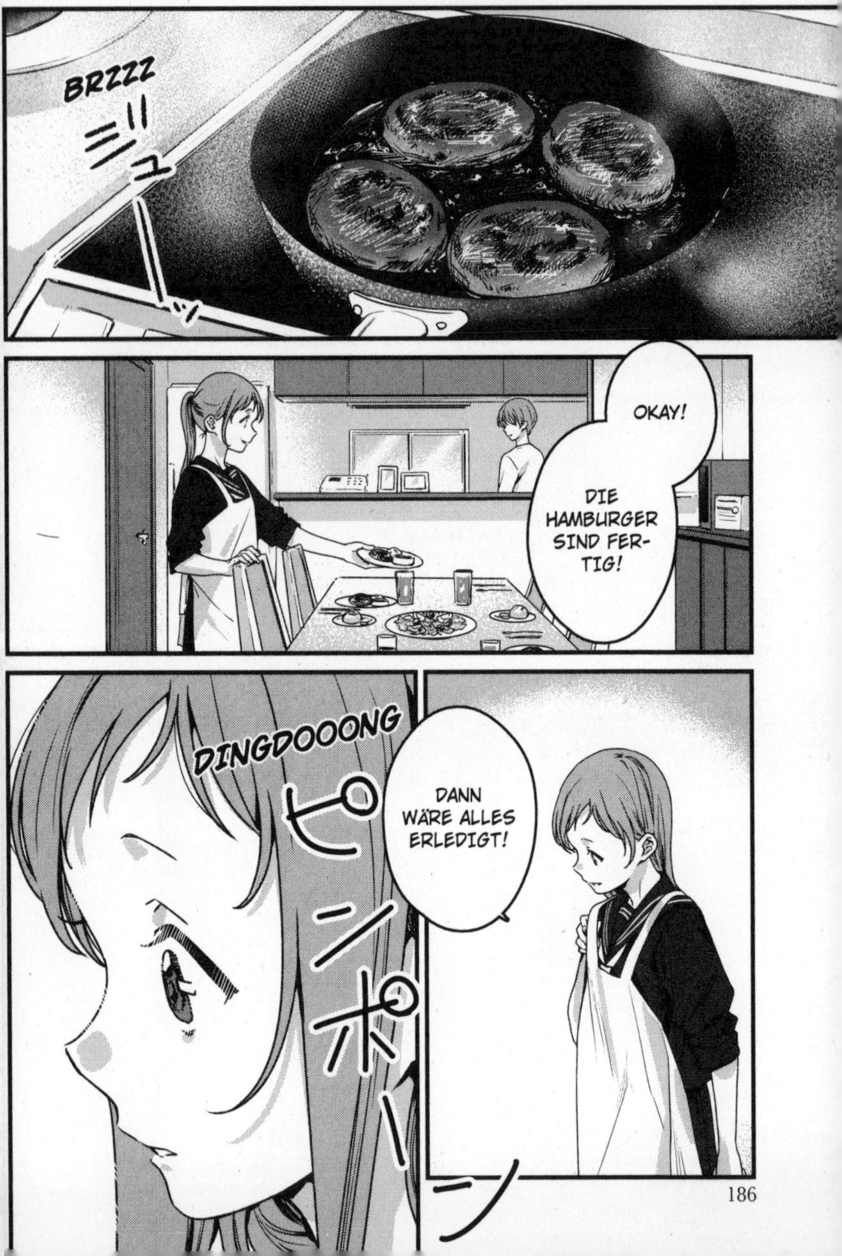

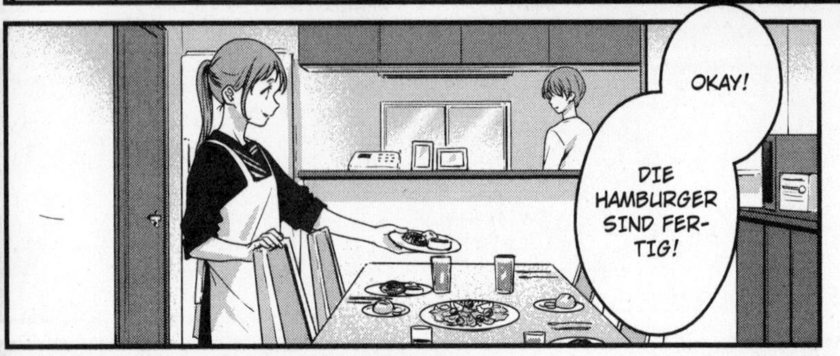

DANN WÄRE ALLES ERLEDIGT!

DINGDOOONG

ピンポーン

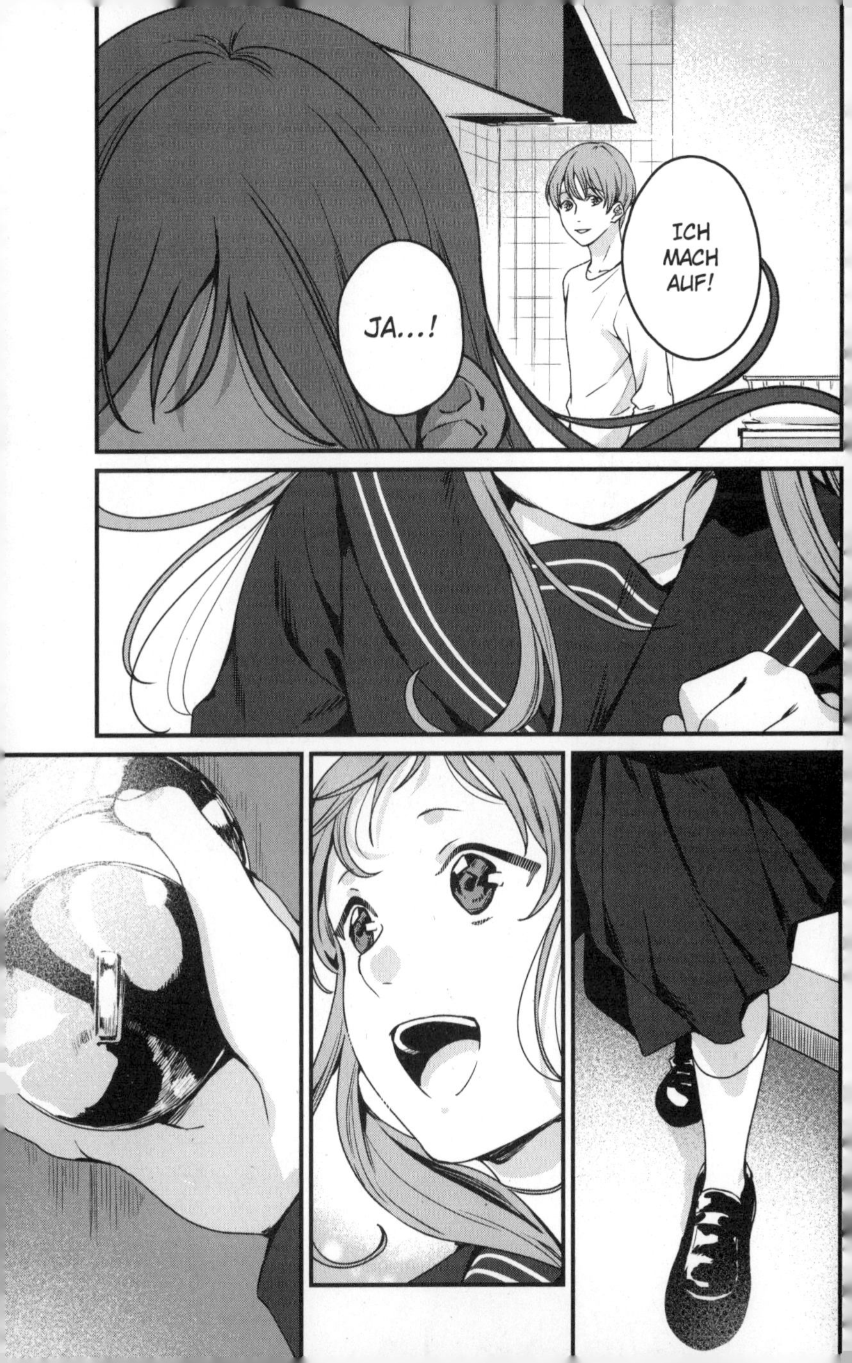

ICH MACH AUF!
JA...!

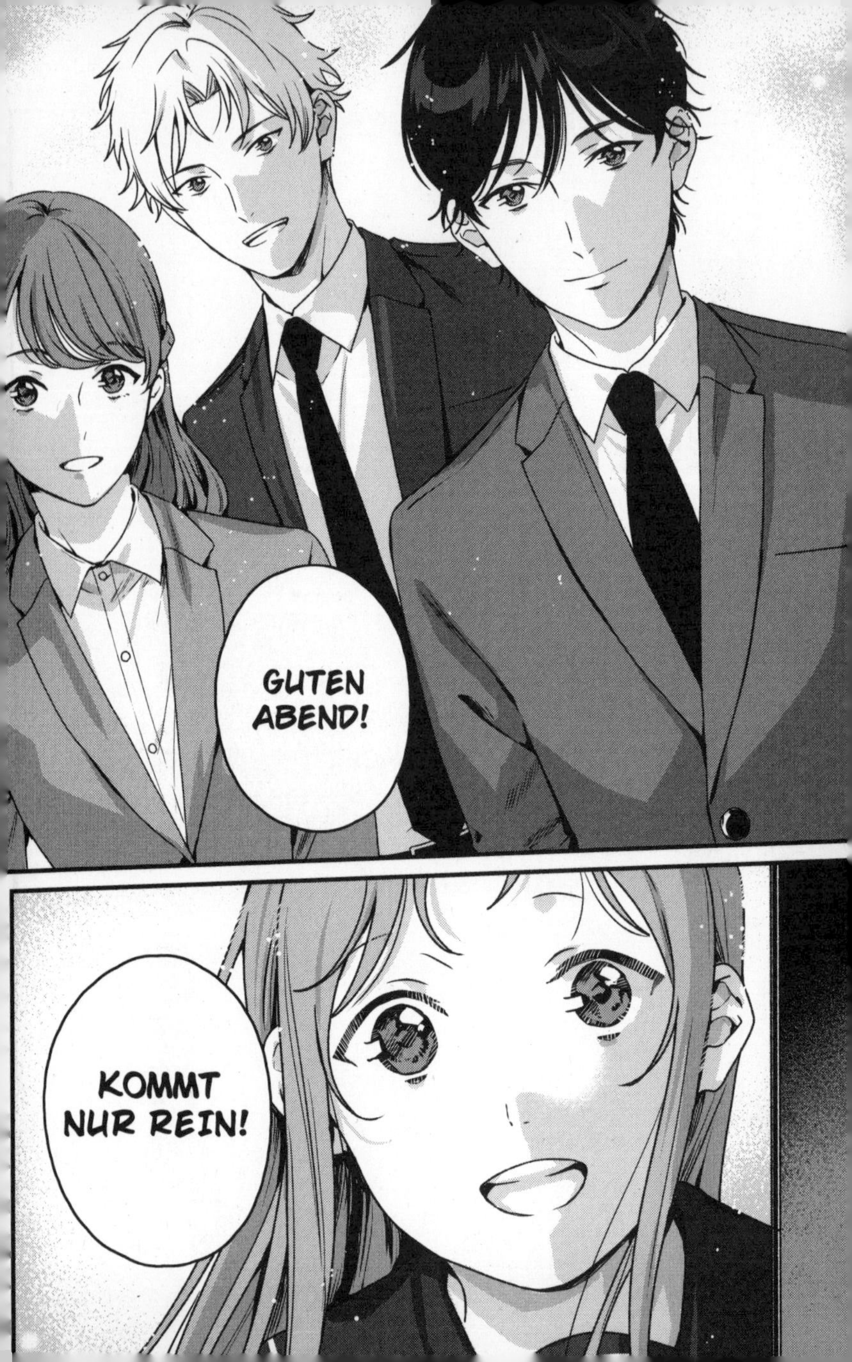

GUTEN ABEND!
KOMMT NUR REIN!

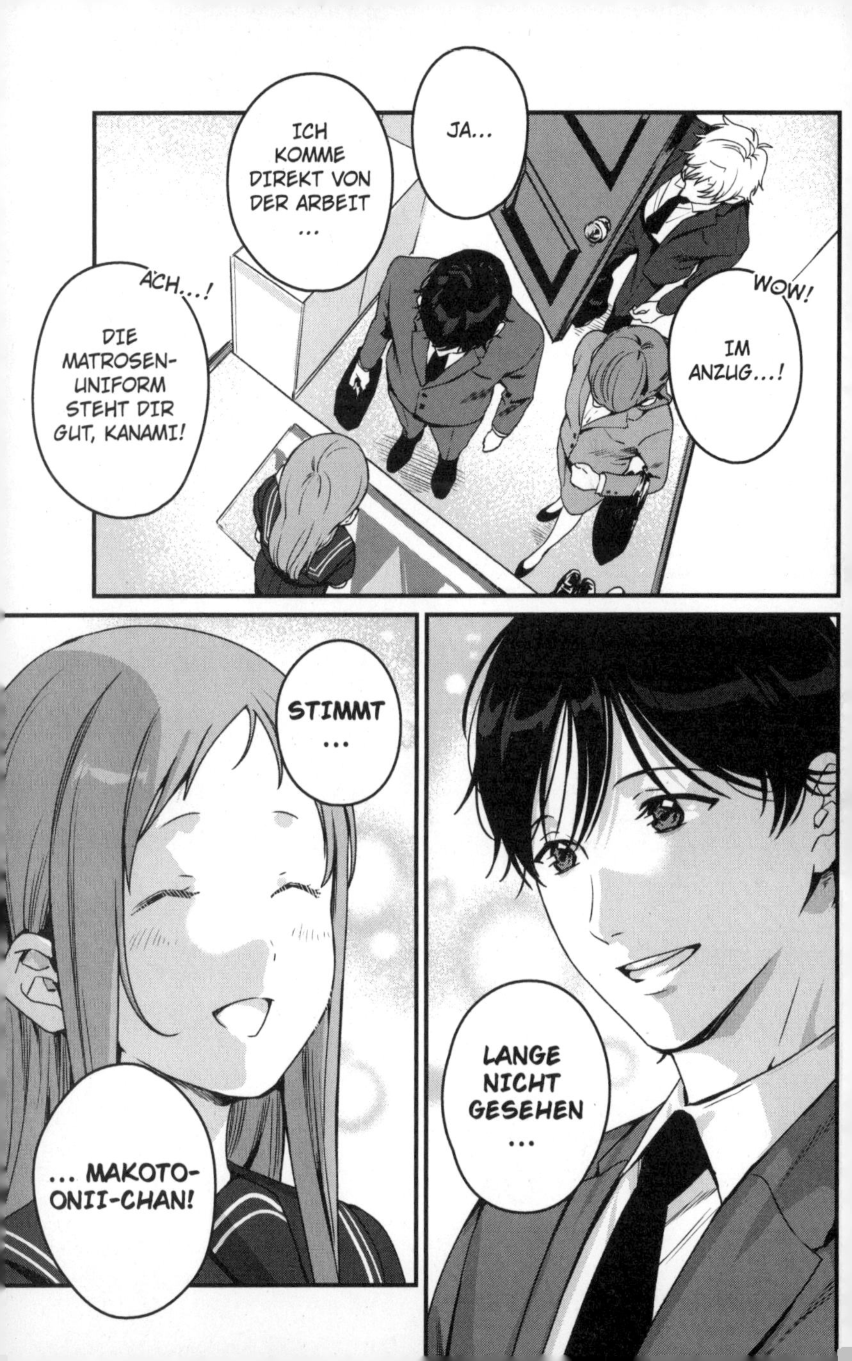

WOW!
IM ANZUG...!
JA...
ICH KOMME DIREKT VON DER ARBEIT ...
ÄCH...!
DIE MATROSEN-UNIFORM STEHT DIR GUT, KANAMI!

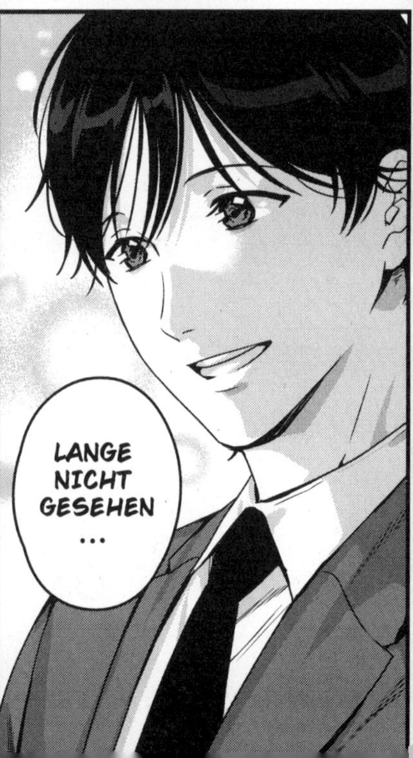

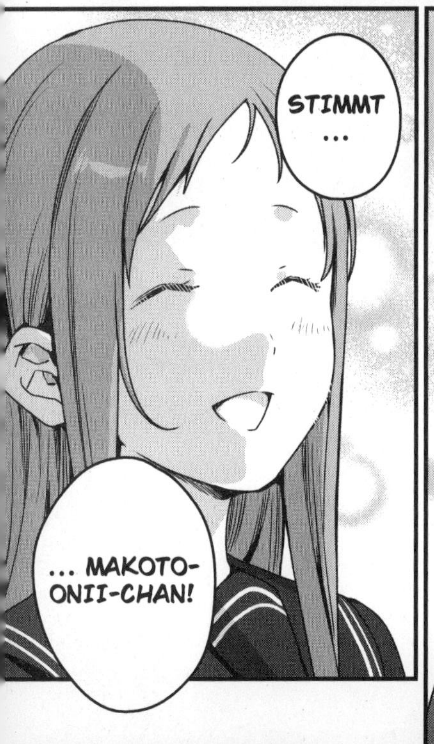

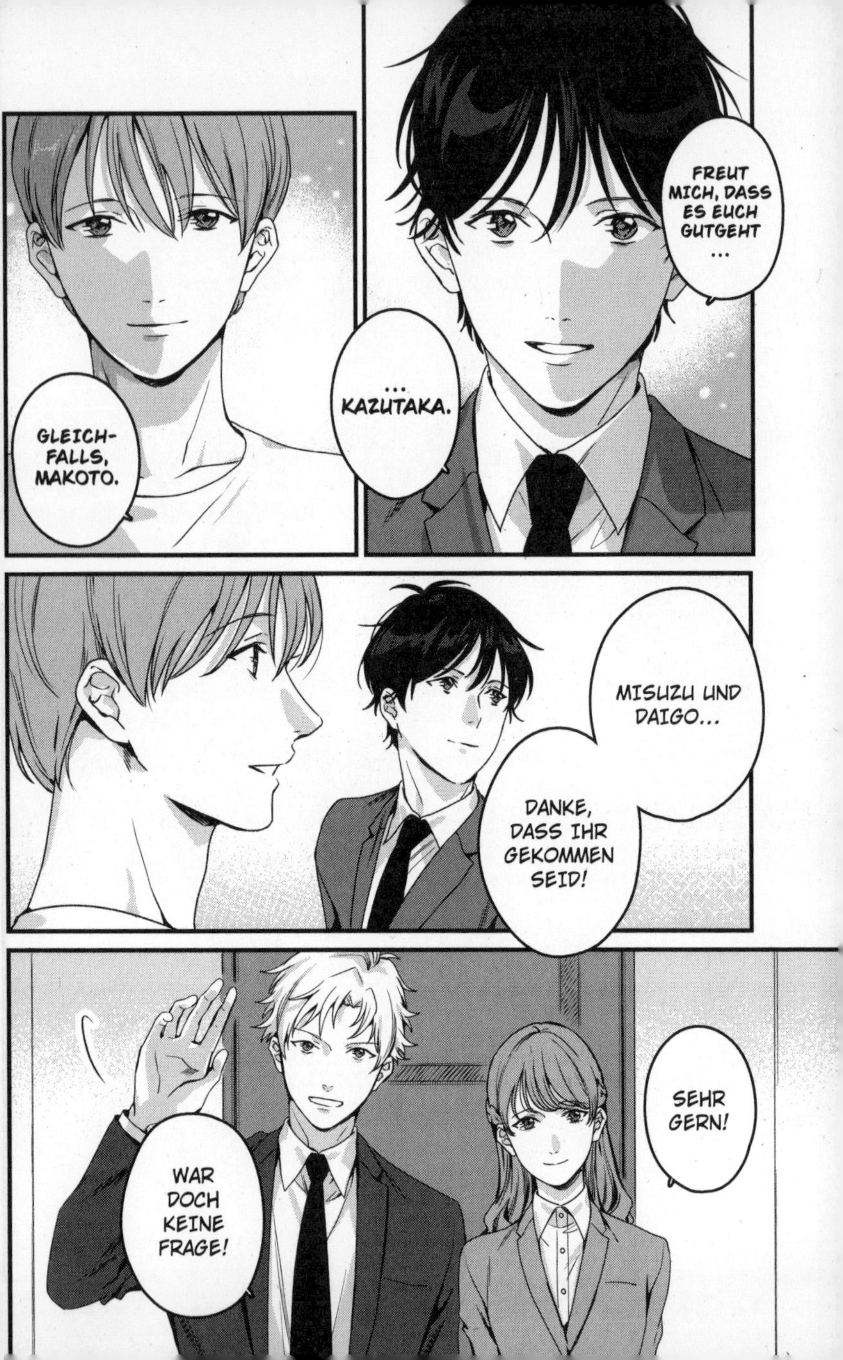

FREUT MICH, DASS ES EUCH GUTGEHT …
… KAZUTAKA.
GLEICHFALLS, MAKOTO.

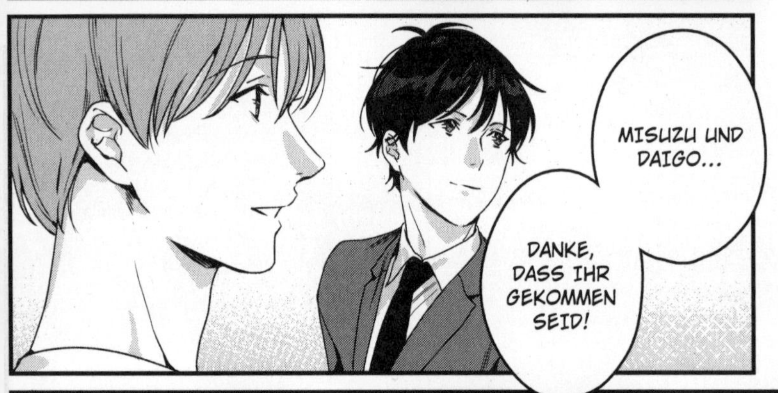

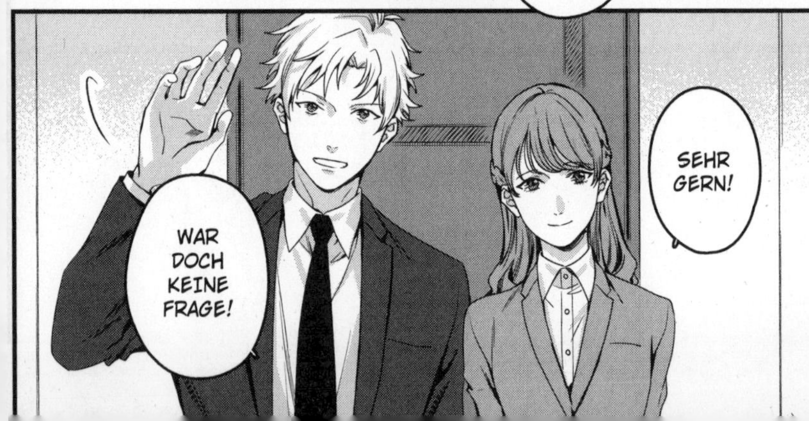

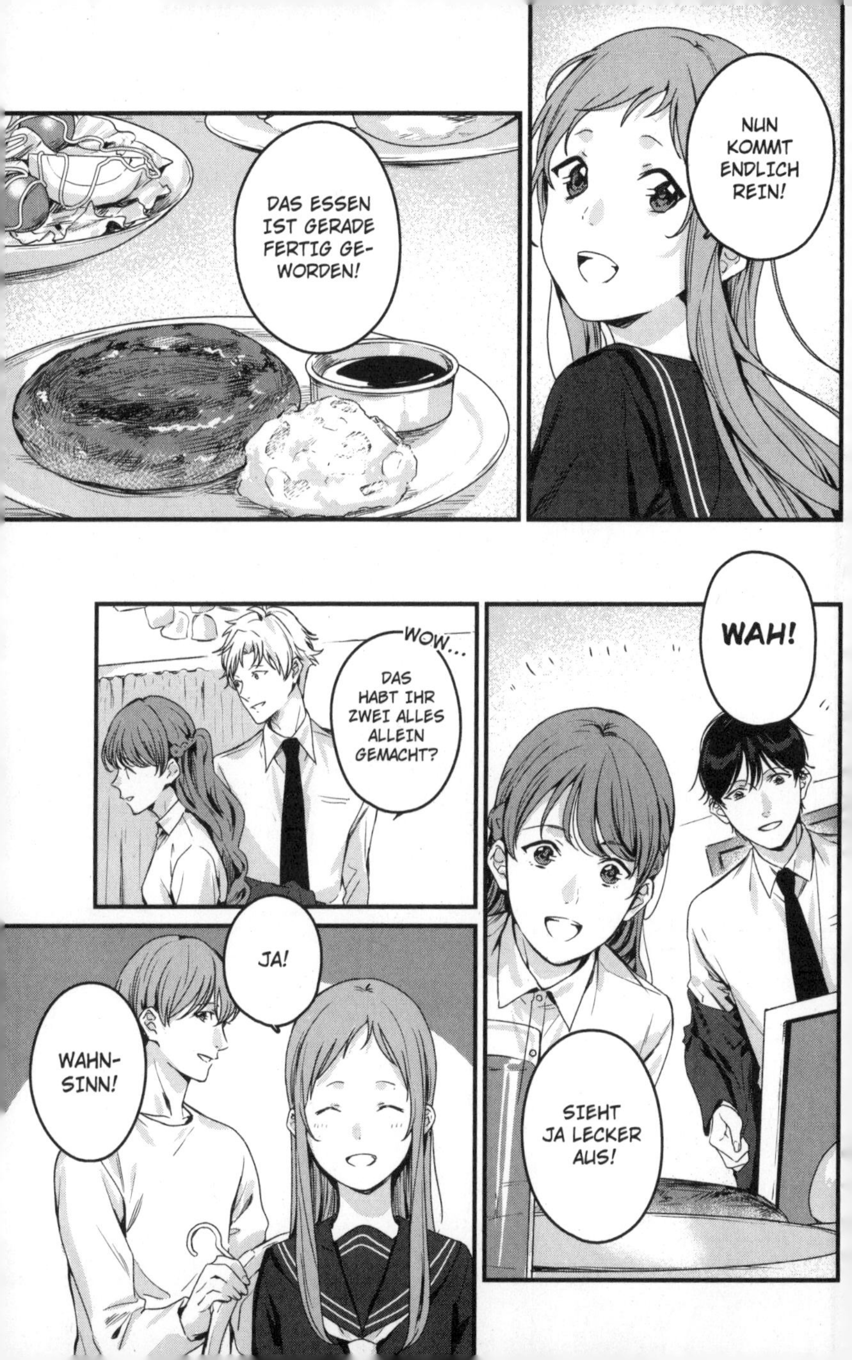

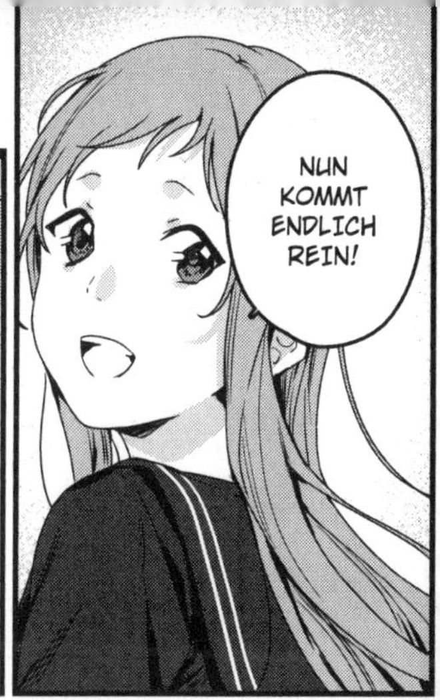
NUN KOMMT ENDLICH REIN!

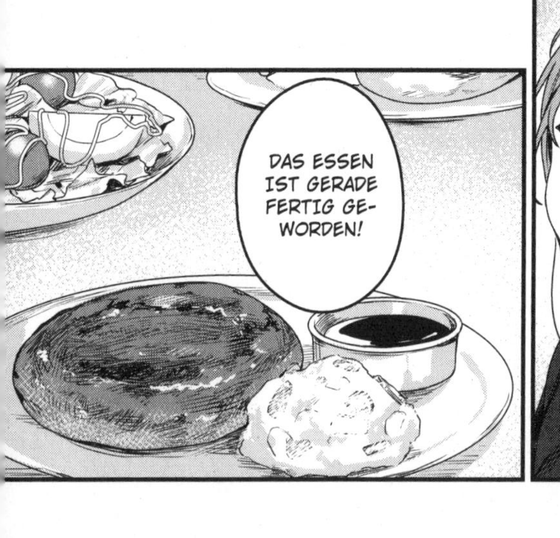
DAS ESSEN IST GERADE FERTIG GE-WORDEN!

WAH!
SIEHT JA LECKER AUS!
WOW...
DAS HABT IHR ZWEI ALLES ALLEIN GEMACHT?
JA!
WAHN-SINN!

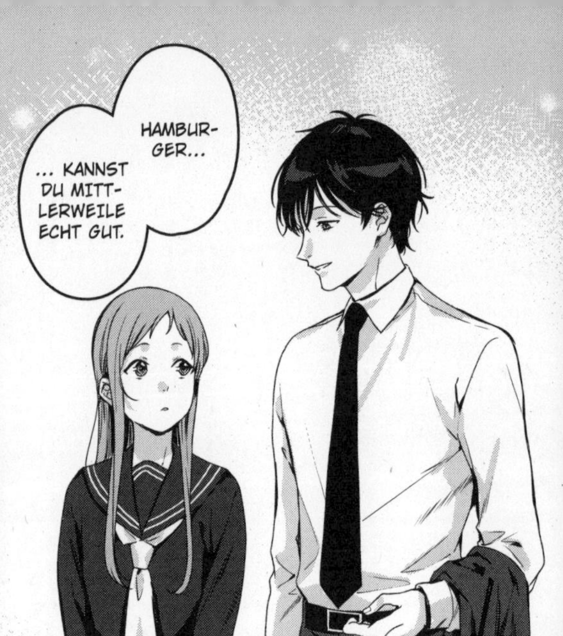
HAMBUR-
GER…
… KANNST
DU MITT-
LERWEILE
ECHT GUT.

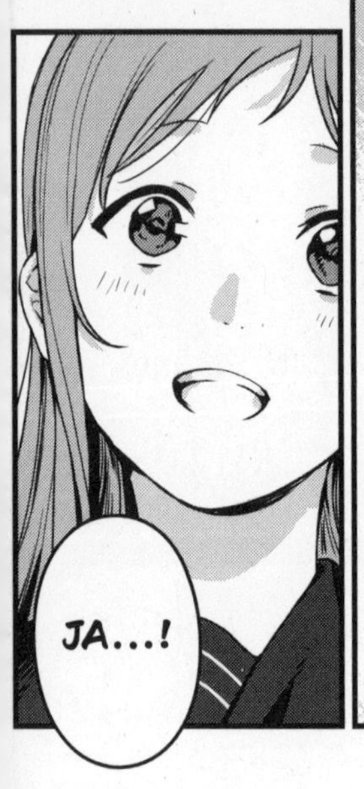
JA…!

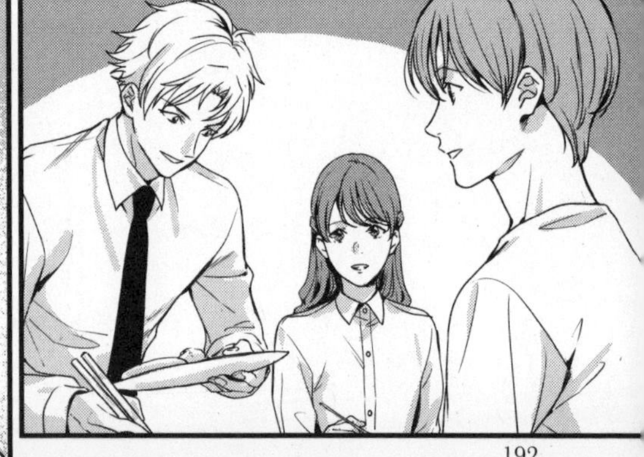

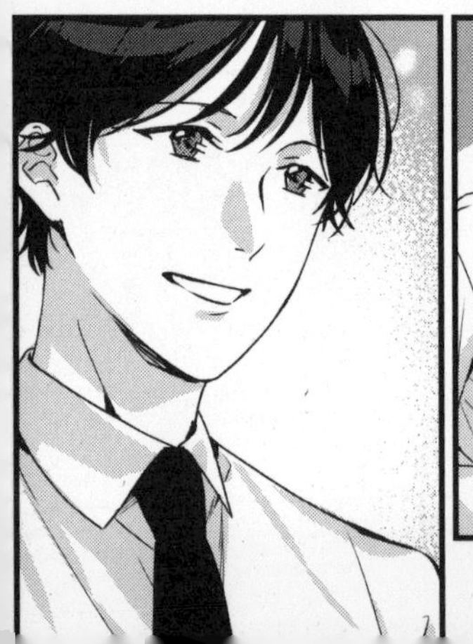

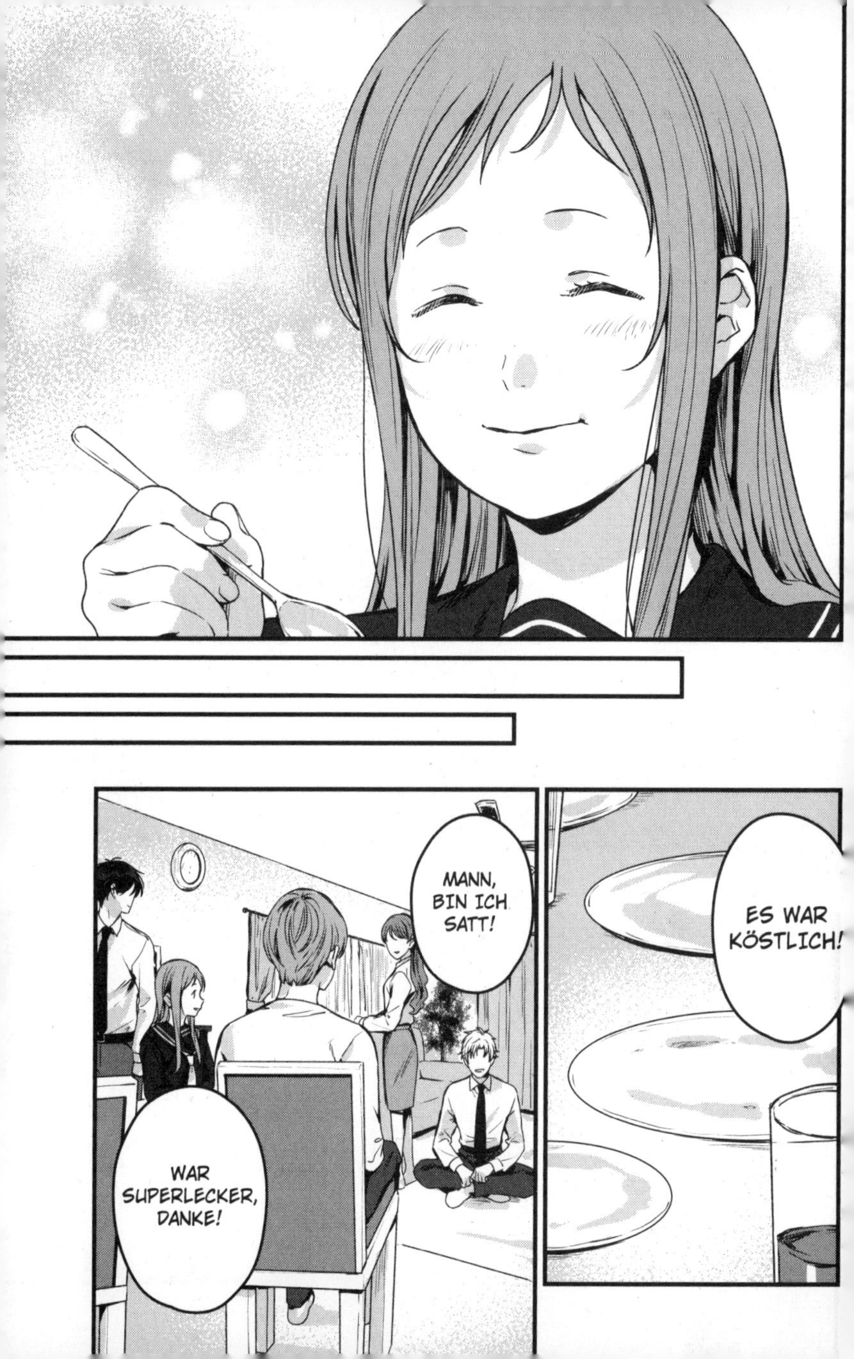

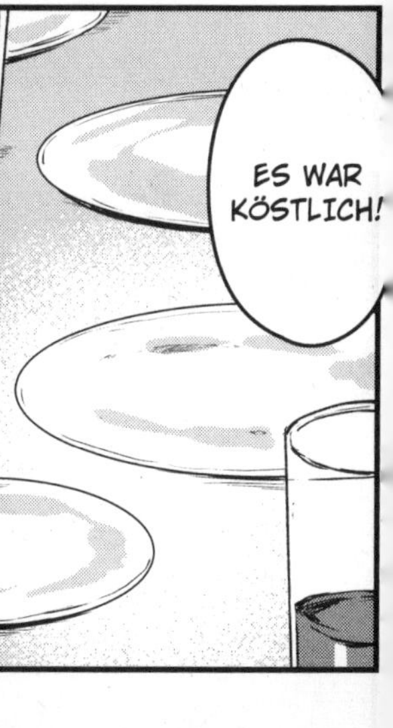
ES WAR KÖSTLICH!

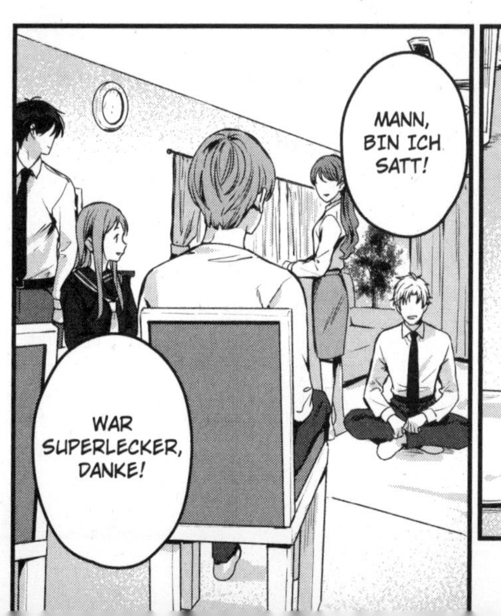
MANN, BIN ICH SATT!
WAR SUPERLECKER, DANKE!

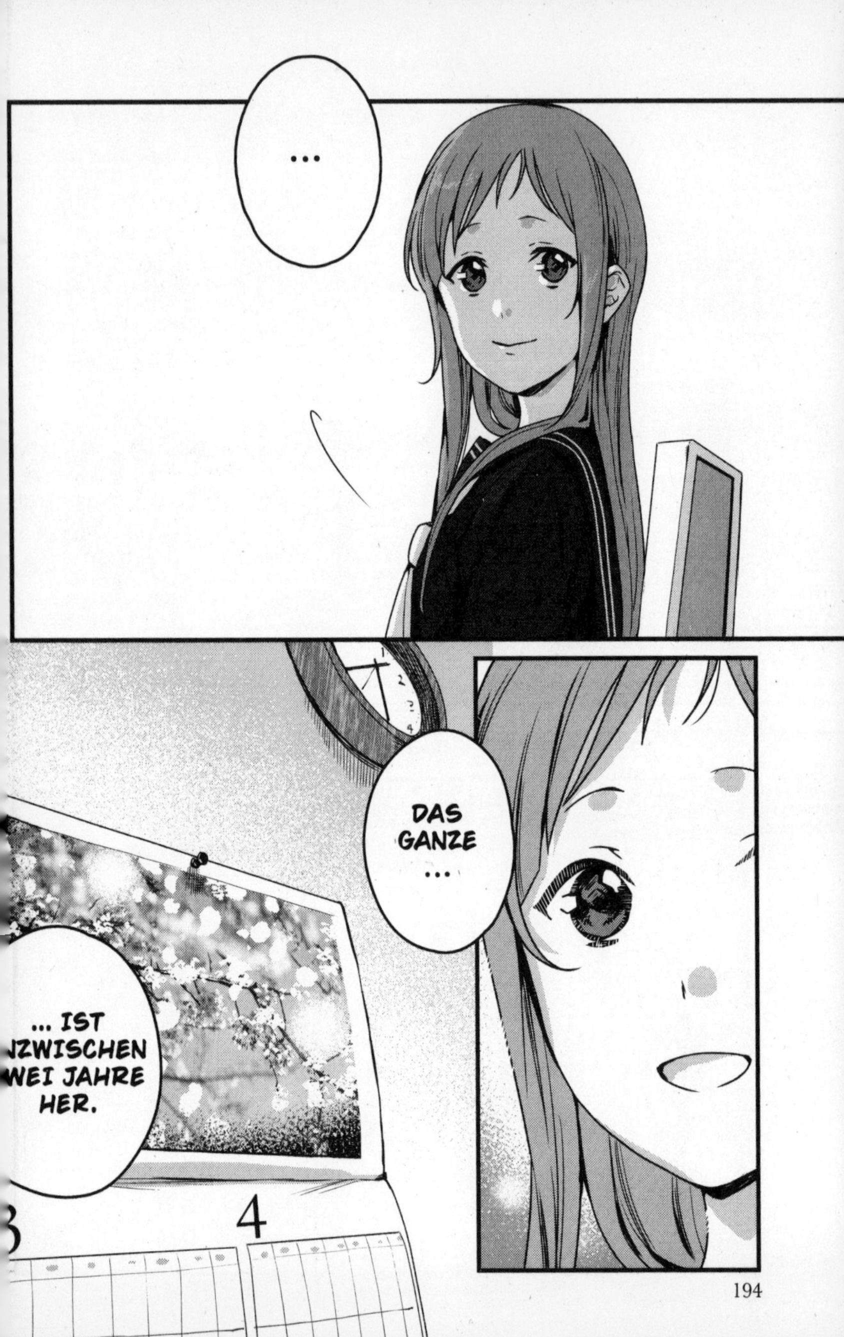
...
DAS GANZE ...
... IST
NZWISCHEN
WEI JAHRE
HER.

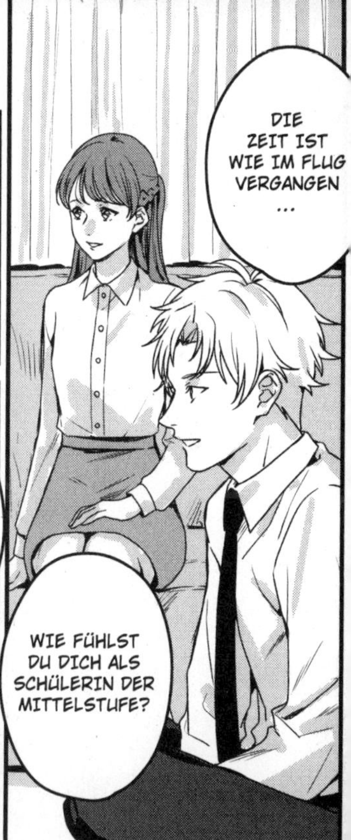
DIE ZEIT IST WIE IM FLUG VERGANGEN ...
WIE FÜHLST DU DICH ALS SCHÜLERIN DER MITTELSTUFE?

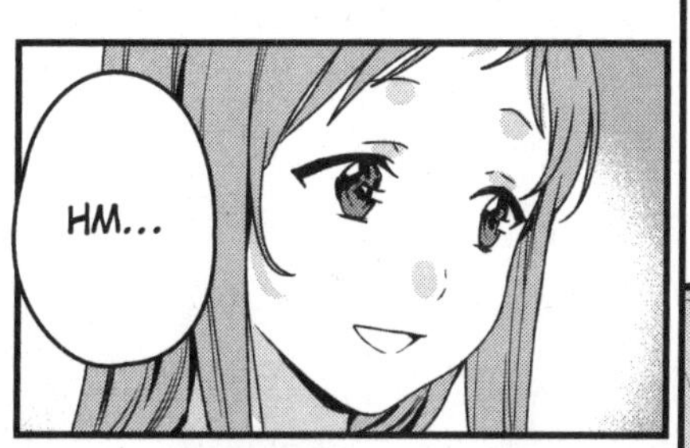
HM...

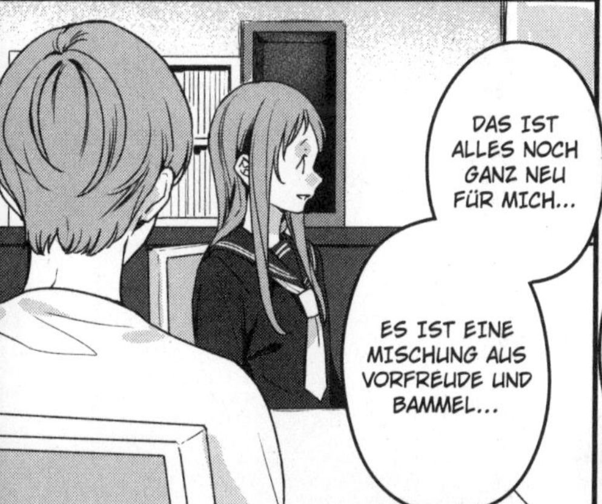
DAS IST ALLES NOCH GANZ NEU FÜR MICH...
ES IST EINE MISCHUNG AUS VORFREUDE UND BAMMEL...

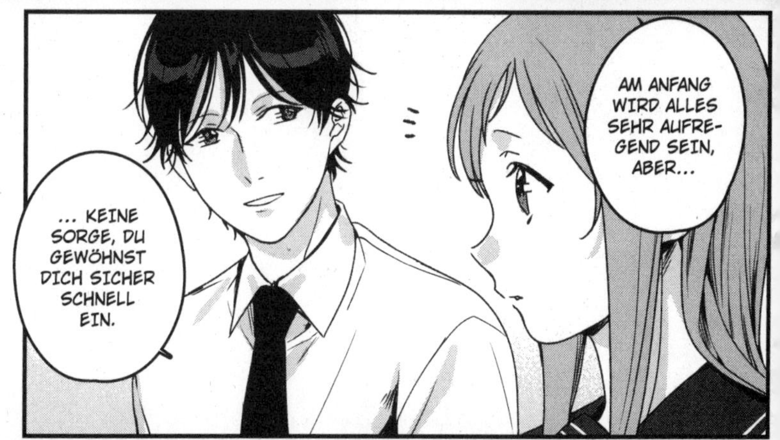
AM ANFANG WIRD ALLES SEHR AUFRE-GEND SEIN, ABER...
... KEINE SORGE, DU GEWÖHNST DICH SICHER SCHNELL EIN.

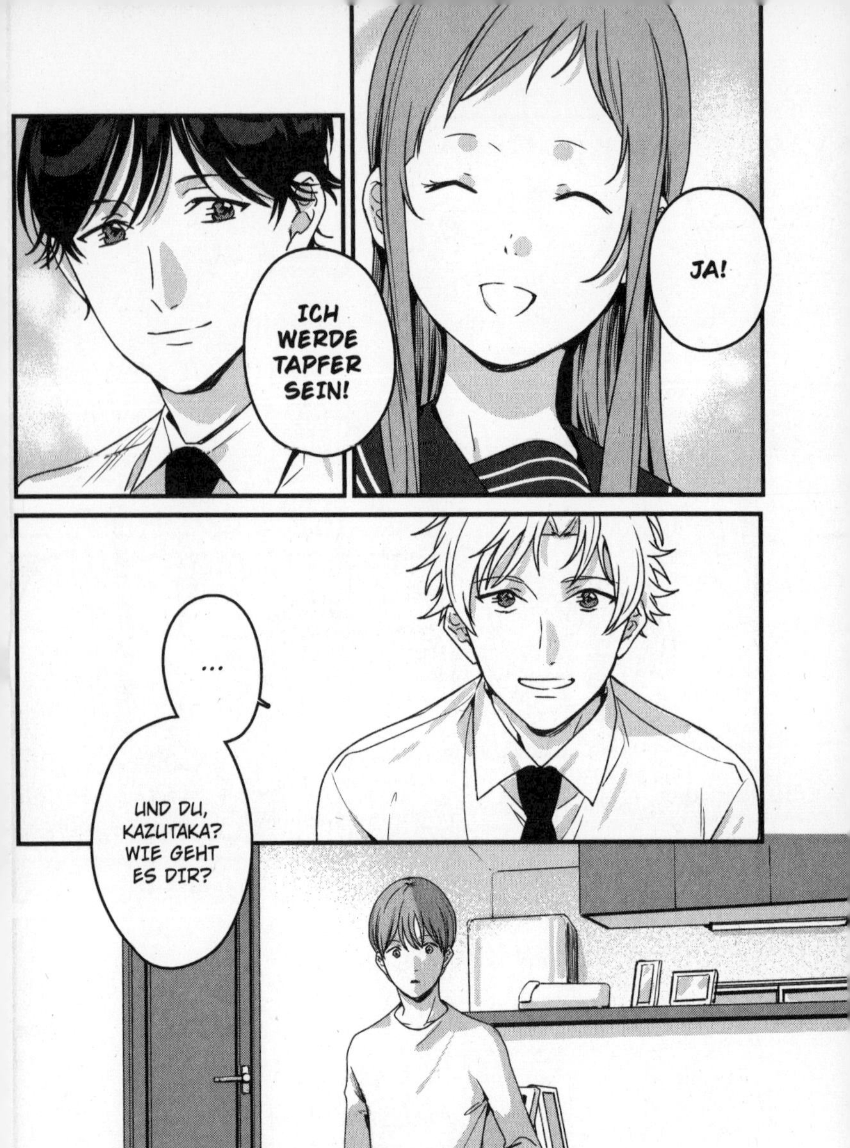
JA!
ICH WERDE TAPFER SEIN!
...
UND DU, KAZUTAKA? WIE GEHT ES DIR?

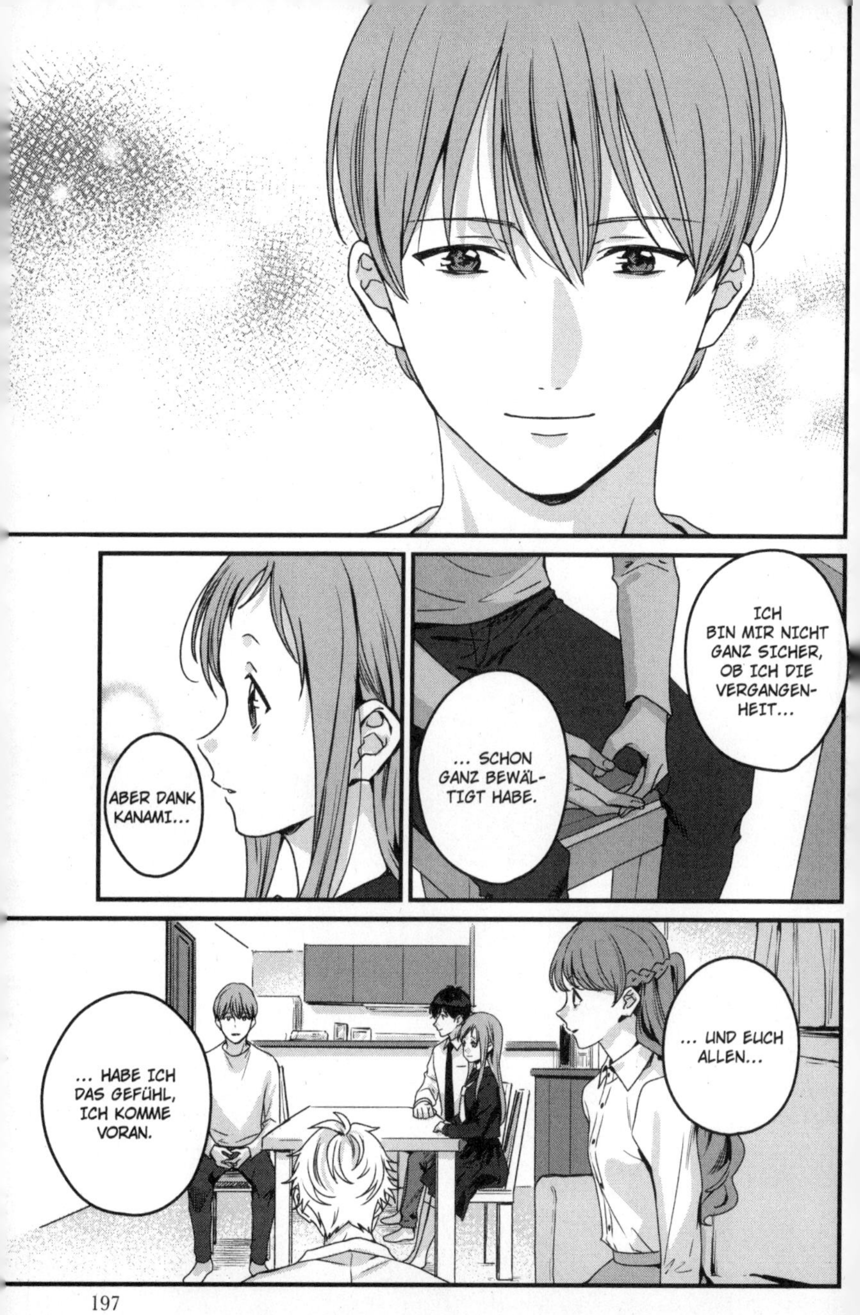

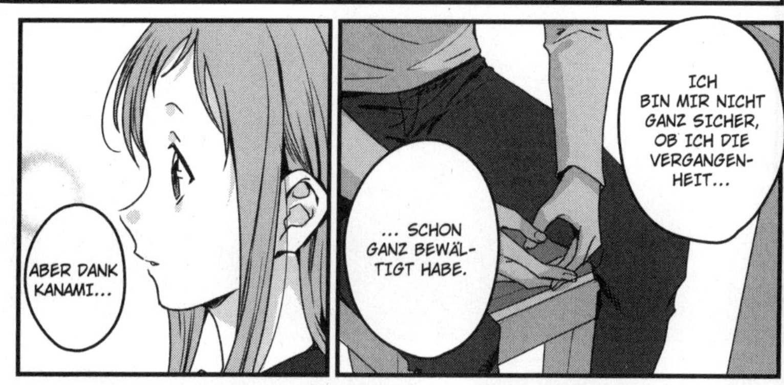
ICH BIN MIR NICHT GANZ SICHER, OB ICH DIE VERGANGEN-HEIT…
… SCHON GANZ BEWÄL-TIGT HABE.
ABER DANK KANAMI…

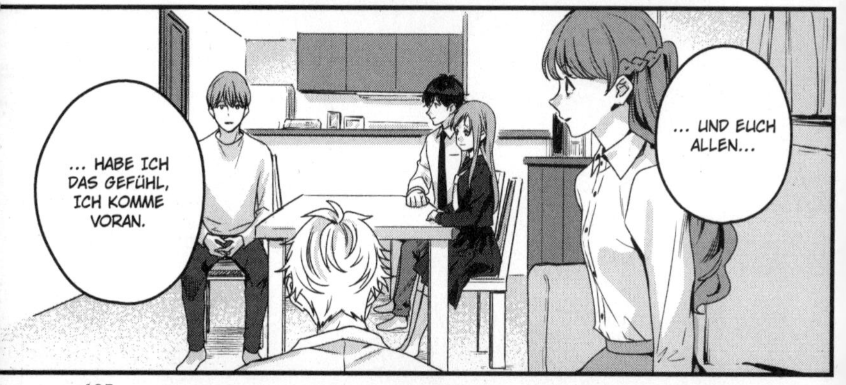
… UND EUCH ALLEN…
… HABE ICH DAS GEFÜHL, ICH KOMME VORAN.

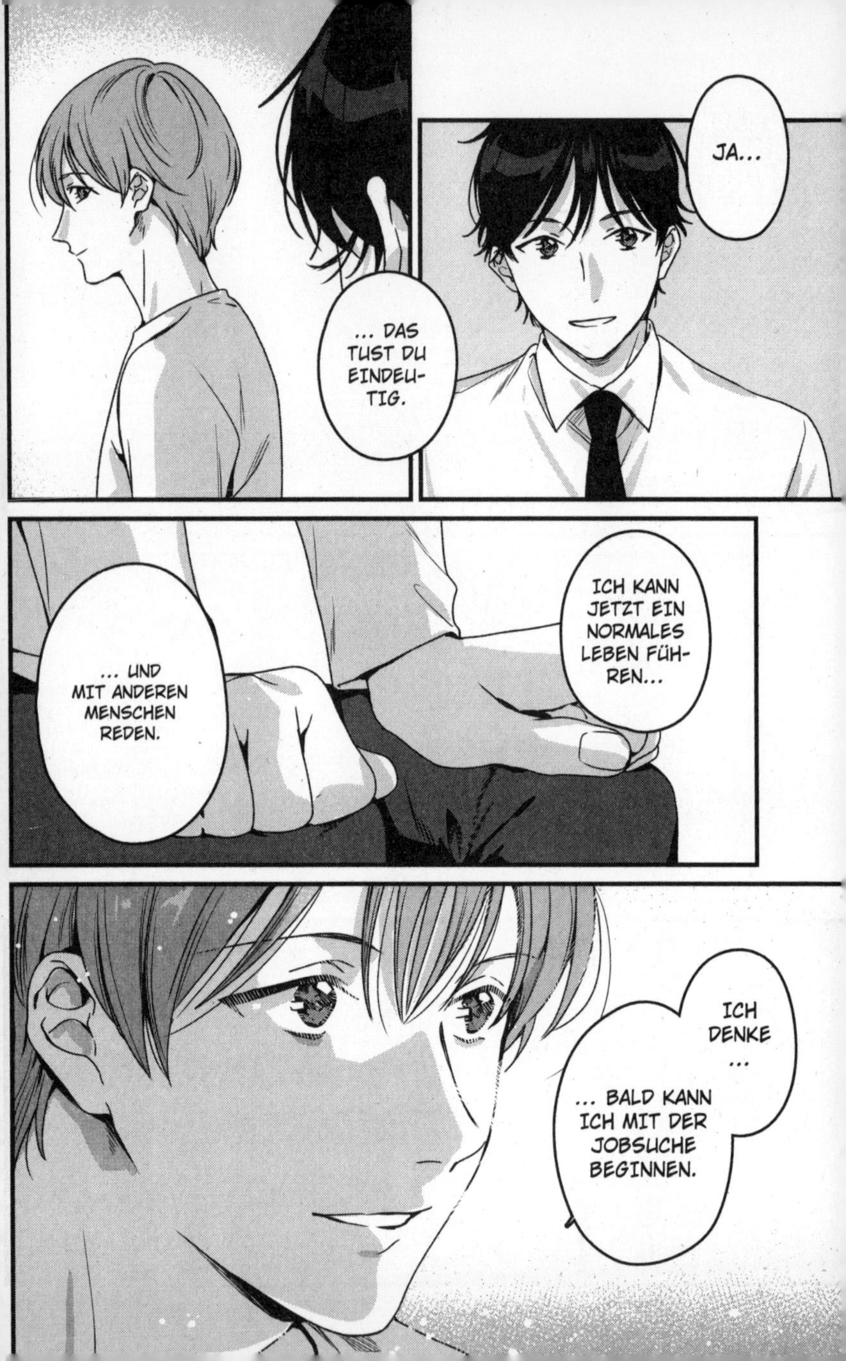

JA...

... DAS TUST DU EINDEUTIG.

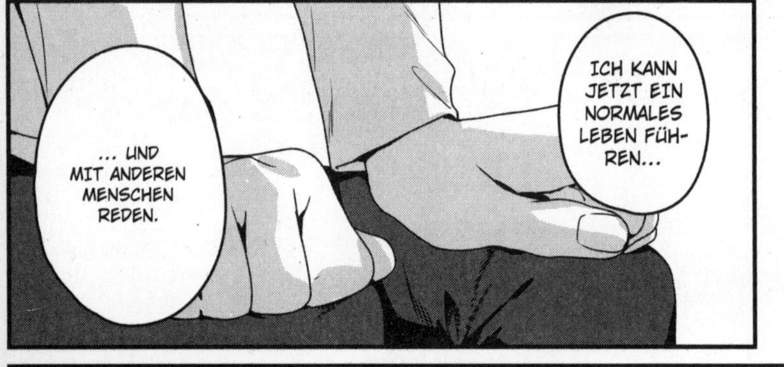

ICH DENKE ...

... BALD KANN ICH MIT DER JOBSUCHE BEGINNEN.

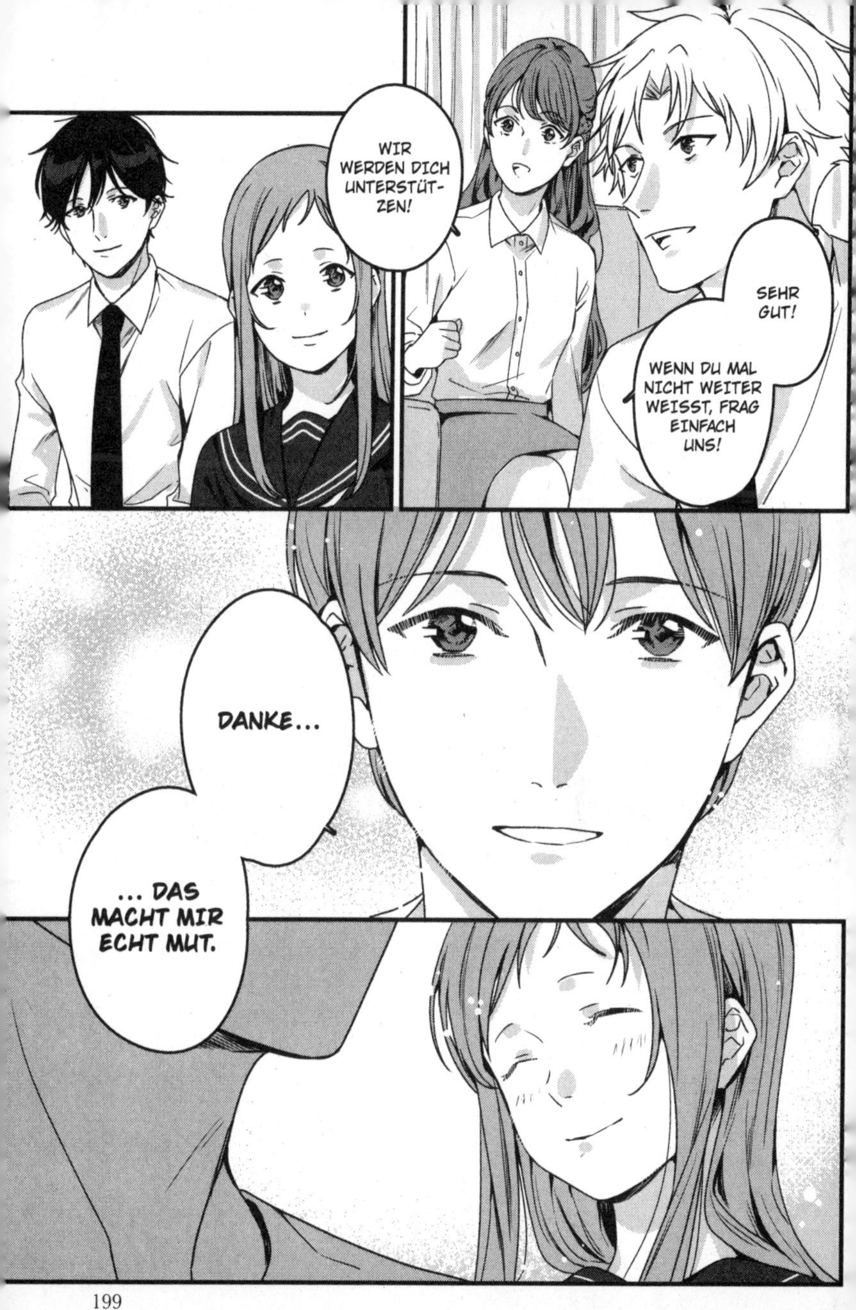
WIR WERDEN DICH UNTERSTÜT-ZEN!
SEHR GUT!
WENN DU MAL NICHT WEITER WEISST, FRAG EINFACH UNS!
DANKE...
... DAS MACHT MIR ECHT MUT.

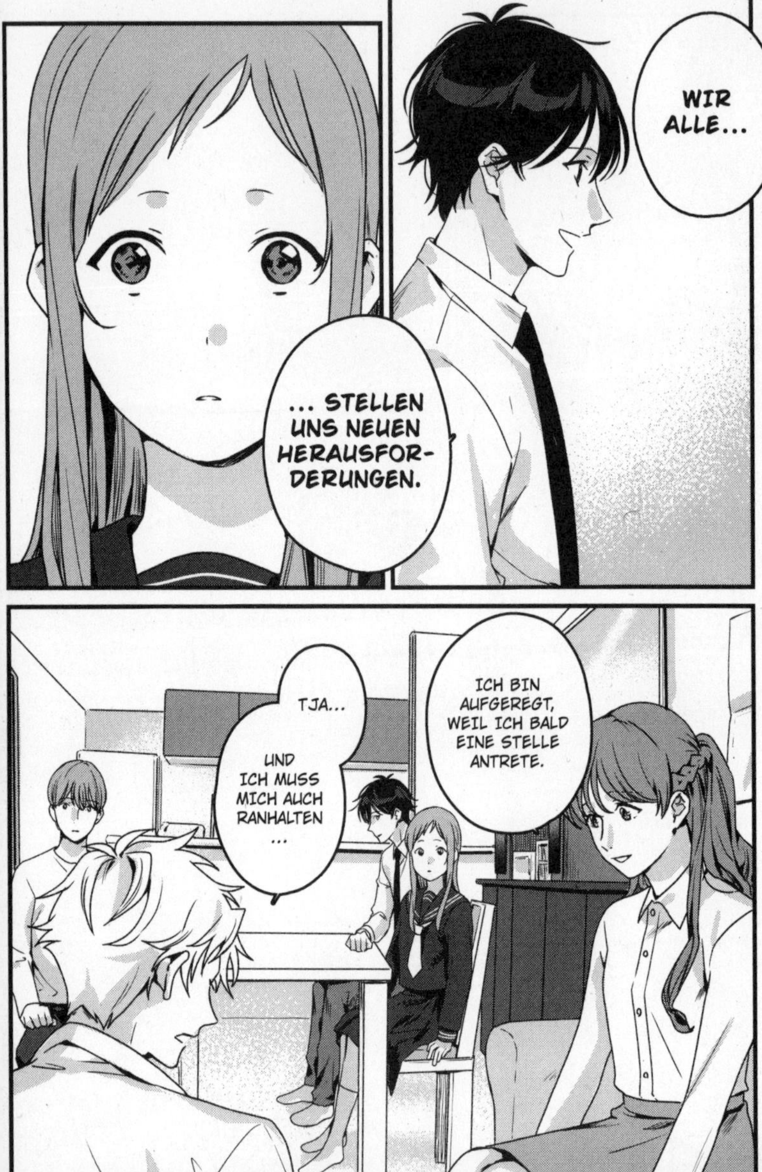

WIR ALLE...

... STELLEN UNS NEUEN HERAUSFORDERUNGEN.

ICH BIN AUFGEREGT, WEIL ICH BALD EINE STELLE ANTRETE.

TJA...

UND ICH MUSS MICH AUCH RANHALTEN ...

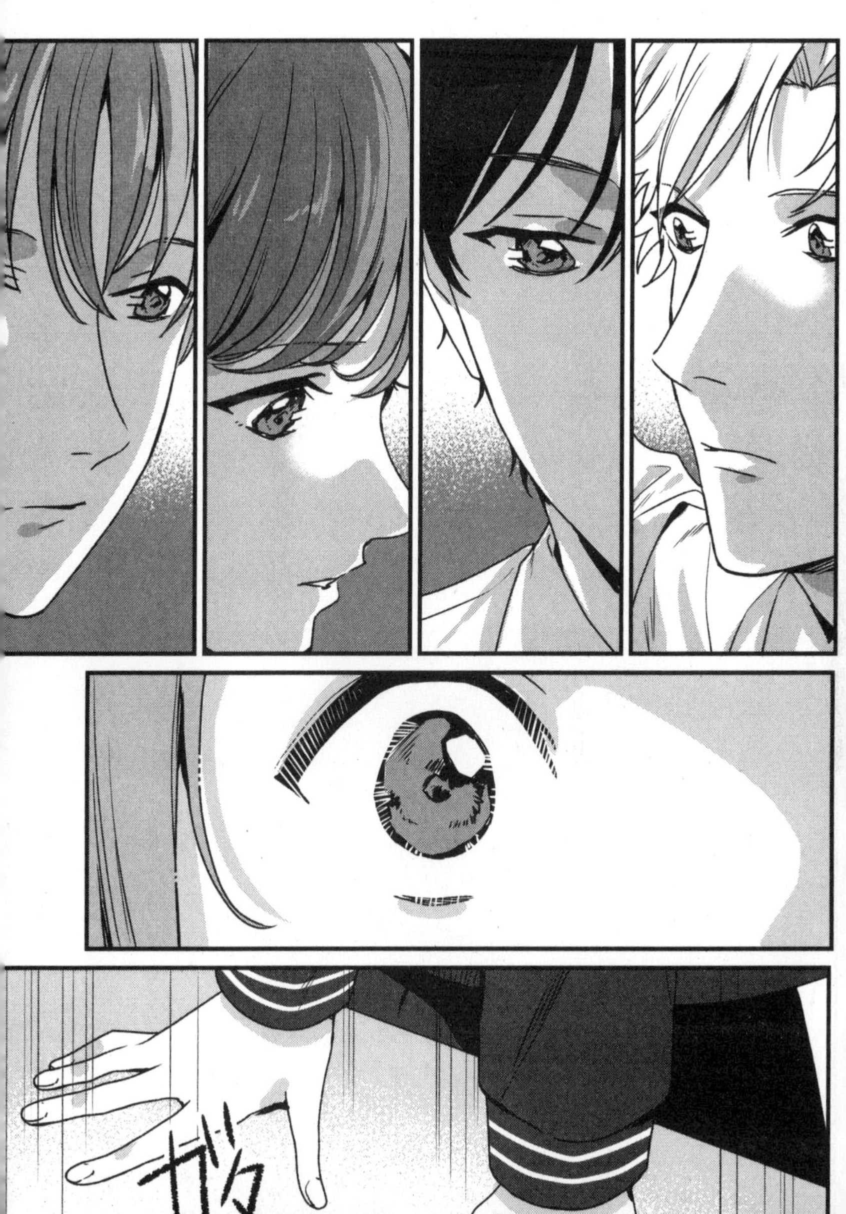
ガタッ
PLAFF

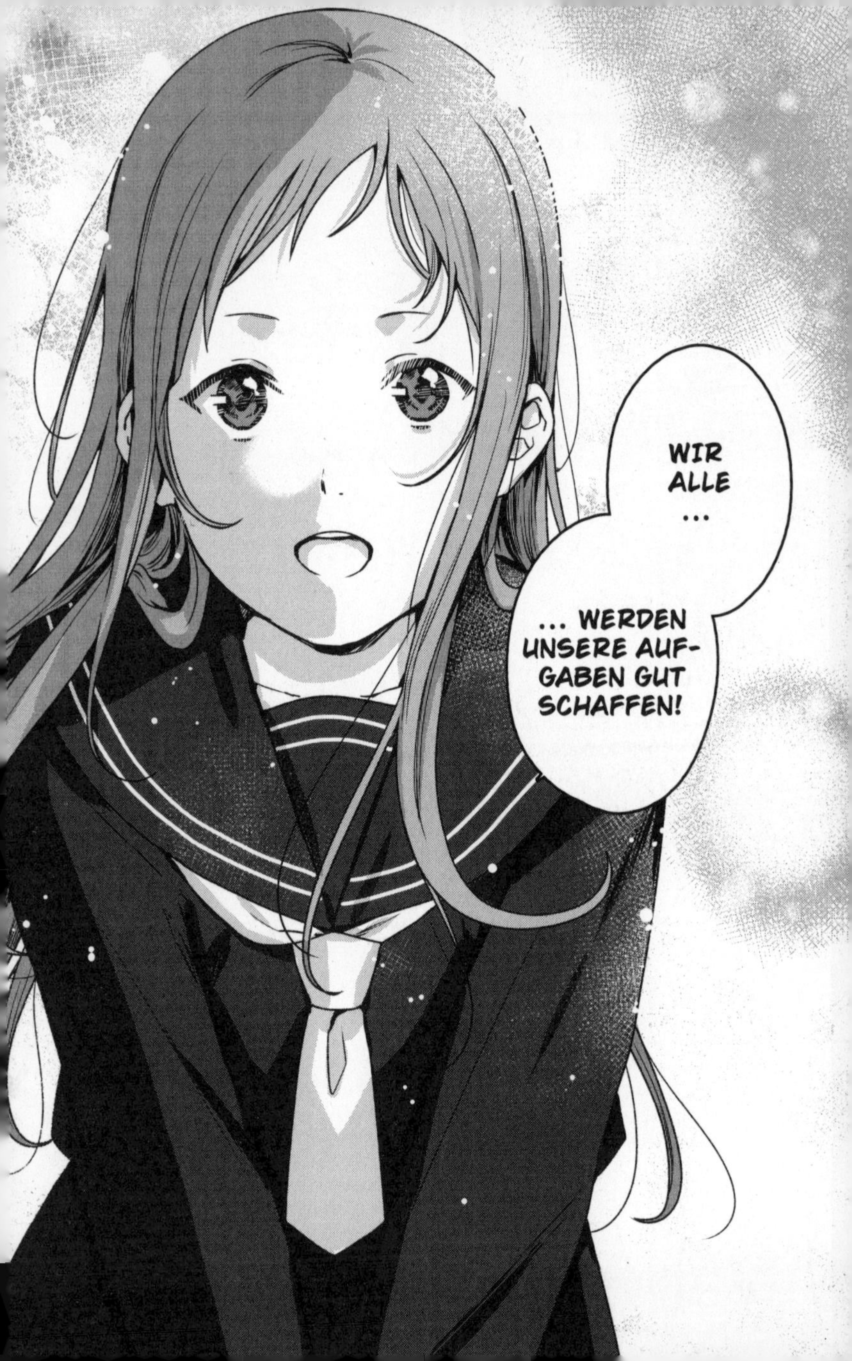
WIR ALLE …
… WERDEN UNSERE AUF-GABEN GUT SCHAFFEN!

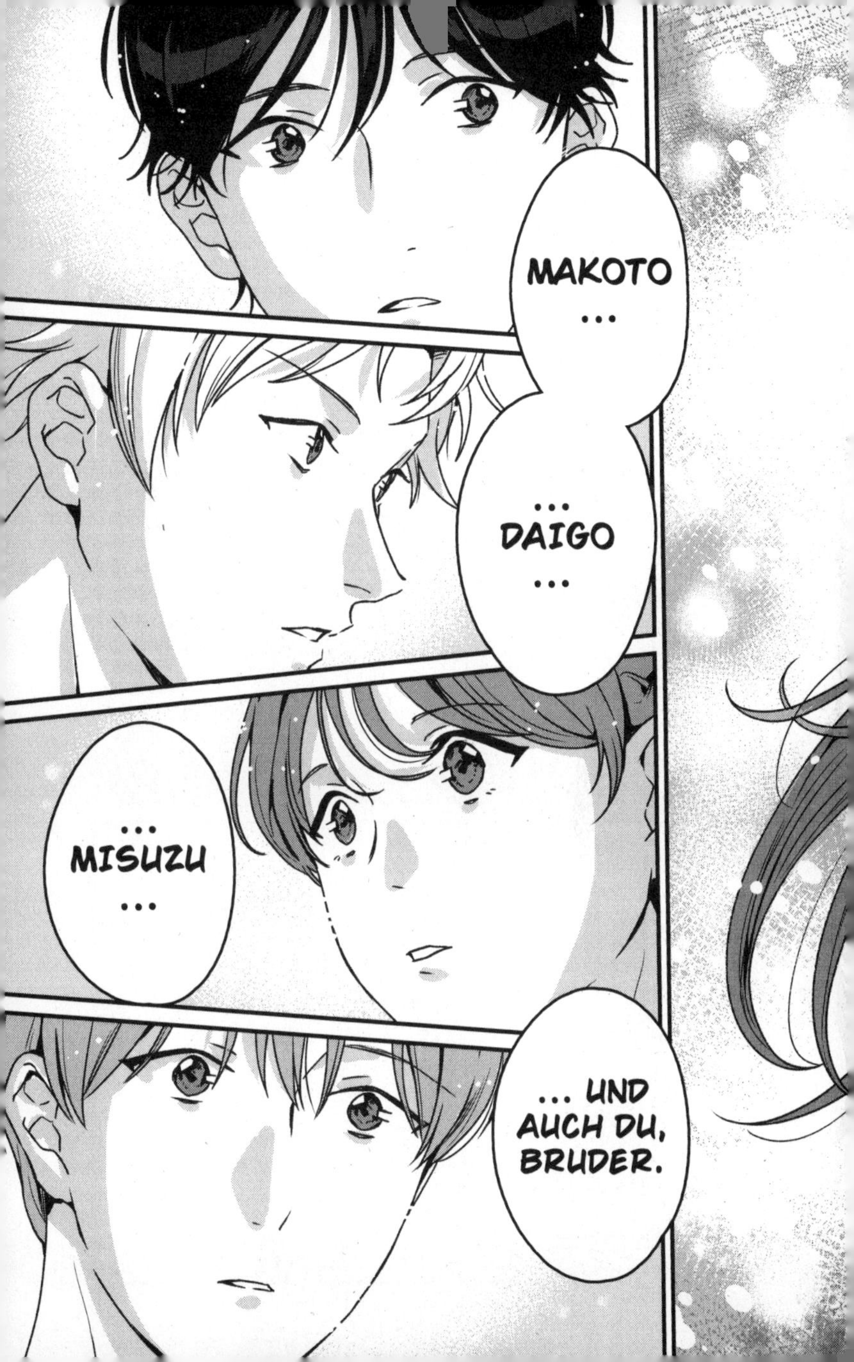
MAKOTO …
… DAIGO …
… MISUZU …
… UND AUCH DU, BRUDER.

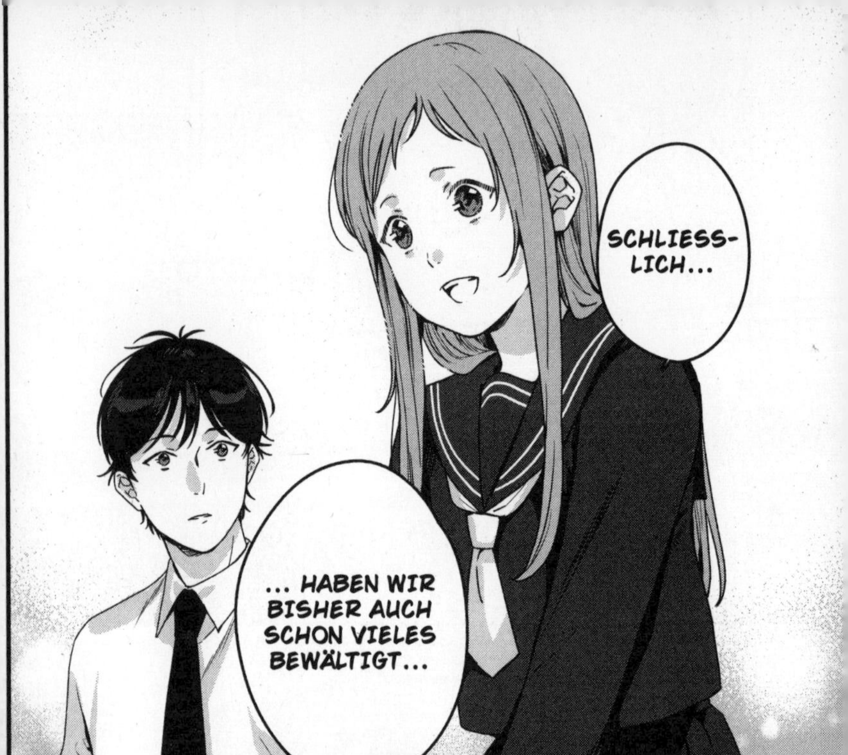

SCHLIESS-LICH...

... HABEN WIR BISHER AUCH SCHON VIELES BEWÄLTIGT...

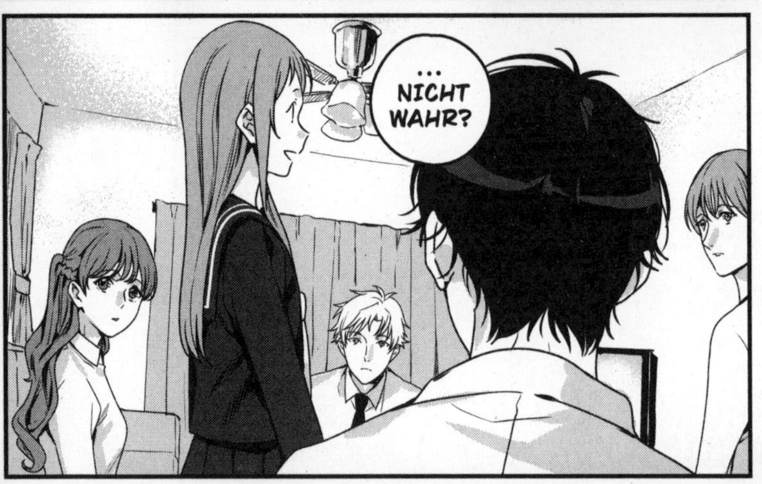

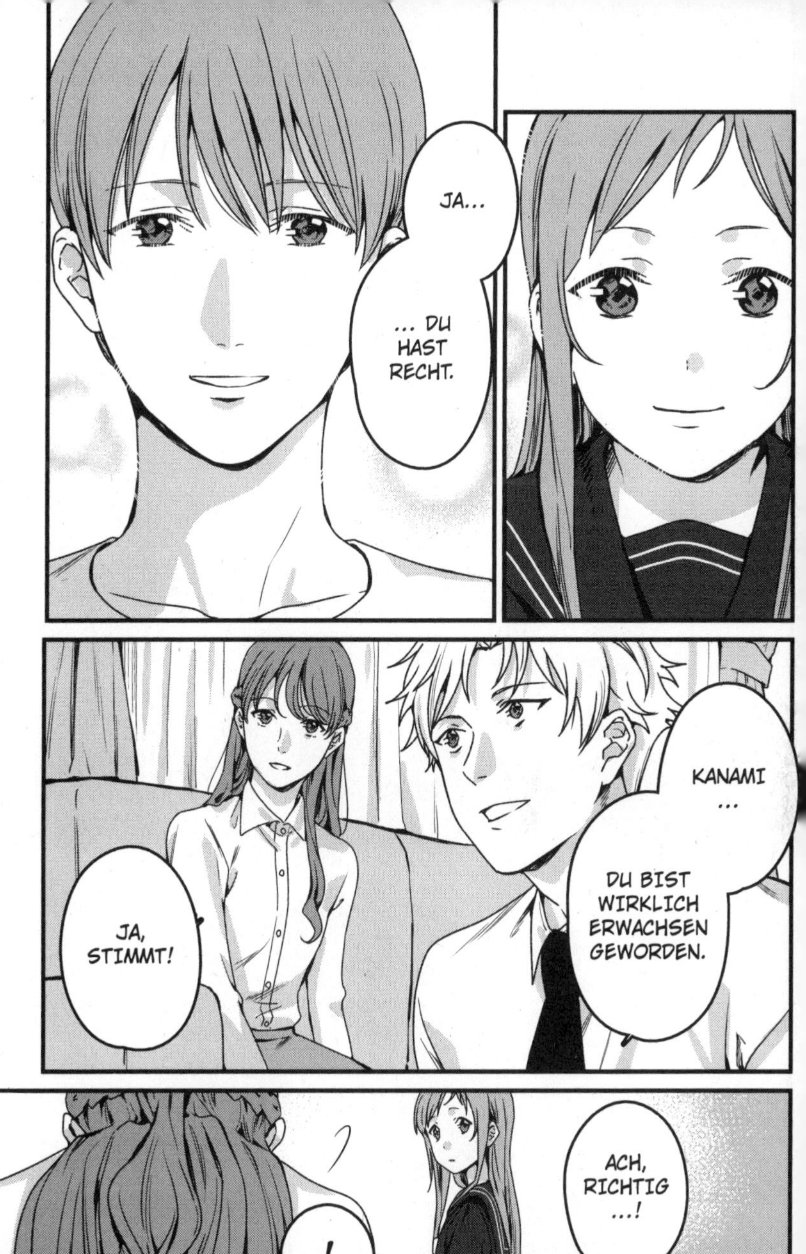
JA...
... DU HAST RECHT.
KANAMI ...
DU BIST WIRKLICH ERWACHSEN GEWORDEN.
JA, STIMMT!
ACH, RICHTIG ...!
!

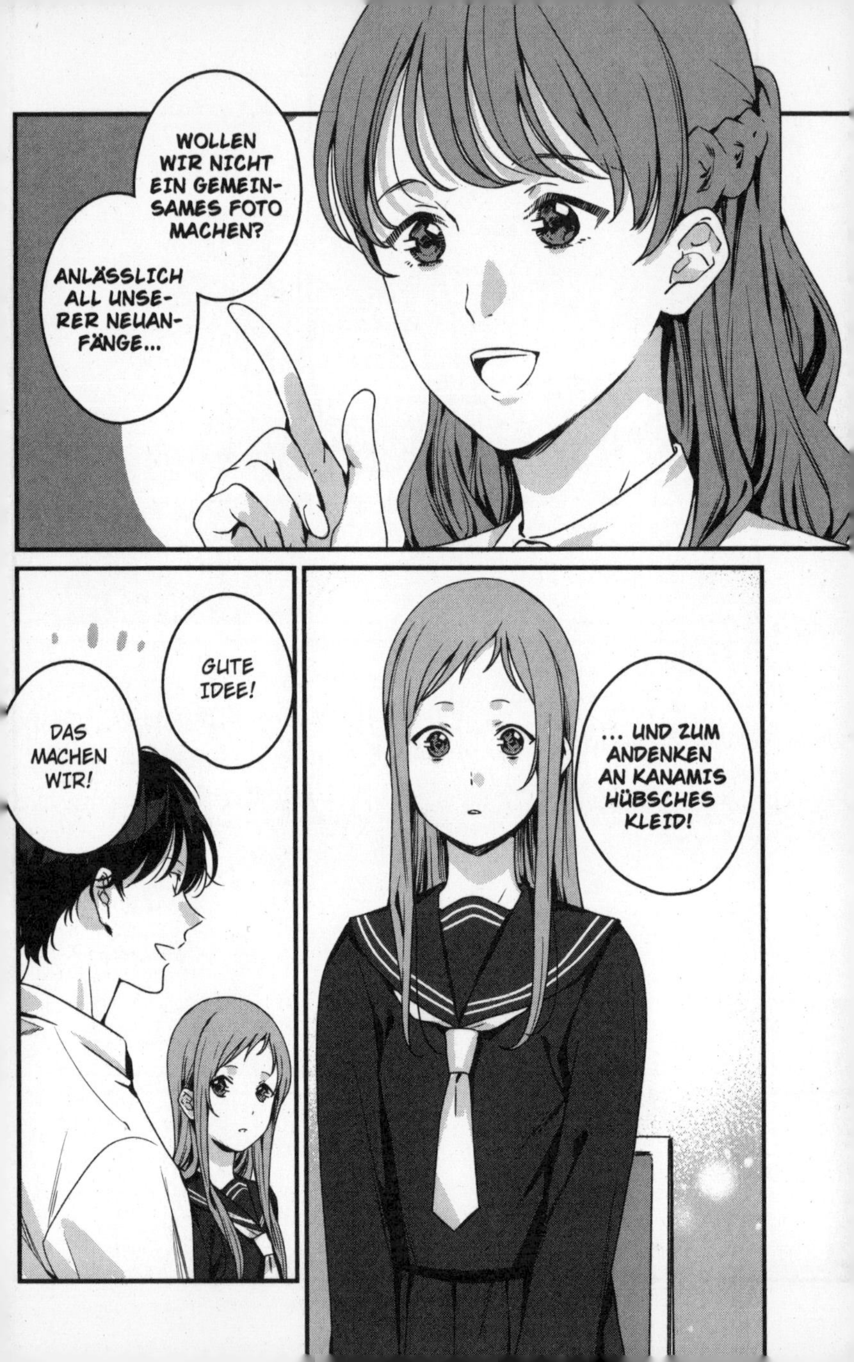

WOLLEN WIR NICHT EIN GEMEINSAMES FOTO MACHEN?

ANLÄSSLICH ALL UNSERER NEUANFÄNGE...

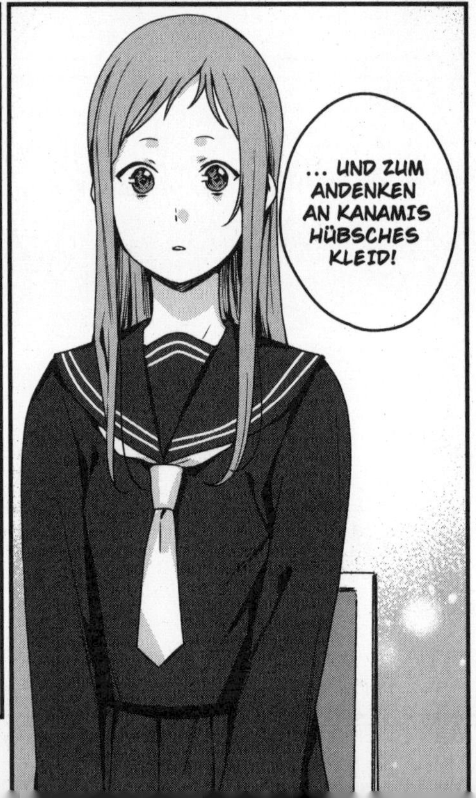

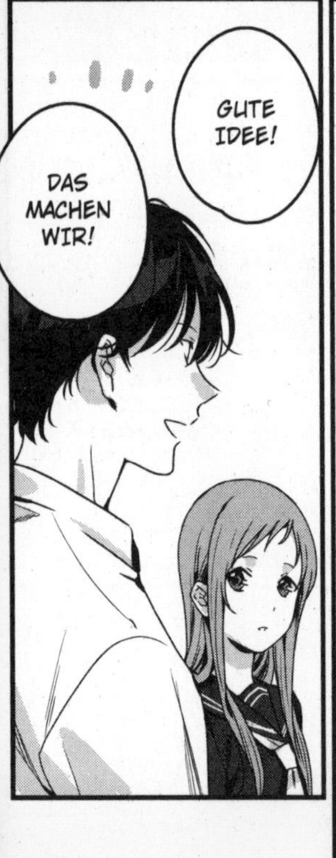

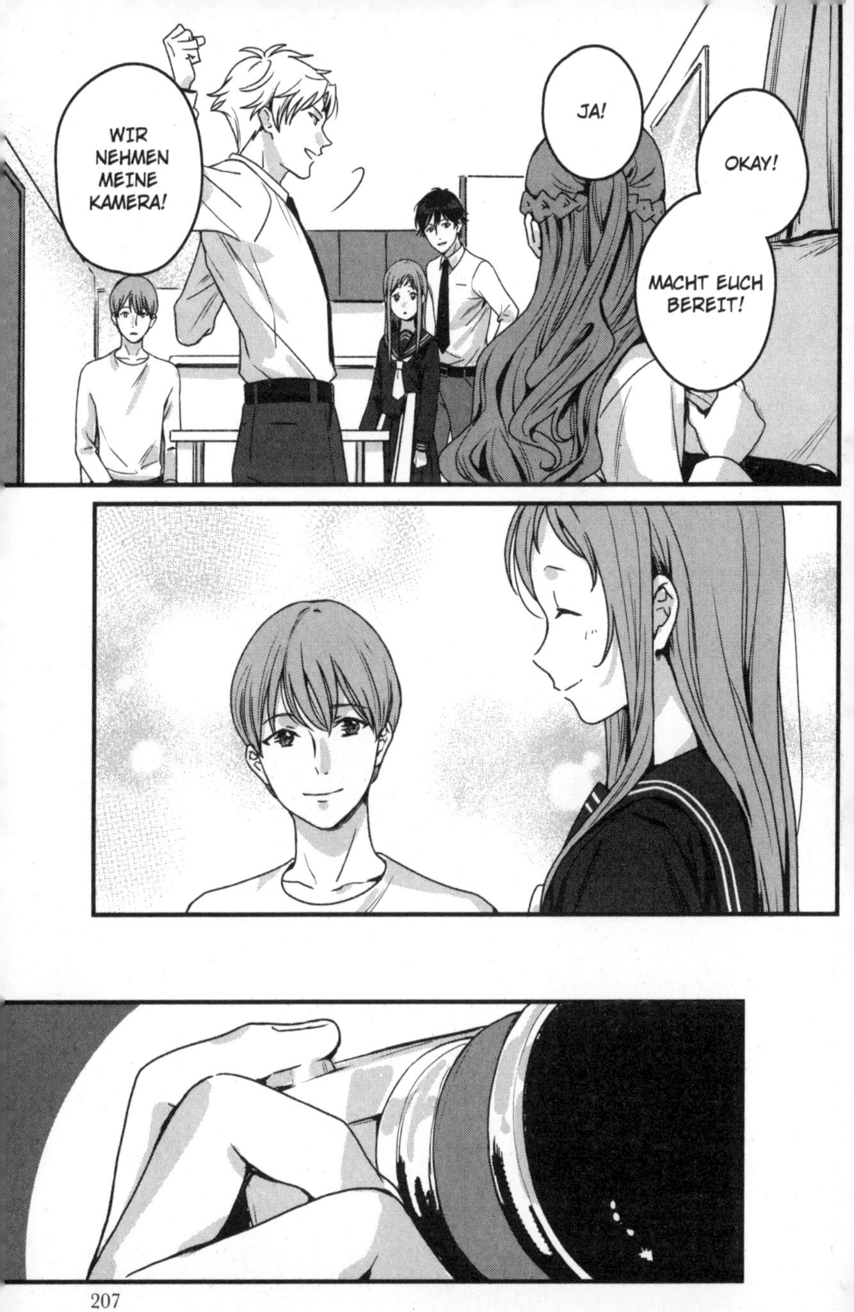

WIR NEHMEN MEINE KAMERA!

MACHT EUCH BEREIT!

JA!

OKAY!

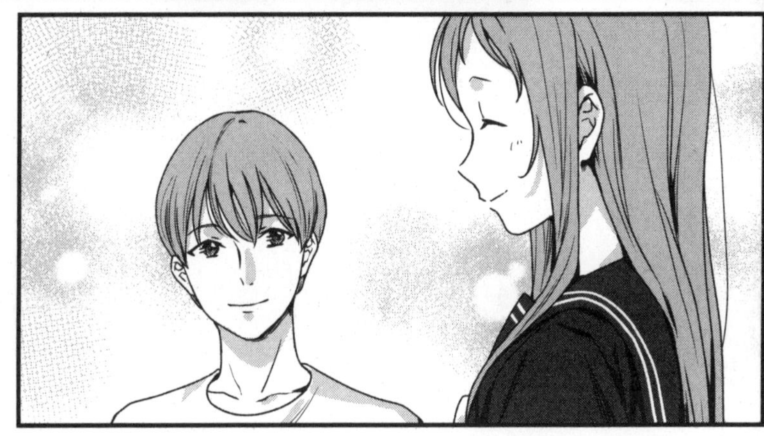

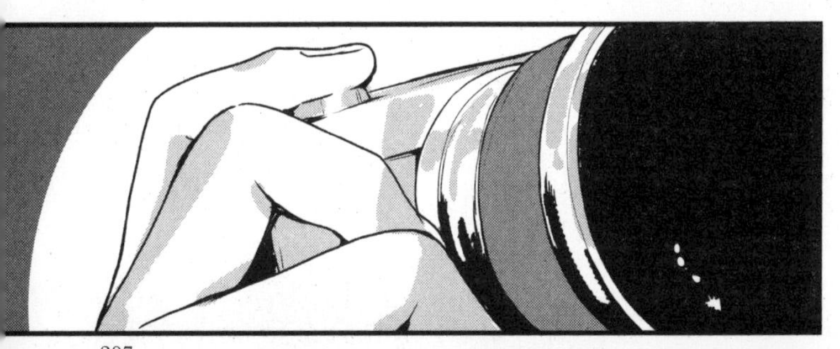

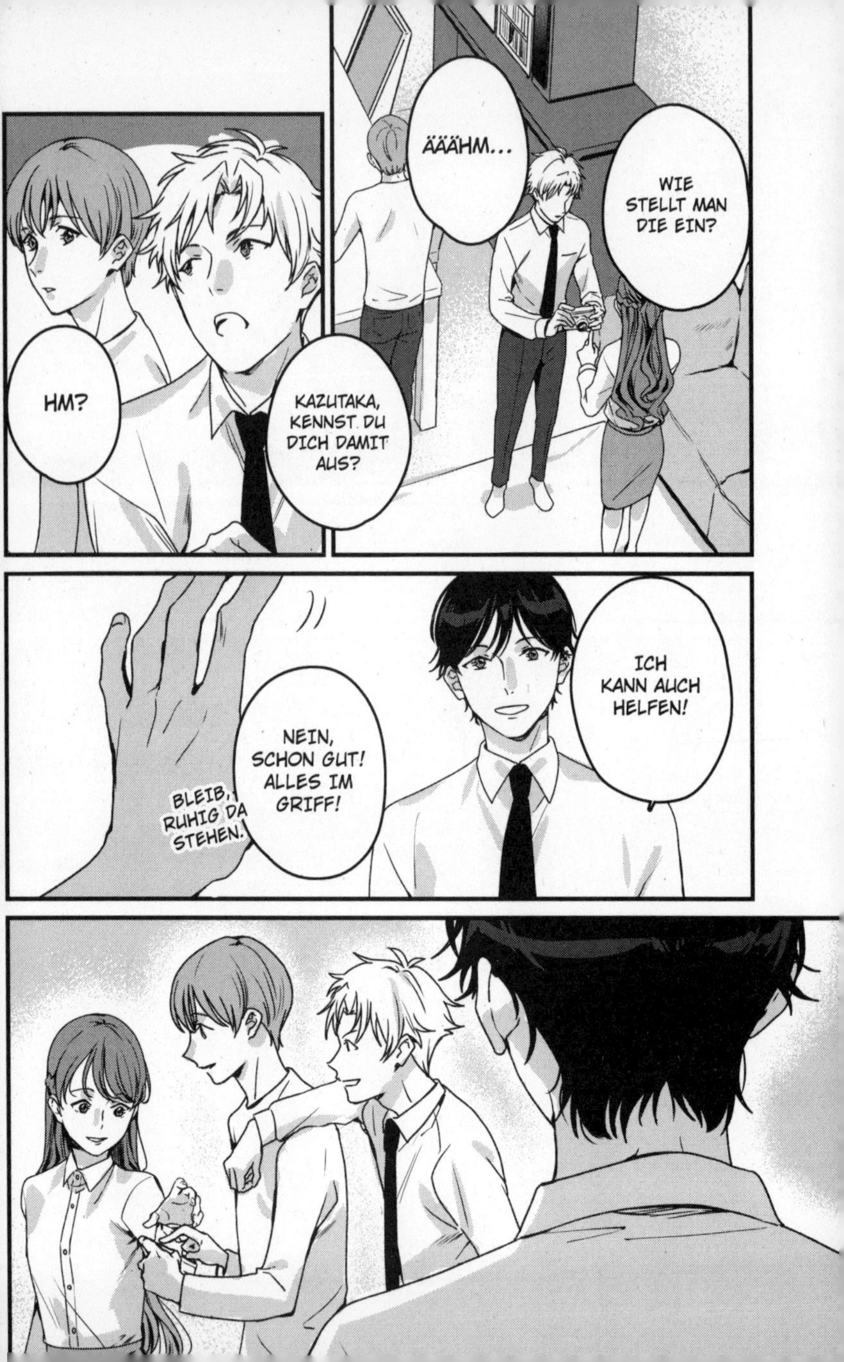

WIE STELLT MAN DIE EIN?
ÄÄÄHM…
KAZUTAKA, KENNST DU DICH DAMIT AUS?
HM?

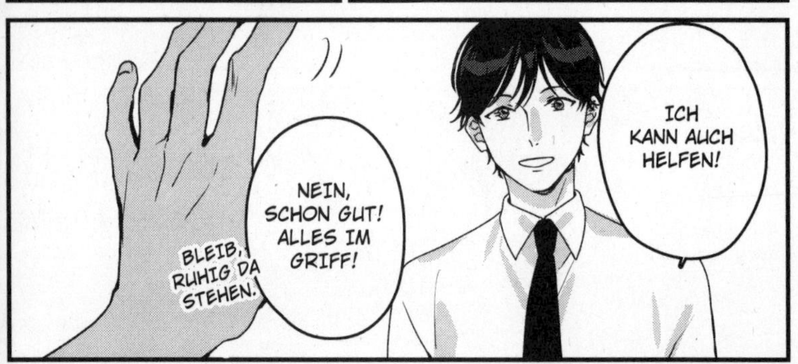
ICH KANN AUCH HELFEN!
NEIN, SCHON GUT! ALLES IM GRIFF!
BLEIB, RUHIG DA STEHEN.

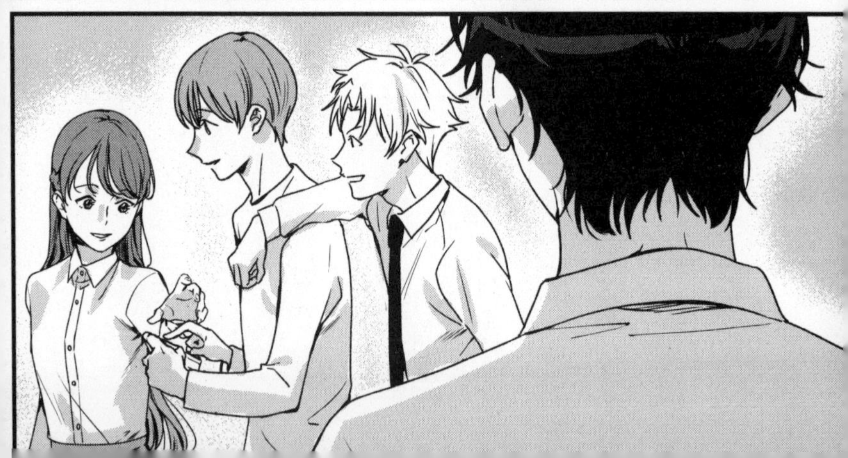

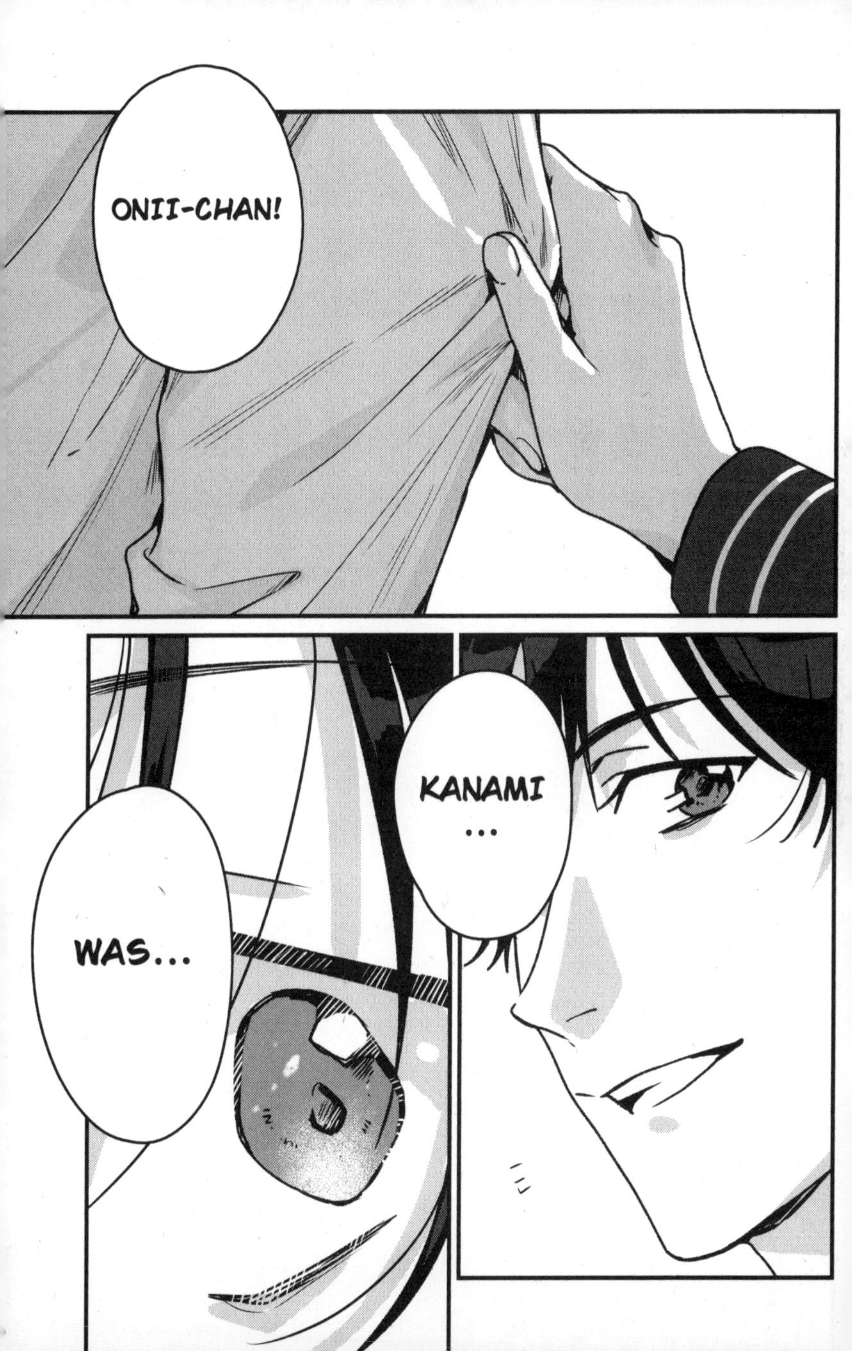
ONII-CHAN!
KANAMI
...
WAS...

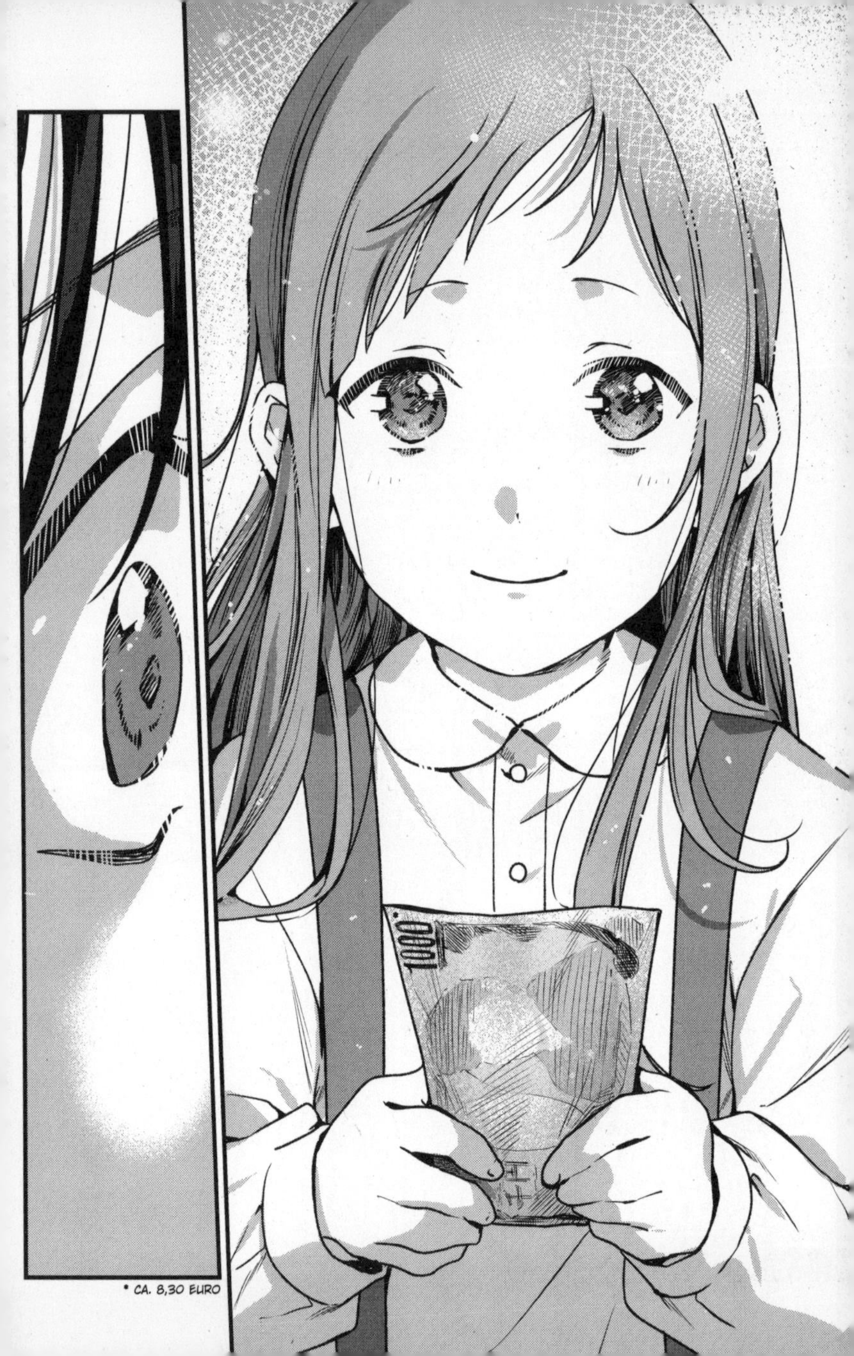

* CA. 8,30 EURO

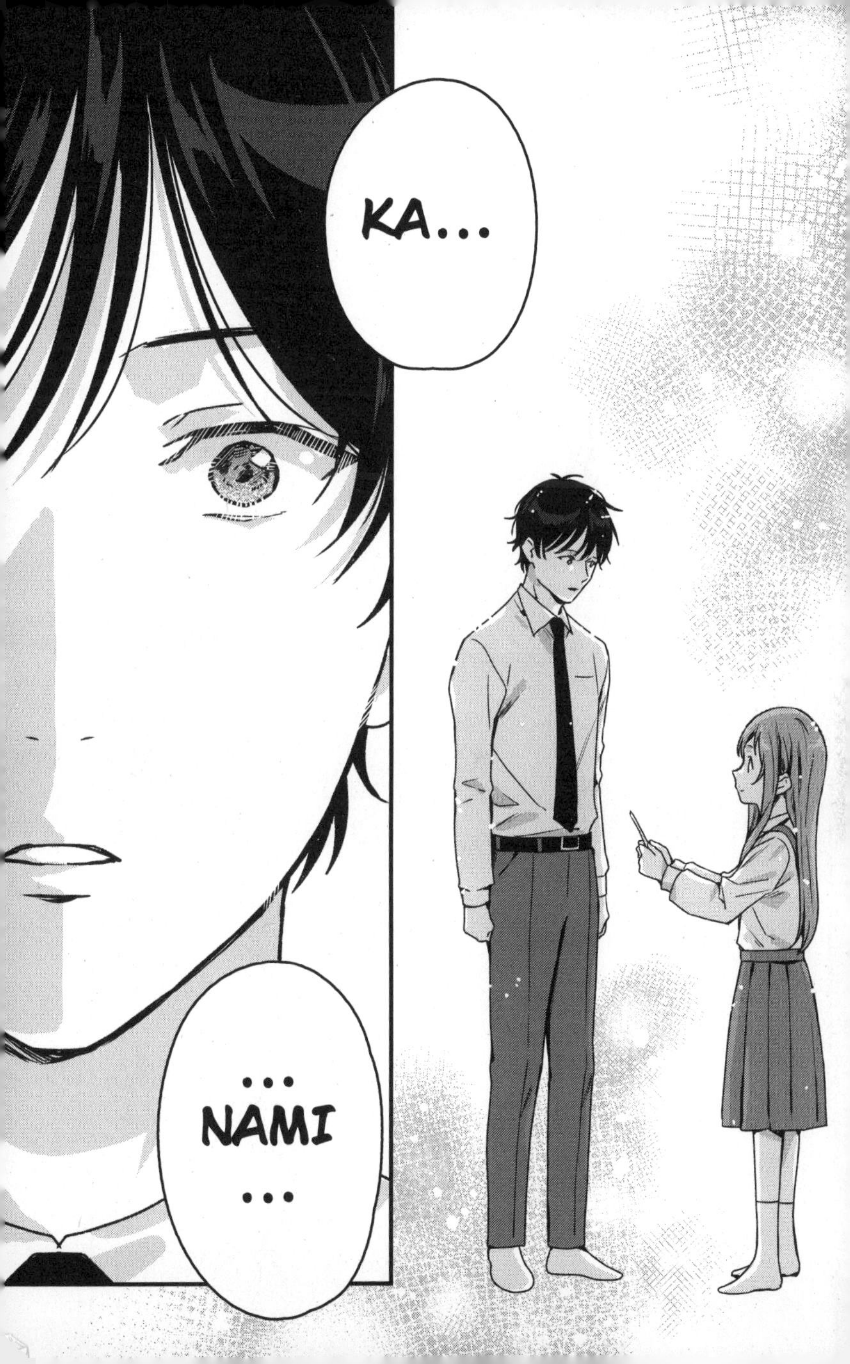
KA...
...NAMI...

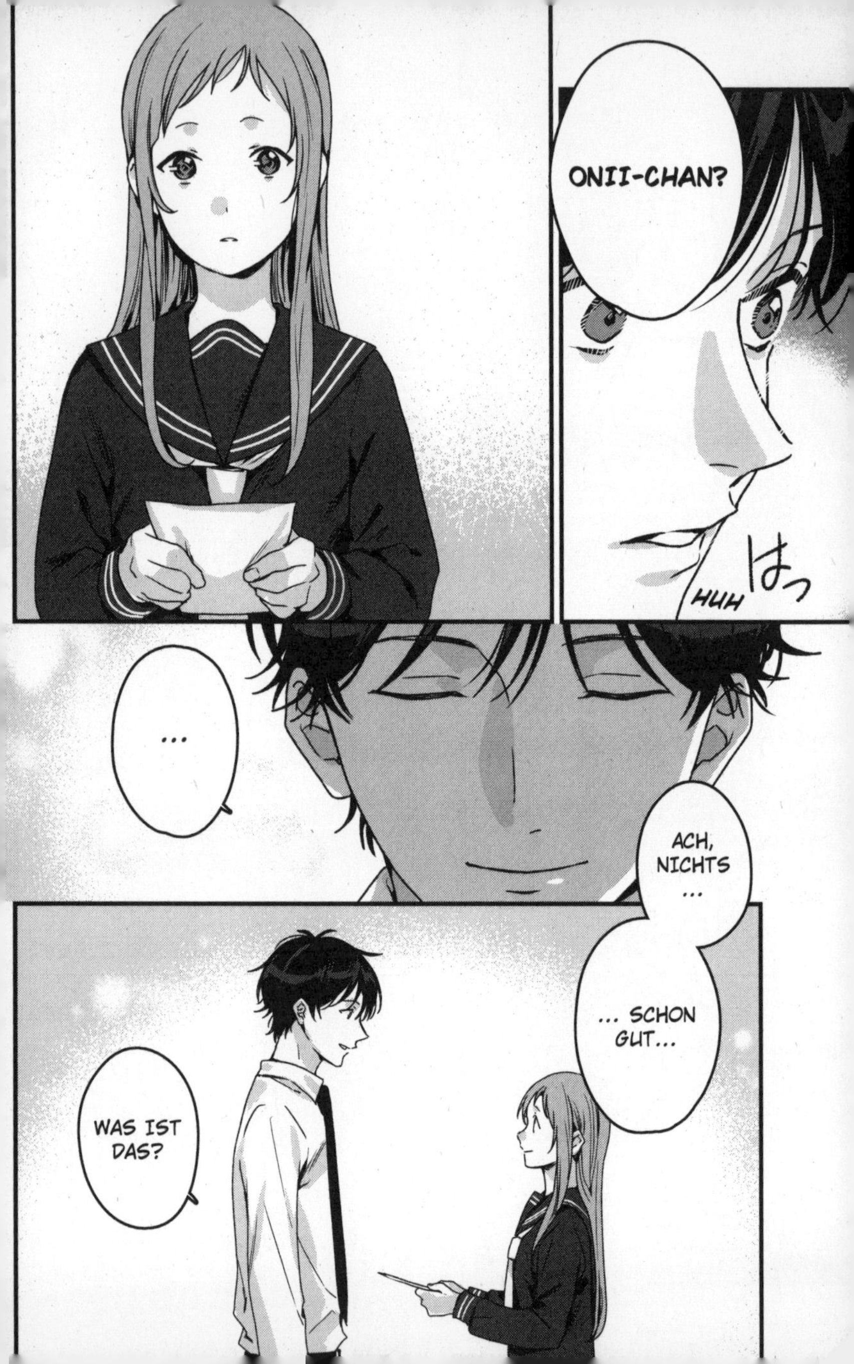
ONII-CHAN?
HUH
はっ
...
ACH, NICHTS ...
... SCHON GUT...
WAS IST DAS?

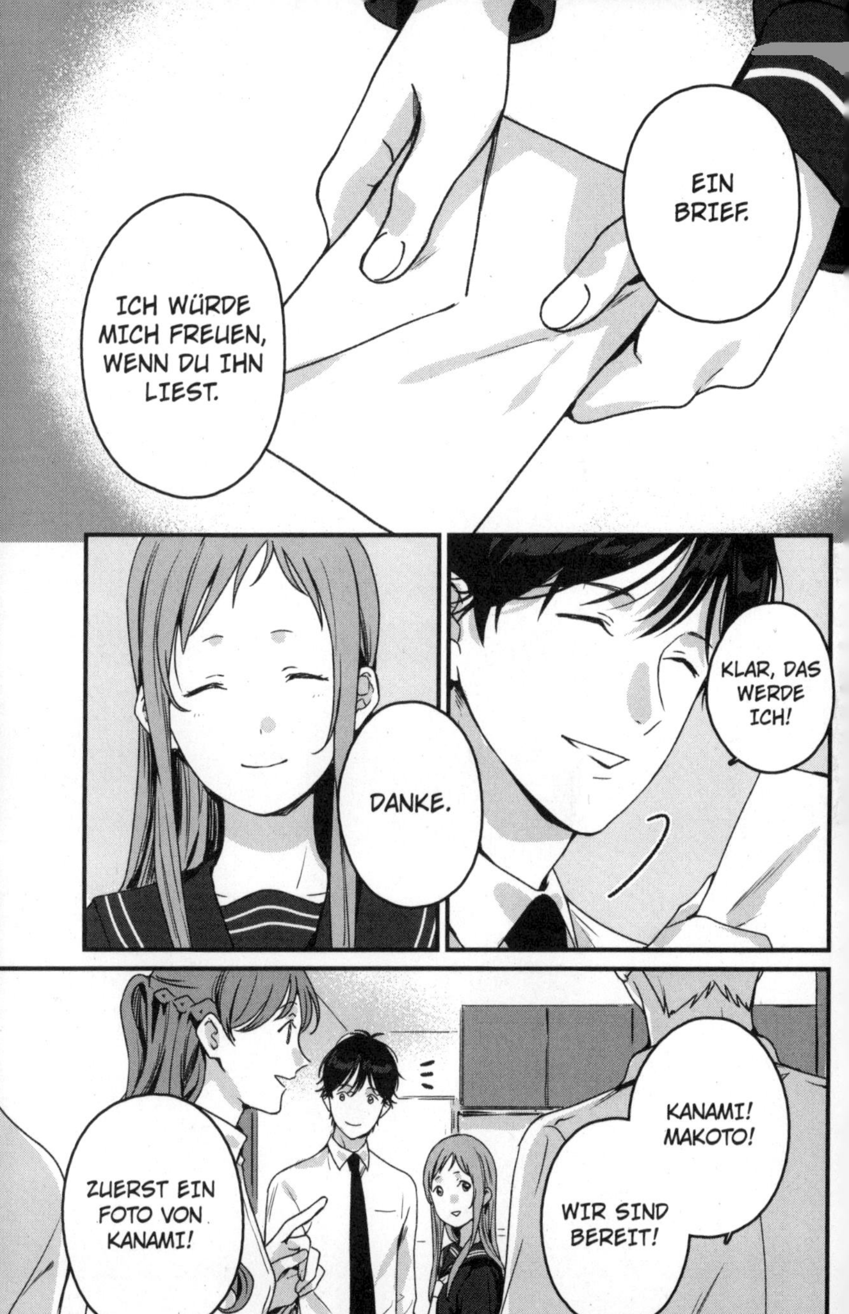
EIN BRIEF.
ICH WÜRDE MICH FREUEN, WENN DU IHN LIEST.
KLAR, DAS WERDE ICH!
DANKE.
KANAMI! MAKOTO!
WIR SIND BEREIT!
ZUERST EIN FOTO VON KANAMI!

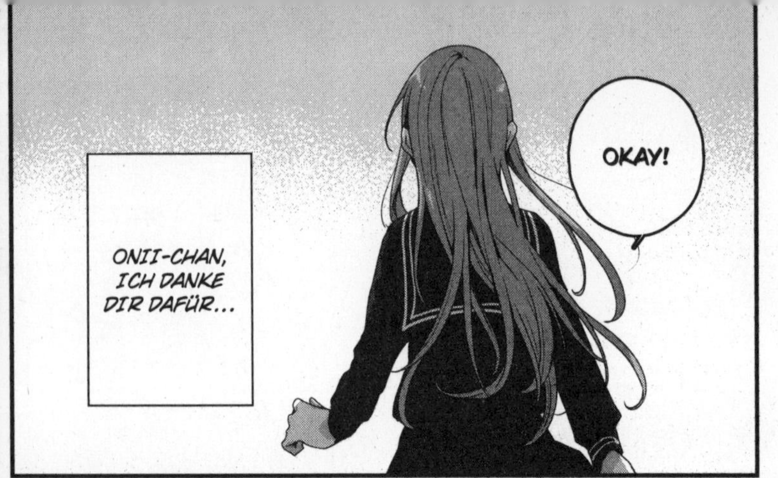

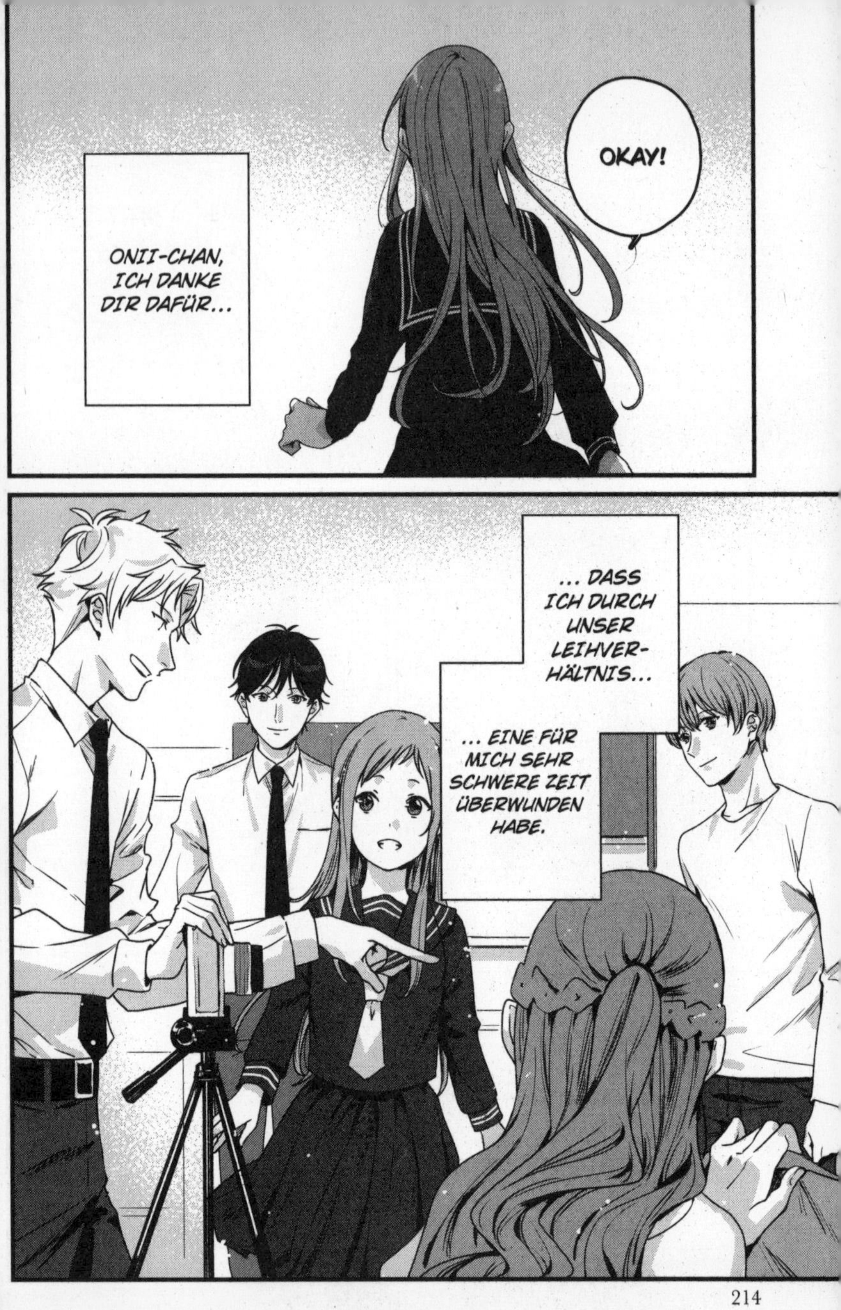

… DASS ICH DURCH UNSER LEIHVER-HÄLTNIS …

… EINE FÜR MICH SEHR SCHWERE ZEIT ÜBERWUNDEN HABE.

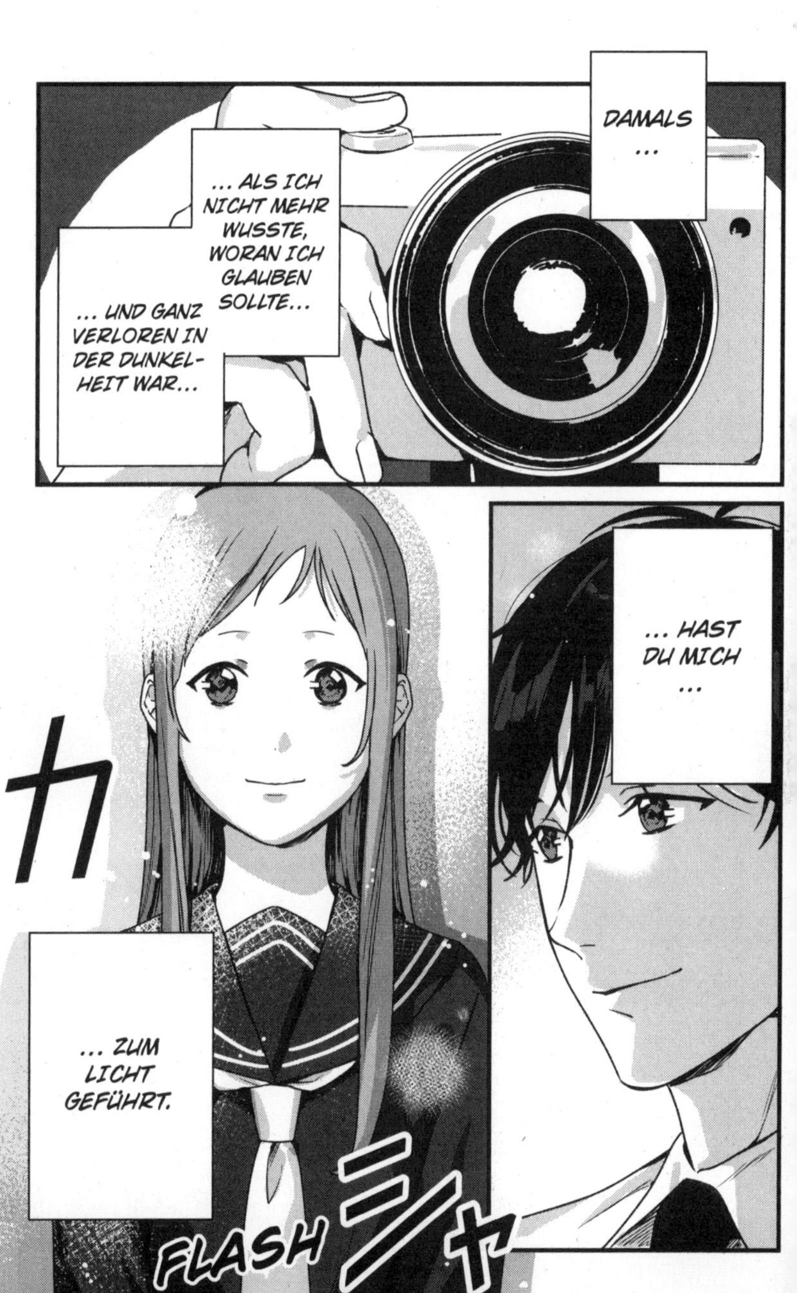
DAMALS …
… ALS ICH NICHT MEHR WUSSTE, WORAN ICH GLAUBEN SOLLTE…
… UND GANZ VERLOREN IN DER DUNKEL-HEIT WAR…
… HAST DU MICH …
カ
… ZUM LICHT GEFÜHRT.
シャ
FLASH

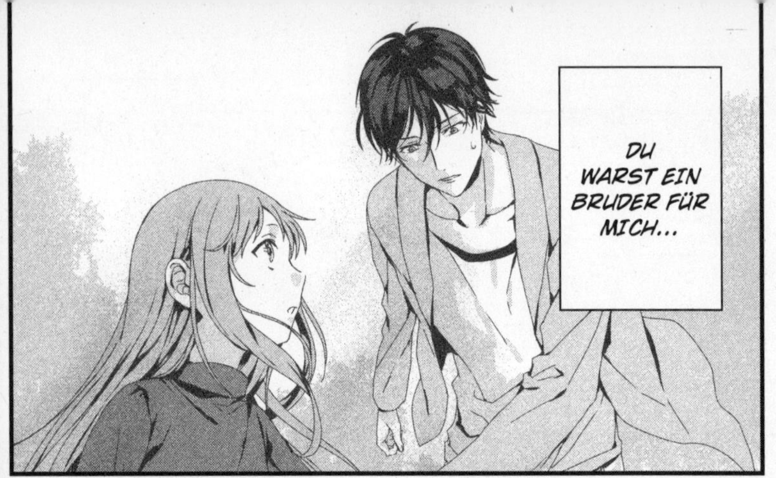
DU WARST EIN BRUDER FÜR MICH...

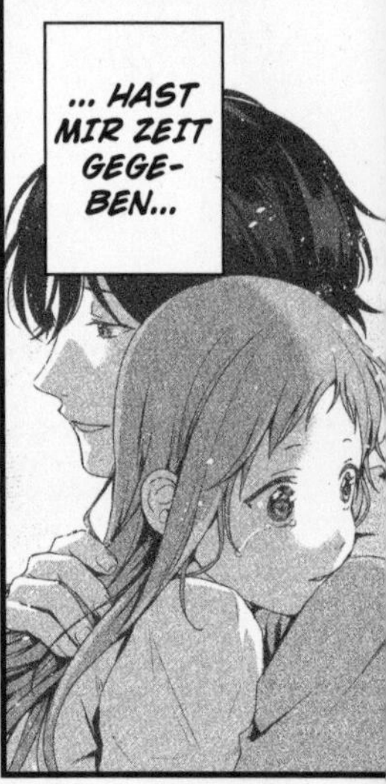
... HAST MIR ZEIT GEGE-BEN...

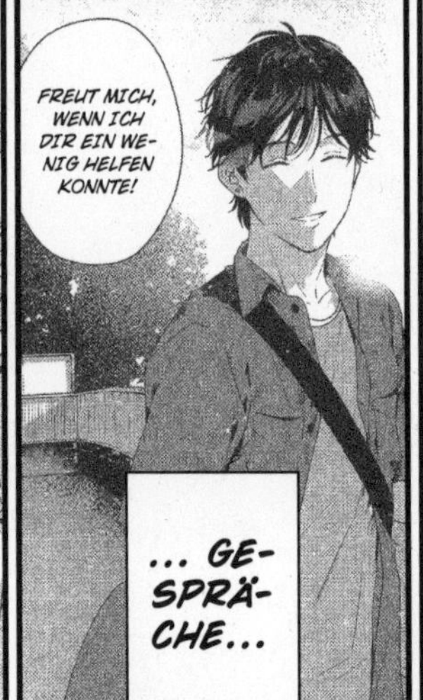
FREUT MICH, WENN ICH DIR EIN WE-NIG HELFEN KONNTE!
... GE-SPRÄ-CHE...

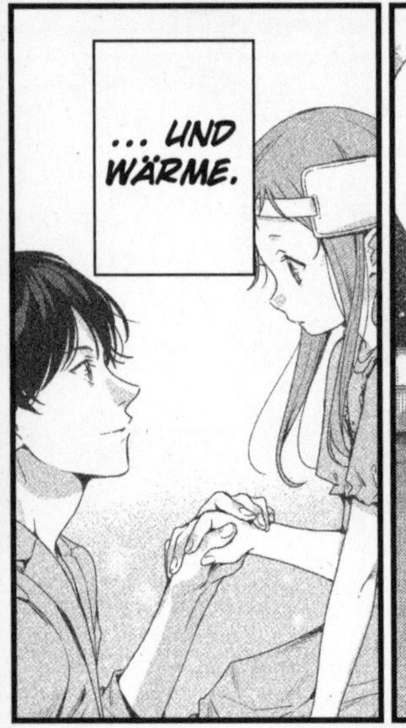
... UND WÄRME.

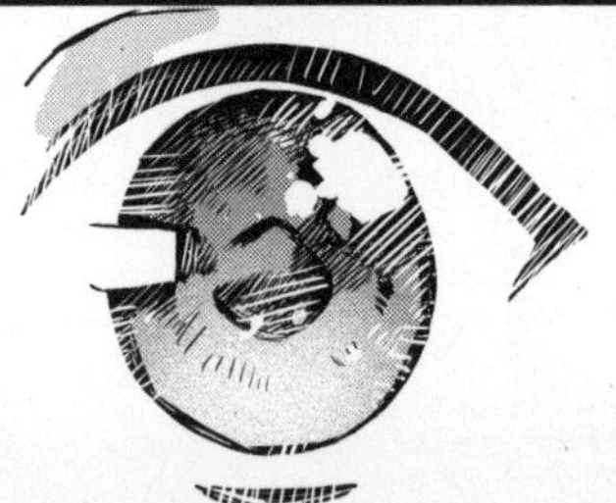
DAS ALLES HAT MICH ZU DER GEMACHT, DIE ICH JETZT BIN.

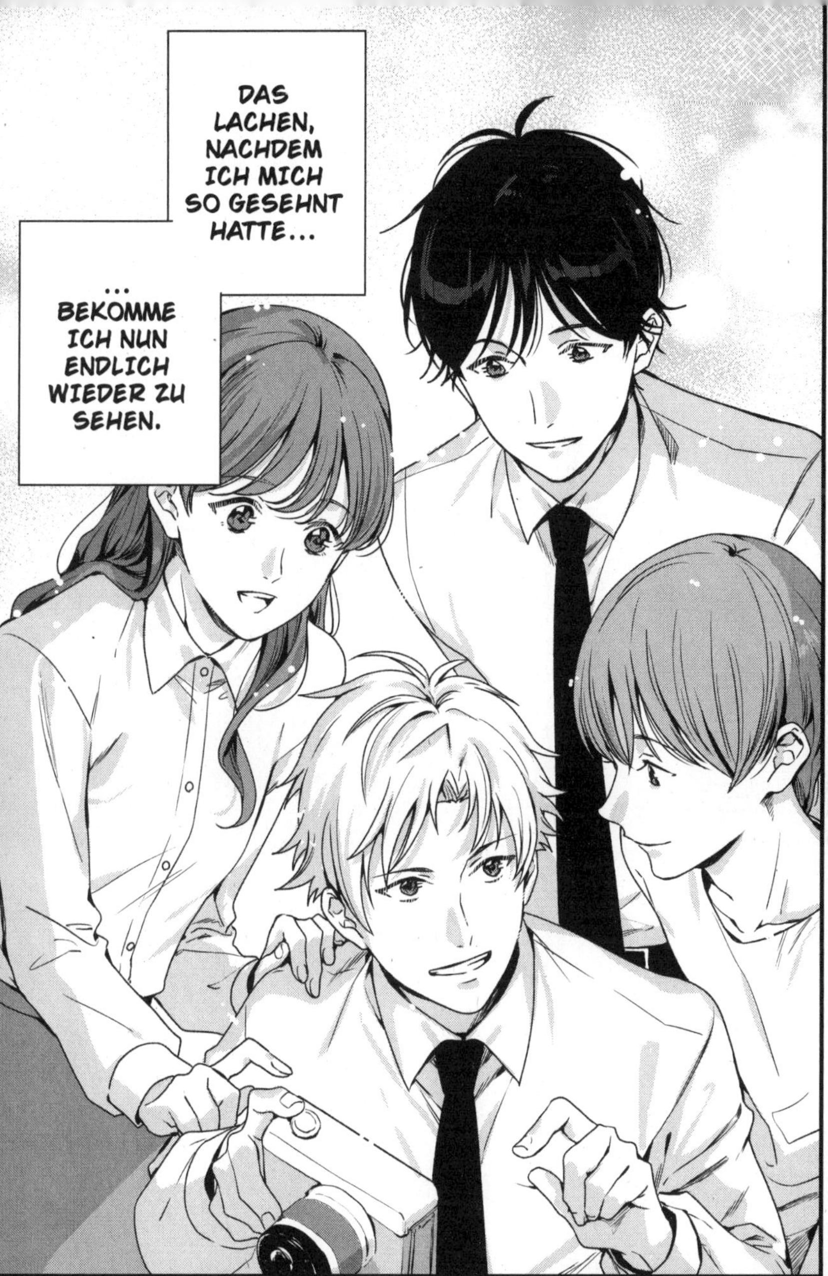
DAS LACHEN, NACHDEM ICH MICH SO GESEHNT HATTE...
... BEKOMME ICH NUN ENDLICH WIEDER ZU SEHEN.

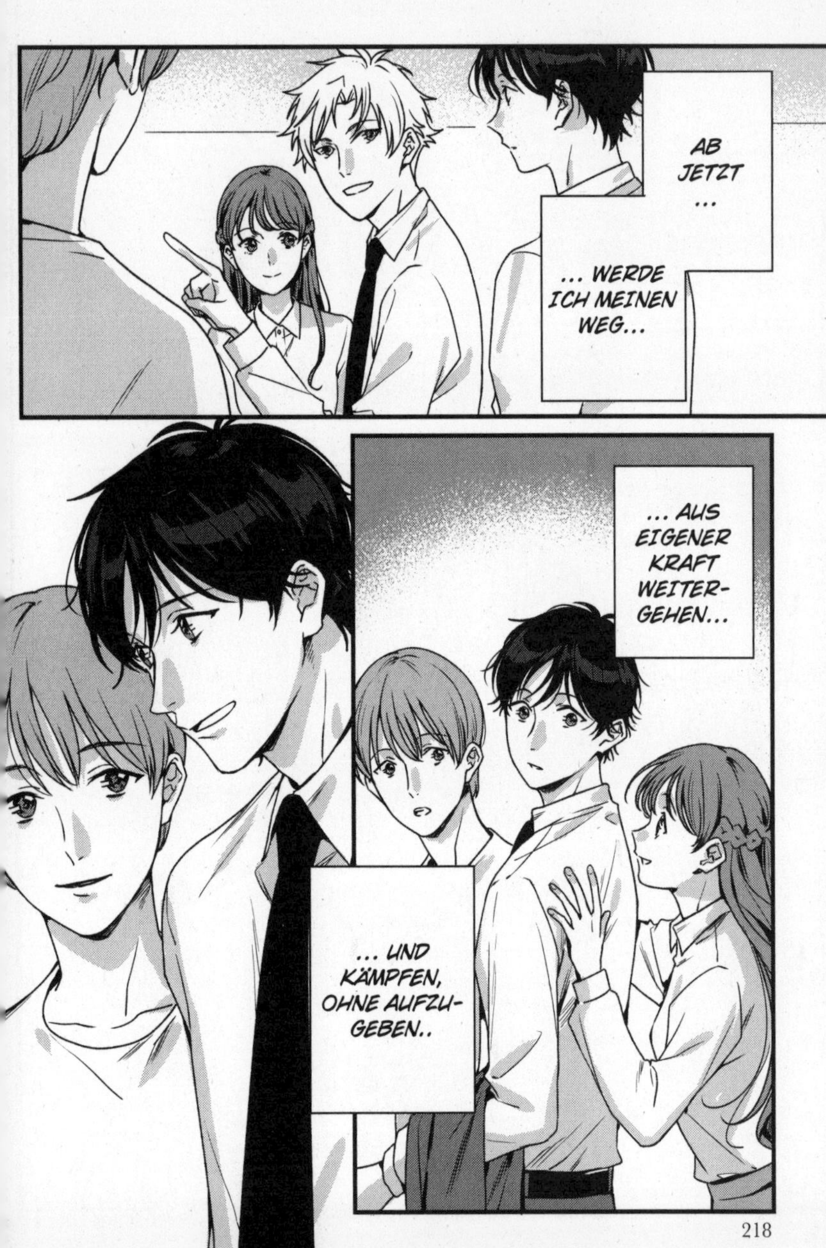
AB JETZT ...
... WERDE ICH MEINEN WEG...
... AUS EIGENER KRAFT WEITER-GEHEN...
... UND KÄMPFEN, OHNE AUFZU-GEBEN..

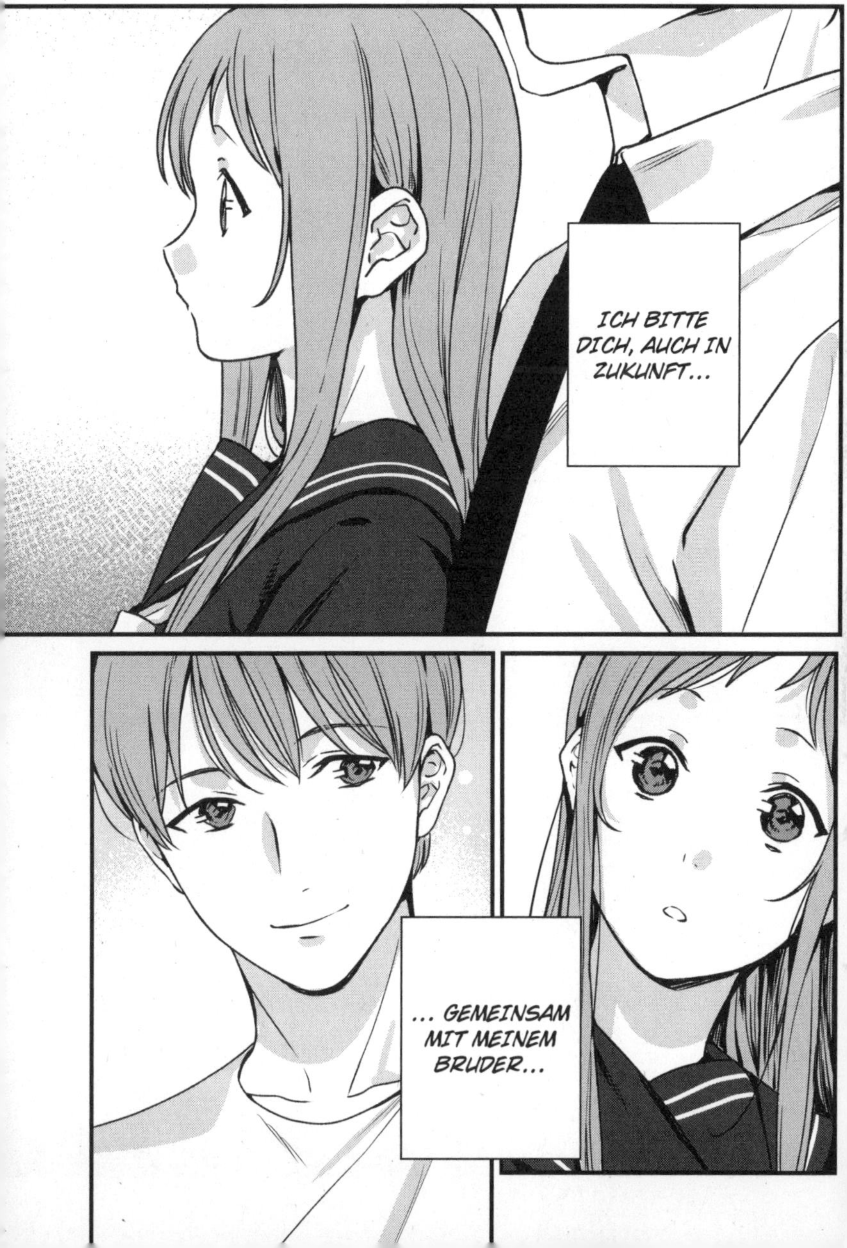

ICH BITTE
DICH, AUCH IN
ZUKUNFT …
… GEMEINSAM
MIT MEINEM
BRUDER …

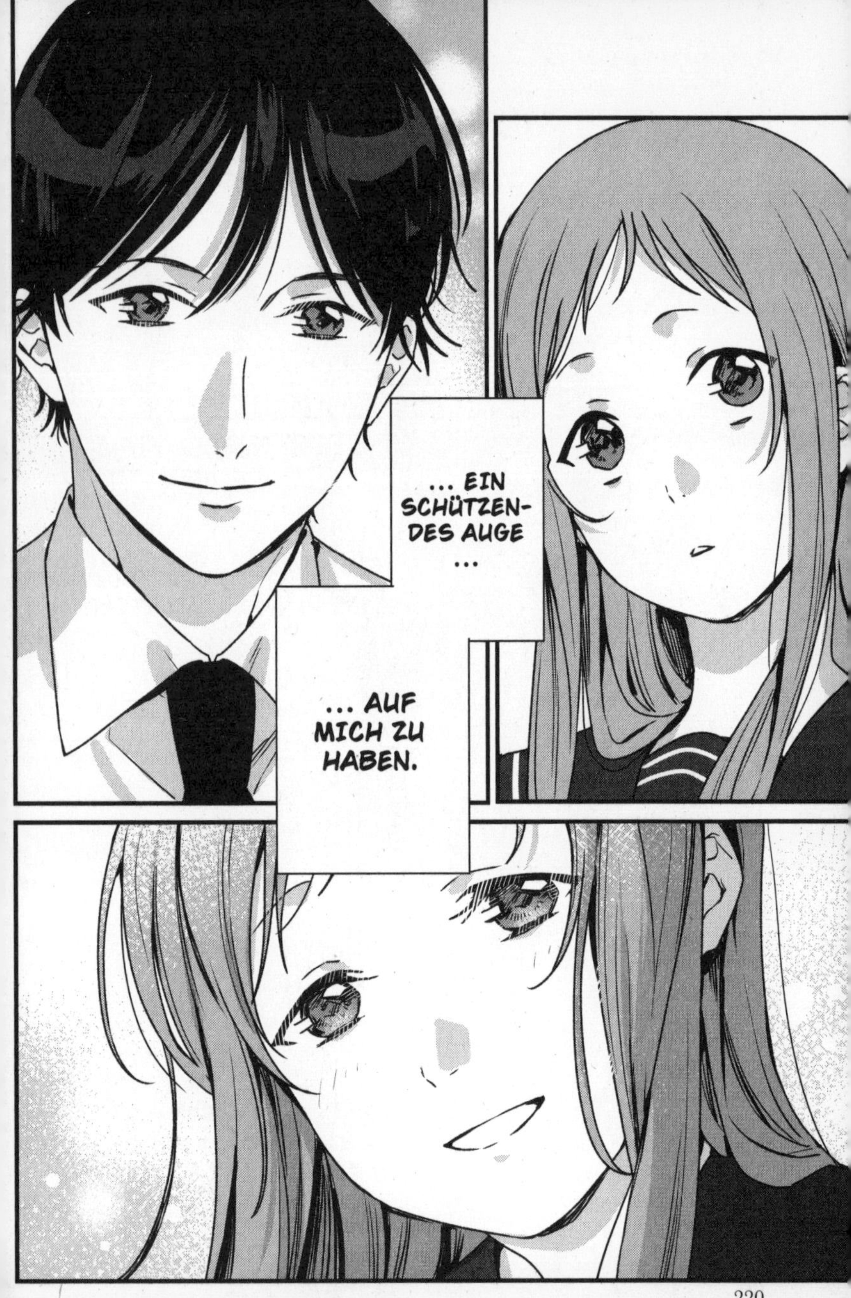
… EIN SCHÜTZEN-DES AUGE …
… AUF MICH ZU HABEN.

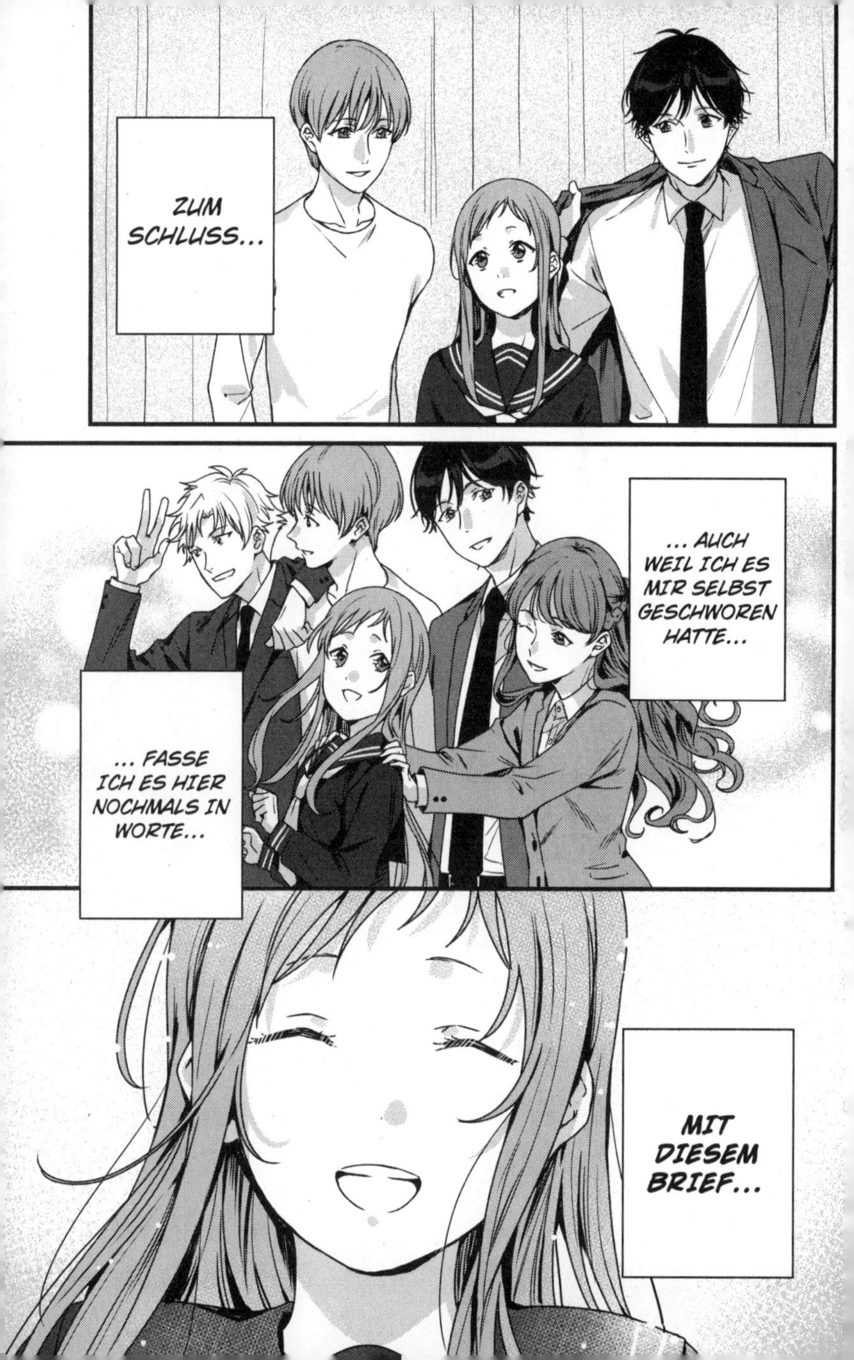

ZUM SCHLUSS…

… AUCH WEIL ICH ES MIR SELBST GESCHWOREN HATTE…

… FASSE ICH ES HIER NOCHMALS IN WORTE…

MIT DIESEM BRIEF…

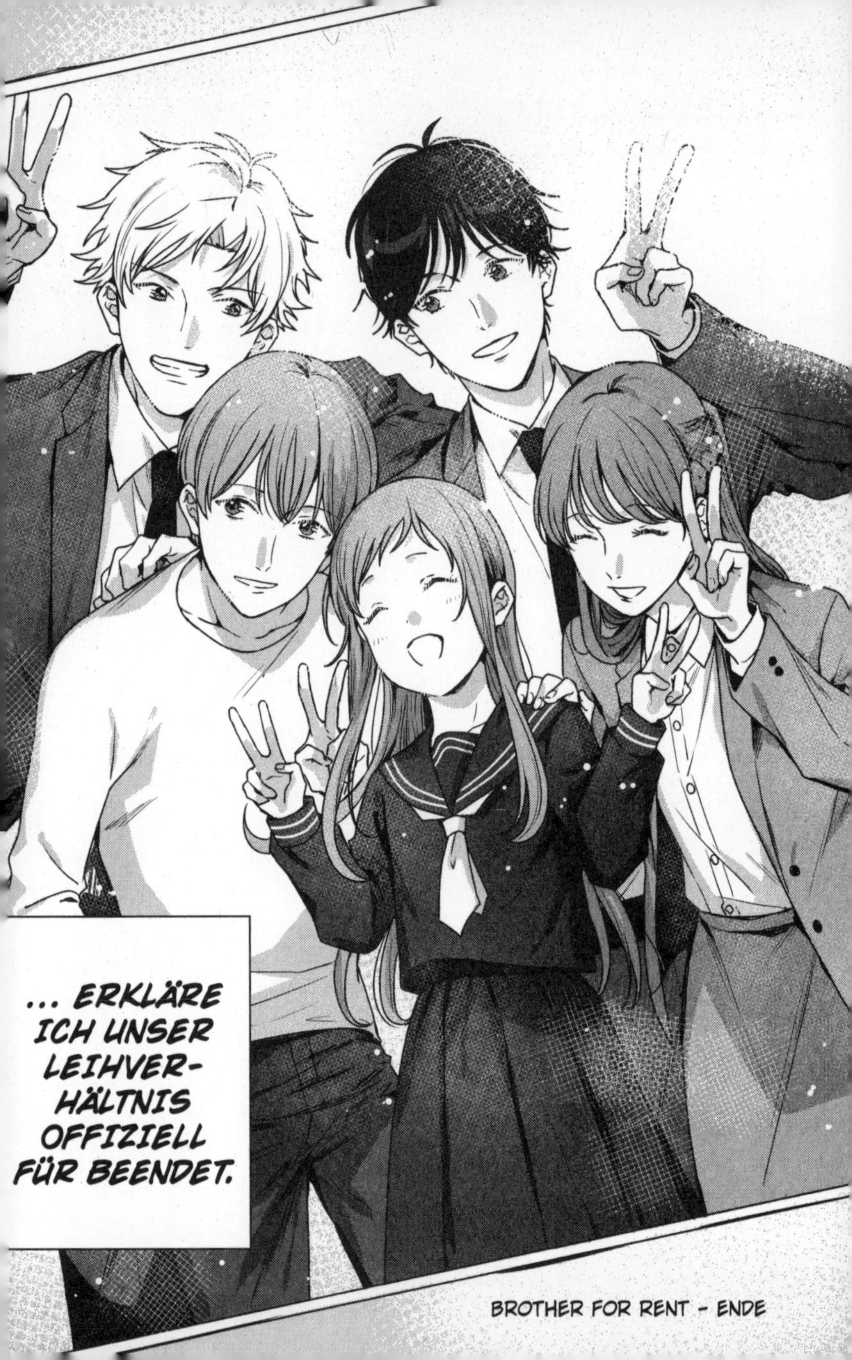
... ERKLÄRE
ICH UNSER
LEIHVER-
HÄLTNIS
OFFIZIELL
FÜR BEENDET.
BROTHER FOR RENT - ENDE

Brother for Rent

4

Brother for Rent

4

NACHWORT

VIELEN DANK, DASS IHR AUCH DEN ABSCHLUSSBAND VON „BROTHER FOR RENT" GELESEN HABT!

WENN ICH ZURÜCKBLICKE, ERSCHIEN MIR DIE ZEIT ZUERST LANG, ABER DANN IST SIE WIE IM FLUG VERGANGEN – EIN SELTSAMES GEFÜHL. DIES WAR MEIN ERSTER MANGA, ALSO HABE ICH MICH EINFACH IRGENDWIE VORANGETASTET, ABER ICH FREUE MICH SEHR, DASS ICH MEINE CHARAKTERE SO SCHÖN BIS ZUM ENDE WEITERFÜHREN KONNTE.

MEIN DANK GILT VOR ALLEM MEINEN LESER*INNEN, DIE MIR AUF MEINEM WEG WIRKLICH EINE MORALISCHE UNTERSTÜTZUNG WAREN! ICH DANKE EUCH FÜR DIESE WUNDERBARE ERFAHRUNG! ICH HABE SO VIEL VON EUCH BEKOMMEN UND HOFFE SEHR, DASS ICH ES EUCH MIT MEINEM BEMÜHEN BEI DER ARBEIT EIN WENIG VERGELTEN KONNTE.

ALSO NOCHMALS HERZLICHEN DANK, DASS IHR KANAMI, IHRE FREUNDE UND MICH BIS ZUM SCHLUSS BEGLEITET HABT!

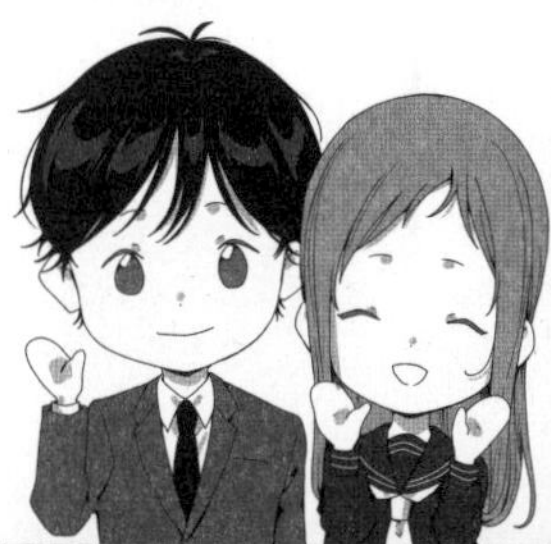

special thanks

DER REDAKTION, MEINER FAMILIE,
MEINEN FREUNDEN,
ALLEN LESER*INNEN,
ALLEN, DIE ZU DIESEM WERK
BEIGETRAGEN HABEN,
GANZ HERZLICHEN DANK!

SUTOPPU!

Koko wa kono manga no owari dayo.
Hantaigawa kara yomihajimete ne!
Dewa omatase shimashita!
Tanoshii hitotoki wo dozo!

Egmont Manga Chiimu

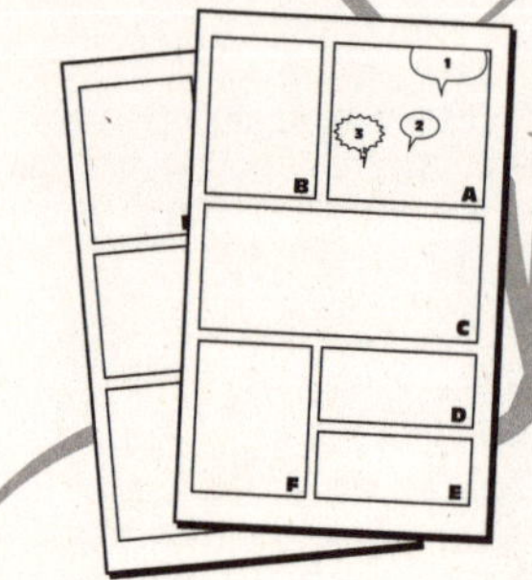

STOPP!

Das ist der Schluss des Mangas.
Fangt bitte am anderen Ende an!
Und nun genug der Vorrede,
viel Spaß beim Lesen!

Euer Egmont Manga Team

„Brother for Rent 04" von Ichiiro Hako
Aus dem Japanischen von Monika Hammond
Originaltitel: „RENTAL ONIICHAN" vol. 04

Originalausgabe:
RENTAL ONIICHAN vol. 04

Deutschsprachige Ausgabe:
2020 Egmont Manga
verlegt durch Egmont Verlagsgesellschaften mbH,
Alte Jakobstr. 83, 10179 Berlin

1. Auflage

Verantwortliche Redakteurin: Luisa Steinhäuser
Gestaltung: Anke Koopmann
Printed in the EU

Redaktion: Frank Neubauer
Koordination: Manuela Rudolph
ISBN 978-3-7704-2727-7